Schriften zum Unternehmens- und Kapitalmarktrecht

herausgegeben von den Direktoren
des Instituts für Unternehmens- und Kapitalmarktrecht
der Bucerius Law School in Hamburg

Jörn Axel Kämmerer, Karsten Schmidt und Rüdiger Veil

26

Bettina Sauter

Anhang und Lagebericht im Spannungsfeld zwischen Unternehmens- und Bilanzrecht

Systematische Aspekte der Neuordnung
bilanz- und gesellschaftsrechtlicher
Unternehmensberichterstattung

Mohr Siebeck

Bettina Sauter, 1984; Studium der Rechtswissenschaften in Hamburg (Bucerius Law School) und Michigan (University of Michigan, Ann Arbor); wissenschaftliche Mitarbeiterin am Institut für Unternehmens- und Kapitalmarktrecht, Bucerius Law School, Hamburg; 2014 zweite juristische Staatsprüfung; 2015 Promotion; seit 2014 Rechtsanwältin in Stuttgart.

Gedruckt mit Unterstützung der Johanna und Fritz Buch Gedächtnis-Stiftung.

ISBN 978-3-16-153981-7

ISSN 2193-7273 (Schriften zum Unternehmens- und Kapitalmarktrecht)

Die Deutsche Nationalbibliothek verzeichnet diese Publikation in der Deutschen Nationalbibliographie; detaillierte bibliographische Daten sind im Internet über *http:// dnb.dnb.de* abrufbar.

© 2016 Mohr Siebeck Tübingen. www.mohr.de

Das Buch wurde von epline in Kirchheim/Teck gesetzt, von Gulde-Druck in Tübingen auf alterungsbeständiges Werkdruckpapier gedruckt und von der Buchbinderei Spinner in Ottersweier gebunden.

Meiner Familie

Vorwort

Die vorliegende Arbeit bewegt sich im Schnittbereich von Gesellschafts- und Bilanzrecht. Anhang und Lagebericht blicken auf eine lange und – durch diverse Reformen – bewegte Geschichte zurück. Die beiden Berichtsinstrumente sehen inzwischen einen sehr umfassenden Katalog von Berichtspflichten vor. Die Arbeit hat sich zum Ziel gesetzt, diese Berichtspflichten aus Anhang und Lagebericht zu systematisieren und bilanz- und gesellschaftsrechtliche Berichtsformate neu zu konzipieren. Sie wurde im Herbsttrimester 2014 von der Bucerius Law School, Hochschule für Rechtswissenschaften, Hamburg, als Dissertation angenommen. Mit der mündlichen Prüfung am 15. Januar 2015 wurde das Promotionsverfahren abgeschlossen. Die Arbeit befindet sich auf dem Stand von Juni 2014.

Mein herzlichster Dank gebührt meinem Doktorvater Prof. Dr. Rüdiger Veil. Sein Vertrauen in meine juristischen und wissenschaftlichen Fähigkeiten und die fördernde und unterstützende Betreuung meiner Arbeit während und nach meiner Zeit an seinem Lehrstuhl haben maßgeblich zum Gelingen meines Promotionsvorhabens beigetragen. Frau Prof. Dr. Birgit Weitemeyer danke ich gleichermaßen für die zeitnahe Erstellung des Zweitgutachtens.

Die Arbeit wurde mit einem Förderpreis der Esche Schümann Commichau Stiftung, Hamburg, sowie dem Christian Wilde-Preis des Instituts für Unternehmens- und Kapitalmarktrecht der Bucerius Law School, Hamburg, ausgezeichnet. Das Erscheinen der Arbeit wird mit einem großzügigen Druckkostenzuschuss der Johanna und Fritz Buch Gedächtnis-Stiftung gefördert.

Frau Iris Kessler und meinen Kolleginnen und Kollegen am Alfried Krupp-Lehrstuhl für Bürgerliches Recht, Deutsches und Internationales Unternehmens- und Wirtschaftsrecht danke ich für eine unvergessliche und bereichernde Zeit.

Von ganzem Herzen möchte ich schließlich meiner Familie für ihre stete und liebevolle Unterstützung danken. Ihr ist diese Arbeit gewidmet.

Stuttgart, im Januar 2016   Bettina Sauter

Inhaltsübersicht

Teil 2

Aktienrechtliche Rahmenbedingungen
für einen Gesellschaftsbericht

Teil 3

Zusammenfassung in Thesen

Inhaltsverzeichnis

Teil 1
Grundlagen, Analyse und Neuordnung

Teil 2

Aktienrechtliche Rahmenbedingungen
für einen Gesellschaftsbericht

Teil 3

Zusammenfassung in Thesen

Teil 1

Grundlagen, Analyse und Neuordnung

§ 1 Einleitung

A. Offenlegungsdruck und Berichtssysteme

I. Offenlegung als regulatorischer Trend

Mehr Informationen und weitere Transparenz haben sich seit längerem zum dominierenden regulatorischen Trend entwickelt. Das gilt nicht nur für die Finanzberichterstattung, die, meist in Reaktion auf spektakuläre Unternehmenszusammenbrüche und Kapitalmarktkrisen, zu immer weiteren, detaillierteren und vertiefteren *disclosures* greift, um Marktteilnehmer, Aktionäre und Dritte zu schützen und zu besseren Allokationsentscheidungen zu befähigen. Auch das Gesellschaftsrecht und die Entwicklung von Regeln zur Unternehmensführung in der modernen Corporate Governance folgten dem historischen Leitmotiv, dass *„sunlight the best disinfectant"*[1] sei, um schädliche Interessenkonflikte offenzulegen und zu vermeiden, ineffiziente Verflechtungen und verkrustete Vermachtungen aufzubrechen und den Markt der Unternehmenskontrolle durch Transparenz zu stärken. Offenlegung und Transparenz gelten als Eckpfeiler einer marktbasierten Unternehmenskontrolle,[2] nicht nur im Interesse der Aktionäre und Kapitalmarktteilnehmer, sondern zugleich auch der weiteren Stakeholder, nicht zuletzt sogar der Öffentlichkeit, die zunehmend Aufklärung über vermeintliche oder wirkliche Missstände in den großen Aktiengesellschaften als Unternehmen öffentlichen Interesses erwartet und durchsetzt.

Es unterliegt keinen Zweifeln, dass dieser regulatorische Trend anhalten wird. Ordnungspolitisch erscheint er gegenüber materiellen Verhaltensregeln und zwingenden Strukturvorgaben als der generell schonendere und vor allem marktorientiertere Eingriff.[3] In der rechtspolitischen Praxis, besonders in der europäischen wie internationalen Harmonisierung, kommt hinzu, dass sich die durch Offenlegung erreichte Transparenz oft genug als am besten konsensfähiger, bisweilen einzig erreichbarer Kompromiss anbietet.[4] Die durch das

---

[1] *Brandeis*, Other People's Money – and How the Bankers Use it, S. 62.

[2] OECD-Principles of Corporate Governance, 2004, S. 49; zur Bedeutung der Transparenz in der deutschen Corporate Governance *Böcking*, in: FS Pohle, S. 247–277, 250 ff.

[3] Zur europarechtlichen Gebotenheit dieser milderen Eingriffsform *Schön*, in: FS Canaris, S. 1191, 1198 ff.

[4] Vgl. *Schön*, in: FS Canaris, S. 1191, 1201 f.

Scheitern der 5. (Struktur-) Richtlinie[5] symbolisierten Probleme struktureller Vollharmonisierung lösten einen Wandel der Harmonisierungsmethoden[6] aus, bei dem rechtspolitisch machbare wie auf die gesellschaftsrechtliche Vielfalt Rücksicht nehmende Informations- und Publizitätsvorschriften in den Vordergrund traten.[7] Insbesondere die High Level Group of Company Law Experts favorisierte gegenüber materiellen Regelungen den verhaltenssteuernden Druck der *disclosures* und betonte ihre Effektivität wie Flexibilität.[8] Dem folgte bereits der Aktionsplan 2003 zum europäischen Gesellschaftsrecht.[9] Noch deutlicher setzt der Aktionsplan 2012[10] mit nicht weniger als sieben der sechzehn geplanten Vorhaben auf Transparenz zur weiteren Harmonisierung und verbesserten Corporate Governance.[11] „Nur" Transparenz einzufordern kann aber zu regulatorischer Dichte führen, die durch den entstehenden Konformitätsdruck die Verhaltensspielräume einengt und zugleich durch Informationsüberlastung die Reaktionsfähigkeit der Adressaten schwächt. Unübersehbar stellt dies an die Systematik der Informationspflichten wie die sachgerechte Ordnung der Kommunikation steigende Anforderungen.

II. Fortschreitende Informationsdichte und Folgen mangelnder Systematisierung

Unter diesem regulatorischen Druck müssen das System der Rechnungslegung der Unternehmen und das gesellschaftsrechtliche System guter Unternehmensführung immer zahlreichere und weitergehende Informationsanforderungen erfüllen. Zwar können und sollen diese Systeme nicht die Gesamtheit aller Informationen, etwa solcher, die sofortige Publizität im Kapitalmarktinteresse erfordert, aufnehmen. Einer periodisierten Unternehmensberichterstattung kommt aber die Aufgabe zu, die wesentlichen Informationen offenzulegen, sie zu konsolidieren und geordnet zusammenzufassen.

---

[5] Vgl hierzu *Hopt*, ZIP 1998, S. 96, 101 ff.; *Wiesner*, ZIP 2000, S. 1792, 1794.

[6] Vgl. allgemein *Teichmann*, Binnenmarktkonformes GesR, S. 198 ff.

[7] Vgl. *Werner*, Ein Publizitätskonzept, S. 195 ff.; *Henne*, Information und Corporate Governance, 2011, S. 53 ff.

[8] Vgl. *High Level Group of Company Law Experts*, Report on a Modern Regulatory Framework for Company Law in Europe, European Commission, Brussels, 4. November 2002, Kap. II.3, S. 33 (abrufbar unter: http://ec.europa.eu/internal_market/company/docs/modern/report_en.pdf).

[9] Vgl. *Europäische Kommission*, Modernisierung des Gesellschaftsrechts und Verbesserung der Corporate Governance in der Europäischen Union – Aktionsplan, Brüssel, 21. Mai 2003, KOM(2003) 284 endg.

[10] Vgl. *Europäische Kommission*, Aktionsplan: Europäisches Gesellschaftsrecht und Corporate Governance – ein moderner Rechtsrahmen für engagiertere Aktionäre und besser überlebensfähige Unternehmen, Brüssel, 12. Dezember 2012, COM(2012) 740/2.

[11] Vgl. *Hopt*, ZGR 2013, S. 165, 186.

Diese Anforderungen treffen im Rechnungslegungsrecht des deutschen Handelsrechts auf ein Berichtssystem, das zwar im materiellen Bilanzrecht auf der Grundlage leitender Bilanzierungsprinzipien eine durchgebildete innere und äußere gesetzliche Systematik entwickelt hat.[12] Im Bereich der zusätzlichen Informationen war es im konzeptionellen Ansatz aber eher nur darauf angelegt, im Anhang nach §§ 284, 285 HGB eine überschaubare Reihe ergänzender Informationen zur Erläuterung der klassischen Bilanzinstrumente aufzunehmen und im Lagebericht nach § 289 HGB einen generellen Überblick zur Lage des Unternehmens und seiner Entwicklung anzuordnen.

Waren Anhang und Lagebericht schon nach ihrem äußeren Aufbau ursprünglich darauf angelegt, eine Reihe von Einzelinformationen aufzunehmen, die durch rechtsformspezifische Anforderungen ergänzt wurden, sind doch im Zuge der weiteren Entwicklung aus verschiedensten Anlässen weitere Informationspflichten unterschiedlichsten Inhalts und verschiedenster Zielrichtung aufgenommen worden. Teils betreffen sie bilanzrechtliche Inhalte wie etwa Zusatzinformationen, um spezifische Aspekte der im materiellen Bilanzrecht nicht angelegten Zeitwertbilanzierung abzufedern, teils aber auch Elemente, die Risikomanagementsysteme betreffen oder die Transparenz als Steuerungs- und Corporate Governance-Instrument einsetzen, um die Unternehmensführung und -kontrolle zu verbessern. Diesen auf Verhaltenssteuerung zielenden Transparenzpflichten ist jüngst in § 289a HGB die bisher an anderer Stelle verankerte Corporate Governance-Erklärung zusammen mit einem nochmals erweiterten Pflichtenkatalog, nach dem Unternehmensführungspraktiken offenzulegen sind, als Lageberichtskomponente in einer weiteren Vorschrift hinzugefügt worden.

Insgesamt unterlagen und unterliegen Anhang und Lagebericht permanenten Reformen und Weiterentwicklungen. Diese waren punktuell angelegt – zu einer Reform, die sich gesamthaft der systematischen äußeren und inneren Durchbildung der Normen zu Anhang und Lagebericht angenommen hätte, kam es nicht.

1) Regelungsumfang und -dichte

Diese Entwicklung hat zunächst gravierende Folgen für die Informationslast der informationsverpflichteten Unternehmen. Nicht nur ist die bloße Zahl der einzelnen Informationspflichten gestiegen. Eine börsennotierte Aktiengesellschaft hatte nach dem Bilanzrichtliniengesetz[13] insgesamt 57, aktuell hat sie mehr als 88 einzelne gesetzliche Angabepflichten in Anhang und Lagebericht zu beachten[14]. Noch deutlicher wurde die Regelungsdichte verstärkt. Die in § 285

---

[12] Vgl. *Beisse*, in: FS Moxter, S. 5, 13 ff.

[13] Vgl. die Auflistung bei *Biener/Berneke/Niggemann,* Bilanzrichtliniengesetz, S. 249, Fn. 1.

[14] Vgl. die dieser Untersuchung zugrundeliegende Auflistung im Anhang I. *Farr,* Checkliste für die Aufstellung, Prüfung und Offenlegung des Anhangs der AG/KGaA, 6. Auflage 2012,

gelisteten „Sonstigen Pflichtangaben" haben sich seit 1985 von ursprünglich 14 auf 29 erhöht.

Auch Umfang und Komplexität der einzelnen Angaben, Detailinformationen und Erläuterungen haben qualitativ und quantitativ erheblich zugenommen. So bestand ein vollständiger Anhang (einschließlich Konzernanhang) bereits 1995 aus mehr als 350 einzelnen Informationselementen[15]. Für den Lagebericht lassen sich nach dem einschlägigen DRS-Standard[16] mehr als 180 einzelne Informationselemente identifizieren.[17] Der beachtliche Umfang von Rechnungslegungsstandards zu einzelnen Angabepflichten, insbesondere des DRS 17 zur Berichterstattung über die Vergütung von Organmitgliedern,[18] macht die bereits heute erreichte Komplexität deutlich. Die Zahl der Angabepflichten wie ihr Umfang werden unter einem fortdauernden regulatorischen Transparenzdruck weiter zunehmen und lassen sich nur noch über umfangreiche Checklisten nachverfolgen[19]. Dagegen gibt ein zunehmend unübersichtliches und verstreutes Normengefüge den Unternehmen wenig direkte Hilfe; fehlende oder brüchige innere Sinnzusammenhänge und eine zersplitterte Verteilung immer weiterer Themenkreise auf verschiedene Berichtsinstrumente erschweren es, die Normen sinnhaft zu befolgen. Die Symptome möglicher systematischer Schwächen in der äußeren Normenentwicklung nehmen indessen zu.

2) Inhaltliche Redundanzen und Doppelangaben

Indem die gesetzlichen Regelungen jeweils einzelanlassbezogen fortgeschrieben wurden, erhöhte sich nicht nur die Zahl der einzelnen Berichtspflichten massiv, auch die Themengebiete weiteten sich aus und wurden immer facettenreicher. In diesem ständig fortschreitenden Entwicklungsprozess ergaben sich zunehmend inhaltliche Redundanzen. Solche Redundanzen erhöhen die Informationskomplexität und wirken so einer effizienten Vermittlung entscheidungsrelevanter Informationen entgegen.[20]

S. 4–17, listet unter Einbeziehung u. a. auch transitorischer Sachverhalte und Regelungen nach dem EGHGB sogar insgesamt 88 Angabepflichten *nur* für den Anhang auf.

[15] Vgl. den Kriterienkatalog bei *Armeloh,* Die Berichterstattung im Anhang, S. 46 und Angabenübersicht S. 49 ff.

[16] Deutscher Rechnungslegungsstandard Nr. 20 (DRS 20) – Konzernlagebericht – vom 14. September 2012.

[17] Vgl. *Fink/Kajüter/Winkeljohann,* Lageberichterstattung, S. 309–326.

[18] Deutscher Rechnungslegungsstandard Nr. 17 (DRS 17) vom 13. Dezember 2010, Berichterstattung über die Vergütung der Organmitglieder, mit einem Umfang von ca. 60 DIN A4 Normseiten.

[19] Aktualisierte Checklisten für Anhang und Lagebericht wie etwa *Farr*, Checkliste für die Aufstellung, Prüfung und Offenlegung des Anhangs der AG/KGaA erscheinen nahezu jährlich.

[20] Vgl. *Baetge/Brüggemann/Haenelt,* BB 2007, S. 187, 188; *Prigge,* KoR 2006, S. 252 f.; *ders.* Konzernlageberichterstattung, S. 97–87; *Heuser/Theile,* GmbHR 2005, S. 201, 206.

Von den berichtspflichtigen Unternehmen noch beherrschbar sind Redundanzen innerhalb eines einzelnen Berichtsinstruments, etwa innerhalb des Lageberichts zwischen dem allgemeinen Risikobericht nach § 289 Abs. 2 Nr. 2 HGB und dem für kapitalmarktorientierte Kapitalgesellschaften vorgeschriebenen Bericht über das interne Kontroll- und Risikomanagementsystem für den Rechnungslegungsprozess (§ 289 Abs. 5 HGB). Hier ist die Zusammenfassung in einem einheitlichen Risikoberichtsabschnitt des Lageberichts den Unternehmen überlassen.[21] Eine geschlossen darstellende Risikoberichterstattung („Risikobericht aus einem Guss") ist damit aber auch nicht gesetzlich gesichert.

Zudem kam es bereits teilweise dazu, dass Berichtsinhalte sachlich willkürlich erscheinend auf die Berichtsinstrumente Anhang und Lagebericht verteilt wurden, so dass sich *de lege lata* sogar Doppelangaben ergeben. Der Gesetzgeber versucht zwar, diesem speziellen Problem zu begegnen, indem er Verweise auf die Angaben im jeweils anderen Berichtsinstrument (beispielsweise § 289 Abs. 4 S. 2 HGB) oder sogar eine einheitliche Darstellung in einem Berichtsinstrument (beispielsweise § 289 Abs. 2 Nr. 5 HGB) zulässt. Jedoch verbleiben unverändert Doppelangaben, etwa bei den Anhangsangaben zu aktivierten immateriellen Vermögensgegenständen (§ 285 Nr. 22 HGB) und dem Forschungs- und Entwicklungsbericht des Lageberichts (§ 289 Abs. 2 Nr. 3 HGB).[22] Überdies folgen die fragmentarischen Regelungen zu Doppelangaben ihrerseits keiner geschlossenen Konzeption. Nur Überschneidungen im übernahmerechtlichen Teil des Lageberichts (§ 289 Abs. 4 HGB) müssen mit entsprechenden Anhangsangaben zugunsten einer zwingenden und nur im Anhang möglichen Angabe vermieden werden[23]; andere Doppelangaben können von den Unternehmen vermieden werden, müssen es aber nicht.[24] Bei ersteren schützt ein Verweis auf die im anderen Berichtsinstrument erfolgende Angabe den Adressaten gegen mögliche Fehlschlüsse (§ 289 Abs. 4 S. 2 HGB), bei letzteren wiederum nicht.

Die Wahlrechte zur Vermeidung von Doppelangaben führen zudem zu weiteren Systembrüchen. Da Anhang und Lagebericht unterschiedlichen innergesell-

---

[21] Vgl. Regierungsentwurf zum BilMoG, BT-Drucks. 16/10067, S. 77; *Kirsch,* BBP 2010, S. 18, 19.

[22] Die Anhangangaben zu selbst geschaffenen immateriellen Vermögensgegenständen (§ 285 Nr. 22 HGB) dürfen, obwohl sie auch Aufschluss über die innovative Tätigkeit geben können (Regierungsentwurf zum BilMoG, BT-Drucks. 16/10067, S. 73) nicht durch solche im Forschungs- und Entwicklungsbericht des Lageberichts ersetzt werden, sondern sind unverändert doppelt anzugeben, *Kessler,* in: MünchKomm BilanzR, § 285 HGB, Rn. 236; a. A. (Redaktionsversehen) *Kirsch*, BBP 2010, S. 18, 20.

[23] § 289 Abs. 4 S. 1 Nr. 1 HGB mit § 160 Abs. 1 Nr. 3 AktG; § 289 Abs. 4 S. 1 Nr. 3 mit § 160 Abs. 1 Nr. 8 AktG und § 285 Nr. 14 HGB; § 289 Abs. 4 S. 1 Nr. 9 HGB mit § 285 Nr. 9 lit. a) S. 5–8 HGB.

[24] § 298 Abs. 2 Nr. 5 S. 2 HGB – Vergütungsbericht für Vergütungsangaben nach § 285 Nr. 9 lit. a) S. 5–8 HGB; ähnlich § 285 Nr. 22 letzter Hs. HGB – Angaben zu Bewertungseinheiten und Risiken und § 289 Abs. 2 Nr. 2 HGB – Risikobericht, zu letzteren *Kirsch,* BBP 2010, S. 18, 19.

schaftlichen Verantwortlichkeiten und Prüfungsmaßstäben bei der Abschlussprüfung unterliegen[25], kann der Vorstand durch die Wahl des Lageberichts statt des Anhangs sogar die Mitwirkungsmöglichkeit des Aufsichtsrats und zugleich die Prüfungsmöglichkeiten des Abschlussprüfers einschränken. Wird über die individuelle Vorstandsvergütung statt im Anhang im Vergütungsbericht (§ 289 Abs. 2 Nr. 5 HGB) berichtet, entfällt für unrichtige Angaben sogar die Bußgeldbewehrung, da fehlende oder unrichtige Lageberichtsangaben nach § 298 Abs. 2 HGB nicht unter Bußgeldandrohung stehen.[26] Ein Unternehmen, das zur Vermeidung doppelter Angabe der Gesamtvergütung im Anhang auf die Angabe der Gesamtvergütung im Lagebericht verweist, begeht „nur" einen im Prüfungsbericht zu vermerkenden Gesetzesverstoß, wenn auch im Bestätigungsvermerk keine Konsequenzen zu ziehen sind.[27]

All diese gesetzgeberischen Bemühungen führten nur zu einer Symptombehandlung mit weiteren Inkonsistenzen und nicht zu einer Lösung der wirklichen Probleme, die eine unsystematische Verteilung von Inhalten mit sich bringt. Die Frage danach, wo die einzelnen Berichtspflichten jeweils sachlich und inhaltlich zutreffend zu verankern sind, beantwortet im Einzelfall oft eher ein „Roma locuta, causa finita",[28] als ein inhaltlich homogen aus einem Gesamtsystem abgeleitetes Informationskonzept der gesetzlichen Pflichtangaben.

3) Qualität der Berichterstattung

Auch deshalb muss wenig verwundern, dass die Qualität der Berichterstattung gerade in Anhang und Lagebericht erhebliche Schwächen zeigt.

Umfangreiche ältere empirische Untersuchungen zum Anhang von Aktiengesellschaften – freilich solcher Gesellschaften, die an guter Berichtspraxis besonders interessiert gewesen sein dürften[29] – ergaben insgesamt noch befriedigende Ergebnisse, zeigten aber auch signifikante Teildefizite auf.[30] Jüngste Teiluntersuchungen von neu eingeführten Anhangsangaben von Aktiengesell-

---

[25] Den Anhang als Teil des Jahresabschlusses und damit die Anhangangaben hat der Aufsichtsrat zu billigen, den Lagebericht dagegen nur zu prüfen, § 171 Abs. 2 S. 4 AktG und darüber der Hauptversammlung zu berichten. Der Lagebericht unterliegt nur eingeschränkter Abschlussprüfung mit modifiziertem Abschlussvermerk, §§ 317 Abs. 2, 322 Abs. 6 HGB und unten § 1B. I und § 8.

[26] § 334 Abs. 1 Nr. 3 HGB, der § 298 Abs. 2 HGB von der Bußgeldandrohung ausnimmt, vs. § 334 Abs. 1 Nr. 1b HGB, der alle Anhangangaben erfasst.

[27] Vgl. *IdW* PS 345, IDW PS 345 Auswirkungen des Deutschen Corporate Governance Kodex auf die Abschlussprüfung vom 6. Spetember 2012 (Stand 2012), Ziff. 19a.

[28] Vgl. *Claussen*, in: Kölner Komm RechnungslegungsR, § 289 Rn. 56.

[29] Vgl. *Armeloh*, Die Berichterstattung im Anhang, S. 97 (Geschäftsberichte 1995 von 150 börsennotierten Kapitalgesellschaften, die am Wettbewerb „Der beste Geschäftsbericht" teilnahmen).

[30] Vgl. *Armeloh*, Die Berichterstattung im Anhang, S. 265 ff. Durchschnittsurteil 59 % bei verpflichtenden, 19 % bei (seinerzeit noch) freiwilligen Angaben, Defizite bei Bilanzierungs-

schaften[31] zeigen Schwächen nicht nur im Hinblick auf die benötigte „Lernkurve" auf, sondern identifizieren schwerere Transparenzdefizite bei besonders komplexen Angaben[32]. Deutliche Zurückhaltung besteht auch bei governancebezogenen Anhangsangaben.[33]

Die Deutsche Prüfstelle für Rechnungslegung hat entsprechend die unzureichende Qualität der Berichterstattung in Lagebericht und Anhang als Hauptursachen für die von ihr festgestellte hohe Fehlerquote der überprüften Jahresabschlüsse identifiziert.[34] So lässt die Qualität der Berichte darauf schließen, dass das umfangreiche Pflichtenprogramm in seiner derzeitigen Ordnung immer weniger handhabbar und rechtssicher ist.

4) Folgen für den Informationsnutzen

Die Schwächen in der Systematisierung des Normenbestands wirken sich vor allem negativ auf den angestrebten Informationsnutzen der Adressaten aus. Zwar wird die informatorische Gesamtmenge zunächst grob in die beiden Berichtsinstrumente aufgebrochen. Für diese ist jedoch, anders als für die an strikte und systematische Ausweispflichten ausgerichtete Bilanz und die Gewinn- und Verlustrechnung, dem Aufsteller kein festes oder jedenfalls einer homogenen inneren Ordnung folgendes Berichtsformat vorgegeben.[35] Die gesetzlichen Regelungen legen stattdessen zunächst beim Anhang eine Berichterstattung in ungeordneter Reihung und beim Lagebericht in Themenblöcken ohne festgelegte Reihenfolge nahe. Zwar entwickeln sich in der Praxis im langjährigen Gebrauch

---

Bewertungs- (44 %) und Konsolidierungsmethoden (41 %). Relativ bessere Ergebnisse bei großen AGs, solchen im Streubesitz und Notierung im DAX 30 bzw. DAX 100.

[31] Vgl. *von Keitz/Gloth*, DB 2013, S. 129 ff., 185 ff. (Abschlüsse 2011 von 54 im Dax, M-Dax und Daxplus Family-Index gelistete Gesellschaften (Bilanzsumme bis 78,7 Mrd. €, Umsatz bis 69,5 Mrd. €. Angaben zur Größenverteilung der Stichprobe fehlen.)); *BDI/Ernst&Young/ DHBW*, Das Bilanzrechtsmodernisierungsgesetz in der Praxis mittelständischer Unternehmen (1.900 Konzernabschlüsse nicht kapitalmarktorientierter Unternehmen aus 2010; abrufbar unter: http://www.bdi.eu/download_content/Marketing/327–2011_BilMoG_web.pdf.).

[32] Insbesondere bei Pensionsverpflichtungen, § 285 Nr. 24, 25 HGB (*von Keitz/Gloth*, DB 2013, 129, 136; *BDI/Ernst&Young/DHBW*, Das Bilanzrechtsmodernisierungsgesetz in der Praxis mittelständischer Unternehmen, S. 26), latenten Steuern (*BDI/Ernst&Young/DHBW*, Das Bilanzrechtsmodernisierungsgesetz in der Praxis mittelständischer Unternehmen, S. 34), unzureichende Anhangsangaben bei der Rückstellungsbewertung (*BDI/Ernst&Young/DHBW*, Das Bilanzrechtsmodernisierungsgesetz in der Praxis mittelständischer Unternehmen, S. 20, 23, 24) und außerbilanziellen Geschäften (*BDI/Ernst&Young/DHBW*, Das Bilanzrechtsmodernisierungsgesetz in der Praxis mittelständischer Unternehmen, S. 46).

[33] Geschäfte mit nahestehenden Personen (§ 285 Nr. 21), vgl. *BDI/Ernst&Young/DHBW*, Das Bilanzrechtsmodernisierungsgesetz in der Praxis mittelständischer Unternehmen S. 47; *von Keitz/Gloth* , DB 2013, 185, 190.

[34] Deutsche Prüfstelle für Rechnungslegung, Tätigkeitsbericht 2011, S. 3, 7, abrufbar unter http://www.frep.info/docs/jahresberichte/2011/2011_tb_pruefstelle.pdf.

[35] Zur Diskussion im Rahmen des Bilanzrichtliniengesetzes 1985 vgl. *Semmler*, ZGR Sonderheft 2, S. 177, 182.

Grobstandards des Berichtsaufbaus.[36] Diese müssen sich jedoch erst etablieren.
Selbst diese fragile „Ordnung der guten Praxis" kann aber eine mangelnde innere und inhaltliche Systematik nicht überwinden, wenn der Informationsadres-
sat, um thematisch eng verknüpfte Themenfelder – wie etwa den Aspekten der
Corporate Governance – zu verfolgen, bald in den einen und bald in den anderen
Berichtsteil geführt wird. Nur geordnete Informationen können letztlich von
den Adressaten, insbesondere den Kapitalmarktteilnehmern, aufgenommen und
effizient verarbeitet werden. Nur durch eine an den Bedürfnissen der Adressaten
ausgerichtete, geordnete und themenorientierte Systematik kann die Gefahr
einer Informationsüberflutung vermieden werden.

B. Nutzen einer Systematisierung

Gesetze zu systematisieren, ist ein zentrales Anliegen der Rechtswissenschaft.
Systematisierung zielt nicht auf formal-logische Begrifflichkeit, sondern darauf,
die Rechtsordnung und ihre Teilordnungen durch systemleitende Prinzipien
wertungsmäßig folgerichtig zu entwickeln.[37] Normbefehle und die in ihnen zum
Ausdruck kommenden Wertungen müssen aufeinander abgestimmt und folgerichtig durchgeführt werden.[38] Leitende Prinzipien folgerichtig durchzuführen,
soll, einem sachlichen Gerechtigkeitsgebot folgend, „Gleiches gleich und Un-
gleiches nach dem Maß seiner Verschiedenheit ungleich behandeln"[39]. Dieses
Systemdenken hat gerade im Gesellschaftsrecht zentrale Bedeutung.[40]

I. Rechtsdogmatischer Nutzen einer Systematisierung

Diese Forderungen richten sich bereits an das äußere System gesetzlicher
Regelungen. Wenn im Laufe der Zeit Gesetze durch den deutschen und europäischen Gesetzgeber rechtsfortbildend weiterentwickelt und deshalb Informationspflichten etabliert werden, stellt sich stets die Frage, wo diese Neuerungen
systematisch folgerichtig zu verorten sind. Ob die jeweiligen Entscheidungen
immer auf systematischen Überlegungen eines Sachzusammenhangs oder
anderer Kriterien aufbauen und insbesondere ein sachlogischen Prinzipien
folgendes Informationsbild generieren, ist nur die erste Frage. Denn neben der
Entscheidung, wo die neuen Vorgaben formal verankert werden sollen, hat die

---

[36] Vgl. für den Anhang nach dem Bilanzrichtliniengesetz 1985 *Armeloh*, Die Berichterstattung im Anhang, Rn. 97 ff.

[37] Vgl. *Canaris*, Systemdenken und Systembegriff in der Jurisprudenz, S. 11 ff., 18.

[38] Vgl. *Riesenhuber*, System und Prinzipien des Europäischen Vertragsrechts, S. 4 ff.

[39] *Hommelhoff/Riesenhuber*, Systembildung und Systemlücken in Kerngebieten des Europäischen Privatrechts, S. 259, S. 261 m. w. Nachw.

[40] Vgl. *Lutter*, ZGR 1998, S. 397, 398.

Entscheidung insbesondere bei Berichtspflichten weitreichende Konsequenzen für die materiellen Rahmenbedingungen und Rechtsfolgen, die sich an die unterschiedlichen Berichtsinstrumente knüpfen.

So aber liegt es beim Fall von Anhang und Lagebericht. Innerhalb des Gesamtsystems der Publizität wie auch der gesellschaftsrechtlichen Kompetenzen sind die Folgeregelungen für Anhang und Lagebericht nicht vollständig deckungsgleich ausgestaltet. So gibt es für kleine und mittelgroße Kapitalgesellschaften in §§ 326 und 327 HGB beispielsweise Erleichterungen bezüglich der Offenlegungspflicht des Lageberichts; der Anhang ist als Teil des Jahresabschlusses hingegen stets offenzulegen, wobei § 326 S. 2 HGB kleine Kapitalgesellschaften von der Offenlegung von Anhangsinformationen befreit, die sich auf die Gewinn- und Verlustrechnung beziehen. Des Weiteren ordnet § 172 AktG an, dass allein der Anhang als Teil des Jahresabschlusses von Vorstand und Aufsichtsrat bzw. der Hauptversammlung förmlich festgestellt wird. Indem die Inhalte zum einen bzw. zum anderen Berichtsinstrument zugeordnet werden, wird deshalb beispielsweise auch über den Kompetenzumfang des Aufsichtsrats, dem beim Lagebericht nur ein Recht zur Stellungnahme zukommt, entschieden.[41] Die förmliche Feststellung nur des Anhangs hat Folgen für die Anfechtbarkeit des Feststellungsbeschlusses der Hauptversammlung: Nach § 257 AktG kann eine solche Anfechtung nicht auf inhaltliche Mängel des Jahresabschlusses gestützt werden; inhaltliche Mängel des Lageberichts begründen aber wegen einer Informationsrechtsverletzung der Aktionäre unter Umständen eine Anfechtungsberechtigung.[42] Darüber hinaus berechtigt eine Unvollständigkeit im Anhang dazu, einen Sonderprüfer zu bestellen (§ 258 Abs. 1 S. 1 Nr. 2 AktG), während eine vergleichbare Vorschrift für einen unvollständigen Lagebericht fehlt. Dieses Defizit an Überprüfbarkeit wird dadurch verstärkt, dass der Lagebericht gemäß § 317 Abs. 2 HGB nur darauf überprüft wird, ob er mit dem durch den Jahresabschluss vermittelten Bild im Einklang steht, nicht aber einer materiellen Inhaltsprüfung durch den Abschlussprüfer unterliegt[43].

Der Ausgangsbefund systematischer Schwächen und der daraus für Unternehmen wie Informationsadressaten folgenden Probleme beschränkt sich mithin nicht auf die Informationsinhalte. Er hat mittelbare und durchaus gravierende Folgewirkungen auf die innere Systematik der gesellschaftsrechtlichen Entscheidungssysteme, Verantwortlichkeiten und Haftungen, die die Informationsqualität und die Durchsetzung der Rechte der Informationsadressaten sichern sollen. Nicht nur die Frage, ob der Abschlussprüfer die Berichtsqualität prüfen muss, ist tangiert, wenn in den klassischen Aufgabenbestand der Finanzberichterstattung zunehmend gesellschaftsrechtliche Fragen und Fragen der guten

---

[41] Vgl. *Kropff*, in: MünchKomm AktG, § 172 Rn. 1 f., 6.
[42] Str., vgl. *Hüffer*, AktG, § 257 Rn. 6 und ausführlich unten § 9.
[43] Vgl. *Grottel*, in: Beck BilanzKomm, § 289 Rn. 170.

Unternehmensführung und ihre Steuerung durch Transparenz eindringen und
an Gewicht gewinnen. Auch organisationsrechtliche Fragen der Kompetenzordnung der Organe im dualen System, der Beteiligungsrechte der Hauptversammlung, der Rechtsschutzsysteme der Haftung und schließlich der Anfechtung von
Hauptversammlungsbeschlüssen müssen für gesellschaftsrechtliche und bilanzrechtliche Inhalte gesondert beantwortet werden. Aus sachlicher wie aus systematischer Sicht kann das Normensystem, das für den Jahresabschluss etabliert
wurde und primär darauf ausgerichtet ist, die Rechnungslegung zu kontrollieren,
festzustellen und durchzusetzen, nicht unbesehen auf eine Berichterstattung
übertragen werden, die darauf abzielt, durch verhaltenssteuernde Transparenz
die Unternehmen zu kontrollieren.

Werden thematisch verwandte Inhalte unterschiedlich zugeordnet, werden
wesentlich gleiche Inhalte auf der Rechtsfolgenseite ungleich behandelt. Für das
juristische Systemdenken ist dies aber nur schwerlich mit dem Gedanken der
Einheit der Rechtsordnung zu vereinbaren. Dieser ist jedenfalls Ausdruck des
verfassungsrechtlich verankerten Gleichheitssatzes.[44] Eine Systematisierung
des gesetzlichen Normbestands dient aus diesem Grund auch dazu, diese verfassungsrechtlichen Grundsätze einzuhalten bzw. wiederherzustellen.[45] Es ist
deshalb ein stetes Ziel der Rechtswissenschaft, eine Ordnung des Rechts nach
inneren Begründungszusammenhängen zu suchen[46] und dafür die Inhalte der
Rechtsnormen unter übergeordnete Leitgesichtspunkte zu ordnen[47], um eine
Gleichbehandlung von wesentlich gleichen Sachverhalten wieder herzustellen.
Zwar kann grundsätzlich davon ausgegangen werden, dass der Gesetzgeber diese Grundsätze beachtet hat als er die Publizitätsinstrumente einführte, doch muss
eine systematische Arbeit spätestens dann wieder neu vorgenommen werden,
wenn Ergänzungen, Erweiterungen und Abänderungen dazu geführt haben, dass
die rechtliche Materie erheblichen verändert wurde.[48] Eine Systematisierung
der Gesamtinhalte beider Berichtsinstrumente nützt deshalb dazu, alle einzelnen
Berichtsinhalte in einen themenverwandten Rahmen, der sachlich gerechtfertig-
ten, einheitlichen Rechtsfolgen unterliegt, friktionslos einzufügen. Aus rechts-
dogmatischer Sicht liegt der Nutzen einer Systematisierung schwerpunktmäßig
in der Chance, ein gerechtes und widerspruchsfreies Rahmenkonzept für die
thematisch verwandten Inhalte zu schaffen und damit eine friktionslose, über-

---

[44] Vgl. *Canaris*, Systemdenken und Systembegriff in der Jurisprudenz, S. 16 f.; Zweifel an
der verfassungsrechtlichen Relevanz der Figur der Einheit der Rechtsordnung u. a. im Kontext
des Gleichheitsgebots äußert *Felix*, Einheit der Rechtsordnung, S. 399.

[45] Vgl. *Pawlowski*, Methodenlehre für Juristen, S. 92 f. (Rn. 173a).

[46] Vgl. *Coing*, ÖZöR 1957/58, S. 257, 269.

[47] Vgl. *Coing*, ÖZöR 1957/58, S. 257; *Pawlowski*, Methodenlehre für Juristen, S. 120
(Rn. 223).

[48] Vgl. *Pawlowski*, Methodenlehre für Juristen, S. 90 (Rn. 169), 120 (Rn. 224).

zeugende Rechtsfortbildung zu ermöglichen[49]. Diesem Thema widmet sich der zweite Teil der Arbeit.

II. Ökonomischer Nutzen einer Systematisierung

Neben dem rechtsdogmatischen und rechtspolitischen Nutzen einer Systematisierung sprechen ökonomische Aspekte dafür, die Berichtsinhalte von Anhang und Lagebericht zu systematisieren. Gerade dadurch, dass die Inhalte von Anhang und Lagebericht vermehrt an den Informationsinteressen des Kapitalmarkts orientiert sind,[50] kommt es entscheidend darauf an, das Informationsverhalten der Adressaten am Kapitalmarkt, also das Verhalten der Anleger, zu steuern. Denn nur, wenn die ihnen angebotenen Informationen Eingang in ihren Entscheidungsprozess finden, werden sie im Rahmen des Preisbildungsmechanismus berücksichtigt. Spiegelbildlich wird – sollten die Informationen nicht wahrgenommen und verarbeitet werden – die Funktionsfähigkeit des Kapitalmarkts gefährdet. Nach der von *Coase* entwickelten Transaktionskostentheorie[51] erzeugt jedoch jede Transaktion sogenannte Transaktionskosten. Auch (Des-) Investitionen am Kapitalmarkt sind solche kostenerzeugenden Transaktionen. Diese Kosten können die Anleger davon abhalten, sich umfassend zu informieren. Transaktionskosten lassen sich in verschiedene Kategorien unterteilen[52], wobei bei der hier zu untersuchenden Fragestellung informationsbezogene Transaktionskosten, wie zum Beispiel Informationsbeschaffungs- und Informationsverarbeitungskosten, die wichtigste Rolle spielen. Hierunter sind all diejenigen Kosten zu verstehen, die der Adressat aufwenden muss, um eine informierte Entscheidung zu treffen. Grundsätzlich gehen heute die Anhänger der sog. *Neue Institutionenökonomie*[53] zwar von einem rational handelnden „homo oeconomicus" aus, der eine Entscheidung nur auf Grundlage vollständiger Information trifft.[54] Doch hat sich die Erkenntnis durchgesetzt, dass eine solche vollständige Rationalität nicht der Wirklichkeit entspricht. Die Anhänger der *Neue Institutionenökonomie*

---

[49] Vgl. grundlegend *Canaris*, Systemdenken und Systembegriff in der Jurisprudenz, S. 97 ff.

[50] Grundlegend zur Kapitalmarktorientierung der Rechnungslegung *Böcking*, zfbf Sonderheft 40/1998, S. 17 ff.

[51] Vgl. *Coase*, 4 Economica (N. S.) 1937, S. 386 ff.; *Coase*, 3 Journal of Law and Economics 1960, S. 1 ff.

[52] Vgl. *Dahlman*, 22 Journal of Law and Economics 1979, S. 141, 147 f., der die Unterscheidung im Ergebnis aber für überflüssig hält, da alle Arten von Transaktionskosten auf Verlust von Ressourcen infolge unvollkommener Information zurückzuführen seien. Für eine Übersicht zu den verschiedenartigen Transaktionskosten *Richter/Furubotn*, Neue Institutionenökonomik, S. 55 ff.

[53] Der Begriff der *Neue Insitutionenökonomie* geht prägend auf *Williamson*, Markets and Hierachies, S. 21 ff. zurück.

[54] Sog. REMM-Hypothese (= resourceful, evaluating, maximizing man), *Brunner/Meckling*, 9 JMCB 1977, S. 70 ff.

gehen zwar davon aus, dass sich die Informationsadressaten grundsätzlich rational verhalten wollen, sich aber unter Berücksichtigung von Zeit und Kosten mit einer weniger umfassenden Entscheidungsgrundlage zufrieden geben.[55] Denn insbesondere hohe Transaktionskosten halten das Entscheidungssubjekt davon ab, sich vollständig zu informieren.[56] Das Streben nach Information wird demzufolge dort enden, wo das individuelle Nutzenniveau erreicht ist. Dieses Nutzenniveau ist selbst abhängig davon, wie schwierig es ist, die benötigten Informationen zu erlangen: Ist das Niveau leicht und somit kostengünstig zu erreichen, wird es angehoben; ist es schwer zu erreichen, wird es abgesenkt.[57] Der Adressat wird somit sein Verhalten hinsichtlich einer Kosten-Nutzen-Analyse optimieren. Einige Vertreter der *Neue Institutionenökonomie* sowie Anhänger der *Behavioural Finance*-Bewegung schränken die Annahme eines wenn auch eingeschränkt rational handelnden „homo oeconomicus" bezüglich des Informationsverhaltens noch weiter ein: Nach ihren Erkenntnissen handelt der Mensch nicht optimiert, sondern er sucht sich eine Handlungsalternative, die für ihn persönlich zufriedenstellend ist.[58] Ein so handelnder Mensch wird trotz verbleibender Unsicherheiten mit Hilfe einer sog. Urteilsheuristik[59], mit der er seinen Entscheidungsprozess zu vereinfachen versucht, eine Entscheidung treffen.[60] Gerade bei kapitalmarktrechtlichen Investitionsentscheidungen wird dieses Phänomen einer nur unvollständigen Information verstärkt, sobald es zu einer Informationsüberflutung, einem sogenannten *Information Overload*, kommt.[61] Durch einen solchen *Information Overload* kann es dazu kommen, dass erhebliche Informationen vernachlässigt und Informationen nur noch selektiv wahrgenommen werden.[62] Welche Informationen den Adressaten so noch erreichen, hängt beispielsweise davon ab, wie sie präsentiert werden oder ob sie aktuell oder in irgendeiner Weise auffällig sind.[63]

Dass deutsche Kapitalmarktteilnehmer Informationen teils nur selektiv wahrnehmen, zeigt eine vom Deutschen Aktieninstitut herausgegebene Studie zum Verhalten und zu den Präferenzen deutscher Aktionäre bei der Wahrnehmung

---

[55] Vgl. grundlegend *Simon*, 69 QJE 1955, S. 99; *Williamson*, Markets and Hierachies, S. 21 ff; zum deutschen Kapitalmarkt *Möllers/Kernchen*, ZGR 2011, S. 1, 8.

[56] Vgl. *Fleischer*, Informationsasymmetrie, S. 136.

[57] Vgl. *Fleischer*, Informationsasymmetrie, S. 113.

[58] Grundlegend *Simon*, 69 QJE 1955, S. 99 ff.; empirisch *Malhotra*, 8 Journal of Consumer Research 1982, S. 419 ff.; speziell zur Informationsverarbeitung am deutschen Kapitalmarkt *Möllers/Kernchen*, ZGR 2011, S. 1, 8.

[59] Die Heurisik beschreibt ein analytisches Vorgehen, bei dem mit begrenztem Wissen über ein System mit Hilfe von Mutmaßungen Schlussfolgerungen gezogen werden, um mit geringem Aufwand zu einer schnellen, aber nicht unbedingt optimalen Entscheidung zu gelangen.

[60] Vgl. *Simon*, 69 QJE 1955, S. 99; *Möllers/Kernchen*, ZGR 2011, S. 1, 8.

[61] Vgl. *Merkt*, zfbf Sonderheft 55 (2006), S. 24; *Möllers /Kernchen*, ZGR 2011, S. 1 ff.

[62] Vgl. *Malhotra*, 8 Journal of Consumer Research 1982, S. 419 ff.; *Möllers/Kernchen*, ZGR 2011, S. 1, 10; *Hirte/Heinrich*, in: Kölner Komm WpHG, Einl. Rn. 24.

[63] *Möllers/Kernchen*, ZGR 2011, S. 1, 10.

einzelner Bestandteile des Geschäftsberichts.[64] Danach nutzen private Anleger beispielsweise neben Gewinn- und Verlustrechnung und Bilanz hauptsächlich „gefilterte" Informationen des Lageberichts oder des Briefs des Vorstandsvorsitzenden.[65] Die Inhalte des Anhangs ziehen sie hingegen fast gar nicht in ihren Entscheidungsprozess ein. Daraus lässt sich ableiten, dass es durch eine unsystematische Zuordnung von inhaltsverwandten Themen zu unterschiedlichen Berichtsinstrumenten selbst in Bezug auf die für die Privatanleger entscheidungserheblichen Informationen zu einer selektiven Wahrnehmung kommen kann.[66] Dies kann eine uniformierte und irrationale Investitionsentscheidung zur Folge haben, die die Funktionalität des Kapitalmarkts stark beeinflusst. Eine Systematisierung der Inhalte kann in zweierlei Hinsicht die Informationsversorgung der Anleger verbessern. Zum einen kann einer wie zuletzt beschriebenen „versehentlich" erfolgten Selektion von Informationen entgegengewirkt werden. Zum anderen würde es vereinfacht, gezielt nach bestimmten Inhalten zu suchen und dadurch die Informationsbeschaffungs- und -verarbeitungskosten verringert. Das Informationsniveau der einzelnen Kapitalmarktteilnehmer würde angehoben.

Auch institutionelle Anleger dürften eine Systematisierung begrüßen. Bei ihnen besteht zwar die Gefahr des *Information Overload* nicht in gleichem Ausmaß. Diese Adressatengruppe nimmt die im Geschäftsbericht enthaltenen Informationen in einem viel höheren Maße wahr.[67] Doch zeigt die Studie des Deutschen Aktieninstituts, dass neben den Rechenwerken des Jahresabschlusses vor allem die dazugehörigen Anhangsangaben, also alle Informationen mit einem stark ausgeprägten Finanzzahlenbezug, von dieser Gruppe an Investoren verarbeitet werden.[68] Würden Inhalte mit einem starken bilanzrechtlichen Faktenbezug von solchen, denen eben dieser Bezug fehlt,[69] getrennt, könnten die Informationskosten der institutionellen Anleger gesenkt werden, da Inhalte mit Finanzzahlenbezug konzentriert und gezielter zugänglich wären.

Das System der Berichtsinhalte von Anhang und Lagebericht muss aus diesen Gründen gewährleisten, dass themenverwandte Informationen in einem einheit-

---

[64] *Ernst/Gassen/Pellens*, in: von Rosen: Verhalten und Präferenzen deutscher Aktionäre, Studien des DAI, Heft 42, 2009.

[65] *Ernst/Gassen/Pellens*, in: von Rosen: Verhalten und Präferenzen deutscher Aktionäre, Studien des DAI, Heft 42, 2009, S. 30, 19.

[66] Anders das IFRS Discussion Paper zum Management Commentary, S. 161, in dem das IASB vom Fehlen eines solchen empirischen Befundes ausgeht.

[67] Nach der Studie von *Ernst/Gassen/Pellens*, in: von Rosen: Verhalten und Präferenzen deutscher Aktionäre, Studien des DAI, Heft 42, 2009, S. 49 nutzen institutionelle Anleger im Vergleich zu den Privatanlegern nahezu alle Bestandteile intensiver.

[68] *Ernst/Gassen/Pellens*, in: von Rosen: Verhalten und Präferenzen deutscher Aktionäre, Studien des DAI, Heft 42, 2009, S. 55.

[69] Nach der Studie des DAI scheinen insbesondere Corporate-Governance-Informationen für institutionelle Anleger entbehrlich; *Ernst/Gassen/Pellens*, in: von Rosen: Verhalten und Präferenzen deutscher Aktionäre, Studien des DAI, Heft 42, 2009, S. 55.

lichen Berichtsformat zusammengestellt sind und so den oben beschriebenen informationsspezifischen Problemen entgegengewirkt werden kann.

C. Konkretisierung des Untersuchungsgegenstands und Gang der Untersuchung

Ziel dieser Untersuchung ist es, übergeordnete Leitkriterien und Prinzipien zu identifizieren, unter die sich die derzeitigen Inhalte von Anhang und Lagebericht systematisch und folgerichtig in einer stimmigen Grundkonzeption ordnen lassen. Es ist hingegen nicht Ziel dieser Arbeit, eine weitergehende Systematisierung und Ordnung der Einzelinhalte innerhalb der Grundkonzeption vorzunehmen. Dies wäre in einer weiteren Untersuchung anzugehen und erst dann sinnvoll, wenn die Grundkonzeption anerkannt ist.

Folglich wird die Arbeit – nachdem die Materie aus systematischem Blickwinkel entstehungsgeschichtlich eingeordnet und das derzeitige Normverständnis dargestellt und evaluiert wurde – diejenigen Themengebiete herausarbeiten, die für eine vollständige Systematisierung in dem oben beschriebenen Sinne das größte Eignungspotential aufzeigen. Diesen abstrakten Grundüberlegungen folgt eine einzelfallbezogene Zweckanalyse aller Berichtsinhalte von Anhang und Lagebericht anhand zuvor definierter Kriterien. Die Untersuchung wird sich allein auf den Einzelabschluss der Unternehmen beziehen und Anhang und Lagebericht des Konzerns unbeachtet lassen. Die Inhalte des Konzernanhangs und -lageberichts sind zwar weitestgehend inhaltsgleich mit denen des Einzelabschlusses, doch können sich aus Konzernperspektive andere Berichtszwecke und Schwerpunkte ergeben.

Obwohl Anhang und Lagebericht weitestgehend rechtsformübergreifend ausgestaltet sind, muss die Perspektive der Untersuchung weiter verengt werden. Die gesellschaftsrechtlichen Regelungsrahmen der verschiedenen Personen- und Kapitalgesellschaften weichen erheblich voneinander ab. Gleiches gilt für spezielle Branchen, wie den Kreditinstituten, deren Gesellschaftsrecht von aufsichtsrechtlichen Einflüssen geprägt ist. Diese Untersuchung wird sich deshalb exemplarisch auf die großen kapitalmarktorientierten Aktiengesellschaften, die keine Kreditinstitute sind, konzentrieren. Die von Unternehmen dieser Gesellschaftsform, die bei ihrer Unternehmenspublizität mit 88 Einzelberichtspflichten in Anhang und Lagebericht die umfassendsten Vorgaben zu berücksichtigen haben, zu publizierenden Berichtsformate und Inhalte sollen neu konzipiert und geordnet werden.

Das Ergebnis des ersten Teils ist ein Vorschlag, wie sich die derzeitigen Berichtspflichten in ein solches Systematisierungskonzept einordnen lassen. Es soll nicht Ziel der Arbeit sein, die Notwendigkeit und Sinnhaftigkeit der gesetzlichen

Berichtsinhalte zu hinterfragen. Spiegelbildlich will diese Arbeit nicht Informationslücken aufdecken oder diese schließen. Eine Systematisierung kann zwar dazu führen, dass sich aus der Zusammenschau vieler einzelner Informationen eine solche Lücke herauskristallisiert. Es wird Aufgabe weiterer Arbeiten sein müssen, die derzeitigen Inhalte aufeinander abzustimmen, zu ergänzen oder ggf. aufgrund veränderter Rechtsrahmen zu streichen.

Der zweite Teil der Arbeit wird die rechtlichen Rahmenbedingungen ausarbeiten, die *de lege ferenda* an ein Berichtsformat mit dem neu definierten Inhalt geknüpft sind. Dieser Teil der Untersuchung wird die thematische Begrenzung des ersten Teils fortführend wiederum aus Sicht einer Aktiengesellschaft erfolgen. Die Vorschläge sollen Diskussionsgrundlage für eine Rechtsfortbildung sein.

Der Umsetzung des in dieser Arbeit entwickelten Systematisierungskonzepts steht in praxi die Tatsache entgegen, dass große Teile der Materie – insbesondere die Trennung der Inhalte in die beiden Berichtsinstrumente Anhang und Lagebericht – europarechtlichen Vorgaben entsprechen.[70] Für die Frage der Systematik muss dieses Reformhindernis[71] außer Acht gelassen werden. Die aus systematischen Gründen vorzunehmende Neuordnung adressiert deshalb neben dem deutschen Gesetzgeber gleichermaßen den europäischen. Denn dort, wo der europäische Gesetzgeber vorschreibt, welchem Berichtsformat eine Berichtspflicht zugeordnet sein soll, müssen zunächst die zugrundeliegenden Richtlinien geändert werden.

---

[70] Zur Historie noch ausführlich unten § 2A.
[71] Hierzu ausführlich unten § 5E.

§ 2 Entwicklungen und Grenzen des traditionellen Systemverständnisses

Um ein solches System zu entwickeln, soll zunächst das momentane Regelungsgefüge dargestellt werden. Denn erst dessen Verständnis erlaubt es, seine Schwächen zu erkennen und zu entscheiden, ob es für die inhaltliche Systematisierung ausreichend ist, das vorhandene System zu überarbeiten, oder ob vielmehr ein vollständig neues Konzept erarbeitet werden muss.[1] Das derzeitige Regelungsgefüge basiert auf einer Funktionsaufteilung zwischen den beiden Berichtsinstrumenten Anhang und Lagebericht, die ihre Ursprünge schon in den frühen Anfängen der aktienrechtlichen Berichterstattung hat.

A. Entstehungsgeschichte

Die Ursprünge des heutigen Anhangs und Lageberichts gehen bis auf das Aktienrecht des Jahres 1884 zurück. Damals wurde erstmals eine Pflicht des Vorstands eingeführt, im Rahmen eines gesonderten, aber einheitlich ausgestalteten Geschäftsberichts über den Vermögensstand und die Verhältnisse der Gesellschaft zu berichten (vgl. Art. 239 AktG 1884[2]). Seinerzeit noch als rechtsformspezifisches Novum allein für die Aktiengesellschaft vorgesehen, fand die Materie nach umfassenden Reformetappen und Erweiterungen in den Aktienrechtsreformen 1931/1937 und 1965 sowie durch die Umsetzung europarechtlicher Vorgaben im Bilanzrichtliniengesetz 1985[3] ihren Weg aus dem Aktienrecht in das allgemeine Rechnungslegungsrecht. Die seit diesem Zeitpunkt auf zwei getrennte Berichtsinstrumente aufgeteilten und erheblich erweiterten Inhalte unterlagen dann in jüngerer Zeit einer „Reform in Permanenz", die ähnlich wie im Aktiengesetz[4] zumindest ein abstraktes Gefährdungspotential birgt, dass das Recht wenig systematisch fortgebildet wird. Als Meilensteine sind die

---

[1] Vgl. *Pawlowski*, Methodenlehre für Juristen, S. 120 (Rn. 224).
[2] Gesetz betreffen die Kommanditgesellschaften auf Aktien und die Aktiengesellschaften, vom 18. Juli 1884, RGBl. I S. 123 ff.
[3] BGBl. I, S. 2355 ff.
[4] Vgl. kritisch *Zöllner,* AG 1994, S. 336 ff.; für die Notwendigkeit einer steten Reform plädierend *Seibert*, AG 2002, S. 417 ff.

Reformen des KonTraG von 1998[5], des BilReG von 2004[6], des VorstOG von 2005[7], des Übernahmerichtlinien-UG von 2006[8] und des BilMoG von 2009[9] zu nennen. Sie weiteten nicht nur die Berichtsthemen quantitativ aus; vielmehr deutet die Hauptzielrichtung einzelner Reformgesetze auf über die klassischen Rechnungslegungsziele hinausgehende Zwecke hin.

I. Die Anfänge der deutschen Geschäftsberichtspublizität

1) Der Geschäftsbericht des Art. 239 Abs. 2 ADHGB 1884

Das ADHGB von 1861 hatte sich der Rechnungslegung nur rudimentär angenommen. Zwar hatte der Vorstand den Aktionären eine Bilanz vorzulegen; Regeln zur Bilanzierung und zur Prüfung durch den Aufsichtsrat überließ das Gesetz hingegen dem Gesellschaftsvertrag.[10] Materielle Bilanzierungsregeln und ein gesonderter Gewinnausweis in der Bilanz (Art. 239a Nr. 4 ADHGB 1870) wurden erst durch die Aktienrechtsnovelle von 1870 eingeführt.[11]

Eine erstmalig über die Rechnungslegung in Bilanz und Gewinn- und Verlustrechnung hinausgehende Berichtspflicht wurde 1884 in Art. 239 Abs. 2 ADHGB 1884 eingeführt. Danach sollte ein Bericht vom Vorstand verfasst werden, in dem zum einen der „Vermögensstand", zum anderen aber auch die „Verhältnisse der Gesellschaft" dargestellt werden mussten. Die allgemeine Funktion der aktienrechtlichen Publizität von 1884, zu der der neue „Geschäftsbericht" zählte, lag primär im Schutz der Aktionäre, daneben aber auch im Schutz des Publikums, der Gläubiger und Dritter vor Täuschung und Übervorteilung.[12] Der Zweck der Berichterstattung im Rahmen des Geschäftsberichts nach Art. 239 Abs. 2 ADHGB 1884 war dadurch begrenzt, dass zwar die Bilanz sowie die Gewinn- und Verlustrechnung zu veröffentlichen und zum Handelsregister einzureichen waren,[13] der Geschäftsbericht dagegen nur dem Aufsichtsrat und – „mit dessen Bemerkungen" – der Generalversammlung vorzulegen war. Er diente somit nur der Information des Aufsichtsrats und der Gesellschafter[14] und sollte zunächst

---

[5] Gesetz zur Kontrolle und Transparenz im Unternehmensbereich v. 5. 3. 1998, BGBl. I, S. 786 ff.

[6] Gesetz zur Einführung internationaler Rechnungslegungsstandards und zur Sicherung der Qualität der Abschlussprüfung v. 4. Dezember 2004, BGBl. I, S. 3166 ff.

[7] Gesetz über die Offenlegung der Vorstandsvergütung v. 3. August 2005, BGBl. I, S. 2267 ff.

[8] Gesetz zur Umsetzung der Richtlinie 2004/25/EG des Europäischen Parlaments und des Rates vom 21. April 2004 betreffend Übernahmeangebote, BGBl. I, S. 1426 ff.

[9] Gesetz zur Modernisierung des Bilanzrechts v. 25. Mai 2009, BGBl. I, S. 1102 ff.

[10] Art. 239 Nr. 6, 225 Abs. 1 und 2 HGB.

[11] Text bei *Schubert/Hommelhoff*, ZGR Sonderheft 4, S. 108 ff., 123.

[12] *Döllerer*, BB 1958, S. 1281.

[13] Art 185 c i. V. m. Art. 239 b ADHGB 1884.

[14] *Hommelhoff*, in: Großkomm HGB, 4. Auflage, § 289 Rn. 7; *Palmes*, Lagebericht, S. 23.

die Prüfung der Bilanz erleichtern.[15] Daneben ergänzte und erläuterte er den Jahresabschluss, der als Grundlage für die Entscheidungen der Generalversammlung fungierte, ob sie die Bilanz genehmigen[16] und die Organe entlasten, den Aufsichtsrat neu wählen und wie sie den Reingewinn verteilen[17] wollten. Der Geschäftsbericht institutionalisierte somit einen Teil des allgemeinen Informationsrechts der Aktionäre, indem er ergänzende und erläuternde Angaben enthielt. Die Berichtsinhalte wurden aber nicht weitergehend differenziert oder gar systematisiert. Ein solches Vorgehen drängte sich auch wegen der Einheitlichkeit des Berichts und des generalklauselartigen Charakters der Vorschrift nicht auf.

2) Der Geschäftsbericht des HGB von 1897

Die HGB-Reform von 1897 überarbeitete das Rechnungslegungsrecht der Aktiengesellschaft nur redaktionell. Während der Reformentwurf den Geschäftsbericht noch um Angaben zu Bilanzansätzen und Abschreibungsgrundsätzen erweitern wollte, damit aber auf Befürchtungen stieß, es könnten vertrauliche Mitteilungen über den Geschäftsbericht einem großen Publikum bekannt werden[18], wurde in der finalen Gesetzesversion der Geschäftsbericht ohne Inhaltsänderungen übernommen und in § 260 HGB 1897 übergeleitet.[19] Rechtsprechung und Lehre entwickelten aus dem Gebot, den „Vermögensstande" und die „Verhältnisse" darzulegen, zwar einen weiten, leerformelartigen Informationsanspruch und benannten einzelne berichtspflichtige Aspekte[20], die insgesamt aber ohne weitere Konkretisierung und Systematik blieben.

3) Der Geschäftsbericht des § 260a HGB 1931

Die HGB-Novelle durch Notverordnung im Jahre 1931[21], die im Vorgriff auf eine bereits vorbereitete Gesamtreform des Aktienrechts das Vertrauen in das Aktienwesen nach der Weltwirtschaftskrise wieder herstellen sollte, indem die Rechnungslegung und Offenlegungspflichten grundlegend verbessert wur-

---

[15] *Förtsch*, in: Puchelt ADHGB, Art. 239, Anm. 1.

[16] Der Generalversammlung oblag jetzt erstmals explizit die Genehmigung der Bilanz (Art 185 c ADHGB 1884), sie konnte Revisoren zur Bilanzprüfung bestellen, eine Minderheit von 10 % des Grundkapitals eine Vertagung der Generalversammlung durchsetzen (Art 239 a ADHGB 1884).

[17] *Hommelhoff*, in: Großkomm HGB, 4. Auflage, § 289 Rn. 3.

[18] Vgl. *Göllert*, Sozialbilanzen, S. 91.

[19] *Palmes*, Lagebericht, S. 24.

[20] RGSt 41, 293, 297 f. („alle Tatsachen und Umstände, die nach dem vernünftigen Ermessen bei Berücksichtigung der Anschauungen des Verkehrs zur Beurteilung der gesamten Geschäftslage des Unternehmens von Bedeutung sind"); RGSt 38, 195, 197 (wesentlich beeinträchtigende Ereignisse des neuen Geschäftsjahres).

[21] Verordnung des Reichspräsidenten über Aktienrecht, Bankenaufsicht und über eine Steueramnesie, vom 19. September 1931, RGBl. I, S. 493 ff.

den,[22] wertete den Geschäftsbericht inhaltlich signifikant auf. Der Bericht musste jetzt insgesamt den „Grundsätzen einer gewissenhaften und getreuen Rechenschaftslegung" entsprechen (§ 260 a Abs. 4 S. 1 HGB 1931). Neben diesen
generalklauselartig umschriebenen Sorgfaltsanforderungen wurden erstmals
die Berichtsinhalte konkretisiert. Dies war nicht zuletzt notwendig geworden,
weil die Vorgaben in der Praxis nur unzulänglichen befolgt wurden.[23] Bereits zu
diesem Zeitpunkt zeichnete sich ab, dass zwischen einem allgemeinen, den Vermögensstand und die Verhältnisse der Gesellschaft entwickelnden Berichtsteil
(§ 260a Abs. 1, 1. Hs. HGB 1931) und einem den Jahresabschluss erläuternden
sowie wesentliche Abweichungen zum Vorjahr erörternden Berichtsteil (§ 260a
Abs. 1 S. 1. a. E., Abs. 1. S. 2 HGB) zu trennen war.[24] Hierin lag ein erster
Grundstein eines Berichtssystems. Daneben enthielt Absatz 2 mit Angaben
zu abhängigen Gesellschaften erste Aspekte einer konzernbezogenen Berichterstattung. Die Berichtspflichten ergänzte Absatz 3 („ferner") durch eine Reihe
von Einzelangaben, die, nur wenig geordnet, die Kapitalaufbringung und die
Verwaltungsunabhängigkeit durch Offenlegung flankierten,[25] teils allgemeine
Bilanzrisiken adressierten,[26] teils aber auch sonstige Angaben[27] einführten, die
der seinerzeitige Gesetzgeber als so bedeutend erachtete, dass er es als unerlässlich ansah, darüber Bericht zu erstatten. Da die Funktion des Geschäftsberichts
unverändert einheitlich darin gesehen wurde, den Jahresabschluss zu erläutern
und zu ergänzen[28], unterließ es der Gesetzgeber zur damaligen Zeit, diese Einzelangaben zu einem der beiden Berichtsteile systematisch zuzuordnen.

4) Der Geschäftsbericht des § 128 AktG 1937

Durch die Reform 1937 wurde der Geschäftsbericht in § 128 AktG[29] überführt
und die bereits zuvor angelegte Aufteilung übernommen und akzentuiert. Der
forthin so bezeichnete Lagebericht, in dem der Geschäftsverlauf und die Lage

---

[22] So die Begründung des Entwurf II, 1930, S. 108. Die Begründung des Entwurfs II (1930)
gilt für die in der NotVO vorgezogenen Reformen als weitgehend maßgeblich.

[23] *Pinner*, in: Staub HGB, 14. Auflage 1933, § 260a, Vorbemerkung; *Hommelhoff*, in:
Großkomm HGB, 4. Auflage, § 289 Rn. 4.

[24] *Palmes*, Lagebericht, S. 25 f.

[25] § 260 a Abs. 3 Nr. 1–4 HGB 1931 (für Rechnung der Gesellschaft übernommene Aktien,
Bestand eigener Aktien, gebundene Aktien, Genussscheine).

[26] § 260 a Abs. 3 Nr. 5, 8, HGB 1931 (aus der Bilanz nicht ersichtliche Haftungsverhältnisse, besondere Vorgänge nach Geschäftsjahresende). Der Entwurf 1930 sah noch zusätzlich
Angaben zu Verlusten aus schwebenden Verträgen (§ 110 Abs. 5 Nr. 8. ferner über Prüfungs-
beanstandungen (§ 110 Abs. 4) vor.

[27] § 260 a Abs. 3 Nr. 6 (Gesamtabzüge der Organe) und Nr. 6 (Zugehörigkeit zu Kartellen);
Nr. 6 geht auf eine Intervention Preußens aus 1931 zurück.

[28] *Hommelhoff*, in: Großkomm HGB, 4. Auflage, § 289 Rn. 4.

[29] Gesetz über die Aktiengesellschaften und Kommanditgesellschaften auf Aktien vom
30. Januar 1937, RGBl. I S. 107 ff.

der Gesellschaft darzustellen waren, fand sich in § 128 Abs. 1 AktG 1937; in ihn wurde auch die bisherige Einzelangabe zu Geschäftsvorfällen nach Geschäftsjahresende (§ 260 a Abs. 2 Nr. 8 HGB 1931) integriert. Der als Erläuterungsbericht bezeichnete Teil, in dem der Jahresabschluss sowie wesentliche Abweichungen von dem letzten Jahresabschluss erläutert werden sollten, fand sich in § 128 Abs. 2 AktG 1937.[30] Die zuvor in § 260 a HGB 1931 in einem Absatz 3 verankerten Einzelangaben wurden dem Erläuterungsteil einheitlich zugeordnet und um weitere Einzelangaben erweitert;[31] sie sollten den Jahresabschluss erläutern und ergänzen.[32] Die Unterscheidung zwischen erläuternden und ergänzenden Angaben im Erläuterungsbericht wurde in der Literatur nur vereinzelt aufgegriffen[33], ohne dass hieraus systematische Konsequenzen gezogen wurden. Der Erläuterungsbericht erfüllte somit die Funktion, das Zahlenbild des Jahresabschlusses für den bilanzkundigen Leser verständlich zu machen (Erläuterungsfunktion) und gegebenenfalls zu ergänzen (Ergänzungsfunktion).[34] Demgegenüber sollte die neu in Absatz 5 eingeführte Pflicht, die Namen der Organmitglieder zu nennen, allgemein die Anonymität der Aktiengesellschaft mildern.

5) Der Geschäftsbericht in § 160 AktG 1965

Die große Aktienrechtsreform von 1965 zielte darauf ab, die Stellung der Aktionäre zu verbessern, indem insbesondere die Rechnungslegungsvorschriften geändert wurden. Es wurde erstmals eine umfassende Konzernrechnungslegung mit einem Konzerngeschäftsbericht (§ 334 AktG 1965) eingeführt und durch höhere Transparenz und verstärkte Aktionärsrechte insbesondere der Bildung stiller Reserven entgegengewirkt.[35]

Die Reform brachte für den Geschäftsbericht keine grundlegenden funktionsspezifischen Änderungen. Hauptzweck blieb die Information der Aktionäre[36] sowie die Rechenschaftslegung gegenüber den Aktionären, der Belegschaft, den

---

[30] *Godin*, in: Godin/Wilhelmi, AktG, 2. Auflage 1950, § 128 Anm. II.3.

[31] § 260 Abs. 3 Nr. 4 ADHGB 1931 (bezogene Aktien nach bedingter Kapitalerhöhung) und Nr. 5 (genehmigtes Kapital).

[32] *Godin*, in: Godin/Wilhelmi, AktG, 2. Auflage 1950, § 128 Anm. II.4.

[33] Nach *Godin*, in: Godin/Wilhelmi, AktG, 2. Auflage 1950, § 128 Anm. II.4 sollten zu den ergänzende Angaben insbesondere die Angaben zum genehmigten Kapital, zu den Genussrechten, nicht aus der Bilanz ersichtlichen Haftungsverhältnissen, Beziehungen zu Konzernunternehmen und zur Zugehörigkeit zu Kartellen gehören.

[34] *Hommelhoff*, in: Großkomm HGB, 4. Auflage, § 289 Rn. 5; *Godin*, in: Godin/Wilhelmi, AktG, 2. Auflage 1950, § 128 Anm. II.3.

[35] Insbesondere durch die Sonderprüfung wegen unzulässiger Unterbewertung, §§ 258 ff. AktG 1965.

[36] *Hommelhoff*, in: Großkomm HGB, 4. Auflage, § 289 Rn. 6; *Mellerowicz*, in: Großkomm AktG, 3. Auflage, § 160, Anm. 3.

Gläubigern und der Öffentlichkeit.[37] Die Inhalte des § 128 AktG 1937 wurden in § 160 AktG 1965[38] überführt und sowohl die Erläuterungspflichten in Absatz 2 als auch die – wieder in einem eigenen Absatz statuierten – Einzelangaben (Abs. 3) wurden erweitert.[39] Der Lagebericht blieb inhaltlich unverändert. Er diente als ergänzender Teil der Rechenschaftslegung und beinhaltete einen Wirtschaftsbericht und einen Nachtragsbericht.[40]

Der Erläuterungsbericht wurde erweitert, in seiner Funktion aber nicht verändert. Er sollte wie zuvor die Aussagen des Zahlenbildes ergänzen, dieses aber auch durch darüber hinausgehende Erklärungen erläutern.[41] Hierzu wurde in § 165 Abs. 2 AktG 1965 die Pflicht, den Jahresabschluss allgemein zu erläutern, um detaillierte Erläuterungspflichten zu Bewertungs- und Abschreibungsmethoden (Abs. 2 S. 2), zu Wertberichtigungen auf einzelne Posten des Anlagevermögens (Abs. 2 S. 3) sowie zu Abweichungen gegenüber dem Vorjahresabschluss und ihren quantitativen Auswirkungen auf das Jahresergebnis (Abs. 2 S. 3 und 4) ergänzt. Diese Regelungen sollten willkürlich gebildete stille Reserven aufdecken.

Die Einzelangaben nach Absatz 3 wurden erweitert und bei einzelnen Angabepflichten auf ähnlich gelagerte Sachverhalte ausgeweitet. Sie verlangten anders als Absatz 1 und 2 unverändert nicht, dass umfassend wertend erläutert, dargelegt oder erklärt wurde, sondern forderten nur, Tatsachen anzugeben.[42] Teilweise[43] wiesen insbesondere die neu eingeführten Einzelangaben keine Verbindung mehr zum Jahresabschluss auf.[44] Somit erfüllten sie nur eine Ergänzungsfunktion. Obwohl sie demnach nicht bezweckten, den Jahresabschluss zu erläutern, wurden sie in der Literatur überwiegend als Teil des Erläuterungsberichts angesehen.[45] Eine Systematisierung der Einzelangaben in Lageberichts- bzw. Erläuterungsberichtsinhalte strebte nur *Kropff*[46] an, indem er die Inhalte allein orientiert an ihrem inneren Zusammenhang verorten wollte und es als zulässig ansah, die Informationen anhand dieses Zusammenhangs auf Lagebericht (z. B. die Offenlegung von Beziehungen zu verbundenen Unternehmen und von mitgeteilten Beteiligungen) und Erläuterungsbericht (z. B. nicht

---

37 *Mellerowicz*, in: Großkomm AktG, 3. Auflage, § 160, Anm. 3.

38 Aktiengesetz vom 6. September 1965, BGBl. I, S. 1089 ff.

39 *Hommelhoff*, in: Großkomm HGB, 4. Auflage, § 289 Rn. 6.

40 *Mellerowicz*, in: Großkomm AktG, 3. Auflage, § 160, Anm. 2.

41 *Mellerowicz*, in: Großkomm AktG, 3. Auflage, § 160, Anm. 9.

42 *Mellerowicz*, in: Großkomm AktG, 3. Auflage, § 160, Anm. 24.

43 Nach *Kropff*, in: Geßler/Hefermehl/Eckardt/Kropff, AktG, § 160 Rn. 58 galt dies beispielsweise für die Offenlegung einer der Gesellschaft mitgeteilten Beteiligung, also für die Offenlegung der Gesellschafterstruktur.

44 Vgl. *Castan*, Rechnungslegung der Unternehmung, S. 158; *Kropff*, in: Geßler/Hefermehl/Eckardt/Kropff, AktG, § 160 Rn. 58.

45 Vgl. *Castan*, Rechnungslegung der Unternehmung, S. 158 m. w. N.

46 Vgl. *Kropff*, in: Geßler/Hefermehl/Eckardt/Kropff, AktG, § 160 Rn. 2, 58.

aus dem Jahresabschluss ersichtliche Haftungsverhältnisse) zu verteilen. Der Geschäftsbericht hatte somit insgesamt eine Erläuterungs- und Interpretationsfunktion sowie eine Ergänzungsfunktion, die hauptsächlich durch die Einzelangaben des § 160 Abs. 3 AktG 1965 erfüllt wurde.

6) Fazit

In den folgenden zwei Jahrzehnten wurden die Regelungen zum aktienrechtlichen Geschäftsbericht nicht mehr verändert. In seiner 100-jährigen Entwicklung hatten sich die rudimentären Anfangsregelungen früh als unzulänglich erwiesen und wurden durch explizitere Angabepflichten ergänzt. Auch wenn so der Normbestand insgesamt ausgeweitet wurde, blieben Kernregelungen wie der Berichtsstandard der getreuen Rechenschaftslegung weiterhin durch generalklauselartige Pflichten beschrieben. Dies gilt für die knappen Regelungen zum Lagebericht wie zunächst auch die allgemeine und erst 1965 konkretisierte Erläuterungspflicht zum Jahresabschluss selbst, wenngleich Einzelangaben zu bestimmten Einzelaspekten mit Rechnungslegungsbezug das Informationsbild ergänzten. Hinzu traten früh und zunehmend Einzelangaben ohne direkten Abschlussbezug. Eine erste Trennung der Berichtsinhalte in Lagebericht und Erläuterungsbericht gab den Berichten eine grobe Ordnung, in die sich allerdings eine Reihe von Einzelangaben schwer einfügte. Nicht zuletzt die relativ überschaubare Anzahl der Berichtsinhalte und Einzelaspekte (zwei zum Lagebericht, 12 zum Erläuterungsbericht mit Einzelangaben und der Namensangabe in § 160 Abs. 4 AktG 1965) drängten trotz der generalklauselartigen Kernpflichten die Notwendigkeit, vertieft und umfassend zu systematisieren, nicht auf. Systematisierungsanstöße, wie durch *Kropff*, blieben vereinzelt und wurden nicht weiter verfolgt.

II. Die Fortentwicklung der Anhang- und Lageberichterstattung in getrennten Berichtsformaten

1) Die Neuausrichtung des Bilanzrichtlinien-Gesetzes 1985

Mit Umsetzung der Bilanzrichtlinie[47] 1985 endete die Ära des aktienrechtlichen Geschäftsberichts. Die Bilanzrichtlinie ordnete eine rechtsformübergreifende Regelung für alle Kapitalgesellschaften an, sodass die Gesamtmaterie nunmehr im Handelsgesetzbuch geregelt wurde. Die Richtlinie übernahm zwar große Teile des deutschen Vorbilds, spaltete jedoch die bisher zusammen geregelten Teile des Geschäftsberichts in die zwei unabhängigen Berichtsformate Anhang und Lagebericht auf. Historisch gesehen handelt es sich somit zwar um

---

[47] Richtilinie 78/660/EWG des Europäischen Parlaments und des Rates vom 25. Juli 1978 (4. Bilanzrichtlinie).

eine Fortbildung des aktienrechtlichen Geschäftsberichts, was sich gerade darin zeigt, dass die Neuregelungen inhaltlich weitestgehend ähnlich zur deutschen Vorgängerregelung waren[48] und diese weitgehend ersetzten. Andererseits stellt die Neuregelung insbesondere, weil sie nunmehr europarechtlich geprägt ist, einen Einschnitt dar: Es bestand Einigkeit darüber, dass es sich verbiete, die Materie nach den bisherigen deutschen Erkenntnissen auszulegen und zu interpretieren, zumal ein expliziter Verweis auf die deutsche Regelung des § 160 AktG 1965 in der Richtlinie naturgemäß fehlt.[49]

Die Trennung der beiden Berichtsinstrumente wurde noch unterstrichen, indem der Anhang dem Jahresabschluss zugeordnet, der Lagebericht aber als eigenständiges Berichtsformat geregelt wurde (sog. Zwei-Säulen-Modell).[50] Gerade deshalb sollte sich die Funktion des Lageberichts nicht aus dem Jahresabschluss ableiten und der Lagebericht gerade nicht dazu dienen, den Abschluss in seinem Informationsgehalt zu verdichten, zu verbessern, abzurunden oder richtigzustellen.[51] Vielmehr sollte der Lagebericht das vorangegangene Geschäftsjahr qualitativ bewerten, der Jahresabschluss dieses hingegen quantitative darstellen.[52] Dabei sollte sich der Lagebericht anders als der Anhang von einer positionsbezogenen Sicht lösen und eine Gesamtwertung zum Ziel haben, in der die für das Unternehmen relevanten wirtschaftlichen Zusammenhänge dargestellt und beurteilt werden.[53] Hingegen ließ sich die Funktion des Anhangs aus seinen Berichtselementen ablesen. Die einzelnen Angabepflichten bezogen sich überwiegend auf Positionen der Bilanz oder der Gewinn- und Verlustrechnung und erläuterten, ergänzten oder differenzierten diese.[54] Die im Geschäftsbericht von 1965 in § 160 Abs. 3 AktG 1965 verankerten Einzelangaben, die nicht von der Bilanzrichtlinie übernommen wurden[55], verblieben in § 160 AktG 1985 und wurden, womöglich mit der überwiegenden Auffassung in der Literatur, ungeachtet ihres Sachzusammenhangs dem den Erläuterungsbericht ersetzenden Anhang zugeordnet.

Der neue Anhang sollte dem Verständnis von Bilanz und Gewinn- und Verlustrechnung dienen und durch die in § 160 AktG 1985 verankerten Berichtsinhalte durch ergänzende Informationen einer Fehlinterpretation dieser Berichtsinstrumente vorbeugen.[56] Der Lagebericht sollte mithilfe ergänzender Angaben zur wirtschaftlichen Betrachtung ein von einzelnen Bilanzposten

---

[48] *Müller*, in: Beck Hdb der Rechnungslegung, Stand 1998; B 50 Rn. 5.

[49] *Müller*, in: Beck Hdb der Rechnungslegung, Stand 1998; B 50 Rn. 6 f.; *Hommelhoff*, in: Großkomm HGB, 4. Auflage, § 289 Rn. 8, 11.

[50] *Hommelhoff*, in: Großkomm HGB, 4. Auflage, § 289 Rn. 12.

[51] *Hommelhoff*, in: Großkomm HGB, 4. Auflage, § 289 Rn. 12.

[52] *Müller*, in: Beck Hdb der Rechnungslegung, Stand 1998; B 50 Rn. 18 f.

[53] *Müller*, in: Beck Hdb der Rechnungslegung, Stand 1998; B 50 Rn. 30.

[54] *Müller*, in: Beck Hdb der Rechnungslegung, Stand 1998; B 50 Rn. 29.

[55] Nicht übernommen wurden § 160 Abs. 3 Nr. 1, 2, 3, 4, 5, 6, 11 AktG 1965.

[56] *Müller*, in: Beck Hdb der Rechnungslegung, Stand 1998; B 50 Rn. 29.

losgelöstes Bild liefern. Schon damals zeigte sich insbesondere durch die von beiden Berichtsinstrumenten verfolgte Ergänzungsfunktion eine Schwäche des funktionsorientierten Systems. Dieser Eindruck wurde dadurch verstärkt, dass die Einzelangaben des ehemaligen § 160 Abs. 3, 5 AktG 1965 unsystematisch dem Anhang zugeordnet wurden.

2) Entwicklungen nach 1985

Die Rechtsentwicklung bis 1985 war von einer zwar eingreifenden, aber behaglicheren Reform mit Zeitabständen von meist mehreren Jahrzehnten geprägt. In der darauffolgenden bis heute andauernden Zeit ist der deutsche Gesetzgeber, teils auf Veranlassung der Europäischen Union, teils aus Eigeninitiative, in einen Prozess des stetigen Wandels umgeschwenkt. Seit der großen Reform 1985 wurden Anhang und Lagebericht u. a. durch das TransPuG[57] 2002, das KonTraG von 1998[58], das BilReG[59], das BilKoG[60] von 2004, das VorstOG von 2005[61], das Übernahmerichtlinien-UG von 2006[62] und schließlich 2009 durch das BilMoG[63] geändert.

Bei vielen dieser Reformgesetze stand vermehrt nicht mehr das Bilanzrecht, sondern die Transparenz ganz anderer Informationen über die Gesellschaft im Vordergrund. Dies gilt für die mittelbare Offenlegung der durch das TransPuG[64] 2002 neu eingeführten Entsprechenserklärung zum Deutschen Corporate Governance Kodex, der Offenlegung der Vorstandsvergütung durch das VorstOG von 2005[65], das sowohl Anhang als auch Lagebericht betraf, genauso wie für das Übernahmerichtlinien-UG von 2006[66], das den Lagebericht um übernahmerelevante Informationen anreicherte. Dass diese sachfremden Inhalte ihren Weg in die bilanzrechtlichen Berichtsinstrumente fanden, mag nicht zuletzt daran

---

[57] Gesetzes zur weiteren Reform des Aktien- und Bilanzrechts, zu Transparenz und Publizität v. 19. Juli 2002 (BGBl. I S. 2681).

[58] Gesetz zur Kontrolle und Transparenz im Unternehmensbereich v. 5. März 1998, BGBl. I, S. 786 ff.

[59] Gesetz zur Einführung internationaler Rechnungslegungsstandards und zur Sicherung der Qualität der Abschlussprüfung v. 4. Dezember 2004, BGBl. I, S. 3166 ff.

[60] Gesetz zur Kontrolle von Unternehmensabschlüssen v. 15. Dezember 2004, BGBl. I, S. 3408.

[61] Gesetz über die Offenlegung der Vorstandsvergütung v. 3. August 2005, BGBl. I, S. 2267 ff.

[62] Gesetz zur Umsetzung der Richtlinie 2004/25/EG des Europäischen Parlaments und des Rates vom 21. April 2004 betreffend Übernahmeangebote, BGBl. I, S. 1426 ff.

[63] Gesetz zur Modernisierung des Bilanzrechts v. 25. Mai 2009, BGBl. I, S. 1102.

[64] Gesetzes zur weiteren Reform des Aktien- und Bilanzrechts, zu Transparenz und Publizität v. 19. Juli 2002 (BGBl. I, S. 2681).

[65] Gesetz über die Offenlegung der Vorstandsvergütung v. 3. August 2005, BGBl. I, S. 2267 ff.

[66] Gesetz zur Umsetzung der Richtlinie 2004/25/EG des Europäischen Parlaments und des Rates vom 21. April 2004 betreffend Übernahmeangebote, BGBl. I, S. 1426 ff.

gelegen haben, dass es sich bei Anhang und Lagebericht um bereits fest etablierte Berichtsformate handelte.

Letzter Höhepunkt dieser Entwicklung war die Einführung der sog. Erklärung zur Unternehmensführung. Sie wurde durch das BilMoG in § 289a HGB implementiert und geht auf eine Initiative der EU-Kommission zurück, die das gesamte Recht der börsennotierten Gesellschaften in Europa und ihrer Corporate Governance verbessern und harmonisieren wollte.[67] Die Expertengruppe[68] empfahl, ein sog. Corporate Governance-Statement in die Rechnungslegung zu integrieren. Dem folgte die Abänderungsrichtlinie[69], die das BilMoG umsetzte. Die Expertengruppe schlug vor, die Unternehmen dazu zu verpflichten, in ihren Rechnungslegungsdokumenten die Schlüsselinformationen zu den angewandten Corporate Governance-Regeln und -Praktiken zu veröffentlichen.[70] Beispielhaft („at least") wurden Inhalte genannt, zu denen die Bezugnahme auf den angewandten nationalen Corporate Governance Kodex gehörte.[71] Diese Anregungen wurden dann von der Kommission in ihrem Aktionsplan zur Modernisierung des Gesellschaftsrechts und der Verbesserung der Corporate Governance in der Europäischen Union aufgegriffen[72] und erhielten schließlich durch die Abänderungsrichtlinie Einzug in verbindliches Europarecht[73].

2013 schließlich konsolidierte die Europäische Union die 4.[74] und 7.[75] Bilanzrichtlinie.[76] Grundlegende Änderungen für Anhang und Lagebericht gingen mit dieser Konsolidierung nicht einher. Allein der Nachtragsbericht gem. § 289

---

[67] Vgl. Stellungnahme der Arbeitsgruppe Europäisches Gesellschaftsrecht zum Report der *High Level Group of Company Law Experts*, S. 1 (abrufbar unter http://ec.europa.eu/internal_market/consultations/2012/company_law/additional-information/european-company-law-experts-ecle-additional-comments_en.pdf).

[68] *High Level Group of Company Law Experts*, Report on a modern Regulatory Framework for Company Law in Europe. Der abschließende Report wurde am 4. November 2002 veröffentlicht und ist unter http://ec.europa.eu/internal_market/company/docs/modern/report_en.pdf abrufbar.

[69] Artikel 46a der Richtlinie 2006/46/EG des Europäischen Parlaments und des Rates vom 14. Juni 2006.

[70] Vgl. Report der High Level Group, S. 45.

[71] Vgl. Report der High Level Group, S. 46 f.

[72] Mitteilung der Kommission an den Rat und das Europäische Parlament – Modernisierung des Gesellschaftsrechts und Verbesserung der Corporate Governance in der Europäischen Union – Aktionsplan; KOM (2003) 284 endgültig vom 21. Mai 2003; S. 15.

[73] Richtlinie 2006/46/EG des Europäischen Parlaments und des Rates vom 14. Juni 2006 (Abänderungsrichtlinie).

[74] Richtlinie 78/660/EWG des Europäischen Parlaments und des Rates vom 25. Juli 1978 (4. Bilanzrichtlinie).

[75] Richtlinie 83/349/EWG des Europäischen Parlaments und des Rates vom 13. Juni 1983 (7. Bilanzrichtlinie).

[76] Richtlinie 2013/34/EU des Europäischen Parlaments und des Rates vom 26. Juni 2013.

Abs. 2 Nr. 1 HGB ist gem. Art. 17 Abs. 1 lit. q) der Richtlinie nunmehr nicht mehr im Lagebericht, sondern im Anhang verortet.

Dass sich der Reformprozess in Zukunft fortsetzen wird, zeichnet sich bereits ab. Die Europäische Kommission hat am 16. April 2013 einen Vorschlag für eine Richtlinie vorgelegt, die die Offenlegung von nichtfinanziellen Informationen im Lagebericht um Informationen zu Umwelt-, Sozial- und Arbeitnehmerbelangen[77], zur Beachtung der Menschenrechte und zur Bekämpfung von Korruption und Bestechung erweitert.[78] Dadurch würde die Transparenz im Hinblick auf Informationen der *Corporate Social Responsibility* weiter gestärkt.[79] Daneben sollen Informationen zur Diversität der Leitungs- und Kontrollorganmitglieder in der Erklärung zur Unternehmensführung ergänzt werden, um „engstirnigem Gruppendenken" entgegenzuwirken und so die Kontrolle des Vorstands durch den Aufsichtsrat zu verbessern.[80] Insbesondere der Lagebericht bzw. die Erklärung zur Unternehmensführung, die Teil des Lageberichts ist, werden dadurch um weitere Informationen angereichert, die nur noch einen sehr schwachen Bezug zu den Finanzzahlen des Jahresabschlusses aufweisen.[81] Diese Entwicklungen machen es noch notwendiger, darüber nachzudenken, ob die Rechnungslegung der legitime Ort ist, um diese Art von Informationen zu veröffentlichen.[82]

III. Zusammenfassung

Anhang und Lagebericht blicken auf einen langen Entwicklungsprozess zurück. Es war ein weiter Weg von zwei Sätzen zum Geschäftsbericht zu einem Nor-

---

[77] Deutschland sieht eine verpflichtende Offenlegung dieser Informationen bereits vor, vgl. § 289 Abs. 3 HGB.

[78] Vorschlag für eine Richtlinie zur Änderung der Richtlinie 78/660/EWG des Rates im Hinblick auf die Offenlegung nichtfinanzieller und die Diversität betreffender Informationen durch bestimmte große Gesellschaftem imd Konzerne vom 16. April 2013, COM(2013) 207 final.

[79] Vorschlag für eine Richtlinie zur Änderung der Richtlinie 78/660/EWG des Rates im Hinblick auf die Offenlegung nichtfinanzieller und die Diversität betreffender Informationen durch bestimmte große Gesellschaftem imd Konzerne vom 16. April 2013, COM(2013) 207 final, S. 2.

[80] Vorschlag für eine Richtlinie zur Änderung der Richtlinie 78/660/EWG des Rates im Hinblick auf die Offenlegung nichtfinanzieller und die Diversität betreffender Informationen durch bestimmte große Gesellschaftem imd Konzerne vom 16. April 2013, COM(2013) 207 final, S. 4.

[81] Die Europäische Kommission erkennt zwar an, dass durch die Aspekte die Geschäftsergebnisse der Unternehmen, ihre Rechenschaftslegung, die Möglichkeit von Investoren, alle relevanten Informationen angemessen und zeitnah zu bewerten und einzukalkulieren, beeinflusst sein können, führt diese Begründung aber nur zweitrangig an; vgl. Vorschlag für eine Richtlinie zur Änderung der Richtlinie 78/660/EWG des Rates im Hinblick auf die Offenlegung nichtfinanzieller und die Diversität betreffender Informationen durch bestimmte große Gesellschaftem imd Konzerne vom 16. April 2013, COM(2013) 207 final, S. 4.

[82] In dieselbe Richtung *Hommelhoff/Mattheus*, in: Großkomm HGB, §§ 289/289a, Rn. 5.

menbestand, der auf eine hohe Zahl von Angaben und Erläuterungspflichten zielt[83] und eine massive Informationslast für die Adressaten zur Folge hat. Diese Informationslast wird nicht durch eine innere bzw. äußere Systematik der Materie reduziert. Dieser Aufgabe wird sich nun diese Untersuchung widmen.

B. Funktionsorientiertes Systemverständnis de lege lata

Diesen umfassenden Neuerungen versucht die Literatur mithilfe eines Funktionssystems grobe systematische Konturen zu geben. Auf abstrakter, von den einzelnen Informationen losgelöster Ebene werden deduktiv Funktionen abgeleitet, die das jeweilige Berichtsinstrument erfüllt. Es hat sich ein Funktionsverständnis herausgebildet, das zumeist sowohl Anhang als auch Lagebericht eine dem übrigen Jahresabschluss dienende Rolle zuweist.[84] Bezugspunkt für die von Anhang und Lagebricht erfüllten Funktionen sind in den meisten Fällen die übrigen Teile des Jahresabschlusses. So sollen beispielsweise Bilanz und Gewinn- und Verlustrechnung ergänzt und erläutert werden. Die abgeleiteten Funktionen beschreiben deshalb zumeist ein Abhängigkeitsverhältnis zwischen diesen Teilen des Jahresabschlusses und Anhang bzw. Lagebericht. Dadurch wird die konzeptionelle Trennung zwischen Anhang und Lagebericht, nach der der Lagebericht eine vom Jahresabschluss losgelöste Aufgabe erfüllen soll, teilweise aufgehoben.[85] Hieraus folgt auch, dass grundlegende Funktionen von beiden Berichtsinstrumenten gleichermaßen erfüllt werden. Erst in Folge der neueren Rechtsentwicklungen wurden über die klassischen Funktionen hinausgehende Sonderfunktionen abgeleitet, die nur von jeweils einem der Berichtsinstrumente erfüllt werden. Doch auch diesen Funktionen ist gemein, dass ihre Aufgaben immer in Abhängigkeit von Bilanz bzw. Gewinn- und Verlustrechnung beschrieben werden. Welche Funktionen Anhang und Lagebericht nach diesem deduktiven Verständnis haben und wie sich diese zueinander verhalten, soll im Folgenden dargestellt werden.

---

[83] Eine kapitalmarktorientierte Aktiengesellschaft hat 88 Angabepflichten zu berücksichtigen.

[84] Vgl. *Palmes*, Lagebericht, S. 88; anders *Hommelhoff*, in: Großkomm HGB, 4. Auflage, § 289 Rn. 12, der aus der Eigenständigkeit ein nicht an den Jahresabschluss angelehntes Funktionsverständnis ableitet.

[85] Zur umfassenden Bewertung des Funktionensystems ausführlich unten § 2C.

I. Informationsfunktion

1) Informationsvermittlung als neue Aufgabe der Rechnungslegung

Insbesondere durch die Umsetzung der Fair-Value-Richtlinie[86] durch das BilReG von 2004[87] wurden die Funktionen beider Instrumente akzentuiert. Anhang[88] und insbesondere Lagebericht[89] sollten ihren Schwerpunkt in der Informationsvermittlung haben, da beide Berichtsinstrumente – anders als Bilanz und Gewinn- und Verlustrechnung – nicht der Gewinnermittlung und dem Gläubigerschutz zu dienen bestimmt sind.[90] Die Informationsfunktion dient auf einer abstrakten Ebene zunächst dazu, die durch Bilanz und Gewinn- und Verlustrechnung erfüllten Ausschüttungs- und Steuerbemessungsfunktionen abzugrenzen.[91]

Denkbar erscheint, die Informationsfunktion in eine Selbstinformationsfunktion, deren Adressat das aufstellende Unternehmen selbst ist, und eine externe Informationsfunktion mit einem außerhalb des Unternehmens selbst liegenden Adressatenkreis zu unterteilen.[92] Die Selbstinformation des Kaufmannes erfolgt anhand der mithilfe der Finanzbuchführung dokumentierten finanziellen Verhältnisse.[93] Sollen der Anhang und Lagebericht, deren Inhalte sich nicht aus den geführten Konten ableiten lassen, der Selbstinformation dienen, setzt dies ein weitergehendes Verständnis der Selbstinformation voraus. Über die Buchführung hinausgehende Informationen zu sammeln, müsste das Verhalten des Kaufmanns steuern.[94] Der Gesetzgeber hat diese verhaltenssteuernde Pflicht, sich selbst zu informieren, bereits in §§ 76 Abs. 1, 93 Abs. 1 AktG verankert, sodass die Dokumentation der Inhalte von Anhang und Lagebericht nur mittelbar dazu dient, dass der Kaufmann sich selbst informiert.[95] Zudem sind Anhang und Lagebericht nicht von allen Kaufleuten aufzustellen, sodass allein aus dieser Gesetzessystematik abgeleitet werden kann, dass die Selbstinformation des Kaufmanns nicht durch Anhang und Lagebericht zu erfolgen hat.[96] Die Selbstinformation ist somit von der (externen) Informationsfunktion zu trennen. Sie wird allein durch die Dokumentationsfunktion der allgemeinen Buch-

---

[86] Richtlinie 2001/65/EG des Europäischen Parlaments und des Rates vom 27. September 2001 (Fair-Value-Richtlinie).

[87] BT-Drucks. 15/4054.

[88] *Hüttemann/Meyer*, in: Großkomm HGB, § 284 Rn. 7.

[89] *Kirsch/Köhrmann*, Beck Hdb der Rechnungslegung, Stand 2009, B 500 Rn. 2.

[90] Vgl. *Palmes*, Lagebericht, S. 86 (Fn. 431).

[91] So zum Lagebericht *Stobbe*, BB 1988, S. 303.

[92] Allg. zur Rechnungslegung *Merkt*, Unternehmenspublizität, S. 334 ff.; *Gros*, Rechnungslegung in Deutschland und den USA, S. 6.

[93] Vgl. *Leffson,* GoB, S. 55 f.

[94] Vgl. *Palmes*, Lagebericht, S. 81.

[95] Vgl. zum Lagebericht *Palmes*, Lagebericht, S. 82.

[96] Vgl. zum Lagebericht *Palmes*, Lagebericht, S. 82.

führungspflicht, die als Hauptfunktion neben der Informationsfunktion und der Zahlungsbemessung steht[97], erfüllt.[98] Eine solche Dokumentationsfunktion i. e. S. ist Anhang und Lagebericht wegen der über die Buchführung hinausgehenden Inhalten nicht zuzuordnen.

2) Inhalt der Informationsfunktion

Durch die mithilfe der Rechnungslegung generierten Kennzahlen soll, neben der gerade nicht durch Anhang und Lagebericht erfüllten Verhaltenssteuerung durch Selbstinformation, der Adressatenkreis in seinen Entscheidungen unterstützt werden und die dazu nützlichen Informationen vermittelt werden.[99] Es sollen die aus der Prinzipal-Agenten-Situation, also dem Auseinanderfallen von Eigentum (Prinzipal) und Vermögensverwaltung (Agent), resultierenden Informationsasymmetrien verringert werden.[100] Eine so verstandene Informationsfunktion ist sehr weit gefasst und dient mehr als Sammelfunktion für „materielle Unterfunktionen"[101]. Diese Unterfunktionen und ihr Verhältnis zueinander werden im Folgenden behandelt.

II. Rechenschaftsfunktion

Die Pflicht des Vorstands, über das von ihm zu verantwortende Geschäftsjahr gegenüber den Aktionären Rechenschaft abzulegen, resultiert daraus, dass in der Aktiengesellschaft Eigentum und Verfügungsmacht auseinanderfallen.[102] Die Insiderstellung des Vorstands verpflichtet ihn, Informationen an den Prinzipal weiterzugeben, durch die dieser in die Lage versetzt werden soll, das Verhalten des Agenten zu kontrollieren und seine Eigentumsrechte auszuüben.[103] Die Kontrollaufgabe bezieht sich auf eine ex-post Betrachtung des Unternehmensgeschehens, sodass die Rechenschaftslegung rein vergangenheitsbezogen ist.[104] Damit der Adressat der Rechnungslegung einen vollständigen, klaren und zutreffenden Einblick in die Geschäftstätigkeit bekommt, muss die Rechnungslegung um verbale Erläuterungen ergänzt werden.[105] Da sowohl Anhang als auch Lagebericht keine Zahlenwerke, sondern beschreibende Berichtsinstrumente sind, erfüllen

---

[97] Vgl. hierzu das Schaubild bei *Gros*, Rechnungslegung in Deutschland und den USA, S. 34.

[98] Vgl. *Palmes*, Lagebericht, S. 80.

[99] Vgl. *Merkt*, Unternehmenspublizität, S. 334 f.; *Gros*, Rechnungslegung, S. 34.

[100] Vgl. *Gros*, Rechnungslegung, S. 34.

[101] *Merkt*, Unternehmenspublizität, S. 335.

[102] Vgl. *Baetge*, in: FS Leffson, S. 11, 15.

[103] Vgl. *Baetge*, in: FS Leffson, S. 11, 16; *Coenenberg/Straub*, KoR 2008, S. 17, 18.

[104] Vgl. *Baetge*, in: FS Leffson, S. 11, 16; *Coenenberg/Straub*, KoR 2008, S. 17, 18.

[105] Vgl. *Leffson*, GoB, S. 64.

beide Instrumente[106] eine wichtige Rolle bei der Rechenschaftslegung. Da die Zukunftsbezogenheit des Lageberichts immer mehr betont wird, ist es aber kein zentraler Zweck der Lageberichtserstattung, Rechenschaft abzulegen.[107]

Ob die Rechenschaftsfunktion eine eigenständige Funktion darstellt, ob sie Unterfunktion der Informationsfunktion oder gar mit dieser deckungsgleich ist, wird unterschiedlich beantwortet. Beide Begriffe synonym zu verwenden überzeugt indes nicht, denn die gesamte Rechnungslegung ist ein Bündel an Informationen; auch erscheint der Begriff der Rechenschaft präziser.[108] Da zur Rechenschaftslegung Informationen für die Aktionäre bereitgestellt werden, scheint es konsequent, die Rechenschaftsfunktion als Untergruppe der Informationsfunktion zu begreifen.[109] Sie ist wegen des insoweit auf den bestehenden Aktionärskreis[110] eingeschränkten Adressatenkreises aber enger.[111] Die Informationsfunktion soll hingegen auch Informationsinteressen zukünftiger Gläubiger befriedigen.[112]

Übereinstimmend zielen sowohl die Rechenschaftsfunktion als auch die Informationsfunktion darauf ab, Informationsasymmetrien zu verringern und verlangen jeweils, entscheidungserhebliche Informationen offenzulegen.[113] Der Rechenschaftszweck geht aber darüber hinaus, Informationsasymmetrien zu verringern, da er zusätzlich einen Kontrollaspekt enthält.[114]

Betrachtet man die Rechenschaftsfunktion im Gesamtgefüge der Funktionen, stellt sie sich als Hybrid dar: Beim Anhang wird sie als eine übergeordnete Funktion durch die Erläuterungs-, Ergänzungs-, Korrektur- und Entlastungsfunktion konkretisiert;[115] beim Lagebericht lässt sich zwar ebenfalls eine Erläuterungs- und eine Ergänzungsfunktion finden, der Rechenschaftszweck spielt gerade wegen der Zukunftsorientierung des Berichtsinstruments hingegen keine übergeordnete Rolle.

---

[106] Zum Anhang *Leffson*, GoB, S. 64; *Baetge/Kirsch/Thiele*, Bilanzen, S. 95, 691; zum Lagebericht *Wiedmann*, in: Ebenroth/Boujong/Joost/Strohn, HGB, § 289 Rn. 9; *Grottel*, in: Beck BilanzKomm, § 289 Rn. 4; *Adler/Dürig/Schmaltz*, Rechnungslegung, § 289 Rn. 19; *Lück*, in: Hdb Rechnungslegung, § 289 Rn. 3; *Lange*, in: MünchKomm HGB, § 289 Rn. 7.

[107] Vgl. *Kirsch/Köhrmann*, Beck Hdb der Rechnungslegung, Stand 2009, B 500 Rn. 2.

[108] Vgl. *Baetge/Kirsch/Thiele*, Bilanzen, S. 96.

[109] So wohl *Lange*, in: MünchKomm HGB, § 289 Rn. 7.

[110] Für die Einbeziehung der Fremdkapitalgeber *Busse von Colbe*, in: Sandrock/Jäger, Internationale Unternehmenskontrolle und Unternehmenskultur, S. 45.

[111] Vgl. *Coenenberg/Straub*, KoR 2008, S. 17, 18.

[112] Vgl. *Stobbe*, BB 1988, S. 303, 305. Ob die Öffentlichkeit Adressat sein soll, wird kritisch beurteilt, vgl. *Merkt*, Unternehmenspublizität, S. 335; *Stobbe*, BB 1988, S. 303, 305; *Palmes*, Lagebericht, S. 210 ff.; für die Rechenschaft als „allgemeine soziale Außenkontrolle" *Busse von Colbe*, in: Sandrock/Jäger, Internationale Unternehmenskontrolle und Unternehmenskultur, S. 45.

[113] Vgl. *Coenenberg/Straub*, KoR 2008, S. 17, 25.

[114] Vgl. *Coenenberg/Straub*, KoR 2008, S. 17, 25.

[115] Vgl. *Baetge/Kirsch/Thiele*, Bilanzen, S. 691. Zu diesen Funktionen im Einzelnen noch sogleich.

III. Ergänzungsfunktion

Sowohl Anhang[116] als auch Lagebericht[117] haben eine Ergänzungsfunktion. Diese Funktion kann wegen der Eigenständigkeit des Lageberichts nicht allein so verstanden werden, dass der Jahresabschluss ergänzt wird, sondern sie muss als übergreifende Funktion, die zusätzliche Informationen liefert, eingeordnet werden. Es geht folglich nicht nur darum, die Informationen, die einen Bezug zum Jahresabschluss haben, zu ergänzen.[118]

Abstrakt lässt sich die Ergänzung in eine adressatenbezogene, eine sachliche und eine zeitliche Komponente unterteilen. Insbesondere der Lagebericht richtet sich neben den Gesellschaftern und Gläubigern an sonstige Lieferanten und Arbeitnehmer, sowie potentielle Angehörige dieser Gruppen.[119] Die sachliche Ergänzung bezieht sich auf Umstände oder Informationen, die wesentlich sind, um die Lage der Gesellschaft zu beurteilen, aber nicht aus der Bilanz ersichtlich sind, weil sie für die Gewinnermittlung nicht benötigt werden.[120] Hierzu zählen beispielsweise die Auflistung der Forschungs- und Entwicklungskosten gemäß § 285 Nr. 22 HGB oder die Auflistung langfristiger Verbindlichkeiten gemäß § 285 Nr. 3, 3a HGB. Zudem werden nicht bilanzfähige Sachverhalte[121], wie z. B. die Beschaffungs-, Absatz- und Personallage[122], aufgeführt und Angaben zu nicht bilanzierungsfähigen immateriellen Vermögenswerten gemacht, wobei hier dem Lagebericht vermehrt Bedeutung zukommt[123]. Unter diesen Aspekt, Bilanz und Gewinn- und Verlustrechnung sachlichen zu ergänzen, fallen auch solche Angaben, die keinen Bezug zu Bilanz oder Gewinn- und Verlustrechnung aufweisen.[124] Ein Beispiel hierfür ist die Angabe zur Entsprechenserklärung gemäß § 285 Nr. 16 HGB. In zeitlicher Hinsicht wird der Jahresabschluss ausschließlich durch den Lagebericht in Form des Prognose- und Nachtragsberichts

---

[116] Vgl. *Poelzig*, in: MünchKomm HGB, § 284 Rn. 10; *Hüttemann/Meyer*, in: Großkomm HGB, § 284 Rn. 8; *Andrejewski*, Beck Hdb der Rechnungslegung, Stand 2009, B 40 Rn. 5; *Thiel/Lüdtke-Handjery*, BilanzR Rn. 199; *Wiedmann*, in: Ebenroth/Boujong/Joost/Strohn, HGB, § 284 Rn. 1; *Wulf*, in: Baetge/Kirsch/Thiele, BilanzR, § 284 Rn. 6 f.

[117] Vgl. *Lange*, in: MünchKomm HGB, § 289 Rn. 4; *Palmes*, Lagebericht, S. 87; *Kirsch/Köhrmann*, Beck Hdb der Rechnungslegung, Stand 2009, B 500 Rn. 5; *Wiedmann*, in: Ebenroth/Boujong/Joost/Strohn, HGB, § 289 Rn. 9; *Paetzmann*, in: Haufe HGB, § 289 Rn. 5.

[118] Vgl. *Palmes*, Lagebericht, S. 93.

[119] Vgl. *Stobbe*, BB 1988, S. 303, 305; *Lange*, in: MünchKomm HGB, § 289 Rn. 4.

[120] Vgl. *Thiel/Lüdtke-Handjery*, BilanzR Rn. 199; *Wulf*, in: Baetge/Kirsch/Thiele, BilanzR, § 284 Rn. 7.

[121] Vgl. *Wulf*, in: Baetge/Kirsch/Thiele, § 284 Rn. 7.

[122] Vgl. *Baetge/Kirsch/Thiele*, Bilanzen, S. 726; *Kirsch/Köhrmann*, Beck Hdb der Rechnungslegung, Stand 2009, B 500 Rn. 5.

[123] Vgl. *Wulf*, in: Baetge/Kirsch/Thiele, § 284 Rn. 7.

[124] Vgl. *Baetge/Kirsch/Thiele*, Bilanzen, S. 691; *Palmes*, Lagebericht, S. 93.

ergänzt, da der Anhang als Teil des Jahresabschlusses dem Stichtagsprinzip unterliegt.[125]

IV. Erläuterungsfunktion

Die Erläuterungsfunktion wird zumeist dem Anhang zugeschrieben.[126] Er beinhaltet einerseits Angaben, die bestimmte Positionen der Bilanz oder der Gewinn- und Verlustrechnung kommentieren bzw. interpretieren,[127] andererseits Angaben, die Aufschluss darüber geben, wie sich bestimmte bilanzpolitische Maßnahmen auf die Vermögens-, Finanz- oder Ertragslage auswirken.[128] Durch diese Angaben soll das Verständnis des Jahresabschlusses erleichtert werden.[129]

Da der Lagebericht von der handelsrechtlichen Rechnungslegung durch den Jahresabschluss unabhängig und vollkommen eigenständig ist, kann er den Jahresabschluss nicht erläutern.[130] Konkretisiert man die Erläuterungsfunktion jedoch dahingehend, dass sie eine Aufbereitungskomponente, die das „Wie" der Bilanzierung betrifft, und eine Analysekomponente, die das „Warum" der Bilanzierung erläutert, beinhaltet,[131] ergibt sich sehr wohl eine erläuternde Aufgabe des Lageberichts: Seit dem BilReG muss der Lagebericht ausgewogen und umfassend den Jahresabschluss analysieren und kommentieren (§ 289 Abs. 1 S. 2 HGB).[132] Der Lagebericht erfüllt demzufolge eine Analysefunktion, die als Unterfunktion der Erläuterungsfunktion zugeordnet werden kann. Eine Aufbereitungsfunktion hinsichtlich des Jahresabschlusses erfüllt er wegen seiner rechtlichen Eigenständigkeit nicht. Diese Aufgabe obliegt allein dem Anhang.

V. Sonderfunktionen der Berichtsinstrumente

Neben diesen von beiden Berichtsinstrumenten erfüllten Funktionen, werden Sonderfunktionen angeführt, die jeweils nur entweder dem Anhang oder dem Lagebericht zugeordnet werden.

---

[125] Vgl. *Baetge/Kirsch/Thiele*, Bilanzen, S. 726; *Kirsch/Köhrmann*, Beck Hdb der Rechnungslegung, Stand 2009, B 500 Rn. 6.

[126] Vgl. *Poelzig*, in: MünchKomm HGB, § 284 Rn. 11; *Hüttemann/Meyer*, in: Großkomm HGB, § 284 Rn. 8; *Andrejewski*, Beck Hdb der Rechnungslegung, Stand 2009, B 40 Rn. 5; *Thiel/Lüdtke-Handjery*, BilanzR Rn. 199; *Wiedmann*, in: Ebenroth/Boujong/Joost/Strohn, HGB, § 284 Rn. 1; *Baetge/Kirsch/Thiele*, Bilanzen, S. 691; *Wulf*, in: Baetge/Kirsch/Thiele, BilanzR, § 284 Rn. 6.

[127] Vgl. *Baetge/Kirsch/Thiele*, Bilanzen, S. 691.

[128] Vgl. *Wulf*, in: Baetge/Kirsch/Thiele, BilanzR, § 284 Rn. 6; *Thiel/Lüdtke-Handjery*, BilanzR Rn. 199; *Adler/Düring/Schmaltz*, Rechnungslegung, § 284 Rn. 14.

[129] Vgl. *Thiel/Lüdtke-Handjery*, BilanzR Rn. 199.

[130] Vgl. *Palmes*, Lagebericht, S. 89 ff.

[131] Vgl. *Brinckmann*, Finanzberichterstattung, S. 239, 243.

[132] Vgl. *Kirsch/Köhrmann*, Beck Hdb der Rechnungslegung, Stand 2009, B 500 Rn. 8.

1) Originäre Anhangsfunktionen

a) Entlastungsfunktion

Indem Angaben im Anhang und nicht in der Bilanz oder Gewinn- und Verlustrechnung gemacht werden, werden diese beiden Berichtsformte entlastet und die Übersichtlichkeit und Aussagefähigkeit des Jahresabschlusses erhöht.[133] Diese Entlastungsfunktion kommt explizit in den vom Gesetzgeber vorgesehenen Wahlrechten zum Ausdruck, wonach bestimmte Angaben von Bilanz und Gewinn- und Verlustrechnung in den Anhang verlagert werden können.[134] Da Anhang, Bilanz und Gewinn- und Verlustrechnung gleichgestellt sind und dieselben Aufstellungs- und Prüfungsmaßstäbe anzulegen sind, ist es ohne rechtliche Bedenken möglich, diese Informationen in den Anhang auszulagern.[135] Wegen der beim Lagebericht abweichenden Aufstellungs- und Prüfungsmaßstäbe kann diese Funktion nicht vom Lagebericht erfüllt werden.

b) Korrekturfunktion

Gemäß § 264 Abs. 2 S. 2 HGB sind im Anhang zusätzliche Angaben zu machen, wenn der Jahresabschluss kein den tatsächlichen Verhältnissen entsprechendes Bild von der Lage der Gesellschaft vermittelt. Hieraus leitet sich eine Korrekturfunktion des Anhangs ab.[136] Da „zusätzliche Angaben" gefordert sind, stellt die Kontrollfunktion eine Unterfunktion der Ergänzungsfunktion dar („zusätzliche Angaben"). Schon ausweislich des Gesetzeswortlauts („besondere Umstände") besteht diese Funktion nur in Ausnahmefällen.[137] Keinesfalls können durch Angaben im Anhang falsche Angaben in übrigen Jahresabschluss generell korrigiert werden.[138]

---

[133] Vgl. *Andrejewski*, Beck Hdb der Rechnungslegung, Stand 2009, B 40 Rn. 5; *Thiel/Lüdtke-Handjery*, BilanzR Rn. 199; *Baetge/Kirsch/Thiele*, Bilanzen, S. 692.

[134] Vgl. *Andrejewski*, Beck Hdb der Rechnungslegung, Stand 2009, B 40 Rn. 5; *Poelzig*, in: MünchKomm HGB, § 284 Rn. 11.

[135] Vgl. *Poelzig*, in: MünchKomm HGB, § 284 Rn. 11.

[136] Vgl. *Kessler*, in: MünchKomm BilanzR, § 284 HGB Rn. 11; *Wulf*, in: Baetge/Kirsch/Thiele, § 284 Rn. 7; *Thiel/Lüdtke-Handjery*, BilanzR Rn. 199.

[137] Vgl. *Andrejewski*, Beck Hdb der Rechnungslegung, Stand 2009, B 40 Rn. 6; *Wulf*, in: Baetge/Kirsch/Thiele, § 284 Rn. 7.

[138] Vgl. *Poelzig*, in: MünchKomm HGB, § 284 Rn. 11; *Wulf*, in: Baetge/Kirsch/Thiele, § 284 Rn. 7; *Adler/Düring/Schmaltz*, Rechnungslegung, § 284 Rn. 15.

2) Originäre Lageberichtsfunktionen

a) Verdichtungsfunktion

Der Lagebericht soll die Informationen des Jahresabschlusses verdichten (sog. Verdichtungsfunktion).[139] Er fasst die durch die Rechenschaftslegung vermittelten Einzelinformationen zu einer Gesamtaussage zusammen.[140] Die getroffene Gesamtaussage beruht größtenteils auf den im Jahresabschluss abgebildeten Informationen zur Vermögens-, Finanz-, und Ertragslage.[141] Wegen der Eigenständigkeit des Lageberichts im Verhältnis zum Jahresabschluss ist eine solche Funktionsbestimmung nicht unkritisch.[142] Da der Lagebericht die ohnehin offengelegten Einzelinformationen lediglich verbal verdichtet, wird man die Verdichtungsfunktion wohl als eine Unterfunktion zur Informations- und Erläuterungsfunktion ansehen können.

b) Prognosefunktion

Durch den sog. Prognosebericht, in dem die voraussichtliche Entwicklung mit ihren wesentlichen Chancen und Risiken beschrieben werden muss (§ 289 Abs. 1 S. 4 HGB), erfüllt der Lagebericht eine Prognosefunktion.[143] Mit der voraussichtlichen Entwicklung sind insbesondere Chancen und Risiken gemeint.[144] Da Prognosen subjektiv geprägt sind,[145] ergibt sich ein enger Zusammenhang zur Beurteilungsfunktion[146]. Die Prognosefunktion kann zudem als zeitliche Dimension der Ergänzungsfunktion verstanden werden.[147] Da der Jahresabschluss streng stichtagsbezogen ist, kann diese Funktion nicht durch den Anhang erfüllt werden.

c) Beurteilungsfunktion

Aus § 289 Abs. 1 S. 4 HGB, der verlangt, dass die voraussichtliche Entwicklung mit ihren wesentlichen Chancen und Risiken beurteilt und erläutert wird, wird

---

[139] Vgl. *Kirsch/Köhrmann*, Beck Hdb der Rechnungslegung, Stand 2009, B 500 Rn. 4; *Baetge/Kirsch/Thiele*, Bilanzen, S. 726; *Greinert*, KoR 2004, S. 51.

[140] Vgl. *Greinert*, KoR 2004, S. 51, 52.

[141] Vgl. *Baetge/Kirsch/Thiele*, Bilanzen, S. 726; *Kirsch/Köhrmann*, Beck Hdb der Rechnungslegung, Stand 2009, B 500 Rn. 4.

[142] Vgl. *Palmes*, Lagebericht, S. 84.

[143] Vgl. *Lange*, in: MünchKomm HGB, § 289 Rn. 5; *Kirsch/Köhrmann*, Beck Hdb der Rechnungslegung, Stand 2009, B 500 Rn. 6.

[144] Vgl. *Kirsch/Köhrmann*, Beck Hdb der Rechnungslegung, Stand 2009, B 500 Rn. 96.

[145] Vgl. *Paetzmann*, in: Haufe HGB, § 289 Rn. 41.

[146] Siehe unten § 2B. V. 2)c).

[147] Vgl. *Kirsch/Köhrmann*, Beck Hdb der Rechnungslegung, Stand 2009, B 500 Rn. 5.

eine sog. Beurteilungsfunktion abgeleitet.[148] Bereits durch den Wortlaut („beurteilen und erläutern") wird der Zusammenhang mit der Erläuterungsfunktion
deutlich. Eine eigenständige Bedeutung erlangt die Beurteilungsfunktion deshalb, weil so auch subjektive Erwartungen, Einschätzungen und Schlussfolgerungen der Geschäftsleitung darzustellen sind.[149] Die Beurteilungspflicht, also
die Pflicht, subjektiv Stellung zu nehmen (sog. *management approach*), wurde
erst durch das BilReG 2004 eingeführt. Es handelt sich um eine neue Funktion
des Lageberichts. Nach der bis dahin geltenden Rechtslage des KonTraG reichte
es aus, auf die Risiken einzugehen oder sie gar nur zu nennen.[150]

d) Warnfunktion

Durch seinen umfassenden Informationsgehalt erfüllt der Lagebericht eine
Warnfunktion.[151] Insbesondere durch den in § 289 Abs. 1 S. 4 HGB zwingend
vorgeschriebenen Risikobericht werden Ursachen und Umstände von Risiken
offengelegt, die als solche nicht allein aus dem Jahresabschluss erkennbar
sind.[152] Hierdurch sollen insbesondere Anleger geschützt werden.[153] Die Risikoberichterstattung bezieht sich nur auf bestehende oder drohende Risiken,
nicht aber auf allgemeine Marktrisiken.[154] Explizite Warnhinweise müssen
nicht gegeben werden[155].

e) Überwachungsfunktion

Vereinzelt[156] wird dem Lagebericht eine Überwachungsfunktion zugesprochen.
Der Lagebericht unterstützt durch seine Informationen den Aufsichtsrat dabei,
die Unternehmensleitung zu überwachen, wobei im Vergleich zu den aktienrechtlichen Informationsrechten des Aufsichtsrats den durch den Lagebericht
vermittelten Informationen aufgrund der Prüfungsergebnisse des Abschlussprüfers besondere Bedeutung zukommen.[157] Neben den quantitativen Aussagen

---

[148] Vgl. *Kirsch/Köhrmann*, Beck Hdb der Rechnungslegung, Stand 2009, B 500 Rn. 7;
Tesch/Wißmann, Lageberichterstattung, S. 26; *Greinert*, KoR 2004, S. 51.

[149] Vgl. *Tesch/Wißmann*, Lageberichterstattung, S. 26; *Lange*, in: MünchKomm HGB,
§ 289 Rn. 84; *Greinert*, KoR 2004, S. 51, 52.

[150] Vgl. *Paetzmann*, in: Haufe HGB, § 289 Rn. 29.

[151] Vgl. *Lange*, in: MünchKomm HGB, § 289 Rn. 8; *Böcking/Dutzi*, in: Baetge/Kirsch/
Thiele, § 289 Rn. 9; kritisch *Kleindiek*, in: MünchKomm BilanzR, § 289 Rn. 15; *Selch*, Lagebericht, S. 157 f.

[152] Vgl. *Steuber*, in: MünchKomm AktG, 2. Auflage, § 289 HGB Rn. 18.

[153] Vgl. *Böcking/Dutzi*, in: Baetge/Kirsch/Thiele, § 289 Rn. 9; *Lange*, in: MünchKomm
HGB, § 289 Rn. 8.

[154] Vgl. *Selch*, Lagebericht, S. 157.

[155] Vgl. *Selch*, Lagebericht, S. 158.

[156] Vgl. *Lange*, in: MünchKomm HGB, § 289 Rn. 9.

[157] Vgl. *Lange*, in: MünchKomm HGB, § 289 Rn. 9.

über die Leistung (-sfähigkeit) des Unternehmens können insbesondere neuere Berichtselemente wie die Vorstandsvergütung und das in § 289a HGB verankerte sog. Corporate Governance-Statement zur Unternehmensführungspraxis der Überwachungsfunktion zugeordnet werden.[158]

C. Evaluierung der Funktionsverteilung

Die folgende Grafik stellt noch einmal die in der Literatur diskutierten Funktionen und ihre Verhältnisse zueinander schematisch dar.

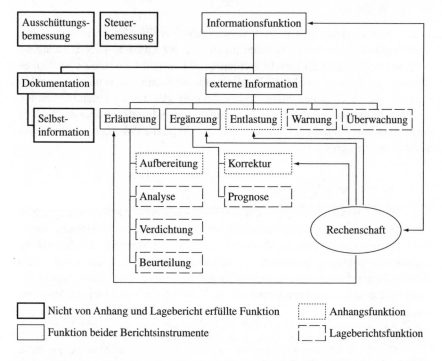

Konzeptionell ist der Lagebericht darauf ausgerichtet, das Allgemeine, Unternehmerische sowie die dem Jahresabschluss zugrunde liegenden Ursachen darzustellen. Der Anhang hingegen soll Detailinformationen und Erläuterungen zum Jahresabschluss enthalten.[159] Das von der Literatur entwickelte Funktionsbild stimmt mit diesem Konzept überein: Der Anhang vermittelt in seiner Korrektur-, Erläuterungs- und Entlastungsfunktion Detailinformationen zum Jahresabschluss, der Lagebericht analysiert, beurteilt und verdichtet Informationen

---

[158] Vgl. *Steinmeyer*, in: BilMoG, S. 277, 284 f.
[159] Vgl. *Claussen/Korth*, in: Kölner Komm AktG, § 289 HGB Rn. 6.

zu einem grundlegenderen Gesamtbild. Diese konzeptionelle Unterscheidung zwischen beiden Berichtsinstrumenten wird aber nicht stringent aufrechterhalten. Denn sehr allgemeine Funktionen (Rechenschaft, Erläuterung und Ergänzung) werden beiden Berichtsformaten zugeordnet. Es lässt sich entgegen der gesetzgeberisch gewollten Trennung der Berichtsinstrumente keine eindeutige Grenzlinie finden[160], die es erlaubt, die einzelnen Berichtsinhalte anhand dieser Funktionen zu systematisieren. Zudem führt die Konzeption des Lageberichts als ein Berichtsinstrument, in dem über alle unternehmerischen Sachverhalte berichtet werden soll, dazu, dass alle Informationen, die nicht den Jahresabschluss im engeren Sinne erläutern, in den Lagebericht verschoben werden. Dadurch wird es notwendig, gerade für den Lagebericht immer neue Funktionen abzuleiten, die sich zwar unter ein sehr weites Lageberichtsverständnis subsumieren lassen, die seine Inhalte aber uferlos ausweiten. Der Lagebericht droht zu einem Auffangberichtsinstrument[161] für all diejenigen Berichtsinhalte zu werden, die sich nicht eindeutig einer der Anhangsfunktionen zuordnen lassen.

Ein gutes Beispiel für diesen Befund sind die unter die sog. Überwachungsfunktion subsumierten Fragen der Unternehmensüberwachung, die als Teil der Corporate Governance keine Detailinformationen zum Jahresabschluss liefern. Diese Überwachungsfunktion weist selbst keinen tragenden Zusammenhang zu den wirtschaftlichen Verhältnissen des Unternehmens auf. Allein bei einem sehr weiten Verständnis der „unternehmerischen Verhältnisse" ließe sich ein solcher Zusammenhang herleiten. Dann ginge jedoch verloren, dass solche Informationen einen ganz eigenständigen Zweck verfolgen. Einer unsystematischen Rechtsfortbildung würde der Weg geebnet.

Informationen, die keinen Sachzusammenhang zum Jahresabschluss aufweisen, zeigen im Besonderen die Grenzen der auf die Geschäftsberichtszeit zurückgehenden Konzeption von Anhang und Lagebericht: Die Zweiteilung in einen den Jahresabschluss erläuternden und konkretisierenden Anhang und einen auf Grundlage der Jahresabschluss- und sonstiger Wirtschaftsdaten beruhenden, die wirtschaftliche Gesamtsituation des Unternehmens durchleuchtenden Lagebericht kann nicht erklären, warum diese gesellschaftsrechtlich geprägten Informationen in den Rechnungslegungsdokumenten zu veröffentlichen sind.

Ein ähnlich kritisches Bild lässt sich bei den Lageberichtsfunktionen „Analyse" und „Beurteilung" zeichnen: Auch durch Analysen und subjektive Beurteilungen wird der Jahresabschluss erläutert. Wann solchen analysierenden bzw. beurteilenden Berichtsinhalten der nötige konkrete Bezug zum Jahresabschluss fehlt und sie in Konsequenz dem Lagebricht und nicht dem Anhang zuzuordnen sind, ist völlig unklar.

---

[160] So im Speziellen zu den Angaben, die durch das VorstOG und das ÜbernRLUG aufgenommen wurden auch *Baetge/Kirsch/Thiele*, Bilanzrecht, § 289 Rn. 38.
[161] Vgl. *Baetge/Kirsch/Thiele*, Bilanzrecht, § 289 Rn. 272: „Instrument zur Erzielung einer weitreichenden Transparenz".

Dass es nicht möglich ist, anhand dieses Konzepts die Inhalte von Anhang und Lagebericht vollständig zu systematisieren, zeigt sich auch darin, dass einzelne konkrete Berichtsinhalte diesen Funktionen von der Literatur wenn überhaupt nur sehr selektiv zugeordnet werden. Wenn überhaupt wird ein Bezug zwischen einzelnen Berichtspflichten und den Funktionen nur dadurch vorgenommen, dass die Berichtspflichten unter die allgemeinen und von beiden Berichtsinstrumenten wahrgenommenen Funktionen „Erläuterung" und „Ergänzung" subsumiert werden.[162]

Die derzeitige Konzeption und das funktionsorientierte Verständnis von Anhang und Lagebericht, können im Ergebnis nicht als Basis herangezogen werden, um die gesamten Anhangs- und Lageberichtsinhalte zu systematisieren. Es soll deshalb im Folgenden ein neues Konzept entwickelt werden, das es erlaubt, alle Inhalte (möglichst) friktionslos zu systematisieren.

---

[162] Vgl. *Thiel/Lüdtke-Handjery,* BilanzR, Rn. 199; *Poelzig,* in: MünchKomm HGB, § 284 Rn. 10.

§ 3 Vorüberlegungen zur Konzeption eines Systems

Bevor ein vollständig neues, eigenständiges Konzept für die Berichtsinhalte von Anhang und Lagebericht erarbeitet wird, soll zunächst ein Blick auf die internationalen Pendantregelungen gewagt werden, um ggf. die dort gewonnenen rechtsvergleichenden Erkenntnisse für das deutsche Recht fruchtbar zu machen.

A. Internationale Pendants als Basis eines Systems?

I. IFRS

1) Die „Notes" als IFRS-Anhang

Die Pflicht, nach den International Financial Reporting Standards (IFRS) einen Anhang, die sog. „notes", zu erstellen, ergibt sich für alle nach IFRS bilanzierenden Unternehmen aus IAS 1.10. Die IFRS-Notes sind wie der Anhang nach HGB gleichwertiger Bestandteil eines Abschlusses nach IFRS.[1] Die inhaltliche Struktur ergibt sich aus IAS 1.112 bis 1.116; zusätzliche Angabepflichten finden sich verstreut in den einzelnen Standards.[2] Insgesamt haben die Notes einen im Vergleich zum HGB-Anhang größeren Umfang.[3]

Aus funktionsspezifischer Sicht dienen die IFRS-Notes primär dazu, die Adressaten zu informieren. Aus dieser Informationsfunktion lassen sich – wie auch nach deutschem Recht – eine Erläuterungs-, eine Ergänzungs- und eine Entlastungsfunktion ableiten.[4] Die Erläuterungsfunktion der Notes ergibt sich aus dem Begriff der sonstigen Erläuterungen in IAS 1.8e und der Beschreibung in IAS 1.103a.[5] Danach sollen im IFRS-Anhang die Grundlagen einschließlich der Bilanzierungs- und Bewertungsmethoden dargestellt werden, nach denen

---

[1] Vgl. *Baetge/Kirsch/Thiele*, Bilanzen, S. 722.

[2] Vgl. *Baetge/Kirsch/Thiele*, Bilanzen, S. 723.

[3] Vgl. *Andrejewski*, Beck Hdb der Rechnungslegung, Stand 2009, B 40 Rn. 304, 318 ff.; *Driesch*, in: Beck IFRS-Hdb, § 19, Rn. 5.

[4] Vgl. *Andrejewski*, Beck Hdb der Rechnungslegung, Stand 2009, B 40 Rn. 304; 318; *Fülbier/Pellens*, in: MünchKomm-HGB, § 314 Rn. 55; *Adler/Düring/Schmaltz*, International, Abschnitt 24 Rn. 2.

[5] Vgl. *Andrejewski*, Beck Hdb der Rechnungslegung, Stand 2009, B 40 Rn. 319.

der Abschluss aufgestellt wurde.[6] Indem im IFRS-Anhang Informationen offen gelegt werden müssen, für die in keinem der Standards eine individuelle Angabepflicht vorgesehen ist, die aber notwendig sind, um ein umfassendes Verständnis der Vermögens-, Finanz- und Ertragslage zu generieren, erfüllen die IFRS-Notes eine Ergänzungsfunktion.[7] Diese hat eine ähnliche Intention wie § 264 Abs. 2 S. 1 HGB.[8] Allerdings fehlt eine § 264 Abs. 2 S. 2 HGB entsprechende Regelung, sodass dem IFRS-Anhang gerade keine Korrekturfunktion zukommt.[9] Aus IAS 1.16 kann sogar geschlossen werden, dass unangemessene Rechnungslegungsmethoden grundsätzlich weder dadurch geheilt werden können, dass die angewandten Bilanzierungs- und Bewertungsmethoden angegeben, noch dadurch, dass sie zusätzlich erläutert werden.[10] Die Entlastungsfunktion des IFRS-Anhangs zeigt sich dort, wo Sachverhalte nach den einzelnen Standards zwar grundsätzlich angabepflichtig sind, aber kein bestimmter Ort innerhalb des Jahresabschlusses für die Berichtspflicht vorgeschrieben ist und die Angaben auch nicht in den anderen Bestandteilen offengelegt werden.[11]

2) Das Management Commentary als Pendant zum HGB-Lagebericht

Bisher sahen die IFRS kein dem Lagebericht entsprechendes Berichtsinstrument vor.[12] Erst im Oktober 2005 legte das IASB ein von einer Expertengruppe erarbeitetes Discussion Paper zum Management Commentary vor.[13] Nachdem die eingegangenen Kommentare bearbeitet wurden, wurde im Juni 2009 ein Exposure Draft veröffentlicht.[14] Nach diesem sollte zwar kein einheitlicher verbindlicher Standard erlassen werden, es sollte aber eine Leitlinie („guidance document") zum Management Commentary veröffentlicht werden.[15] Im Dezember 2010 schloss das IASB dieses Projekt ab, indem es ein unverbindliches

---

[6] Vgl. *Driesch*, in: Beck IFRS-Hdb, § 19, Rn. 4; *Andrejewski*, Beck Hdb der Rechnungslegung, Stand 2009, B 40 Rn. 319.

[7] Vgl. *Driesch*, in: Beck IFRS-Hdb, § 19, Rn. 4; *Andrejewski*, Beck Hdb der Rechnungslegung, Stand 2009, B 40 Rn. 321.

[8] Vgl. *Andrejewski*, Beck Hdb der Rechnungslegung, Stand 2009, B 40 Rn. 321.

[9] Vgl. *Andrejewski*, Beck Hdb der Rechnungslegung, Stand 2009, B 40 Rn. 318, 321; *Fülbier/Pellens*, in: MünchKomm-HGB, § 314 Rn. 55; *Adler/Düring/Schmaltz*, International, Abschnitt 24 Rn. 3.

[10] Vgl. *Baetge/Kirsch/Thiele*, Bilanzen, S. 722.

[11] Vgl. *Driesch*, in: Beck IFRS-Hdb, § 19, Rn. 4; *Andrejewski*, Beck Hdb der Rechnungslegung, Stand 2009, B 40 Rn. 320.

[12] Dies führt dazu, dass nach § 315a Abs. 1 HGB ein befreiender IFRS-Konzernabschluss um einen Konzernlagebericht nach § 315 HGB zu ergänzen ist.

[13] Abrufbar http://www.ifrs.org/Current-Projects/IASB-Projects/Management-Commentary/DP05/Documents/DPManagementCommentary.pdf.

[14] ED/2009/6 abrufbar unter http://www.ifrs.org/Current-Projects/IASB-Projects/Management-Commentary/ED09/Documents/EDManagementCommentary.pdf.

[15] Vgl. ED MC, S. 4; *Geirhofer*, IRZ 2009, S. 431, 432.

Practice Statement veröffentlichte.[16] Vergleichbar mit dem deutschen Lagebericht nach HGB soll das Management Commentary nicht Bestandteil des Jahresabschlusses sein, sondern gleichwertig neben ihm stehen.[17] Nach der Grundkonzeption sollen Investoren mit Hilfe des Management Commentary in die Lage versetzt werden, den Jahresabschluss im Kontext des Unternehmensumfeldes zu interpretieren und zu beurteilen.[18] Es soll helfen, die finanzielle Lage (financial position), das Geschäftsergebnis (financial performance) und die Zahlungsmittelströme (Cash Flow) zu interpretieren.[19] Das Management Commentary soll zwar ähnlich dem Lagebericht nach HGB ein von einzelnen Bilanzposten gelöstes übergreifendes Gesamtbild liefern. Doch müssen die Informationen eng mit den Jahresabschlussinhalten verknüpft sein („within the boundaries of financial reporting"[20]).

Die vom Management Commentary zu erfüllenden Funktionen sind bisher nur schemenhaft zu erkennen. Nach dem Practice Statement und dem Exposure Draft zum Management Commentary sollen die übrigen Finanzberichtsinstrumente ergänzt („supplement") und erweitert („complement") werden.[21] Dabei sind, um diese Berichtsformate zu ergänzen, zusätzliche Erklärungen hinsichtlich des Zahlenwerks des Jahresabschlusses anzugeben sowie die Hintergründe dieser Zahlen zu erläutern.[22] Insofern stimmt die hier als Ergänzung bezeichnete Funktion weitestgehend mit der bei den handelsrechtlichen Instrumenten herausgearbeiteten Erläuterungsfunktion überein.[23] Für die Erweiterungsfunktion hingegen ist der Jahresabschluss um finanzielle und nichtfinanzielle Informationen zum Geschäftsbetrieb und zur Unternehmensentwicklung zu ergänzen, die nicht in den übrigen Finanzberichten zu finden sind.[24]

Auch eine zeitliche Komponente der Ergänzungsfunktion (Prognosefunktion) findet sich im Management Commentary.[25] Die Zukunftsorientierung ist als Grundprinzip des Management Commentaries ausgestaltet. Allerdings ist der Verpflichtungsgrad, über Prognosen Bericht zu erstatten in zweierlei Hinsicht gering: Zum einen führt die rechtliche Unverbindlichkeit der Leitlinie („guidance document") dazu, dass die Verbindlichkeit abgeschwächt wird, zum

---

[16] Abrufbar unter http://www.ifrs.org/Current-Projects/IASB-Projects/Management-Commentary/IFRS-Practice-Statement/Documents/Managementcommentarypracticestatement8December.pdf; zur Unverbindlichkeit PS MC, Rn. IN1, 2.

[17] Vgl. ED MC, Rn. BC38; *Geirhofer*, IRZ 2009, S. 431, 432.

[18] Vgl. *Fink*, KoR 2006, S. 141, 143; DP MC Rn. 32, 34.

[19] Vgl. PS MC, Rn. IN3.

[20] Vgl. PS MC, Rn. IN4.

[21] Vgl. PS MC, Rn. 16; ED MC, Rn. 15 f.; *Geirhofer*, IRZ 2009, S. 431, 432.

[22] Vgl. ED MC, Rn. 15; *Geirhofer*, IRZ 2009, S. 431, 433.

[23] Siehe § 2B. IV.

[24] Vgl. ED MC, Rn. 16; *Geirhofer*, IRZ 2009, S. 431, 433.

[25] Vgl. PS MC, Rn. 17 ff.; ED MC, Rn. 17 ff.

anderen handelt es sich lediglich um eine Soll-Vorschrift.[26] Dieses Manko versucht das Management Commentary dadurch auszugleichen, dass es hinsichtlich des Umfangs der zukunftsbezogenen Angaben auf die rechtlichen Rahmenbedingungen in den einzelnen Staaten verweist.[27] Dann würde sich das Maß der Berichterstattung, die zukunftsbezogen ist, auch an den Lageberichten nach HGB orientieren. Im Gegenzug würde die Materie nur in geringem Umfang international vereinheitlicht.

Ein weiteres Leitprinzip des Management Commentary schreibt vor, dass aus Sicht des Managements („management approach") zu berichten ist.[28] Durch diese Sichtweise hat das Management Commentary, wie der Lagebericht, eine Beurteilungsfunktion. Da dieser „management approach" als Leitprinzip ausgestaltet ist, sind nicht nur die voraussichtlichen Entwicklung, wie es § 289 Abs. 1 S. 4 HGB vorsieht, sondern alle Berichtselemente des Management Commentary aus subjektivierter Sicht zu beschreiben. Hierdurch wird die Beurteilungsfunktion im Management Commentary wesentlich verstärkt und in den Vordergrund gestellt.

3) Problem der Verortung von Berichtsinhalten

Es stellt sich die Frage, welche Angaben in den Notes und welche im Management Commentary gemacht werden sollen. Bisher adressieren die Notes als verbales Berichtsinstrument der IFRS bereits viele Themen, die auch oder sogar passender in den Anwendungsbereich des Management Commentaries fallen. Die Frage, wo über einzelne Inhalte berichtet werden soll, wurde im Discussion Paper zum Management Commentary noch angesprochen,[29] das Exposure Draft enthält hingegen keine Abgrenzungskriterien. In den „Basis for Conclusions" zum Management Commentary heißt es, dass die Problematik in Phase E des „Conceptual Framework"-Projektes geklärt werden soll.[30] Bis dahin wird in Kauf genommen, dass die beiden Berichtsinstrumente sich teilweise überlappen.[31] Wünschenswert wäre es, die einzelnen Angabepflichten eines jeden Standards zu überarbeiten und festzuhalten, was konzeptionell Teil des Management Commentaries und was Teil des Anhangs werden soll.[32] Es verbleiben zu-

---

[26] Vgl. PS MC, Rn. 18; ED MC, Rn. 18.

[27] Vgl. PS MC, Rn. 17; ED MC, Rn. 17.

[28] Vgl. ED MC, Rn. 14.

[29] Vgl. DP MC, Rn. 153 ff.

[30] Vgl. PS MC, Rn. BC51 ff.; ED MC, Rn. BC46; *Kajüter/Bachert/Blaesing*, KoR 2010, S. 183, 184.

[31] Vgl. PS MC, Rn. BC52; ED MC, Rn. BC46; *Kajüter/Guttmeier*, DB 2009, S. 2333, 2334.

[32] Vgl. *IASB*, Information for Observers, Management Commentary, Discussion Paper Conclusion Revisited (Agenda Paper 12A), 24. Juli 2008, S. 15; *Grottke/Strobl*, IRZ 2009, S. 483, 487.

mindest vorerst verschiedene Informationen, die nach HGB zum Lagebericht gehören, wie die Einschätzung des Managements zur Fortführungsfähigkeit des Unternehmens (IAS 1.23–24), Vorgänge von besonderer Bedeutung nach Schluss des Geschäftsjahres (IAS 10.21–22), Angaben zu Forschungs- und Entwicklungsausgaben (IAS 38.118–128), Angaben zu Unternehmenszusammenschlüssen (IFRS 3.66–77) und Angaben zu Risiken und zum Risikomanagement in Bezug auf Finanzinstrumente (IFRS 7.31–42) im IFRS-Anhang.[33]

Aber auch die im Discussion Paper entwickelten Abgrenzungskriterien sollten nur ein erster Ansatz sein, ohne dass hiermit eine endgültige Entscheidung darüber getroffen werden sollte, wie die beiden Berichtsformate voneinander abzugrenzen sind.[34] Nach diesen Kriterien sollten diejenigen Informationen in das Management Commentary aufgenommen werden, die den Jahresabschluss in einen Unternehmens- und Umfeldkontext setzen[35] und die diesen ökonomisch erläutern sowie zeitlich und sachlich ergänzen[36]. Der IFRS-Anhang sollte hingegen diejenigen Informationen enthalten, die für das Verständnis des Jahresabschlusses und seiner einzelnen Elemente notwendig sind.[37] Hierzu zählt das Discussion Paper solche Informationen, die den Jahresabschluss zerlegen bzw. seine Elemente erweitern und erläutern, wie die Zahlen hergeleitet wurden.[38] Auch eine Erläuterung, wie die einzelnen IFRS angewandt wurden, könnte danach dem IFRS-Anhang zugeordnet werden.[39] Zusätzlich enthielt das Discussion Paper in seinem Anhang E weitere Beispiele, die Anhaltspunkte dafür liefern sollten, wo einzelne Berichtsangaben zu platzieren sind.

Neben diesen Abgrenzungskriterien führt das Discussion Paper an, dass die Inhalte auch nach ihren „nichtbilanziellen/bilanziellen" oder „nichtfinanziellen/finanziellen" Bestandteilen abzugrenzen sein könnten.[40] Welche Informationen hierunter jeweils zu verstehen sein sollen, sagt das Discussion Paper nicht. Das IASB ist diesen Vorschlägen nicht weiter gefolgt. Da das Practice Statement diese Kriterien sogar gar nicht mehr enthält, bleibt offen, für welche Abgrenzung sich das IASB final entscheiden wird.

---

33 Vgl. *Kirsch/Köhrmann*, Beck Hdb der Rechnungslegung, Stand 2009, B 500 Rn. 66.
34 Vgl. DP MC, Rn. 156.
35 Vgl. DP MC, Rn. 169.
36 Vgl. *Grottke/Strobl*, IRZ 2009, S. 483, 486.
37 Vgl. DP MC, Rn. 169.
38 Vgl. DP MC, Rn. 174.
39 Vgl. *Grottke/Strobl*, IRZ 2009, S. 483, 486.
40 Vgl. DP MC, Rn. 153.

II. US-GAAP

1) Die „notes to financial statements" als US-GAAP-Anhang

Die Pflicht, „Notes" als US-GAAP-Pendant zum Anhang zu erstellen, ergibt sich aus den sog. „opinions" des Accounting Principle Board (APB), der Vorgängerinstitution des Financial Accounting Standards Board (FASB).[41] Weder ihr Inhalt noch ihre Form sind rechtlich geregelt.[42] Vorschriften zu einzelnen Inhalten finden sich verstreut in verschiedenen Regelungen.[43] Neben den Vorschriften der US-GAAP werden zusätzliche Berichtsinhalte der Notes für kapitalmarktorientierte Unternehmen durch die SEC-Regulierungen (Regulation S-K, Item 4–08) vorgeschrieben.[44] Die US-GAAP-Notes sind – anders als der Anhang nach HGB und IFRS – kein Bestandteil der Financial Statements, sondern nur integraler Bestandteil der Rechnungslegung als solche.[45] Im Grundsatz enthalten die Notes alle Informationen, die aus den Rechenwerken nicht unmittelbar zu entnehmen, für die Adressaten aber dennoch entscheidungsrelevant sind.[46]

Diese Informationen lassen sich in drei Hauptgruppen aufteilen: (1) Erläuterungen der wesentlichen angewandten Bilanzierungsverfahren („summary of significant accounting policies"), (2) Erklärung des sachlichen bzw. wirtschaftlichen Hintergrundes einzelner Positionen innerhalb der Basic Financial Statements („explanatory notes") und (3) Zusatzinformationen, die neben den Financial Statements von den Unternehmen gefordert bzw. freiwillig gegeben werden („supplementary information notes").[47] Dadurch erläutern die US-GAAP-Notes die Basic Financial Statements (Erläuterungsfunktion), wie es auch nach der Konzeption des Anhangs nach HGB vorgesehen ist. Durch die Zusatzinformationen, die unterschiedliche Sachverhalte betreffen[48], wird eine Ergänzungsfunktion erfüllt. Hinzu tritt im Rahmen der Segmentberichterstattung nach US-GAAP, die einen Einblick in die unterschiedlichen Tätigkeitsbereiche des Unternehmens aus Sicht des Managements geben soll[49], eine Beurteilungsfunktion („management approach"). Die US-GAAP-Notes sind folglich konzeptionell dem Anhang nach HGB vergleichbar, es zeigen sich aber funktionelle Unterschiede.

---

[41] Vgl. *KPMG*, US-GAAP, S. 18.

[42] Vgl. *Busse von Colbe/Pellens*, Lexikon Rechnungswesen, „Anhang", S. 27 f.; *Winnefeld*, Bilanz-Hdb, Kap. J Rn. 440.

[43] Vgl. *KPMG*, US-GAAP, S. 177.

[44] Vgl. *KPMG*, US-GAAP, S. 19.

[45] Vgl. *KPMG*, US-GAAP, S. 177.

[46] Vgl. *Fülbier/Pellens*, in: MünchKomm HGB, 2. Auflage, § 314 Rn. 67.

[47] Vgl. *Winnefeld*, Bilanz-Hdb, Kap. J Rn. 440; *Fülbier/Pellens*, in: MünchKomm HGB, § 317 Rn. 67; *Busse von Colbe/Pellens*, Lexikon Rechnungswesen, „Anhang", S. 27 f.

[48] Vgl. *Busse von Colbe/Pellens*, Lexikon Rechnungswesen, „Anhang", S. 27 f.

[49] Vgl. *Winnefeld*, Bilanz-Hdb, Kap. J Rn. 446.

2) Die Management Discussion and Analysis (MD&A)

Nach den US-GAAP (als allgemein anerkannte Rechnungslegungsgrundsätze, die für alle Unternehmen gelten) besteht keine Pflicht, einen Lagebericht vorzulegen.[50] Allerdings verlangt die SEC für börsennotierte Unternehmen in Regulation S-K, Item 303, dass eine sog. Management Discussion and Analysis (MD&A) vorzulegen ist.[51] Dort finden sich verbindliche Anforderungen an den Inhalt.[52] Im Ergebnis haben nur börsennotierte Unternehmen eine MD&A zu erstellen.

Die MD&A soll (1) die Financial Statements erläutern und den Investoren die Sichtweise des Managements vermitteln, (2) Kontextinformationen zu den Financial Statements vermitteln, um so deren Analyse zu erleichtern, und (3) Informationen über die Nachhaltigkeit und Indikatorfähigkeit der Ergebnisse und Zahlungsmittelströme vermitteln.[53] Der *management approach*, also die subjektive Einschätzung der wirtschaftlichen Lage aus Sicht des Managements[54] (Beurteilungsfunktion), ist, ebenso wie bei dem Management Commentary nach IFRS, als übergreifendes Prinzip ausgestaltet. Insgesamt steht die Informationsvermittlung im Fokus der Funktionen; eine Zahlungsbemessungsfunktion erfüllt die MD&A wie auch der HGB-Lagebericht nicht.[55] Die MD&A beinhaltet beschreibende Erklärungen und erläuternde Angaben zu den Financial Statements und der Unternehmenslage, die aus der zahlenmäßigen Darstellung in den Financial Statements und den kurzen Notes nicht ableitbar sind, aber notwendig sind, um bestimmte Entwicklungen zu erklären und zu beurteilen (Erläuterungsfunktion).[56] Des Weiteren werden die Unternehmensinformationen der Financial Statements zu einem aussagekräftigen Gesamtbild zusammengeführt und verdichtet (Verdichtungsfunktion), damit insbesondere Berichtsempfänger ohne vertiefte Kenntnisse der Finanzanalyse einen ausreichenden Einblick in die Unternehmenssituation erlangen.[57]

Daneben erfüllt die MD&A eine Ergänzungsfunktion.[58] In sachlicher Hinsicht ergänzt die MD&A die Financial Statements um Informationen, die für das Verständnis der Liquiditätslage, der Kapitalausstattung und des Geschäftsergebnisses notwendig sind.[59] In zeitlicher Hinsicht geht die Ergänzungsfunktion über die des Lageberichts hinaus, da die vergangenen drei Geschäftsjahre zu

---

[50] Vgl. *Winnefeld*, Bilanz-Hdb, Kap. K Rn. 130.
[51] Vgl. *Winnefeld*, Bilanz-Hdb, Kap. K Rn. 130; *KPMG*, US-GAAP, S. 20.
[52] Vgl. *KPMG*, US-GAAP, S. 191.
[53] Vgl. *Kirsch/Köhrmann*, Beck Hdb der Rechnungslegung, Stand 2009, B 500 Rn. 75.
[54] Vgl. *Winnefeld*, Bilanz-Hdb, Kap. K Rn. 130.
[55] Vgl. *Hartmann*, Internationalisierung der Lageberichtserstattung, S. 179.
[56] Vgl. *Hartmann*, Internationalisierung der Lageberichtserstattung, S. 180.
[57] Vgl. *Hartmann*, Internationalisierung der Lageberichtserstattung, S. 179 f.
[58] Vgl. *Hartmann*, Internationalisierung der Lageberichtserstattung, S. 179.
[59] Vgl. *Hartmann*, Internationalisierung der Lageberichtserstattung, S. 273.

analysieren und Trendangaben hinsichtlich der nächsten fünf Geschäftsjahre zu machen sind.[60] Die hiermit verbundene Prognosefunktion erfüllt die MD&A, indem die vergangene (sog. indirekte Prognoseorientierung) und die zu erwartende (sog. direkte Prognoseorientierung) Finanz- und Ertragslage zu erläutern und zu analysieren sind.[61]

3) Revision der Zuordnung von Berichtsinhalten

Anders als die IFRS, die durch das neu eingeführte Management Commentary ganz aktuell vor der Frage stehen, welchem Berichtsinstrument einzelne Berichtspflichten zugeordnet werden sollen, präsentiert sich der Komplex in den USA ähnlich wie in Deutschland als generelles Reformprojekt.

Einzig das Governmental Accounting Standards Board (GASB) hat ein Papier veröffentlicht, das sich mit dieser Frage beschäftigt und konkrete Ansatzpunkte aufzeigt, die es erlauben, Informationen innerhalb der Rechnungslegungsinstrumente systematisch zuzuordnen.[62] Das GASB wählt einen abstrakten Ansatz und weist den Notes all diejenigen Informationen zu, die essentiell für das Verständnis der Financial Statements sind und die Einhaltung rechnungslegungsbezogener gesetzlicher oder vertraglicher Anforderungen beurteilen.[63] Die vom GASB adressierten, verpflichtend zu veröffentlichen Zusatzinformationen (Required Supplementary Information), unter die die MD&A subsumiert werden könnte, sollen hingegen Erklärungen hinsichtlich einzelner Bilanzposten, Analysen über Hintergründe und Bedingungen und andere Informationen, die dafür erforderlich sind, die Financial Statements und die Notes in einen Gesamtzusammenhang zu setzen, enthalten.[64] Ob sich alle und wenn ja welche der derzeitigen Inhalte diesen Kategorien zuordnen lassen, wurde bisher weder vom GASB noch von der amerikanischen Literatur untersucht. Zwar enthält das Concept Statement Beispiele dazu, was den Notes zugeordnet werden kann[65], jedoch sind diese Beispiele abstrakt formuliert und ohne Bezug zu tatsächlichen Berichtsinhalten.

III. Ergebnis des Rechtsvergleichs

Auch auf internationaler Ebene besteht ein erheblicher Bedarf, die Anhang und Lagebericht entsprechenden Berichtsformate und ihre Inhalte konzeptionell neu auszurichten und zu systematisieren. Konkrete Lösungsansätze haben sich noch

---

[60] Vgl. *Hartmann*, Internationalisierung der Lageberichtserstattung, S. 271.
[61] Vgl. *Winnefeld*, Bilanz-Hdb, Kap. K Rn. 130; *KPMG*, US-GAAP, S. 191.
[62] Vgl. *GASB*, GASB Concept Statement Nr. 3, April 2005.
[63] Vgl. *GASB*, GASB Concept Statement Nr. 3, April 2005, Rn. 37.
[64] Vgl. *GASB*, GASB Concept Statement Nr. 3, April 2005, Rn. 44.
[65] Vgl. *GASB*, GASB Concept Statement Nr. 3, April 2005, Rn. 37.

nicht herauskristallisiert. Nach dem derzeitigen Stand wird sowohl vom IASB als auch vom GASB weiterhin allein angestrebt, die Inhalte unter der Prämisse zu systematisieren, wie sie die Urkonzeption von Anhang und Lagebericht nahelegt: Der Lagebericht als Instrument für das Allgemeine, Unternehmerische sowie die dem Jahresabschluss zugrunde liegenden Ursachen; der Anhang hingegen als Instrument, das Detailinformationen und Erläuterungen zum Jahresabschluss enthält.

Gesellschaftsrechtliche Themen, die weder unter den einen noch unter den anderen Bereich subsumiert werden können, werden vom IASB und vom GASB nicht berücksichtigt. Wegen der vergleichbaren Inhalte insbesondere bei den Notes und dem Management Commentary nach IFRS kann es auch für das IASB und das GASB nützlich sein, die im deutschen Recht geregelten Berichtsformate weiterzuentwickeln.

Potenzial, um die systematische Zuordnung insbesondere gesellschaftsrechtlicher Inhalte zu lösen, haben allein die im IFRS-Discussion Paper angedachten Abgrenzungskriterien „bilanziell/nichtbilanziell" bzw. „finanziell/nichtfinanziell".[66] Was die Expertengruppe des IASB hierunter versteht, wird aber nicht erläutert. Zwar kann spekuliert werden, dass bilanzielle bzw. finanzielle Inhalte einen starken Bezug zur Bilanz bzw. zum Jahresabschluss und der wirtschaftlichen Situation aufweisen. Was im Gegenzug unter nichtbilanziellen bzw. nichtfinanziellen Inhalten zu verstehen ist, bleibt vollkommen offen. Wegen der Allgemeinheit dieser Kriterien bestünde die Gefahr, dass das Management Commentary bzw. – würde man die Abgrenzungskriterien auf das deutsche HGB übertragen – der Lagebericht zu einem Auffangtatbestand für all diejenigen Inhalte wird, die keinen engen Bilanz- bzw. Finanzbezug aufweisen.

Nicht zuletzt, weil die Kriterien so unkonkret formuliert sind, muss ein eigenständiges Konzept entwickelt werden, dessen Anknüpfungspunkte den facettenreichen Inhalten gerecht wird.

B. Potentielle Anknüpfungspunkte für die Systematisierung

I. Ausgliederung kapitalmarktrelevanter Inhalte

In Anbetracht der Tatsache, dass sich die Rechnungslegung immer weitergehend an den Informationsinteressen des Kapitalmarkts orientiert, erscheint es zunächst naheliegend, im Rahmen einer Systematisierung diejenigen Inhalte herauszufiltern und zusammenzufügen, die sich an den Kapitalmarkt und die Anleger richten. Solche Informationen dienen dazu, dass das Kapital am Kapitalmarkt wirtschaftlich zugeordnet und verteilt wird (Allokationsfunktion) und

---

[66] Vgl. DP MC, Rn. 153; dazu bereits oben § 3A. I. 3).

sollen dafür sorgen, dass die Anleger eine informierte Entscheidung darüber treffen, ob sie eine Investition oder Desinvestition tätigen wollen. Die deutsche Rechnungslegung nach HGB war – anders als die Rechnungslegung nach US-GAAP bzw. IAS/IFRS – ursprünglich nicht an diese Adressaten gerichtet. Das nach dem rechtspolitischen Leitmotiv des *„full and fair disclosure"* entwickelte amerikanische Kapitalmarktrecht[67] hat auch das Informationsmodell des europäischen Kapitalmarktrechts[68] beeinflusst. Entsprechend orientiert sich der Jahresabschluss als Kernbestandteil periodischer Finanzmarktinformation zunehmend an Kapitalmarkterfordernissen[69]. Durch die Internationalisierungsbestrebungen, die die Rechnungslegung auf deutscher und europäischer Ebene vereinheitlichen sollen, rückte die Kapitalmarktinformation immer weiter in den Vordergrund. Nicht zuletzt unter dem Wettbewerbsdruck der kapitalmarktorientierten Rechnungslegung nach IFRS[70] hat auch das klassische, auf Kapitalerhaltung und Ausschüttungsbemessung zielende europäische und deutsche Rechnungslegungsrecht sich kapitalmarktorientierten Informationszwecken weiter geöffnet.[71] Vornehmlich[72] Anhang und Lagebericht tragen diese gestiegenen Informationslasten.

Viele der Berichtspflichten von Anhang und Lagebericht[73] adressieren deshalb nur kapitalmarktorientierte Kapitalgesellschaften. Die Berichtsinhalte könnten deshalb zunächst auch über diesen formal zum Ausdruck gebrachten Kapitalmarktbezug ausgegliedert werden. Der von einigen Berichtspflichten vorgesehene Kapitalmarktbezug wird allerdings sehr unterschiedlich definiert.[74] Mehrere Bestimmungen knüpfen entweder an den Status der kapitalmarktorientierten Kapitalgesellschaft (§ 264 d HGB) an[75] oder den der börsennotierten Ak-

---

[67] *Brinckmann*, in: Veil, European capitals markets law, § 16 Rn. 2; *Hopt*, ZHR 140 (1976), S. 201, 204 ff.; *ders.*, ZHR 141 (1977), S. 389, 415.

[68] Vgl. zum europäischen Disclosure System *Brinckmann*, in: Veil, European capitals markets law, § 16; *Veil*, ZBB 2006, 162, 167 ff.; *ders.*, WM 2012, S. 53 ff.; *ders.*, ZHR 177 (2013), 427 ff.

[69] Vgl. *Brinckmann*, Kapitalmarktrechtliche Finanzberichterstattung, S. 179 f.

[70] IAS-VO, Verordnung (EG) Nr. 1606/2002 des Europäischen Parlaments und des Rates vom 19. Juli 2002 betreffend die Anwendung internationaler Rechnungslegungsstandards.

[71] Das BilMoG zielt auf eine „maßvolle Annäherung" an die IFRS, vgl. BT-Drucks. 16/10067. Eingehend *Froschhammer*, Internationalisierung der HGB-Rechnungslegung durch das BilMoG.

[72] Kapitalflussrechung und Eigenkapitalspiegel sind dagegen als selbständige weitere Bestandteile von Jahresabschlusses und Konzernabschluß ausgestaltet, siehe §§ 264 Abs. 1 S. 1, 297 Abs. 1 S. 1 HGB.

[73] § 285 Nr. 9 lit. b) S. 3, Nr. 10, Nr. 11, Nr. 16; § 286 Abs. 3 S. 3, Abs. 4 S. 5; § 288 Abs. 2 S. 4; § 289 Abs. 1 S. 5, Abs. 2 Nr. 5, Abs. 4 S. 1, Abs. 5; § 289a Abs. 1 S. 1 HGB.

[74] Beschreibender Überblick bei *Förschle/Hoffmann*, in: Beck BilanzKomm, § 264d, Rn. 4–9; *Zwirner*, Der Aufsichtsrat 2011, S. 127 ff.

[75] § 267 Abs. 3 S. 2 i. V. m. § 288 HGB (Entfallen der größenabhängigen Erleichterungen), § 286 Abs. 2 S. 3 HGB (Angaben zum Beteiligungsbesitz auch bei Nachteilen), § 289 Abs. 5 HGB (internes Kontrollsystem im Rechnungswesen).

tiengesellschaft i. S. d. § 3 Abs. 2 AktG.[76] Beide Begriffe, die kombiniert sogar im Kontext der gleichen Angabepflicht eingesetzt werden[77], überschneiden sich: Während eine Kapitalmarktorientierung unabhängig von der Rechtsform und auch bereits bei börsennotierten Schuldtiteln oder anderen Wertpapieren i. S. d. § 2 Abs. 1 WpHG vorliegt, setzt die Börsennotierung i. S. d. § 3 Abs. 2 AktG diejenige von Aktien voraus. Ob angesichts dieses markanten Unterschiedes die nicht explizit an die „börsennotierte Aktiengesellschaft", sondern an die „börsennotierte Gesellschaft"[78] bzw. an die „börsennotierte Kapitalgesellschaft"[79] anknüpfenden Angabepflichten nur die mit Aktien oder auch die mit Schuldtiteln börsennotierte Aktiengesellschaft oder auch andere Kapitalgesellschaften umfassen, bleibt zumindest terminologisch nicht abgesichert.

Zudem wird der Kapitalmarktbezug nicht einheitlich durchgeführt. Börsennotierung i. S. d. § 3 Abs. 2 AktG und Kapitalmarktorientierung i. S. d. § 264 d HGB umfassen aufgrund ihrer Bezugnahme auf organisierte Märkte i. S. d. § 2 Abs. 5 WpHG jeweils nicht den Freiverkehr nach § 57 BörsG.[80] Die Pflichten zur Anhangsangabe der Corporate Governance-Erklärung (§ 285 Nr. 16 HGB i. V. m. § 161 AktG) und die Erklärung zur Unternehmensführung (§ 289a HGB) als Lageberichtsbestandteil treffen dagegen auch Gesellschaften mit im Freiverkehr gehandelten Aktien, allerdings nur, wenn zugleich andere von ihnen ausgegebene Wertpapiere als Aktien organisiert gehandelt werden.[81] Den im nahen Kontext zur Corporate Governance stehenden Vergütungsbericht (§ 289 Abs. 2 Nr. 4 HGB) müssen wiederum nur im organisierten Handel mit Aktien notierte Gesellschaften erstellen. Während für die „Kapitalmarktorientierung" eine Notierung im EU/EWR-Raum erforderlich ist, reicht für die „Börsennotierung" auch die Teilnahme an einem organisierten Markt außerhalb dieses Raumes.[82] Dort börsennotierten, aber immerhin inländischen Aktiengesellschaften bleiben mangels „Kapitalmarktorientierung" i. S. d. § 264 d HGB bedeutende Angabe-

---

[76] § 285 Nr. 9 lit. a) S. 4 HGB (individualisierte Vorstandsvergütung); § 286 Abs. 5 HGB (Angabe auch individualisierbarer Gesamtvergütungsangaben nach § 285 Nr. 9 lit. a) HGB); § 289a Abs. 1 HGB (Unternehmensführungsbericht). Im Ansatz auch, aber enger § 289 Abs. 4 HGB (übernahmerechtliche Angaben bei organisiert gehandelten stimmberechtigten Aktien).

[77] So bei Anteilsbesitzangaben: das Unterlassen wegen Nachteilen ist bereits kapitalmarktorientierten Kapitalgesellschaften verwehrt, § 286 Abs. 3 S. 3 HGB. Nur börsennotierte Kapitalgesellschaften müssen Anteilsbesitz von mehr als 5 % angeben (§ 285 Nr. 11 Hs. 4 HGB).

[78] § 285 Nr. 10 HGB (erweiterte Angaben zu Mandaten in Kontrollgremien anderer Wirtschaftsunternehmen).

[79] § 285 Nr. 11 Hs. 4 HGB (Anteilsbesitz von mehr als 5 %).

[80] Vgl. *Reiner*, in: MünchKomm HGB, § 264d Rn. 3; *Hüffer*, AktG, § 3 Rn. 6; *Drescher*, in: Spindler/Stilz, AktG, § 3 Rn. 5.

[81] Der Anwendungsbereich geht auf Art. 46a der 4. Richtlinie i. d. F. der Änderungsrichtlinie vom 14. Juni 2006 zurück, allerdings hätte das Mitgliedstaatenwahlrecht nach Art. 46a Abs. 3 nicht ausgeübt werden müssen. Dann wären auch mit Nichtaktien an einem geregelten Markt notierte Gesellschaften erfasst worden.

[82] Vgl. *Reiner*, in: Münchener Kommentar HGB, § 264d Rn. 4; für die Reichweite des Governance-Kodex *von Werder*, in: Ringleb, DCGK, Rn. 139.

pflichten erspart[83], während sie den an die „Börsennotierung" anknüpfenden Berichtspflichten[84] voll unterworfen sind.

In wechselnder Kombination mit teils übergreifend die Kapitalgesellschaft, teils nur die Aktiengesellschaft erfassenden Rechtsformbeschreibungen knüpfen die Bestimmungen so an nicht weniger als *fünf* verschieden definierte Kapitalmarktbezüge an: den Bezug zum organisierten Markt i. S. d. § 2 Abs. 5 WpHG wählen § 3 Abs. 2 AktG und § 264 d HGB, jedoch mit unterschiedlicher Einbeziehung der Nicht-EU/EWR-Börsen, den zu § 2 Abs. 7 WpHG nehmen § 291 Abs. 2 S. 3 HGB und § 289 Abs. 1 S. 5 HGB, den zu § 2 Abs. 7 WpÜG mit Modifikationen wählt § 289 Abs. 4 HGB, eigenständige Kombinationen enthalten § 161 AktG und § 289a HGB und nicht explizit definierte Bezüge finden sich in § 285 Nr. 10 und Nr. 11 HGB. Schon auf formaler Ebene fällt es mangels klarer Definition schwer, die Inhalte, die (formal) an den Kapitalmarkt gerichtet sind, von den übrigen, diesen Adressatenkreis nicht explizit nennenden Vorschriften, zu trennen.

Im Übrigen ist auch eine materielle Unterscheidung anhand dieses Kapitalmarktbezugs unmöglich. Denn das Kapitalmarktrecht nutzt die in der handelsrechtlichen Rechnungslegung enthaltenen Informationen durchgehend, wenn auch mit unterschiedlicher Intensität.[85] Deutlich wird dies insbesondere in der Finanzberichterstattung nach §§ 37v ff. WpHG: Die danach zu publizierenden Informationen sind – so ist dem Gesetzgeber zu unterstellen[86] – kapitalmarktrelevante Informationen.[87] Inhaltlich rekurriert die Finanzberichterstattung vollständig auf die handelsrechtlichen Rechnungslegungsinformationen von Jahresabschluss und Lagebericht und verbindet die beiden Rechtsgebiete aufs engste.[88] Durch diese Informationen soll das Verhalten der Anleger gesteuert und die allokative Funktionsfähigkeit des Kapitalmarkts gestärkt werden.[89] Indem das Kapitalmarktrecht diese vormals an andere Adressaten (Gläubiger,

---

[83] § 267 Abs. 3 S. 2 i. V. m. § 288 HGB (Entfallen der größenabhängigen Erleichterungen), § 286 Abs. 2 S. 3 HGB (Angaben zum Beteiligungsbesitz auch bei Nachteilen), § 289 Abs. 5 HGB (internes Kontrollsystem im Rechnungswesen), ferner Jahresabschluss- und Lageberichts-„Eid", § 264 Abs. 2 S. 2 und § 289 Abs. 1 S. 5 HGB.

[84] § 285 Nr. 9 lit. a) S. 4 HGB (individualisierte Vorstandsvergütung); § 286 Abs. 5 HGB (Angabe auch individualisierbarer Gesamtvergütungsangaben nach § 285 Nr. 9 lit. a) HGB); § 289a Abs. 1 HGB (Unternehmensführungsbericht), § 289 Abs. 4 HGB (übernahmerechtliche Angaben bei organisiert gehandelten stimmberechtigten Aktien).

[85] *Hommelhoff*, ZGR 2000, S. 748, 758.

[86] Für eine kritische Würdigung vgl. *Brinckmann*, Finanzberichterstattung (insbesondere S. 190 ff.).

[87] Wegen der die Kapitalerhaltung und die Gläubiger schützenden Bilanzierung nach dem Vorsichtsprinzip, kann dies durchaus bezweifelt werden, denn durch diese Grundprämisse der deutschen Rechnungslegung wird das für den Kapitalmarkt relevante „true and fair view"-Prinzip begrenzt und in der Regel nicht der wahre Unternehmenswert dargestellt.

[88] Vgl. *Hommelhoff*, ZGR 2000, S. 748, 756 f.; *Brinckmann*, Finanzberichterstattung, S. 159.

[89] Vgl. *Brinckmann*, Finanzberichterstattung, S. 191 ff.

Aktionäre) gerichteten Informationen nutzt, um die Anleger zu informieren, werden die ihnen vom Gesetzgeber ursprünglich zugeordneten Ziele geändert bzw. um kapitalmarktbezogene Ziele ergänzt[90], sodass im Ergebnis nahezu jede Information einen mehr oder weniger stark ausgeprägten kapitalmarktrecht-lichen Zweck erfüllt.

Dies gilt in ähnlicher Weise für die gesellschaftsrechtlichen Informationen, wie sie die Erklärung zur Unternehmensführung nach § 289a HGB enthält. Auch dieser Bereich, der die aktienrechtlichen Informationen des § 161 AktG ergänzt, wird von den Zwecken des Kapitalmarktrechts beeinflusst.[91] Gerade im Bereich der Corporate Governance, also den Regelungsbereichen der Unternehmens-leitung und -kontrolle, ersetzen vermehrt kapitalmarktrechtliche Transparenz-pflichten zwingendes Gesellschaftsrecht.[92] Corporate Governance-Themen werden sogar teilweise insgesamt als Regelungsbereich des Kapitalmarktrechts begriffen[93], was in Anbetracht der auf kapitalmarktorientierte Unternehmen beschränkten § 289a HGB-Berichtspflicht nicht unbedingt fern liegt.

Die Corporate Governance-Inhalte sind – ähnlich der unternehmenswert-bezogenen Informationen der Bilanz im Schnittbereich von Bilanz- und Ka-pitalmarktecht – in jedem Fall Bindeglied zwischen Gesellschaftsrecht und Kapitalmarktrecht.

Das Kapitalmarktrecht instrumentalisiert oder kann jede Art von Information für seinen Zweck, den Anleger- und Kapitalmarktschutz, instrumentalisieren. Kapitalmarktrelevante Berichtsinhalte aus Anhang und Lagebericht auszuglie-dern, scheitert daran, dass nahezu jeder in den Berichtsinstrumenten enthaltenen Information ein kapitalmarktrechtliches Ziel zugeordnet werden kann. Würde man versuchen, kapitalmarktrelevante von nicht-kapitalmarktrelevanten Infor-mationen zu trennen und anhand dieser Kriterien die Inhalte von Anhang und La-gebericht zu systematisieren, würden wohl nahezu alle Informationen als kapi-talmarktrelevant eingestuft. Alle Berichtspflichten würden in ein Berichtsformat und das Problem der fehlenden Systematik nur zu einem „Binnenproblem" in-nerhalb dieses Berichtsformats verschoben. Es würde weiterhin notwendig sein, zur inneren systematischen Ordnung weitergehende Abgrenzungskriterien zu finden. Eine solche Binnensystematisierung wäre aber gerade für eine effiziente Information der Kapitalmarktteilnehmer notwendig. Es ist deshalb nicht zielver-sprechend, die Berichtspflichten nach ihrer Kapitalmarktrelevanz zu unterteilen und zu systematisieren.

---

[90] *Hommelhoff*, ZGR 2000, S. 748, 758.

[91] *Hommelhoff*, ZGR 2000, S. 748, 771.

[92] Vgl. *Merkt*, AG 2003, S. 126, 128; aus historischer Sicht *Cahn*, in: Bayer/Habersack, Aktienrecht im Wandel, S. 767.

[93] So insbesondere für das anglo-amerikanische Verständnis, vgl. *Merkt*, AG 2003, S. 126 ff.; *Assmann*, in: FS Kümpel, S. 1 ff.; *Kümpel*, Bank- und Kapitalmarktrecht, 3. Auflage, S. 1250 (Rn. 8.48).

II. Adressatenorientierte Abgrenzung

Statt kapitalmarktrelevante Informationen auszugliedern, könnten die Inhalte nach den Adressatengruppen getrennt und systematisiert werden. Grundsätzlich sind Informationen subjektiv auf den Adressaten ausgerichtet und sollen dessen jeweiliges Informationsbedürfnis befriedigen.[94] Jeder Information steht mindestens ein Adressat als Empfänger gegenüber. Die ursprünglichen Adressaten der Rechnungslegungsinhalte und damit der Anhangs- und Lageberichtspflichten sind Gläubiger[95] und Gesellschafter.[96] Daneben werden die (potentiellen) Anleger am Kapitalmarkt und die Öffentlichkeit als Adressaten genannt.[97] Insbesondere die Kapitalmarktteilnehmer stellen eine immer wichtigere Adressatengruppe dar, an die sich nach dem in der Einführung der Finanzberichterstattung in §§ 37v ff. WpHG erkennbaren Willen des Gesetzgebers die Inhalte von Anhang und Lagebericht richten.[98]

Auch wenn es grundsätzlich wünschenswert erscheint, für jede dieser Adressatengruppen ein eigenständiges Berichtsinstrument mit den jeweils für sie interessanten und notwendigen Informationen zu schaffen, muss dieses Unterfangen scheitern. Denn viele der in Anhang und Lagebericht enthaltenen Informationen richten sich an mehrere Adressaten gleichzeitig,[99] so dass es nicht möglich ist, Inhalte klar zu trennen.

Ohne die Rechnungslegungsdokumente, wie es § 325 Abs. 1 HGB den Unternehmen vorschreibt, offenzulegen, würde zunächst jede Information an die Aktionäre adressiert sein. Denn das ihnen zustehende Informationsrecht umfasst als Minimum die Inhalte der Rechnungslegung.[100] Indem die Dokumente offengelegt werden, wird dann allen oben genannten weiteren Adressatenkreisen ein Zugang zu genau diesen Informationen ermöglicht. Die Inhalte nach adressatenbezogenen Kriterien zu systematisieren, würde voraussetzen, dass ein maßgeblicher Adressat[101] ausgemacht werden kann, an den sich die Inhalte primär richten. Dies ist oftmals nicht möglich, da viele der Vorschriften beispielsweise

---

[94] Vgl. *Roth*, Das einheitliches Recht auf Information, S. 48.

[95] Zu den Gläubigern in diesem Sinne zählen neben Kreditgebern und Lieferanten auch die Arbeitnehmer.

[96] Vgl. *Claussen*, in: FS Ulmer, S. 801, 811.

[97] Vgl. oben § 2B. II; explizit an die Öffentlichkeit adressiert sind beispielsweise die Berichtspflichten in: §§ 285 Nr. 9 und 289 Abs. 2 Nr. 5 HGB zur Offenlegung der Vorstandsvergütung, vgl. BT-Drucks. 15/5577, S. 5.

[98] Vgl. dazu § 3B. I; die Begründung zum BilMoG spricht sogar von einer Zurverfügungstellung der Informationen an die Öffentlichkeit, BT-Drucks. 16/10067, S. 112.

[99] Beispielhaft ist § 285 Nr. 28 HGB, siehe dazu ausführlich sogleich.

[100] Vgl. *Kubis*, in: MünchKomm AktG, § 131 Rn. 6; *Hommelhoff*, ZGR 2000, S. 748, 755.

[101] Allgemein zur Problematik einer Vielzahl von Informationsempfängern und der Bestimmung eines maßgeblichen Empfängerhorizontes *Roth*, Das einheitliche Recht auf Information, S. 64 ff.

sowohl Aktionäre als auch Gläubiger und damit die zwei im Rechnungslegungsrecht diametral ausgerichteten Empfängerkreise adressieren.
Exemplarisch zeigt dies ein Blick auf die Berichtspflicht des § 285 Nr. 28 HGB.
Nach dieser Vorschrift ist über ausschüttungsgesperrte Beträge in der Bilanz zu
berichten. Zum einen dient die Vorschrift – ausweislich der Gesetzesbegründung
zum BilMoG[102] – dem Schutz der Gläubiger. Durch die Berichtspflicht wird
unter anderem die Aktivierungsmöglichkeit selbst geschaffener immaterieller
Vermögenswerte ausgeglichen. Früher war es nicht gestattet, solche selbst geschaffenen Vermögenswerte zu aktivieren, da hierdurch das Realisationsprinzip
verletzt wurde. Nach dem Realisationsprinzip dürfen nur diejenigen Leistungen
bzw. Gewinne aktiviert werden, die am Markt tatsächlich realisiert wurden. Es
ist Ausdruck des allgemeinen Vorsichtsprinzips, das die Gläubiger schützen
soll. Durch das Aktivierungswahlrecht wird der Gläubigerschutz verringert.
Einen Ausgleich erhalten die Gläubiger durch die Berichtspflicht nach § 285
Nr. 28 HGB. Andererseits ist die Information über ausschüttungsgesperrte Beträge für die Aktionäre wichtig. Sie entscheiden gemäß § 119 Abs. 1 Nr. 2 AktG
darüber, wie der Bilanzgewinn verwendet werden soll. Um hierüber abstimmen
zu können, müssen sie den Bilanzgewinn kennen und wissen, dass bestimmte
Beträge nicht für eine Ausschüttung zur Verfügung stehen.

Möglich wäre eine Systematisierung nach Adressaten deshalb nur, wenn diese an eine Vielzahl von Adressaten gerichteten Informationen mehrfach in dem
jeweils für die Adressatengruppen geschaffenen Berichtsinstrument veröffentlicht würden. Dies hätte, da dann Doppelangaben erforderlich würden, eine
künstlich generierte Übermenge an Information zur Folge, die zu einer erhöhten
Informationslast führt. Aus diesem Grund muss nach einem aussichtsreicheren
Systematisierungskriterium gesucht werden.

III. Trennung bilanzrechtlicher und gesellschaftsrechtlicher Inhalte

Schon seit längerem wurde in der Literatur angemerkt, dass insbesondere die
neueren Lageberichtsinhalte immer mehr ihren Bezug zur Rechnungslegung
verlieren.[103] Als der Gesetzgeber die Erklärung zur Unternehmensführung nach
§ 289a HGB durch das BilMoG einführte, veranlasste dies schließlich einige
Stimmen in der Literatur, ein einheitliches Berichtsinstrument für alle Corporate
Governance-Inhalte zu fordern.[104] Einige Autoren gingen weiter und schlugen
vor, die Corporate Governance-Inhalte aus § 289a HGB und die übernahmerechtlichen Inhalte nach § 289 Abs. 4 HGB, die in enger Verbindung zu den

---

[102] Vgl. BT-Drucks. 16/10067, S. 75.
[103] Vgl. *Lanfermann/Maul*, BB 2004, S. 1517, 1521;
[104] Vgl. *IDW*, IDW Fachnachrichten 2008, S. 9, 17; *Bischof/Selch*, WPg 2008, S. 1021,
1029 f.; *Böcking/Eibelshäuser*, Der Konzern 2009, S. 563, 570; *Bachmann*, ZIP 2010, S. 1517,
1518.

Corporate Governance-Inhalten stehen und die ebenfalls keinen unmittelbaren Bezug zur Rechnungslegung aufweisen[105], zusammenzuführen.[106] Darin zeigt sich die Tendenz, bilanzrechtliche Inhalte und diejenigen, denen ein Bezug zur Rechnungslegung fehlt, auf getrennte Berichtsinstrumente aufzuteilen.

Allerdings beschränken sich die bisherigen Verbesserungsvorschläge überwiegend auf die neu eingeführten Angaben in der Erklärung zur Unternehmensführung, ohne darauf einzugehen, dass andere Berichtspflichten von Anhang und Lagebericht ebenso in den Themenkreis der Corporate Governance gehören könnten.[107] Nur Corporate Governance-relevante Inhalte auszugliedern, fällt schwer, da es keine einheitliche Begriffsdefinition gibt[108] und (insbesondere in der betriebswirtschaftlichen Literatur) die Rechnungslegung oftmals als wesentlicher Bestandteil der Corporate Governance verstanden wird[109]. Geht man von einem engen, gesellschaftsrechtlichen Begriff der Corporate Governance aus, nach dem es bei der Thematik darum geht, die Unternehmensleitung und Unternehmenskontrolle vornehmlich in der Aktiengesellschaft zu erläutern,[110] lässt sich den Überlegungen zumindest der Grundgedanke entnehmen, bilanzrechtliche Inhalten und solche, die ihre Verankerung mehr im innergesellschaftlichen, verbandsrechtlichen Bereich haben, zu trennen.[111] Da – anders als bei den zuvor genannten Kriterien – nicht bereits auf den ersten Blick Gründe ersichtlich sind, die einer Systematisierung hiernach entgegenstehen könnten, soll diese Grundidee weiterverfolgt und die Anhangs- und Lageberichtsinhalte hiernach systematisiert werden.

---

[105] Vgl. *Baetge/Kirsch/Thiele*, BilanzR, § 289 Rn. 272; *Lanfermann/Maul*, BB 2004, S. 1517, 1518; kritisch auch *Claussen*, in: Kölner Komm RechnungslegungsR, § 289 Rn. 56.

[106] Vgl. *Bischof/Selch*, WPg 2008, S. 1021, 1023.

[107] Weitergehend allerdings ohne konkreten Normbezug nur *Böcking/Eibelshäuser*, Der Konzern 2009, S. 563, 569; etwas konkreter *Böcking/Eibelshäuser/Arlt,* Der Konzern 2010, S. 614, 621 f.

[108] Statt vieler *Kümpel*, Bank- und KapitalmarktR, 3. Auflage 2004, S. 1250 (Rn. 8.47); *Schneider/Strenger*, AG 2000, 106 ff.

[109] Vgl. *Pellens/Crasselt/Sellhorn*, zfbf 2009, S. 102; *Böcking/Stein*, Der Konzern 2006, S. 753, 754; *Kümpel*, Bank- und KapitalmarktR, S. 1249 (Rn. 8.44 ff.).

[110] Vgl. *Merkt*, AG 2003, S. 126.

[111] Vgl. in ähnlicher Richtung auf sehr abstrakter Ebene auch *Brinckmann*, Finanzberichterstattung, S. 260 f.

C. Systematisierung anhand gesellschaftsrechtlicher und bilanzrechtlicher Zwecke

I. Funktionale Einheit beider Rechtsgebiete

Da Gesellschafts- und Bilanzrecht eine funktionale Einheit bilden,[112] könnte es durchaus problematisch sein, die Berichtsinhalte auf diese Weise zu trennen und zu systematisieren. In multiplen Bereichen greift das Aktienrecht auf die nach dem Bilanzrecht ermittelten Ergebnisse zurück. Allein durch die enorme Komplexität und den Detaillierungsgrad der bilanzrechtlichen Regelungen und weil das Dritte Buch des HGB rechtsformübergreifend ausgestaltet ist, kann die Materie inzwischen als eigenständiger Regelungsbereich begriffen werden.

Zunächst wird der ausschüttungsfähige Gewinn, der die Höhe der verbandsrechtlich verankerten Dividende als eines der Kernelemente der Mitgliedschaft bestimmt, mit Hilfe der handelsrechtlichen Bilanz ermittelt. Das ebenfalls verbandsrechtlich determinierte Korrelat zur Haftungsbegrenzung, nämlich die Kapitalerhaltung (§ 57 AktG), wird gewahrt.

Des Weiteren informiert sich der Vorstand über den Geschäftsverlauf anhand der Rechnungslegung selbst.[113] Gleichzeitig ermöglichen diese Informationen, die Unternehmensleitung zunächst durch den Aufsichtsrat und sodann durch die Aktionäre zu kontrollieren. Diese entscheiden mit dem Hauptversammlungsbeschluss nach § 120 AktG darüber, ob sie Vorstand und Aufsichtsrat entlasten. Der Beschluss wiederum beruht maßgeblich auf den Informationen des Jahresabschlusses.[114] Der Vorstand legt gegenüber den Eigentümern, deren Vermögen er verwaltet, mithilfe der Rechnungslegungsinformationen Rechenschaft über sein Handeln im Rahmen seiner Leitungspflicht ab. Noch weiter gefasst bilden die Informationen der Rechnungslegung den Mindestbestand des verbandsrechtlich garantierten Mitgliedschaftsrechts auf Information (§ 131 AktG).[115]

Das Bilanzrecht und das Gesellschaftsrecht präsentieren sich als eng verbundene Regelungsmaterie. Weil sie derart verzahnt sind, müssen Kriterien gefunden werden, die es erlauben, die einzelnen Inhalte dem einen oder dem anderen Rechtsgebiet zuzuordnen und zu systematisieren.

---

[112] Vgl. *Hommelhoff*, ZGR 2000, S. 748, 755; weitergehend *Großfeld/Luttermann*, BilanzR, Rn. 1, 86 („Bilanzrecht ist der Kern von […] Gesellschaftsrecht."); *Westermann*, in: FS Goerdeler, S. 697, 718 („dogmatisch […] dieselbe Materie").

[113] Vgl. *Palmes*, Lagebericht, S. 82, ausführlich oben § 2B. I. 1).

[114] Vgl. *Hommelhoff*, ZGR 2000, S. 749, 754; die Vorschrift des § 120 Abs. 3 S. 2 AktG a. F. und damit die (erneute) Vorlegung des Jahresabschlusses und des Lageberichts wurden zwar gestrichen, dies ändert aber nichts an der zur Entscheidung vorliegenden Informationslage, da bereits nach §§ 175, 176 AktG Jahresabschluss und Lagebericht vorliegen müssen, vgl. *Hoffmann*, in: Spindler/Stilz, AktG, § 120 Rn. 42.

[115] Vgl. *Kubis*, in: MünchKomm AktG, § 131 Rn. 6.

II. Abgrenzung nach öffentlichem bzw. privatrechtlichem Charakter?

Bilanzrecht wird oftmals als öffentlich-rechtliches Recht qualifiziert, während das Gesellschaftsrecht privatrechtlicher Natur ist. Möglicherweise lassen sich über diese Trennung die einzelnen Berichtspflichten nach der Rechtsnatur systematisieren. Problematisch ist dies aber schon deshalb, weil es sehr umstritten ist, ob das Bilanzrecht tatsächlich zum öffentlichen Recht gehört.[116] Dies liegt vornehmlich daran, dass die herkömmlicherweise im Verwaltungsrecht angewandten Abgrenzungsmethoden zu keinem eindeutigen Ergebnis gelangen.

Nach der im Verwaltungsrecht vielfach vertretenen Subordinationstheorie kann das öffentliche Recht vom Privatrecht nach dem zwischen den Beteiligten bestehenden Rechtsverhältnis abgegrenzt werden. Öffentliches Recht liegt danach vor, wenn die an einem Rechtsverhältnis Beteiligten in einem Verhältnis der Über- und Unterordnung stehen, privates Recht hingegen, wenn zwischen ihnen ein gleichrangiges Verhältnis besteht.[117] Der öffentliche Charakter eines Rechtsverhältnisses wird dann bejaht, wenn ein Träger staatlicher Gewalt die Einhaltung der Pflicht durchsetzen kann.[118] Ob der Abschlussprüfer als Beliehener angesehen und die Materie aus diesem Grund dem öffentlichen Recht zugeordnet werden kann[119], braucht hier nicht entschieden zu werden. Denn spätestens seit das Enforcementverfahren (vgl. § 342b Abs. 2 S. 2 HGB) eingeführt wurde, bei dem es grundsätzlich Aufgabe der Deutsche Prüfstelle für Rechnungslegung ist, zu kontrollieren, ob die gesetzlichen Vorschriften eingehalten wurden, kontrolliert ein Träger staatlicher Gewalt die Einhaltung der Vorschriften. Denn die Deutsche Prüfstelle für Rechnungslegung ist wiederum der BaFin, einer Behörde als Träger hoheitlicher Gewalt, untergeordnet, sodass zumindest bei der kapitalmarktorientierten Aktiengesellschaften (letztinstanzlich) die BaFin die Einhaltung der Rechnungslegungsvorschriften überwacht.[120] Durch diese staatliche Aufsicht ist nach der Subordinationstheorie die Gesamtmaterie als öffentliches Recht zu qualifizieren. Allerdings könnte der Gesetzgeber nach dieser Abgrenzungstheorie die Rechtsnatur eines jeden Gesetzes ändern, indem er eine staatliche Aufsicht einführt. Zur Systematisierung der Materie liefert diese Abgrenzung unabhängig davon keine Erkenntnisse, denn die Aufsicht im Enforcementverfahren erfasst alle Berichtsinhalte von Anhang und Lagebericht. Es wären alle Inhalte als öffentliches Recht zu qualifizieren.

---

[116] Zum Meinungsbild vgl. *Claussen*, in: Kölner Komm RechnungslegungsR, Einl. Rn. 67 f. m. w. N.

[117] Vgl. *Ipsen*, Allgemeines Verwaltungsrecht, § 1 Rn. 21 ff.; *Ipsen/Koch*, Jus 1992, S. 809, 811; *Maurer*, Allgemeines Verwaltungsrecht, § 3 Rn. 12; speziell zum Bilanzrecht *Icking*, Rechtsnatur HandelsbilanzR, S. 267.

[118] Vgl. *Icking*, Rechtsnatur HandelsbilanzR, S. 285 ff., 339 ff.

[119] Vgl. ausführlich *Icking*, Rechtsnatur HandelsbilanzR, S. 349 ff.

[120] Siehe ausführlich zum Enforcementverfahren unten § 8B. III.

Ähnliche Ergebnisse erhält man, wenn man wie *W. Müller*[121] danach abgrenzt, ob die Materie ein Zuordnungssubjekt hat, das Träger von Staatsgewalt ist (sog. (materielle) Subjektstheorie).[122] *W. Müller* kommt, da er den Abschlussprüfer als Beliehenen qualifiziert, dazu, diese Frage zu bejahen, denn der Abschlussprüfer besitze eine Garantie- und Sanktionsfunktion[123]. Konsequenterweise qualifiziert er die Materie der Rechnungslegung wegen dieser vom Gesetzgeber angeordneten Abschlussprüfung als öffentliches Recht. Legt man diese Kriterien zugrunde, wird die öffentlich-rechtliche Rechtsnatur der Rechnungslegung auch dadurch noch deutlicher, dass die Jahresabschlüsse und Lageberichte im Rahmen des Enforcementverfahrens nach § 342b HGB, § 37nff WpHG geprüft werden. In diesem Verfahren überprüft letztinstanzlich die BaFin als behördlicher Hoheitsträger, ob die Finanzberichte der Unternehmen gesetzeskonform sind. Stuft man gesetzliche Regelungen derart „Rechtsfolgenorientiert" ein, wird es wiederum in das Belieben des Gesetzgebers gelegt, durch staatlich angeordnete Kontrollmechanismen eine gesamte Materie öffentlich-rechtlich zu qualifizieren, obwohl inhaltlich (auch) Regelungen erfasst sind, die das Innenverhältnis der Gesellschaften betreffen. Diese sind als Privatrecht einzuordnen.[124] Vielmehr bildet die Pflicht zur Abschlussprüfung und das kapitalmarktinduzierte Enforcementverfahren einen öffentlich-rechtlichen Ordnungsrahmen, der allein nicht zu einer öffentlich-rechtlichen Rechtsnatur der Gesamtmaterie führt[125]. Da dieser (aufsichtsrechtliche) Ordnungsrahmen bereits selbst kritisch auf seine Konsistenz mit dem Gesellschaftsrecht untersucht werden müsste, können die Subjektstheorie wie die Subordinationstheorie nicht dazu herangezogen werden, die Inhalte von Anhang und Lagebericht neu zu ordnen.

Auch die äußerst selten zur Abgrenzung herangezogene Verfügungstheorie hilft nicht weiter, die Rechtsnatur des Bilanzrechts zu bestimmen. Nach dieser Theorie ist das öffentliche Recht dadurch gekennzeichnet, dass es durch private Vereinbarung nicht geändert werden kann.[126] Zwar ist das Bilanzrecht in seiner derzeitigen Form überwiegend nicht zur Disposition der Adressaten gestellt[127], doch gilt dies gerade auch für das Aktiengesetz, dessen Vorschriften nicht zuletzt wegen der Satzungsstrenge gemäß § 23 Abs. 5 AktG als überwiegend zwingend anzusehen sind. Ein (nicht-) dispositiver Charakter einer Norm kann deshalb

---

[121] Vgl. *Müller*, FS Moxter, S. 75, 81 ff.

[122] Allgemein zur Subjektstheorie *Ipsen*, Allgemeines Verwaltungsrecht, § 1 Rn. 29 ff.; *Ipsen/Koch*, Jus 1992, S. 809, 812 f.; *Maurer*, Allgemeines Verwaltungsrecht, § 3 Rn. 13; *Wolff/Bachof/Stober*, Verwaltungsrecht I, § 22 Rn. 25 ff.

[123] Vgl. *Müller*, FS Moxter, S. 75, 82 f.

[124] Vgl. *Müller*, FS Moxter, S. 75, 82 f.; *Hüffer*, in: Großkommentar HGB § 238 Rn. 3.

[125] Vgl. *Luttermann*, MünchKomm AktG, 2. Auflage, Einf. BilanzR, Rn. 49.

[126] Vgl. *Icking*, Rechtsnatur HandelsbilanzR, S. 431.

[127] Eine Ausnahme bildet die individualisierte Offenlegung der Vorstandsvergütung, die nach § 286 Abs. 5 HGB bei entsprechendem Hauptversammlungsbeschluss unterbleiben kann.

nicht für die Abgrenzung von Gesellschafts- und Bilanzrecht herangezogen werden.

Einzelne Berichtspflichten anhand der Rechtsnatur und der daraus folgenden Zuordnung öffentlich-rechtlicher Inhalte zum Bilanzrecht und privatrechtlicher Inhalte zum Gesellschaftsrecht zu systematisieren, scheint, zumindest auf den ersten Blick, nur die sog. Interessentheorie zu ermöglichen.[128] Denn allein nach dieser Theorie kommt es auf die Rechtsnatur jedes einzelnen Inhalts und nicht des Gesamtgesetzes an.[129]

Um die Rechtsgebiete voneinander abzugrenzen, ist nach dieser Theorie zu fragen, ob die jeweilige Berichtspflicht dem öffentlichen oder dem privaten Interesse dient. Im bilanzrechtlichen Kontext liegt ein öffentliches Interesse vor, soweit eine Vorschrift die Funktionsfähigkeit des Kapitalmarkts oder des Kreditverkehrs als solchen schützen will; ein privatrechtliches Interesse soll dagegen verfolgt werden, wenn der Schutz von Gläubigern und Anlegern im Vordergrund steht.[130] Dann würden Vorschriften, die den Schutz der Gläubiger bezwecken, privatrechtlich eingestuft werden und nicht dem Bilanzrecht zugeordnet. Dies hätte zur Folge, dass sie entweder zusammen mit den gesellschaftsrechtlichen Inhalten oder aber – wie bereits oben unter anderem Blickwinkel beschrieben – als eigenständiges gläubigeradressiertes Berichtsinstrument publiziert werden müssten. Im Ergebnis finden sich in einem Abgrenzungsversuch nach der Interessentheorie dieselben Probleme wieder, die auch auftreten würden, wollte man anhand der Adressaten bzw. der Kapitalmarktorientierung abgrenzen: Da die über die Rechnungslegung erfolgende Publizität unterschiedlichste Interessengruppen adressiert, versagt diese Methode bei der Frage, welche Rechtsnatur das Bilanzrecht hat.[131] Eine Systematisierung bilanzrechtlicher und gesellschaftsrechtlicher Inhalte ist anhand dieser Kriterien deshalb nicht möglich.

Im Ergebnis wird man wohl festhalten müssen, dass die Rechnungslegung sowohl privatrechtlich als auch öffentlich-rechtlich zu qualifizieren ist.[132] Da sich Bilanzrecht und Gesellschaftsrecht anhand der Rechtsnatur der jeweiligen Berichtsinhalte nicht abgrenzen lassen, muss nach weiteren Anknüpfungspunkten gesucht werden.

---

[128] Allgemein zur Interessentheorie *Ipsen*, Allgemeines Verwaltungsrecht, § 1 Rn. 16 ff.; *Ipsen/Koch*, Jus 1992, S. 809, 810; *Maurer*, Allgemeines Verwaltungsrecht, § 3 Rn. 11. Bemerkenswert ist, dass die Theorie in der verwaltungsrechtlichen Literatur stets erwähnt, sie aber von keinem Autor tatsächlich vertreten wird, vgl. *Ipsen*, Allgemeines Verwaltungsrecht, § 1 Rn. 20 (Fn. 21).
[129] *Claussen*, Kölner Komm RechnungslegungsR, Einl. Rn. 67.
[130] Vgl. speziell zum Bilanzrecht *Icking*, Rechtsnatur HandelsbilanzR, S. 262.
[131] Vgl. *Claussen*, Kölner Komm RechnungslegungsR, Einl. Rn. 67; § 3B. II.
[132] Vgl. *Walz*, in: Heymann, HGB, Einl. Rn. 41; *Müller*, FS Moxter, S. 75, 79.

III. Abgrenzung anhand einer typisierenden Betrachtungsweise

Da sich – wie oben beschrieben – die Rechtsgebiete „Bilanzrecht" und „Gesellschaftsrecht" überschneiden, können keine klaren Grenzlinien gefunden werden, die es erlauben, alle Inhalte vollständig und absolut voneinander abzugrenzen. Möglich erscheint, mithilfe einer typisierenden Betrachtungsweise zu ermitteln, welche Aufgaben und Funktionen typischerweise nach der gesetzlichen Grundkonzeption vom Bilanzrecht und welche vom Gesellschaftsrecht erfüllt werden sollen. Berichtsinhalte, die bezwecken, eine solche Aufgabe des einen bzw. des anderen Rechtsgebiets wahrzunehmen, können dementsprechend anhand einer umfassenden Zweckanalyse dem einen oder anderen Rechtsgebiet zugeordnet werden.

1) Typische bilanzrechtliche Themen

Ein Zweck bilanzrechtlicher Normen liegt darin, unternehmensbezogene Vermögensveränderungen zu dokumentieren.[133] Das Bilanzrecht soll dazu dienen, einen Einblick in die finanzielle Lage zu liefern, eine Schuldendeckungskontrolle zu ermöglichen, eine Ausschüttungssperre zu gewährleisten und insbesondere den Anteilseignern eine Grundlage für die Anteilsbewertung zu liefern.[134] Für alle diese Zwecke des Bilanzrechts werden Finanzzahlen benötigt. Finanzzahlen sind Daten, die die unternehmensbezogenen Vermögenveränderungen abbilden und an der die gesuchte Information abgelesen werden kann. Auf welche Weise die Daten abzubilden sind, hat der Gesetzgeber in den Generalnormen der §§ 242 und 264 Abs. 2 S. 1 HGB festgelegt. Nach § 242 Abs. 1 HGB soll in der Bilanz das Vermögen und die Schulden so gegenübergestellt werden, dass die tatsächlichen wirtschaftlichen Verhältnisse des Unternehmens ablesbar sind. Diese Gegenüberstellung ist um eine Gewinn- und Verlustrechnung (§ 242 Abs. 2 HGB) zu ergänzen, die Aufwendungen und Erträge gegenüberstellt. Insgesamt muss das durch diese Berichtsinstrumente vermittelte Bild der Vermögens-, Finanz- und Ertragslage gemäß § 264 Abs. 2 S. 1 HGB den tatsächlichen Verhältnissen entsprechen („true and fair view").[135] Gelingt es – beispielsweise um gläubigerschützende Vorschriften zu beachten – ausnahmsweise nicht, dieses Bild zu vermitteln, so ist es gemäß § 264 Abs. 2 S. 2 HGB im Anhang zu korrigieren.[136] Daneben können andere Inhalte zu einem umfassenderen Bild über die wirtschaftliche Situation des Unternehmens beitragen. Berichtsinhalte von Anhang und Lagebericht, die die Bilanz und Gewinn- und Verlustrechnung korrigieren, relativieren oder ergänzen, und so im weitesten Sinne dazu dienen, die beiden

---

133 Vgl. *Kübler/Assmann*, GesR, S. 305.
134 Vgl. *Kübler/Assmann*, GesR, S. 306.
135 Vgl. *Claussen*, in: Kölner Komm RechnungslegungsR, § 264 Rn. 44.
136 Vgl. *Claussen*, in: Kölner Komm RechnungslegungsR, § 264 Rn. 62 ff. mit Beispielen.

Generalnormen der §§ 242 und 264 HGB zu verwirklichen, gehören zum Bereich des Bilanzrechts. Gemein ist diesen Angaben, dass sie einen Finanzzahlenbezug aufweisen. Liegt ein solcher vor, indiziert dies, dass die Berichtspflicht zum Bereich des Bilanzrechts gehört.

Ein solcher Finanzzahlenbezug besteht zunächst dann, wenn die Berichtspflicht selbst verlangt, Finanzzahlen offenzulegen. Solche Daten könnten grundsätzlich in der Bilanz bzw. Gewinn- und Verlustrechnung enthalten sein, wurden aber aus unterschiedlichen Gründen aus Bilanz bzw. Gewinn- und Verlustrechnung ausgelagert. Der Grund, der dazu geführt hat, diese Finanzzahlen auszulagern, liegt zumeist in den verpflichtend einzuhaltenden Grundsätzen ordnungsgemäßer Bilanzierung[137].

Zum einen kann es sich um Angaben handeln, die zwar relevant sind, um die Anteile zu bewerten, die aber wegen des im HGB vorherrschenden Vorsichtsprinzips nicht einbezogen werden können, um eine sichere Schuldendeckungskontrolle zu gewährleisten. Auch kann es notwendig sein, Berichtspflichten auszulagern, um die Bilanz klarer und verständlicher zu gestalten. Ein solches Vorgehen ist nicht nur sinnvoll, sondern geboten. Denn die Grundsätze ordnungsgemäßer Bilanzierung, zu denen die Grundsätze der Klarheit und der Verständlichkeit zählen, sind von den Unternehmen stets bei der Bilanzierung zu beachten. Berichtspflichten, die solche Finanzzahlen enthalten, sollen die übrigen Bestandteile des Jahresabschlusses ergänzen und sind deshalb bilanzrechtlicher Natur.

Daneben kann ein Finanzzahlenbezug dann bejaht werden, wenn Hintergrundinformationen zu den in Bilanz bzw. Gewinn- und Verlustrechnung enthaltenen Finanzzahlen gegeben werden. Solche meist verbalen Erläuterungen sollen vermeiden, dass die Leser irregeführt werden oder Bilanz oder Gewinn- und Verlustrechnung falsch interpretieren. Bezweckt eine Berichtspflicht, das Zustandekommen bzw. die Zusammensetzung einzelner in Bilanz bzw. Gewinn- und Verlustrechnung enthaltener Finanzzahlen zu erläutern, so sind diese Angaben bilanzrechtlicher Natur. Ebenfalls sollen solche Berichtspflichten Finanzzahlen erläutern, die die in der Bilanz bzw. Gewinn- und Verlustrechnung enthaltenen Finanzzahlen verbal auswerten, indem sie die Finanzzahlen weiter beschreiben oder bewerten. Derartige Angaben verarbeiten die Finanzzahlen und sind deshalb ebenfalls dem Bilanzrecht zuzuordnen.

Wie sich aus § 264 Abs. 2 S. 2 HGB ergibt, weisen auch solche Angaben einen Finanzzahlenbezug auf, die bezwecken, das vermittelte wirtschaftliche Bild des Unternehmens zu korrigieren. Neben einer Korrektur, die eine wirkliche Fehl-

---

[137] Die Grundsätze ordnungsmäßiger Bilanzierung umfassen bestimmte Regeln über Form und Inhalt der Bilanz, die teilweise auf Gesetz und teilweise auf Übung beruhen. Eine ordnungsgemäße Bilanzierung setzt u. a. die Einhaltung der Grundsätze ordnungsmäßiger Buchführung sowie die im HGB vorgeschriebenen Vorschriften zur Erstellung des Jahresabschlusses voraus; vgl. zu den dazugehörigen Vorschriften *Förschle/Usinger*, Beck BilanzKomm, § 243 Rn. 31.

angabe voraussetzt, können Berichtspflichten auch vor möglicherweise bestehenden Verzerrungen oder drohenden Veränderungen in Form von versteckten Risiken oder Chancen warnen. Durch diese beiden Arten von Angaben soll das vermittelte Bild relativiert werden. Eine solche Relativierung kann entweder dadurch erreicht werden, dass konkrete Finanzzahlen angegeben werden oder dass allgemein vor möglicherweise drohenden (negativen oder positiven) Veränderungen bei den betroffenen Finanzzahlen gewarnt wird.

Insgesamt lassen sich die so identifizierten, typischerweise vom Bilanzrecht verfolgten Zwecke wie folgt schematisch darstellen:

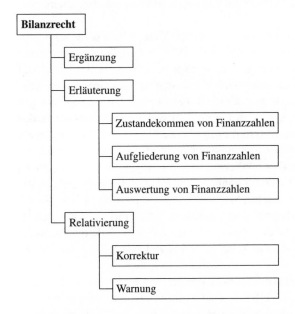

2) Typische gesellschaftsrechtliche Themen

Die Aufgabe des Aktiengesellschaftsrechts besteht darin, das Zusammenspiel von Vorstand als Unternehmensleitung, Aufsichtsrat als Kontrollorgan und Aktionären als Eigentümer des durch den Vorstand verwalteten Vermögens zwischen und innerhalb dieser Gruppen zu regeln.[138] Der Zweck von Berichtspflichten, die über diese Rechtsverhältnisse informieren, liegt darin, das Zusammenspiel der beteiligten Interessengruppen zu verbessern. Sie sind dem Gesellschaftsrecht zuzuordnen. Zwar stellen die Gläubiger ebenfalls eine solche

---

[138] Vgl. *Davies*, Introduction to Company Law, S. 4; *Teichmann*, Binnenmarktkonformes GesR, S. 14.

Interessengruppe mit Bezug zum Unternehmen dar, so dass auch ihr Schutz zu den Aufgaben des Gesellschaftsrechts zählt.[139] Dieser gesellschaftsrechtliche Gläubigerschutz zeigt sich insbesondere in den strengen Regelungen zur Kapitalaufbringung und Kapitalerhaltung.[140] Anders als die übrigen oben genannten Gruppen sind die Gläubiger aber nicht Teil des Unternehmens[141], so dass sie im Vergleich zu den übrigen oben genannten Gruppen eine Sonderstellung einnehmen. Ihr Schutz wird überwiegend durch die streng gläubigerschützenden Vorschriften des Bilanzrechts übernommen, die die Kapitalerhaltungsregeln überwachen. Das Bilanzrecht präsentiert sich an dieser Stelle als das Rechtsgebiet, das sich speziell dem Schutz der Gläubiger als eigenständige Interessengruppe verschrieben hat.

Die gesellschaftsrechtlichen Akteure eines Unternehmens werden insbesondere durch solche Inhalte koordiniert, die ihre Verhältnisse zueinander verbessern sollen. Diese Themengebiete werden heutzutage unter dem Stichwort Corporate Governance diskutiert. Nach den OECD-Grundätzen über die Corporate Governance umfasst dieser Regelungsbereich die Beziehungen zwischen der Geschäftsführung, dem Leitungs- bzw. Überwachungsorgan, den Aktionären und anderen Interessengruppen.[142] Die hierunter fallenden Regeln sollen Interessenkonflikte in den Leitungs- und Kontrollorganen vermeiden oder zumindest offenlegen[143] und ermöglichen, dass die Organe durch Aufsichtsrat bzw. Aktionäre kontrolliert werden können. Außerdem verbessern sie die Unternehmensorganisation als solche. Sie tragen insbesondere dazu bei, die aus dem sog. Principle-Agent-Konflikt resultierenden Probleme zu reduzieren.[144] Wesentliches Kernelement ist die Organpublizität, die deshalb dem Aktienrecht zuzuordnen ist.[145] Diese und in dieselbe Richtung zielende Inhalte sind gesellschaftsrechtlicher Natur.

Eng verbunden mit diesem Themenkomplex sind diejenigen Berichtspflichten, die bezwecken, das Verhalten der Organe zu steuern. Solche Berichtspflichten sind zum einen deshalb gesellschaftsrechtlich zu qualifizieren, weil sie die Ursachen von Fehlverhalten bekämpfen und (mittelbar) dem Zusammenspiel der Interessengruppen dienen. Zum anderen ist es zentrale Aufgabe des Gesellschaftsrechts, Anweisungen dazu zu geben, wie sich der Vorstand bei der Leitung des Unternehmens zu verhalten hat. Die Aufgaben, Pflichten und Rech-

---

[139] Vgl. *Davies*, Introduction to Company Law, S. 7.

[140] Vgl. *Weber*, Gesellschaftsrecht und Gläubigerschutz im Internationalen Zivilverfahrensrecht, S. 13.

[141] Vgl. *Wiedemann*, GesR, Band 1, 1980, S. 515.

[142] OECD-Principles of Corporate Governance, 2004, S. 11.

[143] Vgl. *Fleischer*, NZG 2006, S. 561, 568.

[144] Mitteilung der Kommission an den Rat und das Europäische Parlament zur Modernisierung des Gesellschaftsrechts und Verbesserung der Corporate Governance in der Europäischen Union – Aktionsplan vom 21. Mai 2003, KOM(2003) 284 endgültig, S. 12, Fn. 10.

[145] Vgl. *Fleischer*, NZG 2006, S. 561, 562.

te des Vorstands beschreibt das Aktiengesetz zumeist holzschnittartig mit Hilfe von Generalnormen wie §§ 76 und 93 AktG, teilweise aber auch in Form von konkreten Ge- und Verboten, wie beispielsweise in den §§ 87–92 AktG. Sind die Anforderungen nicht derart konkretisiert, können Publizitätspflichten einen selbstregulatorischen Beitrag leisten, das Verhalten zu steuern, indem mithilfe von Marktmechanismen Druck auf den Vorstand ausgeübt wird, sich „richtig" zu verhalten. Auch hierdurch werden die Probleme aus der Trennung von Eigentum und Verwaltung reduziert.

Fraglich ist, ob das Gesellschaftsrecht die Arbeitnehmerinteressen schützen muss. Arbeitnehmer fallen als sog. Stakeholder unter eine erweiterte Definition der Corporate Governance, wie sie u. a. von der Europäischen Kommission und der OECD vertreten wird.[146] Die Zugehörigkeit der Arbeitnehmerinteressen zum aktienrechtlichen Schutzkanon zeigt sich nicht zuletzt in der Mitbestimmung der Arbeitnehmer im Aufsichtsrat, durch die das Zusammenspiel der Aufsichtsratsmitglieder beeinflusst wird und die sich konkret auf die Unternehmenskontrolle auswirken kann. Insbesondere haben Entscheidungen des Vorstands, die im Sinne der Aktionäre getroffen werden, oftmals erheblichen Einfluss auf die Position der Arbeitnehmer, sodass gesellschaftsrechtlich gewährleistet sein muss, dass die Arbeitnehmerinteressen als wichtige Stakeholdergruppe gewahrt und berücksichtigt werden.[147] Berichtspflichten, die die Position dieser Gruppe von am Unternehmenserfolg beteiligten Personen zu verbessern versuchen, können ebenfalls unter das Gesellschaftsrecht subsumiert werden.

Ein weiterer gesellschaftsrechtlicher Regelungskomplex betrifft konzernrechtliche Fragestellungen, wie Unternehmens-, Konzern- und Gesellschafterstrukturen. Bestehende rechtliche oder tatsächliche Einflussmöglichkeiten bergen die Gefahr des Missbrauchs, dem dadurch Einhalt geboten werden kann, dass die Strukturen offengelegt werden. Insbesondere Konzernverflechtungen offenzulegen, soll dazu dienen, die Gefahr zu verringern, dass Minderheitsaktionären ausgebeutet werden. Eine solche Gefahr kann gerade aus konzernrechtlichen Unternehmensverbindungen resultieren.[148] Der Minderheitenschutz ist Kernaufgabe des Aktienrechts und soll Legitimationsdefizite der organschaftlichen Leitungsmacht und der Mehrheitsherrschaft entweder verhindern oder ausgleichen[149]. Rechtspflichten, die diesem Minderheitenschutz dienen, gehören deshalb ebenfalls zum Verbandsrecht. Dies gilt insbesondere für Fragen, die den Unternehmensverbund betreffen.[150]

---

[146] Vgl. Zuletzt im Grünbuch „Europäischer Corporate Governance-Rahmen", S. 2 f. („sonstige Akteure" mit Verweis auf die OECD-Grundsätze auf dem Gebiet der Corporate Governance; OECD Principles of Corporate Governance, S. 21).

[147] Vgl. *Davies*, Introduction to Company Law, S. 8.

[148] Vgl. *Wilhelmi*, in: Godin/Wilhelmi, AktG 1965, § 160 Anm. 14.

[149] *Schmidt*, GesR, S. 467.

[150] Vgl. *Wiedemann*, GesR, Band 1, 1980, S. 21 f.

Von dieser konzernrechtlichen Publizität sind insbesondere die Zusammensetzung des Aktionärskreises, die Aktionärsstruktur, der Stimmrechtseinfluss, die Zugriffsmöglichkeiten auf andere Stimmrechte und Veränderungen maßgeblicher Beteiligungen wichtige Kriterien für die Anlageentscheidung und damit die Funktionsfähigkeit des Kapitalmarkts.[151] Auch kann der Anteil an Aktien, der sich in festen Händen befindet, wesentlichen Einfluss auf die Kursentwicklung haben.[152] Diese kapitalmarktrechtlichen Zwecke gehören nicht zu den Aufgaben, die das Gesellschaftsrecht absichern muss. Die Informationen betreffen aber zugleich typischerweise Themenfelder der Unternehmens-, Gesellschafter- und Konzernstrukturen. Das Verhältnis, in dem Gesellschaftsrecht und Kapitalmarktrecht stehen, ist bisweilen ungeklärt und durchaus umstritten.[153] Das Aktienrecht bildet als Verbandsrecht der juristischen Person einen Gegenpol zum Kapitalmarktrecht.[154] Dies schließt aber nicht aus, dass auch gesellschaftsrechtliche Normen eine kapitalmarktrechtliche Wirkung haben[155] oder sich das Gesellschaftsrecht kapitalmarktrechtlichen Argumentationsmustern öffnet.[156] Die kapitalmarktrechtlichen Aspekte der Berichtsinhalte von Anhang und Lagebericht, die insbesondere bei der Beteiligungs- und der Übernahmetransparenz von Bedeutung sind,[157] stehen im engen Verhältnis sowohl zum Konzernrecht als auch zur Corporate Governance.[158] Wenngleich die kapitalmarktrechtliche Legitimation einiger Normen weiter zunimmt, bleiben die konzernrechtlichen und Corporate Governance-gestützten Begründungsansätze bestehen.[159] Die hinzutretenden kapitalmarktrechtlichen Aspekte bekommen dadurch ihre enge Verknüpfung zum Gesellschaftsrecht, weisen gleichzeitig aber gerade keinen Finanzzahlenbezug auf. Diese auch kapitalmarktrelevanten Berichtspflichten bleiben dem Gesellschaftsrecht und nicht dem Bilanzrecht zugeordnet.[160] Ähnliches gilt für die gesamte Corporate Governance-Transparenz. Sie hat

---

[151] *Schneider*, in: Assmann/Schneider, WpHG-Kommentar, Vorbemerkung § 21, Rn. 19.

[152] *Schneider*, in: Assmann/Schneider, WpHG-Kommentar, Vorbemerkung § 21, Rn. 19.

[153] Vgl. *Habersack*, in: MünchKomm AktG, Einleitung Rn. 193.

[154] *Hopt*, ZHR 141 (1977), S. 389, 432.

[155] *Hopt*, ZHR 141 (1977), S. 389, 432.

[156] So beispielsweise BGH, Urteil vom 23. Juni 1997 – II ZR 132/93, BGHZ 136, 133 ff. (Siemens/Nold); vgl. auch *Habersack*, in: MünchKomm AktG, Einleitung Rn. 193; *Seibt*, in: Gesellschaftsrecht in der Diskussion, S. 37, 40 ff.

[157] Siehe zur Beteiligungstransparenz auch unten § 4A. IV. 8) und zur übernahmerechtlichen Investorentransparenz unten § 4B. I. 8).

[158] Zum Übernahmerecht *Pötzsch*, in: Assmann/Pötzsch/Schneider, WpÜG-Kommentar, Einleitung Rn. 15; zur Beteiligungstransparenz *Schneider*, in: Assmann/Schneider, WpHG-Kommentar, Vorbemerkung § 21, Rn. 28, *Starke*, Beteiligungstransparenz im Ges- und KapitalmarktR, S. 95, Begr. RegE zum Zweiten Finanzmarktförderungsgesetz, BT-Drucks. 12/6679, S. 52; allgemein *Oulds*, in: Kümpel/Wittig, Bank- und KapitalmarktR, Rn. 14.1ff.

[159] Strenger hier *Veil*, ZHR 177 (2013), S. 427, 429 f., der die ursprüngliche gesellschaftsrechtliche Legitimation als weitgehend verdrängt ansieht.

[160] Zur Unmöglichkeit der Ausgliederung kapitalmarktrechtlicher Inhalte siehe bereits oben § 3B. I.

insgesamt eine solche kapitalmarktrechtliche Färbung. Denn Corporate Governance-bezogenen Publizitätsvorschriften liegt der Gedanke zugrunde, dass der Kapitalmarkt eine gute Corporate Governance mit einem positiven Börsenkurs belohnt bzw. bei schlechter Corporate Governance die Unternehmen mit einem schwachen Börsenkurs abstraft. Unabhängig von der Frage, ob sich eine solche Kapitalmarktreaktion empirisch belegen lässt,[161] steht die Corporate Governance-Transparenz im Schnittfeld zwischen Gesellschafts- und Kapitalmarktrecht.[162] Inhaltlich bezieht sie sich – wie oben bereits gezeigt – auf Kernfragen des Gesellschaftsrechts, weist dabei jedoch keinen Finanzzahlenbezug auf, so dass sie nicht dem Bilanzrecht zuzuordnen ist.

Insgesamt lassen sich die typischerweise vom Gesellschaftsrecht verfolgten Zwecke wie folgt schematisch darstellen:

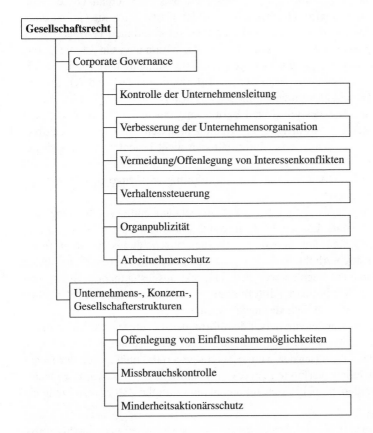

---

[161] Vgl. zu emprischen Analysen *Bassen/Kleinschmidt/Prigge/Zöllner*, DBW 2006, S. 375, 376 f.; *Nowak/Rott/Mahr*, ZGR 2005, S. 252, 264 f.; *Arnsfeld/Growe*, Finanz Betrieb 2006, S. 715, 717.

[162] *Assmann*, in: FS Kümpel, S. 1 ff.; *Merkt*, AG 2003, S. 126 ff.

IV. Problematik doppelter bzw. mehrfacher Zweckverfolgung

Auch bei einer auf einer Typisierung beruhenden Systematisierung kann nicht ausgeschlossen werden, dass einzelne Inhalte mehrere Zwecke verfolgen. Aus systematischer Sicht ist eine solche doppelte oder gar mehrfache Zweckverfolgung indes nur dann problematisch, wenn die Zwecke nach dem obigen Konzept sowohl bilanzrechtlicher als auch gesellschaftsrechtlicher Natur sind. Um dieses Problem zu lösen, könnte zunächst auf formeller Ebene angesetzt werden: Es könnte in einem der beiden Berichtsformate auf die ggf. ausführlichere Darstellung des Themenkomplexes in dem jeweils anderen Berichtsinstrument verwiesen werden. Alternativ können die Angaben doppelt in beiden Berichtsinstrumenten gemacht werden. Die erstgenannte Variante hat den Vorteil, dass die Menge an Einzelinformationen minimiert und eine schlankere Berichterstattung gefördert wird. Dies reduziert auf den ersten Blick die Gefahr eines *Information Overload*, da die absolute Zahl an Informationen verringert wird. Im Gegenzug wäre es für eine umfassende Information über ein Themengebiet für die Leser notwendig, verschiedene Berichtsinstrumente heranzuziehen. Da insbesondere Privatanleger dazu neigen, Informationen aus anderen als den präferierten Berichtsinstrumenten nur selektiv wahrzunehmen[163], sollte für ein besseres Verständnis des jeweiligen Berichtsinstruments entbehrlich sein, auf das jeweils andere Instrument zurückgreifen zu müssen.[164] Denn würden diese über Querverweise publizierten Informationen nicht beachtet, würde sich der Effekt einer uninformierten Entscheidungsfindung verstärken. Gerade dies soll aber dadurch vermieden werden, dass die Informationsmenge verschlankt und die Inhalte systematisiert werden.

Auch die zweite Variante in Form der Doppelangabepflicht stellt keine vollständig überzeugende Lösung dar. Denn durch Redundanzen werden die Anzahl der Berichtspflichten und die Komplexität der entscheidungsrelevanten Informationen künstlich erhöht.[165] Auf der anderen Seite verringern sich bei dieser Lösungsvariante die Suchkosten i. S. d. Transaktionskostentheorie. Strebt man eine effiziente (Kapitalmarkt-)Information an, sollten solche Doppelangaben dennoch soweit wie möglich vermieden werden.[166]

Deshalb ist es notwendig, neben dem formellen Lösungsansatz einen materiellen Weg zu finden, um solche Redundanzen auf ein Minimum zu beschränken. Ein materieller Lösungsansatz wäre es, den schwerpunktmäßig von der jeweiligen Berichtspflicht verfolgten Zweck zu identifizieren. Dazu muss zunächst untersucht werden, ob bei Berichtspflichten mit multipler Zweckverfolgung ein

---

[163] Vgl. oben § 1B. II; *Ernst/Gassen/Pellens*, in: von Rosen: Verhalten und Präferenzen deutscher Aktionäre, Studien des DAI, Heft 42, 2009, S. 30, 19.

[164] Vgl. *Hommelhoff*, in: Großkomm HGB, 4. Auflage, § 289 Rn. 12.

[165] Vgl. *Baetge/Brüggemann/Haenelt*, BB 2007, S. 1887, 1888.

[166] Vgl. *Bischof/Selch*, WPg 2008, S. 1021, 1022.

solcher Schwerpunkt ermittelt werden kann. Ein lediglich als nebensächlich anzusehender bilanzrechtlicher Zweck, der durch gleichzeitig verfolgte gesellschaftsrechtliche Zwecke überlagert wird, wäre beispielsweise dann anzunehmen, wenn eine Berichtspflicht zwar thematisch das Bild der wirtschaftlichen Verhältnisse betrifft, aber weder konkrete Finanzzahlen und Größenverhältnisse noch einen Wahrscheinlichkeitsgrad genannt werden müssen, wie sich die entsprechenden Umstände potentiell auf die Bilanz auswirken. Dann wird zwar der Leser davor gewarnt, dass das Bild möglicherweise verzerrt ist oder verdeckte Risiken bestehen, kann hieraus aber keinerlei Rückschlüsse ziehen.

Lässt sich hingegen ein solches Rangverhältnis zwischen den verfolgten Zwecken nicht ausmachen, dann sollte ausnahmsweise eine Doppelangabepflicht vorgesehen werden[167], denn nur so kann gewährleistet werden, dass alle thematisch zusammengehörenden Informationen einheitlich dargestellt werden.

V. Zwischenergebnis

Das mithilfe dieser typisierenden Betrachtungsweise gewonnene Systematisierungsgerüst erlaubt es, die im deutschen Bilanzrecht vorgeschriebenen Inhalte von Anhang und Lagebericht teleologisch zu untersuchen und anschließend anhand der Kriterien voneinander zu trennen. Diese Systematisierung ordnet die Berichtspflichten wertungsmäßig zu. Dies wird insbesondere deutlich, wenn eine Berichtspflicht nur anhand des Schwerpunkts einem Rechtsgebiet zugeordnet werden kann. Um die in der Zweckanalyse gewonnen Erkenntnisse umzusetzen, muss im Anschluss die Frage geklärt werden, wie sich diese Systematik mithilfe von auf sie ausgerichteten Berichtsinstrumenten realisieren lässt.[168]

---

[167] Vgl. *Bachmann*, ZIP 2010, S. 1517, 1521.
[168] Siehe hierzu § 5.

§4 Zweckanalyse der Anhangs- und Lageberichtsinhalte

Im nächsten Schritt kann nun nach dem vorgeschlagenen Konzept eine solche Zweckanalyse aller Berichtspflichten von Anhang und Lagebericht durchgeführt und die Ergebnisse den oben statuierten Kategorien zugeordnet werden. Für eine große kapitalmarktorientierte Aktiengesellschaft, aus deren Blickwinkel diese Untersuchung erfolgen soll,[1] sind dies 88 Einzelangaben, die über das HGB und das AktG verstreut sind. Soweit sinnvoll, werden bei der Analyse einzelne, ähnlich gelagerte Berichtsinhalte gemeinsam abgehandelt. Zunächst soll mit den Anhangsangaben begonnen werden. Im Anschluss folgen die Lageberichtspflichten.

A. Inhalte des Anhangs

Die Anhangsangaben finden sich im Wesentlichen in den §§ 284, 285, 265 HGB und rechtsformspezifisch für die Aktiengesellschaft in § 160 AktG. Die Ausgangsnorm der Bestimmungen zum Anhang, § 284 Abs. 1 HGB, statuiert selbst keine konkrete, eigenständige Berichtspflicht. Vielmehr verweist sie ähnlich einer Generalnorm für den Inhalt des Anhangs auf die Gesamtheit aller gesetzlich statuierten Berichtspflichten. Alle diese Angaben sind, gleich ob sie in den Einzelbestimmungen der §§ 284, 285 HGB oder in sonstigen Bestimmungen zum Jahresabschluss oder einzelgesetzlichen Sonderbestimmungen statuiert sind, integraler Bestandteil des Anhangs zum Jahresabschluss.

I. Inhalte nach § 284 Abs. 2 HGB

§ 284 Abs. 2 HGB schreibt zunächst allgemeine Angabepflichten zu bei der Bilanzierung angewandten Methoden vor.

---

[1] Siehe dazu oben § 1C.

1) Angaben zu Bilanzierungs- und Bewertungsmethoden
(§ 284 Abs. 2 Nr. 1, 2, 5 HGB)

Nach §§ 284 Abs. 2 Nr. 1, 2 und 5 HGB sind die in der Bilanz und Gewinn- und Verlustrechnung angewandten Bilanzierungs- und Bewertungsmethoden offenzulegen. Insbesondere durch die im Gesetz vorgesehenen Ansatzwahlrechte können die Unternehmen das Ergebnis des Jahresabschlusses bilanzpolitisch beeinflussen.[2] Die Entscheidung darüber, ob ein solches Bilanzierungswahlrecht wahrgenommen wird, betrifft die Frage des „Wie" der Bilanzierung und ist deshalb als angewandte Bilanzierungsmethode im Anhang darzustellen. Daneben ergeben sich bei der Wertermittlung eines Abschlusspostens erhebliche Bewertungsspielräume aus den unterschiedlichen Bewertungsmethoden. Angaben zu den Bilanzierungs- und Bewertungsmethoden sind für den Bilanzleser von essentieller Bedeutung, da erst ihr Verständnis ermöglicht, die einzelnen Bilanzposten zu interpretieren[3].[4] Durch diese zusätzlichen Erläuterungen wird durchleuchtet, wie die Finanzzahlen zustande gekommen sind und mögliche Verzerrungen auf Grund bilanzpolitischer Maßnahmen transparent gemacht[5], sodass sich ein – wie von der bilanzrechtlichen Generalnorm des § 264 Abs. 2 S. 1 HGB gefordert – realitätsgetreues Bild ergibt[6]. Während § 284 Abs. 2 Nr. 1 HGB allgemein verlangt, alle angewandten nicht zwingend gesetzlich vorgegeben Bilanzierungs- und Bewertungsmethoden offenzulegen[7], stellen die Berichtspflichten nach Nr. 2 (Bewertungsmethoden bei Währungsumrechnung) und Nr. 5 (Einbeziehung von Fremdkapitalzinsen bei der Bewertung der Herstellungskosten nach § 255 Abs. 3 S. 2 HGB) auf Spezialfälle gesetzlich vorgesehener Bewertungswahlrechte ab.[8]

Die Angabepflichten zu den allgemeinen und speziellen Bilanzierungs- und Bewertungsmethoden bezwecken, die Finanzzahlen zu erläutern und liefern ggf. Informationen zu bilanzpolitisch bedingten Verzerrungen, die durch die Angaben relativiert werden können. Die Angaben weisen einen engen Finanzzahlenbezug auf und sind deshalb bilanzrechtlicher Natur.

2) Begründung von Abweichungen von Bilanzierungs- und
Bewertungsmethoden (§ 284 Abs. 2 Nr. 3 HGB)

Werden Bilanzierungs- und Bewertungsmethoden im Vergleich zum Vorjahr geändert, steht dies im Widerspruch zum Grundsatz der Bewertungsstetigkeit, der

---

[2] Vgl. *Grottel*, in: Beck BilanzKomm, § 284 Rn. 89.
[3] Vgl. *Thiel/Lüdtke-Handjery*, BilanzR, Rn. 199.
[4] Vgl. *Wulf*, in: Baetge/Kirsch/Thiele, BilanzR, § 284 Rn. 6.
[5] Vgl. *Wulf*, in: Baetge/Kirsch/Thiele, BilanzR, § 284 Rn. 51.
[6] Vgl. *Hüttemann/Meyer*, in: Großkomm HGB, § 284 Rn. 32, 36.
[7] Vgl. *Varmaz*, in: Haufe HGB, § 284 Rn. 22.
[8] Vgl. *Wulf*, in: Baetge/Kirsch/Thiele, BilanzR, § 284 Rn. 71, 95 i. V. m. 61.

als allgemein anerkannter Grundsatz ordnungsgemäßer Bilanzierung die Vergleichbarkeit der Jahresabschlüsse im Zeitverlauf gewährleisten soll und seinen gesetzlichen Niederschlag in den §§ 246 Abs. 3 S. 1, 252 Abs. 1 Nr. 6 HGB gefunden hat. Durch die Angaben des § 284 Abs. 2 Nr. 3 HGB wird offengelegt und begründet, wie sich auswirkt, dass von den bisher gewählten Bilanzierungs- und Bewertungsmethoden abgewichen wurde. Die Vergleichbarkeit des aktuellen Jahresabschlusses mit vorangegangenen wird wieder hergestellt.[9] Durch die Angabe wird erläutert, wie die Finanzzahlen zustande gekommen sind. Es besteht ein unmittelbarer Finanzzahlenbezug. Außerdem führen derartige Änderungen in den Bilanzierungs- und Bewertungsmethoden dazu, dass das durch die Jahresabschlüsse mehrerer Jahre vermittelte Bild über die Entwicklung und das Entwicklungspotential des Unternehmens künstlich verzerrt wird. Denn Bilanzposten können künstlich beeinflusst werden, indem Bilanzierungs- und Bewertungsmethoden geändert werden. Um einem Fehleindruck entgegenzuwirken, bezweckt die Angabepflicht deshalb dasjenige Bild zu relativieren, das durch Vergleich des aktuellen mit vorherigen Jahresabschlüssen gewonnenen wird.[10] Die Berichtspflicht weist unter beiden Aspekten einen Finanzzahlenbezug auf und ist dem Bilanzrecht zuzuordnen.

3) Ausweis von sog. Unterschiedsbeträgen (§ 284 Abs. 2 Nr. 4 HGB)

§ 284 Abs. 2 Nr. 4 HGB verlangt von den berichtenden Unternehmen, sog. Unterschiedsbeträgen offenzulegen, die daraus resultieren, dass das Unternehmen von der Möglichkeit, Bewertungsvereinfachungsverfahren anzuwenden, Gebrauch gemacht hat. Solche Unterschiedsbeträge ergeben sich immer dann, wenn der Börsen- oder Marktpreis eines Vermögensgegenstandes über dem mit Hilfe eines Bewertungsvereinfachungsverfahrens, wie z. B. dem Lifo-Verfahren („Last in first out"-Verfahren), ermittelten Buchwert liegt.[11] Dann bleibt in der Bilanz der niedrigere Wert bestehen, da eine Wertaufholung aufgrund des Anschaffungskostenprinzips (§ 253 HGB) nicht zulässig ist. Liegt der Börsen- bzw. Marktpreis hingegen unter dem so ermittelten Wert, ist aufgrund des strengen Niederstwertprinzips das Umlaufvermögen abzuschreiben;[12] die Abschreibung vermeidet, dass ein Bilanzposten in der Bilanz überbewertet ausgewiesen wird. Wegen des strengen Anschaffungskostenprinzips werden im ersten Fall durch die Anhangsangabe bestehende Bewertungsreserven aufgedeckt[13], die andernfalls dazu führen würden, dass die tatsächliche Vermögenslage verzerrt würde,

---

[9] Vgl. *Wulf*, in: Baetge/Kirsch/Thiele, BilanzR, § 284 Rn. 76 f.
[10] Vgl. *Wulf*, in: Baetge/Kirsch/Thiele, BilanzR, § 284 Rn. 6.
[11] Vgl. *Wulf*, in: Baetge/Kirsch/Thiele, BilanzR, § 284 Rn. 92.
[12] Vgl. *Wulf*, in: Baetge/Kirsch/Thiele, BilanzR, § 284 Rn. 92.
[13] Vgl. *Wulf*, in: Baetge/Kirsch/Thiele, BilanzR, § 284 Rn. 92; *Poelzig*, in: MünchKomm HGB, § 284 Rn. 90.

da der gestiegene Wert des Vermögensgegenstands nicht in der Bilanz verbucht werden kann. Die Vorschrift dient dazu, die Bilanz zu relativieren und gehört deshalb zum Bilanzrecht.

II. Sonstige Pflichtangaben des Anhangs nach § 285 HGB

Die Angaben nach § 285 HGB betreffen im Unterschied zu § 284 Abs. 2 HGB keine allgemeinen methodischen, die gesamte Bilanzierung betreffenden Angabepflichten, sondern greifen Einzelaspekte auf, zu denen Angaben zu machen sind. Adressiert werden teils Einzelaspekte der Bilanzierung, aber auch andere Pflichtangaben. Aus der Abfolge der Angabepflichten ist in der Bestimmung keine innere Ordnung erkennbar.

1) Angaben zu langfristigen und besicherten Verbindlichkeiten (§ 285 Nr. 1, 2 HGB)

Gemäß § 285 Nr. 1 HGB muss zum einen der Gesamtbetrag aller Verbindlichkeiten mit einer Restlaufzeit von mehr als fünf Jahren angegeben werden (Nr. 1a), zum anderen ist der Gesamtbetrag aller Verbindlichkeiten, für die Sicherheiten gestellt wurden, offenzulegen (Nr. 1b). Die Angabepflicht zu den langfristigen Verbindlichkeiten ist im Zusammenhang mit § 268 Abs. 5 S. 1 HGB zu sehen, der vorschreibt kurzfristige Verbindlichkeiten, also solche mit einer Restlaufzeit von weniger als einem Jahr, zu kennzeichnen.[14] Durch die beiden Anhangsangaben werden die nach § 266 Abs. 3 C HGB auszuweisenden Bilanzposten der Verbindlichkeiten liquiditätsbezogen aufgegliedert.[15] Daneben führt die Zusatzangabe nach Nr. 1a dazu, dass das sich aus der Bilanz ergebende Bild der Liquiditätslage positiv relativiert wird, denn durch die Langfristigkeit der Verbindlichkeiten wird in naher Zukunft aus ihnen kein Risiko eines Liquiditätsengpasses resultieren.

Die Angabepflicht nach Nr. 1b hingegen macht transparent, welche Vermögensgegenstände entgegen dem durch die Bilanz erzeugten Bild nicht als Haftungsmasse für alle Gläubiger zur Verfügung stehen.[16] Die Angabepflicht erlaubt es, die Bilanz im negativen Sinne zu relativieren.

Die sachlich mit Nr. 1 zusammengehörende[17] Angabepflicht nach § 285 Nr. 2 HGB verlangt wiederum, die nach Nr. 1 anzugebenden Gesamtbeträge nach dem Gliederungsschema des § 266 Abs. 3 C HGB aufzugliedern und verstärkt die

---

[14] Vgl. *Hüttemann/Meyer*, in: Großkomm HGB, § 285 Rn. 8.

[15] Vgl. *Hüttemann/Meyer*, in: Großkomm HGB, § 285 Rn. 8; *Kessler*, in: MünchKomm BilanzR, § 285 HGB Rn. 3.

[16] Vgl. *Wulf*, in: Baetge/Kirsch/Thiele, BilanzR, § 285 Rn. 25; *Hüttemann/Meyer*, in: Großkomm HGB, § 285 Rn. 11.

[17] Vgl. BT-Drucks. 16/10067, S. 68.

durch Nr. 1 verfolgten Zwecke. Die Trennung der beiden Berichtspflichten erklärt sich allein durch die so bestehende Möglichkeit, von größenabhängigen
Erleichterungen, die die 4. EG-Richtlinie vorsieht, Gebrauch machen zu können.[18]

Alle drei Angaben verfolgen den Zweck, die Finanzzahlen der Bilanz dadurch näher zu erläutern, dass sie aufgegliedert werden und erlauben es so, das
durch die Bilanz vermittelte Bild zu relativieren. Sie sind ausschließlich bilanzrechtlicher Natur.

*2) Offenlegung nicht bilanzierter Geschäfte und Verpflichtungen (§ 285 Nr. 3,
3a HGB)*

Die Berichtspflichten nach §§ 285 Nr. 3 und Nr. 3a HGB tragen der Tatsache
Rechnung, dass nicht alle Geschäftsvorfälle einen Niederschlag in Bilanz und
Gewinn- und Verlustrechnung gefunden haben, da sie beispielsweise für die Gewinnermittlung nicht benötigt werden[19]. Die Offenlegung dieser nicht in der
Bilanz enthaltenen Geschäfte mitsamt der Angaben zu Art und Zweck, Risiken
und Vorteilen dieses Geschäfts (Nr. 3), sowie der ebenfalls nicht enthaltenen
sonstigen finanziellen Verpflichtungen (Nr. 3a) sollen dieses Informationsdefizit
ausgleichen. Aus dieser Sicht entlastet die Information durch den Anhang die
Bilanz und Gewinn- und Verlustrechnung. Die Angabepflicht bezweckt spiegelbildlich, die so entlastete Bilanz bzw. Gewinn- und Verlustrechnung um weitere
Finanzzahlen inhaltlich zu ergänzen.

Insbesondere wegen der in der Praxis verstärkt auftretenden Tendenz, Geschäfte gezielt aus der Bilanz heraus zu verlagern,[20] besteht die Gefahr, dass die
(bilanziellen) Auswirkungen solcher Geschäfte verschleiert werden[21]. Der durch
das BilMoG eingeführte, speziellere[22] § 285 Nr. 3 HGB verlangt deshalb, dass
nicht in der Bilanz enthaltene Geschäfte unter Angabe der Art und des Zwecks
aufgelistet werden. Zudem müssen die Risiken und Vorteile, die sich für die Einschätzung der Finanzlage des Unternehmens ergeben, angeführt werden. Unter
der Finanzlage versteht der Gesetzgeber die Liquidität eines Unternehmens und
dessen Fähigkeit, vorhandenen Verpflichtungen in überschaubarem Zeitraum
nachkommen zu können.[23] Durch die Angaben nach Nr. 3 soll das Bild, das sich
hinsichtlich der Finanzlage aus der Bilanz und Gewinn- und Verlustrechnung

---

[18] Vgl. *Hüttemann/Meyer*, in: Großkomm HGB, § 285 Rn. 16.

[19] Vgl. *Thiel/Lüdtke-Handjery,* BilanzR, Rn. 199.

[20] Vgl. Begründung zum RegE zum BilMoG, BT-Drucks. 16/10067, S. 39.

[21] Vgl. *Niemeier*, WPg 2006, S. 173, 176.

[22] Vgl. Begründung zum RegE zum BilMoG, BT-Drucks. 16/10067, S. 69 f.; *Grottel*, in:
Beck BilanzKomm, § 285 Rn. 22.

[23] Vgl. Begründung zum RegE zum BilMoG, BT-Drucks. 16/10067, S. 69; *Taeger*, in:
Haufe HGB, § 285 Rn. 15.

ergibt, um die finanziellen Risiken und Vorteile der außerbilanziellen Geschäfte korrigiert werden, so dass ein ausgewogeneres Bild vermittelt wird[24].

Die Angaben nach § 285 Nr. 3a HGB gehen hingegen schon auf die Umsetzung der 4. EG-Richtlinie durch das BilRiG von 1985 zurück. Die Vorschrift ist Auffangtatbestand[25] für alle finanziellen Verpflichtungen, die weder als Verbindlichkeit oder Rückstellung bilanziert, noch nach § 251 HGB unter der Bilanz ausgewiesen oder im Anhang nach § 285 Nr. 3 HGB aufgelistet wurden. Die Vorschrift verlangt im Gegensatz zu Nr. 3 nur, einen Gesamtbetrag an finanziellen Belastungen anzugeben[26], ohne finanzielle Vorteile zu berücksichtigen. Die Vorschrift bezweckt wie die Angabe nach Nr. 3, die Bilanz zu korrigieren.

Da die in Bilanz und Gewinn- und Verlustrechnung enthaltenen Finanzzahlen ergänzt und das Bild der Finanzlage relativiert werden, sind die beiden Berichtspflichten bilanzrechtlich einzuordnen.

3) Segmentberichterstattung (§ 285 Nr. 4 HGB)

Die sog. „kleine" Segmentberichterstattung des § 285 Nr. 4 HGB verlangt zusätzliche Angaben zu den in der Gewinn- und Verlustrechnung aufgeführten Umsatzerlösen. Die Umsatzerlöse sind wertmäßig und verbal nach sachlichen und geographischen Aspekten aufzugliedern.[27] In dieser Hinsicht bezweckt die Vorschrift, die Gewinn- und Verlustrechnung zu erläutern, indem sie Finanzzahlen aufgliedert. Zusätzlich soll dadurch ein genauerer Einblick in die Ertragslage des Unternehmens ermöglicht werden, aus dem sich Hinweise auf potentielle Ergebnisrisiken ablesen lassen, die in der Umsatzstruktur begründet sind.[28] Somit soll die Vorschrift vor möglichen Risiken warnen, die es zu einem späteren Zeitpunkt potentiell erforderlich machen, das im Jahresabschluss dargestellte Ergebnis relativieren zu müssen.

Sowohl die Erläuterung als auch die Relativierung durch Warnung vor verborgenen Risiken haben einen Finanzzahlenbezug, sodass die Vorschrift ebenfalls dem Bilanzrecht zuzuordnen ist.

---

[24] Vgl. *Niemeier*, WPg 2006, S. 173, 177; *Karrenbrock*, in: Baetge/Kirsch/Thiele, BilanzR, § 285 Rn. 37.

[25] Vgl. *Taeger*, in: Haufe HGB, § 285 Rn. 19; *Poelzig*, in: MünchKomm HGB, § 285 Rn. 56.

[26] Vgl. *Poelzig*, in: MünchKomm HGB, § 285 Rn. 60; *Grottel*, in: Beck BilanzKomm, § 285 Rn. 54.

[27] Vgl. *Karrenbrock*, in: Baetge/Kirsch/Thiele, BilanzR, § 285 Rn. 72.

[28] Vgl. *Kessler*, in: MünchKomm BilanzR, § 285 HGB Rn. 46; *Karrenbrock*, in: Baetge/Kirsch/Thiele, BilanzR, § 285 Rn. 71.

4) Angaben zur Belastung des Ergebnisses durch Ertragssteuern (§ 285 Nr. 6 HGB)

Nach § 285 Nr. 6 HGB ist anzugeben, in welchem Umfang das außergewöhnliche und gewöhnliche Ergebnis durch den Steueraufwand belastet ist. Die Vorschrift bezweckt, den in der Gewinn- und Verlustrechnung zusammengefassten Ausweis der Steuern vom Einkommen und Ertrag aufzugliedern.[29] Die Angaben ermöglichen es, dem Ergebnis der gewöhnlichen Geschäftstätigkeit (§ 275 Abs. 2 Nr. 14 bzw. Abs. 3 Nr. 13 HGB) und dem außerordentliche Ergebnis (§ 275 Abs. 2 Nr. 15 bzw. Abs. 3 Nr. 16 HGB) den Betrag hinzuzurechnen, um den sie durch den Steueraufwand reduziert wurden[30]. Der Einblick in die tatsächliche Ertragslage des Unternehmens wird verbessert[31] und ermöglicht, das durch die Gewinn- und Verlustrechnung präsentierte Unternehmensergebnis zu relativieren. Die Angabe bezweckt, die Gewinn- und Verlustrechnung zu erläutern und zu relativieren und ist dem Bilanzrecht zuzuordnen.

5) Angabe der durchschnittlichen Arbeitnehmerzahl (§ 285 Nr. 7 HGB)

Die Angabe der durchschnittlichen Arbeitnehmerzahl getrennt nach Gruppen gemäß § 285 Nr. 7 HGB steht in engem Zusammenhang mit den in der Gewinn- und Verlustrechnung bzw. bei Anwendung des Umsatzkostenverfahrens (§ 275 Abs. 3 HGB) im Anhang gemäß § 285 Nr. 8b HGB aufgeführten Personalaufwendungen. Bevor die Materie durch das BiRiLiG reformiert wurde, war die sog. gesellschaftsbezogene Rechnungslegung, die als Sozialberichterstattung bezeichnet wurde und die nach h. M. die Zahl der Arbeitnehmer in einzelnen Bereichen des Unternehmens erfasste, als Teil der allgemeinen Wirtschaftsberichterstattung dem Lagebericht zugeordnet.[32] Die Berichtspflicht zu den Beschäftigungszahlen gelangte auf Vorschlag des Wirtschafts- und Sozialausschusses im Zusammenhang mit den Personalaufwendungen in Art. 43 Nr. 9 der 4. EG-Richtlinie, die durch das BilRiG umgesetzt wurde, in den Anhang.[33] Die Anhangsangabe stellt eben diese Personalaufwendungen nach Nr. 8b in ein aussagekräftigeres Verhältnis und kann für weitere Betriebsvergleiche wie beispielsweise dem Umsatz pro Beschäftigtem herangezogen werden.[34] Insofern liefert die Vorschrift Hintergrundinformationen zu den bilanzrechtlich erfassten Aufwendungen im Personalbereich und ermöglicht dadurch, einzelne Kennzahlen der Gewinn- und Verlustrechnung zu analysieren. Da die durchschnitt-

---

[29] Vgl. *Hüttemann/Meyer*, in: Großkomm HGB, § 285 Rn. 45.

[30] Vgl. *Andrejewski*, Beck Hdb der Rechnungslegung, Stand 2009, B 40 Rn. 184.

[31] Vgl. *Hüttemann/Meyer*, in: Großkomm HGB, § 285 Rn. 46.

[32] Vgl. *Kropff*, BFuP 1980, S. 514, 519; *Bauchowitz*, Lageberichtspublizität, S. 34 f.; *Mellerowicz*, in: Großkomm AktG, 3. Auflage, § 160, Anm. 6.

[33] Vgl. *Schruff*, Rechnungslegung und Prüfung, S. II/94.

[34] Vgl. *Wulf*, in: Baetge/Kirsch/Thiele, BilanzR, § 285 Rn. 121.

liche Arbeitnehmerzahl aber beispielsweise keine Leiharbeiter erfasst[35], kann es zu erheblichen Fehlschlüssen bei Betriebsvergleichen kommen.[36] Läge in der Darbietung solcher bilanzieller Vergleichszahlen ein Hauptzweck der Berichtspflicht, so müssten solche Verzerrungen ausgeschlossen sein.

Neben dieser finanzzahlenbezogenen Zwecksetzung können mithilfe der Angabe die Unternehmen in ihrer Funktion als Arbeitgeber beurteilt werden.[37] Die Sozialberichterstattung dient unter anderem Planungs- und Kontrollzwecken hinsichtlich der Sozialverantwortlichkeit der Unternehmensführung[38] und bewirkt dadurch das Verhalten der Entscheidungsträger zu steuern und die sog. *Corporate Social Responsibility*[39] zu verbessern.[40] Diese steht in einem engen Verhältnis zur Corporate Governance eines Unternehmens[41], die die Interessen der Arbeitnehmer als wesentliche Gruppe der sog. Stakeholder aus gesellschaftsrechtlicher Sicht schützen will. Die Angabepflicht nach § 285 Nr. 7 HGB verdeutlicht die Größe dieser Interessengruppe und ermöglicht, die Unternehmensleitung in Bezug auf Maßnahmen, die sich auf die Entwicklung des Personalbestands auswirken, zu kontrollieren. Die Berichtspflicht steht deshalb in engem Zusammenhang zu den Zielen der Corporate Governance und ist eine dem Gesellschaftsrecht zuzuordnenden Information. Der bilanzrechtliche Aspekt tritt aus den oben genannten Gründen in den Hintergrund, sodass eine doppelte Berichtspflicht nicht notwendig erscheint.

6) Zusatzangaben bei Anwendung des Umsatzkostenverfahren gemäß § 275 Abs. 1 S. 1 HGB (§ 285 Nr. 8 HGB)

Nimmt ein Unternehmen das Wahlrecht des § 275 Abs. 1 S. 1 HGB in Anspruch und erstellt seine Gewinn- und Verlustrechnung nicht nach dem (ausführlicheren) Gesamtkostenverfahren, sondern nach dem Umsatzkostenverfahren, bei dem nur die in § 275 Abs. 3 HGB aufgeführten Beträge auszuweisen sind, führt dies dazu, dass Material- und Personalaufwendungen nicht gesondert ausgewiesen werden müssen, sondern vielmehr in allgemeineren Beträgen wie z. B. den Herstellungskosten nach Nr. 2 inkludiert sind. Durch den gesonderten Ausweis

---

[35] Vgl. *Poelzig*, in: MünchKomm HGB, § 285 Rn. 126; *Taeger*, in: Haufe HGB, § 285 Rn. 40; *Wulf*, in: Baetge/Kirsch/Thiele, BilanzR, § 285 Rn. 121.

[36] Vgl. *Wulf*, in: Baetge/Kirsch/Thiele, BilanzR, § 285 Rn. 121.

[37] Vgl. *Poelzig*, in: MünchKomm HGB, § 285 Rn. 120; *Wulf*, in: Baetge/Kirsch/Thiele, BilanzR, § 285 Rn. 121.

[38] Vgl. *Bauchowitz*, Lageberichtspublizität, S. 37.

[39] Zum Begriff der *Corporate Social Responsibility* vgl. *Bassen/Jastram/Meyer*, zfwu 2005, S. 231 ff.

[40] Vgl. *von Wysocki*, Sozialbilanzen, S. 2.

[41] Vgl. die Definition der Europäischen Kommission im Grünbuch zur Sozialen Verantwortung der Unternehmen, KOM(2001) 366 endg., S. 28; *Bassen/Jastram/Meyer*, zfwu 2005, S. 231, 234.

im Anhang gemäß § 285 Nr. 8 HGB werden diese in den anderen Finanzzahlen verborgenen Aufwendungen für Material und Personal aufgeschlüsselt und so ermöglicht, die Ertragslage detaillierter darzustellen[42], die Vergleichbarkeit der Jahresabschlüsse gestärkt[43] und Informationsdefizite des Umsatzkostenverfahrens ausgeglichen[44]. Da genaue Beträge anzugeben sind,[45] handelt es sich bei den Angaben um Finanzzahlen, die in derselben Form, wenn das Gesamtkostenverfahren nach § 275 Abs. 2 Nr. 5 und 6 HGB angewandt worden wäre, Teil der Gewinn- und Verlustrechnung wären. Die Angabepflicht bezweckt, die in der Gewinn- und Verlustrechnung nicht gesondert ausgewiesenen Personal- und Materialaufwendungen aufzugliedern und ist dem Bilanzrecht zuzuordnen.

7) Angaben zur Organvergütung (§ 285 Nr. 9 HGB)

Die Verpflichtung, die Vorstandsvergütung offenzulegen, geht bis auf das Jahr 1931 zurück. Schon damals verlangte § 260a Abs. 3 Nr. 6 HGB 1931, die Gesamtbezüge des Vorstands und des Aufsichtsrats transparent zu machen. Erweiterungen erfuhr die Vorschrift durch die Reformen von 1937 (vgl. § 128 Abs. 2 Nr. 7 AktG 1937) und 1965 (vgl. § 160 Abs. 3 Nr. 8, 9 AktG 1965) und in neuerer Zeit im Rahmen des VorstOG[46], durch das eine individualisierte Offenlegung eingeführt wurde, und des VorstAG von 2009[47], das detaillierte Angaben zu Leistungen bei Beendigung der Vorstandstätigkeit forderte.

Die Vorschrift in ihrer heutigen Form verlangt verallgemeinert dreierlei Angaben: die Offenlegung (1) der gewährten Gesamtbezüge für die Mitglieder des Vorstands und des Aufsichtsrats, sowie für ehemalige Mitglieder dieser Organe (§ 285 Nr. 9 lit. a S. 1–4, lit. b HGB), (2) der individualisierten Vergütung der einzelnen Vorstandsmitglieder (§ 285 Nr. 9 lit. a S. 5–8 HGB) sowie (3) ggf. gewährter Organkredite[48] (§ 285 Nr. 9 lit. c HGB).

Zunächst sind danach die Gesamtbeträge aller gewährten Vergütungen anzugeben. Diese Angaben sind zunächst dazu notwendig, die Personalkosten einschätzen und die Ertragslage des Unternehmens beurteilen zu können.[49] Unter diesem Aspekt sind die Angaben als Finanzzahlen zu qualifizieren, die den Jahresabschluss – insbesondere die Gewinn- und Verlustrechnung – erläutern, indem die auf die Leitungsorgane entfallenden Personalkosten aufgegliedert werden. Da der Anteil der Personalkosten der Organe im Verhältnis zu den Ge-

---

[42] Vgl. *Wulf*, in: Baetge/Kirsch/Thiele, BilanzR, § 285 Rn. 131.
[43] Vgl. *Poelzig*, in: MünchKomm HGB, § 285 Rn. 133.
[44] Vgl. *Kessler*, in: MünchKomm BilanzR, § 285 HGB Rn. 81.
[45] Vgl. *Peters*, in: Kölner Komm RechnungslegungsR, § 285 Rn. 83.
[46] BT-Drucks. 15/5577.
[47] BT-Drucks. 16/12278.
[48] Vgl. *Fleischer*, NZG 2006, S. 561, 563.
[49] Vgl. *Fleischer*, NZG 2006, S. 561, 563.

samtpersonalkosten des Unternehmens minimal ist[50], ist die Bedeutung dieser Finanzzahlen im gesamtunternehmerischen Kontext eher gering, sodass dieser bilanzrechtliche Aspekt allein die Veröffentlichung nicht begründen kann.

In den Vordergrund der Berichterstattung über Vorstandsvergütung ist gerade in den letzten Jahren ein anderer Zweckgedanke gerückt: Zur Kontrolle der Unternehmensführung und der Unternehmensüberwachung als Teilaspekte der Corporate Governance ist es für den Aktionär unabdingbar, die Kosten sowohl der Unternehmensführung, nämlich die gezahlten Vergütungen, als auch die Kosten der Unternehmensüberwachung zu kennen.[51] Für die Erfüllung dieser Kontrollfunktion reichen prinzipiell die Angaben der Gesamtbezüge unterteilt danach, welchem Organ sie zuzuordnen sind, aus.[52] Ein Hauptaspekt dieser Kontrolle ist es, die Angemessenheit zu überprüfen[53], die das Aktiengesetz in § 87 Abs. 1 verlangt. Nach § 87 Abs. 1 S. 3 HGB gilt diese Angemessenheitspflicht auch für die Ruhegehälter. Spätestens durch die individualisierte Offenlegung der Vergütungsparameter der Vorstandsmitglieder werden die Aktionäre als Adressaten der Offenlegungspflicht[54] in die Lage versetzt zu überprüfen, ob die Vergütung in Bezug auf die Aufgaben der einzelnen Organmitglieder angemessen ist.[55] Daneben soll insbesondere die individualisierte Offenlegung einen mäßigenden Einfluss auf das Vergütungsniveau haben.[56] Unter diesem Aspekt ist eine Verhaltenssteuerung bezweckt.

Nach dem dritten Teil der Vorschrift haben die Unternehmen zu berichten, ob und in welchem Maß sog. Organkredite gewährt oder sonstige Haftungsverhältnisse eingegangen wurden. Bei solchen Krediten besteht die allgemeine

---

[50] Die BMW AG führt in ihrem Jahresabschluss für das Jahr 2010 beispielsweise 5.428 Mio. € Gesamtpersonalkosten an; die Vergütung von Vorstand und Aufsichtsrat belief sich für dasselbe Jahr lediglich auf 21,2 Mio. €; vgl. Jahresabschluss der BMW AG 2010, S. 17 (abrufbar unter: http://www.bmwgroup.com/bmwgroup_prod/d/0_0_www_bmwgroup_com/investor_ relations/finanzberichte/geschaeftsberichte/2010/11694_BMW_AG_Jahresabschluss_dt_ Online.pdf) und Geschäftsbericht der BMW Group 2010, S. 154 ff. (abrufbar unter: http:// geschaeftsbericht.bmwgroup.com/2010/gb/files/pdf/de/BMW_Group_GB2010.pdf). Auch in Bezug auf die Gesamtheit etwa der DAX-Unternehmen sind die Vorstandsvergütungen von insgesamt rund 500 Mio. € nur ein geringer Bruchteil im Verhältnis zum Umsatz von 1,2 Bill. €, aber auch zur Dividendenausschüttung von 27 Mrd. €. Vgl. http://de.statista.com/statistik/daten/studie/75495/umfrage/umsaetze-der-dax-konzerne/ und http://www.wiwi.hu-berlin.de/professuren/bwl/management/managerverguetung/Vergue tungsstudie_2011%20Schwalbach%20Humboldt-Uni.pdf/.

[51] Vgl. *Böcking*, in: FS Pohle, S. 247, 262, 268.

[52] Vgl. *Böcking*, in: FS Pohle, S. 247, 262.

[53] Vgl. *Kropff*, in: Geßler/Hefermehl/Eckardt/Kropff, § 160 AktG Anm. 88.

[54] Vgl. BT-Drucks. 15/5577, S. 5.

[55] Vgl. *Baums*, ZHR 169 (2005), S. 299 f.; *Wulf*, in: Baetge/Kirsch/Thiele, BilanzR, § 285 Rn. 151; BT-Drucks. 15/5577, S. 1, 6.

[56] Vgl. *Baums*, ZHR 169 (2005), S. 299, 300; *Wulf*, in: Baetge/Kirsch/Thiele, BilanzR, § 285 Rn. 151; *Fleischer*, NZG 2006, S. 561, 566; *Hopt*, ZGR 2004, S. 1, 30; so aber auch schon zum Ausweis der Gesamtbezüge *Mellerowicz*, in: Großkomm AktG, 3. Auflage, § 160, Anm. 36; *Kropff*, in: Geßler/Hefermehl/Eckardt/Kropff, § 160 AktG Anm. 88.

Befürchtung, dass diese weniger werthaltig sind als Kredite, die am Markt vergeben wurden.[57] In dieser Hinsicht könnte man den Zweck der Berichterstattung darin sehen, auf Risiken einer potentiell notwendigen Bilanzkorrektur hinzuweisen und zu ermöglichen, das von der Bilanz vermittelte Bild zu relativieren. Da jedoch nur die Nominalwerte anzugeben sind und Angaben jeglicher Wertberichtigungen unterbleiben[58], kann keine Einschätzung darüber getroffen werden, ob die Finanzzahlen tatsächlich zu korrigieren sind oder sein werden, sodass es nicht Hauptzweck der Angabepflicht sein kann, das Bild zu relativieren. Ähnlich lässt sich in Bezug auf die sonstigen Haftungsverhältnisse, wie z. B. Bürgschaften oder die Gestellung von sonstigen Sicherheiten[59], argumentieren. Hier sind sogar nicht einmal konkrete Betragsangaben gefordert.[60] Durch die Angabepflicht kann eine bestehende finanzielle Verflechtung zwischen den Organen und der Gesellschaft offengelegt werden[61], die die Gefahr birgt, dass das in der Aktiengesellschaft in bestimmten Fällen notwendige „self dealing" in eine Selbstbedienung umschlägt[62] und der Vorstand dann möglicherweise nicht mehr im Unternehmensinteresse handelt. Die Berichtspflicht dient dazu hieraus resultierende Interessenkonflikte offenzulegen, die ein hohes Missbrauchspotential in sich bergen[63]. Da Organkredite zudem oftmals als Vergütungsbestandteil ausgereicht werden[64], kann die Offenlegung denselben Zwecken dienen wie die Offenlegung der Vergütung. Bei Organkrediten ist nur ein Ausweis des Gesamtbetrags gefordert[65], so dass die Zwecksetzung mit den Zwecken des § 285 Nr. 9 lit. a S. 1–4 HGB vergleichbar ist.

Insgesamt sind die bilanzrechtlichen Aspekte, Finanzzahlen aufzugliedern und vor verdeckten Risiken zu warnen, zu vernachlässigende Berichtszwecke. Für die individualisierte Offenlegung wird dies dadurch unterstrichen, dass sie auf börsennotierte Aktiengesellschaften beschränkt ist. Auch der sog. Opt-Out nach § 286 Abs. 5 HGB, der es in die Entscheidung der Hauptversammlung legt, ob die Vergütung individualisiert offengelegt werden soll, stärkt diese Auffassung. Die dominierenden Zwecke der Kontrolle, der Verhaltenssteuerung und der Offenlegung von Interessenkonflikten fallen hingegen in den Regelungsbereich des Gesellschaftsrechts, so dass die Berichtspflicht des § 285 Nr. 9 HGB diesem zuzuordnen ist.

---

[57] Vgl. *Fleischer*, WM 2004, S. 1057, 1062.

[58] Vgl. *Poelzig*, in: MünchKomm HGB, § 285 Rn. 212.

[59] Vgl. *Adler/Düring/Schmaltz*, Rechnungslegung und Prüfung, § 285 HGB Rn. 203.

[60] Vgl. *Adler/Düring/Schmaltz*, Rechnungslegung und Prüfung, § 285 HGB Rn. 203.

[61] Vgl. *Adler/Düring/Schmaltz*, Rechnungslegung und Prüfung, § 285 HGB Rn. 196; *Fleischer*, NZG 2006, S. 561, 563; *ders.*, WM 2004, S. 1057, 1063; *Hüttemann/Meyer*, in: Großkomm HGB, § 285 Rn. 74.

[62] Vgl. *Fleischer*, NZG 2006, S. 561, 566.

[63] Vgl. *Fleischer*, NZG 2006, S. 561, 563; *ders.*, WM 2004, S. 1057, 1063.

[64] Vgl. *Fleischer*, NZG 2006, S. 561, 568; *ders.*, WM 2004, S. 1057, 1063.

[65] Vgl. *Fleischer*, NZG 2006, S. 561, 563.

8) Angaben zu den Organmitgliedern (§ 285 Nr. 10 HGB)

Nach § 285 Nr. 10 HGB sind alle Mitglieder des Leitungs- und Kontrollorgans namentlich zu nennen, sowie ihre berufliche Qualifikation in Form ihres derzeit ausgeübten Berufs und alle weiteren von ihnen in anderen Unternehmen wahrgenommenen Aufsichtsratsmandate anzugeben. Die Vorschrift geht auf eine Regelung des Geschäftsberichts nach § 128 Abs. 4 AktG von 1937 zurück. Schon dort statuierte der Gesetzgeber die Pflicht, die Mitglieder des Vorstands und des Aufsichtsrats zu deanonymisieren. Sie ist heute Teil der allgemeinen Organpublizität und ergänzt die aktienrechtliche Organpublizität nach §§ 39 Abs. 1, 80 Abs. 1 AktG.[66] Als der europäische Gesetzgeber mit der 4. EG-Richtlinie eine einheitliche Regelung zur Rechnungslegung schuf und der bis dahin einheitliche deutsche Geschäftsbericht aufgespalten wurde[67], wurden vom deutschen Gesetzgeber auch die nicht von der Richtlinie geforderten Angaben des Geschäftsberichts neu geordnet und in die handelsrechtlichen Berichtsinstrumente übernommen, sofern sie rechtsformübergreifenden Charakter hatten.[68] Der Grund, warum die bis dato in § 160 Abs. 5 AktG 1965 geregelte Publizitätspflicht dem Anhang zugeordnet wurden, ist unklar. Vermutlich wird die Vorschrift, wie auch die Einzelangaben nach § 160 Abs. 3 AktG 1965, pauschal in Abgrenzung vom Lagebericht nach Abs. 1 der damaligen Vorschrift, dem Erläuterungsbericht und konsequenterweise dem Anhang zugeordnet worden sein, ohne dass ihr innerer Zusammenhang hinterfragt wurde.[69]

Ursprünglich wurde die Vorschrift eingeführt, um die in der Aktiengesellschaft als Defizit empfundene Anonymität zu bekämpfen.[70] Die Anonymität aller an der Aktiengesellschaft Beteiligten schränkt das Verantwortungsbewusstsein ein, das zu einem sorgfältig überdachten Handeln notwendig ist.[71] Wer nicht mit seinem Namen für sein Handeln einzustehen hat, der wird verleitet sein, risikofreudig und unvernünftig zu handeln.[72] Die Angabepflicht bezweckt durch die namentliche Nennung der gesellschaftsrechtlich Verantwortlichen, das Verhalten zu steuern und Vorstand und Aufsichtsrat zu sorgfältigem Handeln, wie es die §§ 93 und 116 AktG vorschreiben, anzuhalten.

Indem weitere Aufsichtsratsmandate der Vorstands- und Aufsichtsratsmitglieder offengelegt werden, sollen die berufliche Belastungssituation und aus diesen Mandaten möglicherweise resultierende Interessenkonflikte transparent

---

[66] Vgl. *Fleischer*, NZG 2006, S. 561, 562 f.

[67] Zur Entstehungsgeschichte siehe § 2A. II.

[68] Vgl. BT-Drucks. 10/4268, S. 2, 111; *Helmrich*, Bilanzrichtlinien-Gesetz, § 285, S. 160.

[69] Zum Streit um die Zuordnung der Einzelangaben des § 160 Abs. 3 AktG 1965 ausführlich oben § 2A. I. 5).

[70] Vgl. *Godin/Wilhelmi*, AktG, 2. Auflage 1950, § 128 Anm. 15, § 100; *Hüttemann/Meyer*, in: Großkomm HGB, § 285 Rn. 77.

[71] Vgl. *Leuenberger*, Anonymität des Inhaberaktionärs, S. 16.

[72] Vgl. *Leuenberger*, Anonymität des Inhaberaktionärs, S. 16.

gemacht werden.[73] Die Offenlegung von (potentiellen) Interessenkonflikten soll die aus ihnen resultierenden Gefahren vermeiden[74] und sichert die Unabhängigkeit der Mitglieder[75]. Gleichzeitig verbessert die Transparenz die diesbezüglichen Kontrollmöglichkeiten der Aktionäre. Auch die Angabe über den ausgeübten Beruf dient denselben Zielen.[76]

Die Norm wird heute durch die Vorschriften zur Erklärung zur Unternehmensführung nach § 289a HGB, die Angaben zur Arbeitsweise und nach wohl herrschender Meinung zur Person des unabhängigen Finanzexperten verlangt, ergänzt.[77] Die 4. Richtlinie[78] ordnete diese Informationen gemäß Art. 46 Abs. 1 f. der Richtlinie entgegen der deutschen Rechtslage deshalb konsequenterweise der Erklärung zur Unternehmensführung zu. Informationen zu den Mitgliedern der Organe sind somit zersplittert.[79] Die Angabepflicht verfolgt allein gesellschaftsrechtliche Zwecke.

9) Angaben zu Beteiligungen (§ 285 Nr. 11, 11a HGB)

§ 285 Nr. 11 HGB verlangt von dem Unternehmen, Angaben über Unternehmen zu machen, an denen es mehr als 20 % der Anteile hält; börsennotierte Gesellschaften müssen zusätzlich angeben, wenn sie mehr als 5 % der Stimmrechte an einer großen Kapitalgesellschaft halten. Da auf § 16 Abs. 4 AktG verwiesen wird, sind in diesem Rahmen auch Angaben über mittelbaren Anteilsbesitz zu machen, so dass sich die gesamte Konzernstruktur abbilden lässt.

Die Angaben sollen einen Einblick in die kapitalmäßige Verflechtung der Gesellschaft und einen besseren Einblick in die Vermögens-, Finanz- und Ertragslage gewähren.[80] Denn es werden die Angaben zu den in der Bilanz mit ihren Anschaffungskosten aufgeführten Beteiligungsunternehmen ergänzt. Prinzipiell wäre es dadurch möglich, die Anteile neu zu bewerten, indem die Unternehmenswerte der Unternehmen, an denen eine solche Beteiligung besteht, prozentual auf den Anteilsbesitz hochgerechnet werden. Es würde ermöglicht, diesbezüglich Bilanzangaben zu korrigieren. Allerdings ist eine tatsächliche Unternehmensbewertung ein komplexes Unterfangen, denn die Bilanzen dieser Unternehmen weisen mitnichten den wahren Unternehmenswert aus. Auch mithilfe der An-

---

[73] Vgl. *Fleischer*, NZG 2006, S. 561, 563; *Ellrott*, in: Beck BilanzKom, § 285 Rn. 222, *Hüttemann/Meyer*, in: Großkomm HGB, § 285 Rn. 77; *Kessler*, in: MünchKomm BilanzR, § 285 HGB Rn. 131.

[74] Vgl. *Hopt*, ZGR 2004, S. 1, 25.

[75] Vgl. *Böcking*, in: FS Pohle, S. 247, 264.

[76] Vgl. *Böcking*, in: FS Pohle, S. 247, 265.

[77] Vgl. im Einzelnen § 4B. II; *Bachmann*, ZIP 2010, S. 1517, 1520 m. w. N.

[78] 4. Richtlinie in Form der Richtlinie 2006/46/EG.

[79] Vgl. *Bischof/Selch*, WPg 2008, S. 1021, 1028.

[80] Vgl. *Wulf*, in: Baetge/Kirsch/Thiele, BilanzR, § 285 Rn. 182; *Hüttemann/Meyer*, in: Großkomm HGB, § 285 Rn. 82.

gabe des § 285 Nr. 11 HGB ist es den Bilanzlesern nicht möglich, eine solche Neubewertung des Anteilsbesitzes selbst vorzunehmen. Es ist deshalb nicht der Hauptzweck der Regelung, die Bilanz zu ergänzen und zu korrigieren. Dies wird auch dadurch deutlich, dass zwischen den Angaben zum Anteilsbesitz in der Bilanz und denen des Anhangs keine vollständige Übereinstimmung besteht.[81]

Vielmehr soll durch die Darstellung der kapitalmäßigen Verflechtung erleichtert werden, das wirtschaftliche Engagement in anderen Unternehmen und den damit verbundenen Stimmrechtsbesitz zu beurteilen.[82] Es sollen gesellschaftsrechtliche Einflussmöglichkeiten dargestellt werden.[83] In struktureller Hinsicht werden die Unternehmensorganisation und in strategischer Hinsicht transparent gemacht, wie die Steuerungssysteme ausgestaltet sind.[84] Die Konzernstrukturen sollen dargestellt werden.

Die Angabepflicht nach Nr. 11a ist zwar formell eine eigenständige Berichtspflicht, überschneidet sich aber inhaltlich mit den Angaben nach Nr. 11, soweit eine Beteiligung von mindestens 20 % an einer anderen Gesellschaft vorliegt, aus der sich eine persönliche Haftung des berichtenden Unternehmens ergibt.[85] Die Vorschrift des § 285 Nr. 11a HGB ergänzt dann nur die Angabe um die Tatsache der persönlichen Haftung. Eine eigenständige Bedeutung erlangt die Berichtspflicht insofern nur, wenn eine solche Beteiligung mit persönlicher Haftung von unter 20 % vorliegt.[86] Im Hinblick auf diese geringeren Beteiligungen werden weitere Verflechtungen und Konzernstrukturen offengelegt.

Durch die Angabe der persönlichen Haftungsverpflichtung soll darüber hinaus verdeutlicht werden, wie oft die Haftungsmasse der Komplementärgesellschaft in Anspruch genommen wird.[87] Dies stellt zwar einerseits einen Bezug zu den Finanzzahlen des Unternehmens her, andererseits stellt die Tatsache der persönlichen Haftungsverpflichtung keine konkrete Verpflichtung dar, die sich auf kurz oder lang auf die Bilanz auswirken wird. Der Beitrag, der durch die Angaben geleistet wird, um die Bilanz relativieren zu können, ist deshalb gering. Im Vordergrund steht vielmehr, durch die Offenlegung der Konzernstrukturen und -verbindungen vor den allgemeinen Gefahren einer solchen konzernrechtlichen Verflechtung zu warnen.

Das Anliegen der Vorschrift ist zumindest nach dem Schwerpunkt ihrer Zielsetzung darin zu sehen, gesellschaftsrechtliche Einflussmöglichkeiten und

---

[81] Vgl. *Wulf*, in: Baetge/Kirsch/Thiele, BilanzR, § 285 Rn. 182.
[82] Vgl. *Grottel*, in: Beck BilanzKomm, § 285 Rn. 230.
[83] Vgl. *Kessler*, in: MünchKomm BilanzR, § 285 HGB Rn. 139.
[84] Vgl. *Böcking*, in: FS Pohle, S. 247, 261.
[85] Vgl. *Grottel*, in: Beck BilanzKomm, § 285 Rn. 258.
[86] Vgl. *Grottel*, in: Beck BilanzKomm, § 285 Rn. 258.
[87] Vgl. *Kusterer/Kirnberger/Fleischmann*, DStR 2000, S. 606, 612; *Poelzig*, in: MünchKomm HGB, § 285 Rn. 272.

hiermit zusammenhängende Konzernstrukturen darzustellen. Die Vorschrift ist dem Gesellschaftsrecht zuzuordnen.

10) Erläuterungen zu Rückstellungen (§ 285 Nr. 12 HGB)

Macht ein Unternehmen von dem in § 265 Abs. 5 HGB verankerten Wahlrecht, eine über die in § 266 HGB vorgeschriebene Gliederung hinausgehende Untergliederung einzelner Bilanzposten vorzunehmen, keinen Gebrauch, so hat es in Bezug auf die „sonstigen Rückstellungen" (§ 266 Abs. 3 B Nr. 1 HGB) die dort zusammengefassten Beträge zwingend im Anhang zu erläutern. Der Gesetzeswortlaut spricht zwar nur von „Erläuterungen" und verlangt insofern nicht explizit, konkrete Zahlen anzugeben.[88] Um das Informationsdefizit, das aus der fehlenden Untergliederung in der Bilanz resultiert, auszugleichen, sind solche Betragsangaben jedoch unverzichtbar.[89] Werden deshalb Zahlenangaben gemacht, handelt es sich um Finanzzahlen, die auch in der Bilanz selbst hätten angegeben werden können[90], indem zusammenfassende Bilanzposten aufgegliedert worden wären.

Daneben umfasst der Begriff der Erläuterung Angaben zu Art und Zweck der Rückstellungen.[91] Dadurch soll die Risikostruktur des Unternehmens, die sich aus dem Gesamtbetrag der als Rückstellungen ausgewiesenen Verpflichtungen nicht erkennen lässt, transparent gemacht werden.[92] Die Adressaten werden vor übermäßigen und anderweitig nicht erkennbaren Risiken gewarnt.

Da sowohl die Aufgliederung von Bilanzposten als auch die Warnung vor einer negativen Risikostruktur einen Finanzzahlenbezug aufweisen, ist die Angabepflicht bilanzrechtlich einzuordnen.

11) Gründe für Abschreibungen des Geschäfts- oder Firmenwerts (§ 285 Nr. 13 HGB)

Schreibt ein Unternehmen einen entgeltlich erworbenen Firmen- oder Geschäftswert über mehr als fünf Jahre ab, was nach der Gesetzesänderung durch das BilMoG in Umsetzung von Art. 37 Abs. 2 S. 2 der Bilanzrichtlinie möglich ist,

---

[88] Vgl. *Peters*, in: Kölner Komm RechnungslegungsR, § 285 Rn. 167; *Wulf*, in: Baetge/Kirsch/Thiele, BilanzR, § 285 Rn. 214.

[89] Vgl. *Peters*, in: Kölner Komm RechnungslegungsR, § 285 Rn. 167; *Poelzig*, in: MünchKomm HGB, § 285 Rn. 279; *Taeger*, in: Haufe HGB, § 285 Rn. 98; a. A. *Wulf*, in: Baetge/Kirsch/Thiele, BilanzR, § 285 Rn. 214; *Hüttemann/Meyer*, in: Großkomm HGB, § 285 Rn. 96; *Grottel*, in: Beck BilanzKomm, § 285 Rn. 261.

[90] Vgl. *Peters*, in: Kölner Komm RechnungslegungsR, § 285 Rn. 167; *Poelzig*, in: MünchKomm HGB, § 285 Rn. 279.

[91] Vgl. *Taeger*, in: Haufe HGB, § 285 Rn. 98.

[92] Vgl. *Wulf*, in: Baetge/Kirsch/Thiele, BilanzR, § 285 Rn. 212; *Peters*, in: Kölner Komm RechnungslegungsR, § 285 Rn. 165; *Poelzig*, in: MünchKomm HGB, § 285 Rn. 278.

sind die Gründe für diese verlängerte Nutzungsdauer im Anhang darzulegen.[93]
Die Vorschrift steht im engen sachlichen Zusammenhang zu § 284 Abs. 2 Nr. 1
HGB, da die Begründung von Abschreibungsverfahren die Bewertungsmethode
erläutert.[94] Es wird dargestellt, wie die Finanzzahlen zustande gekommen sind.
Die Begründungspflicht zwingt zu besonderer Rechtfertigung, warum ein normalerweise über einen kürzeren Zeitraum abzuschreibender Vermögenswert[95]
länger als Wert in der Bilanz geführt wird. Durch die Anhangsangabe kann die
zukünftige Entwicklung dieses Bilanzpostens verdeutlicht werden und das zukünftig zu erwartende Bild der bilanziellen Vermögenslage relativiert werden.
Daneben führt die Rechtfertigung der abweichenden Nutzungsdauer dazu, dass
bilanzpolitisch gewollte, aber unter dem Gesichtspunkt des Vorsichtsprinzips
problematische Verzerrungen aufgedeckt werden.[96] Wegen dieser Finanzzah-
lenbezüge ist die Angabe bilanzrechtlich einzuordnen.

12) Angaben zum Mutterunternehmen (§ 285 Nr. 14 HGB)

Die Vorschrift des § 285 Nr. 14 HGB, wonach Name und Sitz der Mutter-
unternehmen bekannt zu geben sind, die jeweils den Konzernabschluss für
den größten bzw. den kleinsten Kreis der Unternehmensgruppe erstellen, soll
zunächst den Zugang zu den Konzernabschlüssen erleichtern.[97] Der Konzernabschluss der Unternehmensgruppe ist oftmals notwendig, um die Vermögens-,
Finanz- und Ertragslage der Gesellschaft zutreffend beurteilen zu können.[98] Da
allerdings nicht gefordert ist, konkret auf die Beeinträchtigung der Vermögens-,
Finanz- und Ertragslage durch die Konzernzugehörigkeit Bezug zu nehmen und
diese zu analysieren, kann hierin nicht der alleinige Zweck der Berichtspflicht
bestehen. Für diese Einschätzung spricht, dass die Angabe zum Mutterunterneh-
men auch dann zu erfolgen hat, wenn diese in pflichtwidriger Weise keinen Konzernabschluss aufgestellt hat.[99] Gerade in diesem Fall wird deutlich, dass die
Berichtspflicht Konzernstrukturen offenlegen und so die Einflussmöglichkeiten

---

[93] Vgl. BT-Drucks. 16/10067, S. 70.

[94] Vgl. *Wulf*, in: Baetge/Kirsch/Thiele, BilanzR, § 285 Rn. 222.

[95] Grundsätzlich ist davon auszugehen, dass einem Geschäfts- oder Firmenwert eine
Nutzungsdauer von höchstens fünf Jahren beizulegen ist; vgl. *Peters*, in: Kölner Komm RechnungslegungsR, § 285 Rn. 170.

[96] Vgl. *Peters*, in: Kölner Komm RechnungslegungsR, § 285 Rn. 170.

[97] Vgl. *Hüttemann/Meyer*, in: Großkomm HGB, § 285 Rn. 98; *Taeger*, in: Haufe HGB,
§ 285 Rn. 103; *Peters*, in: Kölner Komm RechnungslegungsR, § 285 Rn. 174.

[98] Vgl. *Grottel*, in: Beck BilanzKomm, § 285 Rn. 270; *Poelzig*, in: MünchKomm HGB,
§ 285 Rn. 285; *Wulf*, in: Baetge/Kirsch/Thiele, BilanzR, § 285 Rn. 231.

[99] Vgl. *Taeger*, in: Haufe HGB, § 285 Rn. 107; *Poelzig*, in: MünchKomm HGB, § 285
Rn. 292.

der Obergesellschaften und der damit einhergehenden Fremddeterminierung der Interessen darstellen will.[100]

Im Ergebnis steht mit der Offenlegung von Konzernstrukturen die gesellschaftsrechtliche Komponente im Vordergrund.[101]

13) Angaben zur Entsprechenserklärung (§ 285 Nr. 16 HGB)

Nach dem durch das TransPuG[102] eingeführten § 285 Nr. 16 HGB haben die Unternehmen im Anhang anzugeben, dass sie die Erklärung zum Deutschen Corporate Governance Kodex i. S. d. § 161 AktG abgegeben haben und wo diese Erklärung der Allgemeinheit zugänglich gemacht worden ist. Durch die Einführung der Erklärung zur Unternehmensführung nach § 289a HGB ist die Bedeutung der Anhangsangabe verblasst, denn nach § 289a Abs. 2 Nr. 1 HGB ist entweder im Lagebericht die Erklärung selbst zu veröffentlichen oder ein Hinweis auf die Internetseite, auf der die in der Erklärung zur Unternehmensführung enthaltene Entsprechenserklärung abrufbar ist, in den Lagebericht aufzunehmen.[103] Da nach § 289a HGB dieselben und sogar noch ein Mehr an Informationen offengelegt werden, kommt es zu Doppelangaben.[104] Die Notwendigkeit, die Berichtspflicht in den Anhang aufzunehmen bzw. beizubehalten, liegt in der Prüfung durch den Abschlussprüfer: Gemäß § 317 Abs. 2 S. 3 HGB ist die Erklärung des § 289a HGB nicht Gegenstand der Abschlussprüfung. Durch die formale Bestätigung der Entsprechenserklärung im Anhang[105] wollte der Gesetzgeber erreichen, dass zumindest eine formelle Überprüfung der § 161 AktG-Erklärung stattfindet.[106] Dass die Erklärung auch in den Anhang aufzunehmen ist, bezweckt, dass die Unternehmensleitung durch den Abschlussprüfer (wenn auch begrenzt) kontrolliert wird. Da die Entsprechenserklärung sowohl vergangenheits- als auch zukunftsorientierte Aussagen darüber enthält, ob der Deutsche Corporate Governance Kodex eingehalten wird[107], führt die dauerhafte Zugänglichmachung, auf die die Berichtspflicht des § 285 Nr. 16 HGB hinweist, dazu, dass die Adressaten nachvollziehen können, ob der Vorstand sich in der Vergangenheit an die von ihm als eingehalten qualifizierten

---

[100] Vgl. *Peters*, in: Kölner Komm RechnungslegungsR, § 285 Rn. 174; *Taeger*, in: Haufe HGB, § 285 Rn. 103; *Poelzig*, in: MünchKomm HGB, § 285 Rn. 286; *Wulf*, in: Baetge/Kirsch/ Thiele, BilanzR, § 285 Rn. 231; *Burgard*, Offenlegung von Beteiligungen, Abhängigkeits- und Konzernlagen, S. 114.

[101] *Burgard*, Offenlegung von Beteiligungen, Abhängigkeits- und Konzernlagen, S. 114.

[102] Transparenz- und Publizitätsgesetz, BT-Drucks. 14/8769.

[103] Vgl. *Bischof/Selch*, WPg 2008, S. 1021, 1027.

[104] Vgl. *Bischof/Selch*, WPg 2008, S. 1021, 1027.

[105] Vgl. *Wulf*, in: Baetge/Kirsch/Thiele, BilanzR, § 285 Rn. 273.

[106] Vgl. BT-Drucks. 14/8769, S. 25.

[107] Vgl. *BGH*, Urteil vom 16. Februar 2009 – II ZR 185/07, BGHZ 180, 9, 19 (Kirch/ Deutsche Bank).

Standards gehalten hat und ob die aktuelle Unternehmensführung weiterhin mit den bekundeten Absichten übereinstimmt. Sollte dies nicht der Fall sein, besteht für die Aktionäre die Möglichkeit, die Entlastungsbeschlüsse der Organe anzufechten.[108] Die Anhangsangabe flankiert die Kontrollrechte der Aktionäre und stellt wegen des Kontrolldrucks sicher, dass der Entsprechenserklärung tatsächlich Folge geleistet wird[109]. Die Publizität nach § 285 Nr. 16 HGB soll das Verhalten der Unternehmensleitung steuern und die Rechtsdurchsetzung unterstützen[110].

Sowohl die Kontrolle als auch die Verhaltenssteuerung sind gesellschaftsrechtliche Zwecke, sodass die Anhangsangabe dem Gesellschaftsrecht zugeordnet werden muss.

14) Angaben zum Abschlussprüferhonorar (§ 285 Nr. 17 HGB)

Gemäß § 285 Nr. 17 HGB sind die Honorare, die an den Abschlussprüfer gezahlt wurden, offenzulegen. Die Berichtspflicht wurde als Umsetzung des Art. 43 Abs. 1 Nr. 15 der Abschlussprüfer-Richtlinie[111] eingeführt.

Durch die Offenlegungspflicht soll den Gefahren fehlender Unabhängigkeit der Abschlussprüfer begegnet werden, die daraus resultieren, dass vom Unternehmen an die Prüfer die Prüfungs- und Beratungshonorare gezahlt werden.[112] Es werden zum einen potentielle Interessenkonflikte, die sich aus den finanziellen Beziehungen zwischen Wirtschaftsprüfer und der zu prüfenden Gesellschaft ergeben, transparent gemacht[113]. Zum anderen ermöglicht die Angabe den Aktionären, ähnlich wie die Offenlegung der Aufsichtsratsgehälter, die Abschlussprüferleistung, die im Wesentlichen nur eine Auslagerung von Aufgaben des Aufsichtsrats als originäres Überwachungsorgan darstellt, besser einschätzen und kontrollieren zu können.[114] Kein Zweck der Offenlegung der Abschlussprüferhonorare ist es, die Gewinn- und Verlustrechnung um eine detaillierte Aufspaltung der Aufwendungen zu ergänzen.

Die Berichtspflicht zielt allein darauf ab, Interessenkonflikte offenzulegen und die Abschlussprüferleistung zu kontrollieren und ist deshalb rein gesellschaftsrechtlicher Natur.

---

[108] Vgl. *BGH*, Urteil vom 16. Februar 2009 – II ZR 185/07, BGHZ 180, 9, 19 f. (Kirch/ Deutsche Bank).

[109] Vgl. *Wulf*, in: Baetge/Kirsch/Thiele, BilanzR, § 285 Rn. 273.

[110] Vgl. *Hüffer*, AktG, § 161 Rn. 1.

[111] Richtlinie 2006/43/EG.

[112] Erwägungsgrund 11 der Abschlussprüfer-Richtlinie; *Andrejewski*, Beck Hdb der Rechnungslegung, Stand 2009, B 40 Rn. 265.

[113] Vgl. *Wulf*, in: Baetge/Kirsch/Thiele, BilanzR, § 285 Rn. 303.

[114] Vgl. zur Argumentation beim Aufsichtsrat *Böcking*, in: FS Pohle, S. 247, 268.

15) Angaben zu Finanzanlagen (§ 285 Nr. 18 HGB)

Die Angabepflicht des § 285 Nr. 18 HGB betrifft Wertangaben zu in der Bilanz als Finanzanlage aktivierten Finanzinstrumenten. Sie trifft eine Kapitalgesellschaft, wenn sie Finanzinstrumente zu einem höheren als dem zum Bilanzstichtag beizulegenden Zeitwert ausweist und so ausnahmsweise von einer außerplanmäßigen Abschreibung absieht.[115] Mit der Angabepflicht werden stille Lasten transparent gemacht[116], die möglicherweise die Bilanz belasten, wenn entgegen der getroffenen Annahme die Wertminderung doch nicht nur vorübergehender Natur sein sollte. Die Angabe relativiert die Bilanz. Außerdem werden dadurch, dass die der Bewertung von diesen Finanzinstrumenten zugrunde gelegten Methoden offengelegt werden, zugleich Verzerrungen aufgrund bilanzpolitischer Maßnahmen wie in § 284 Abs. 2 Nr. 1 HGB offengelegt und Einschätzungsspielräume bei der Bewertung eingeschränkt[117]. Die Vorschrift dient unter beiden Gesichtspunkten dazu, die Bilanzzahlen zu relativieren und ist dem Bilanzrecht zuzuordnen.

16) Angaben zu derivativen Finanzinstrumenten (§ 285 Nr. 19 HGB)

Anders als die Angabepflicht nach § 289 Nr. 18 HGB, die Zusatzangaben zu in der Bilanz unter dem Posten des Finanzanlagevermögens (§ 266 Abs. 2 A. III HGB) ausgewiesenen Finanzinstrumenten fordert, verlangt § 285 Nr. 19 HGB Angaben zu sog. derivativen Finanzinstrumenten. Solche derivativen Finanzinstrumente sind i. d. R. schwebende Geschäfte, die wegen des Imparitätsprinzips, das Ausdruck des Vorsichtsprinzips ist, nicht bilanziert werden dürfen.[118] Da solche derivativen Finanzinstrumente einen erheblichen Umfang[119] und Wert aufweisen können, ermöglicht es die Angabepflicht, im Anhang das von der Generalnorm des § 264 Abs. 2 S. 1 HGB geforderte realitätsgetreue Bild zu vermitteln, indem die Bilanz um diese Finanzzahlen ergänzt wird. Darüber hinaus erlauben diese Finanzzahlen, das Bilanzergebnis (positiv) zu korrigieren.

Wird ein derivatives Finanzinstrument ausnahmsweise doch bilanziert, was bei Erwerb solcher Finanzinstrumente zulässig bzw. gefordert ist, wenn dem Unternehmen Anschaffungskosten entstehen bzw. wenn durch die Bildung von Rückstellungen Verluste drohen, lassen sich aus den Angaben zum Buchwert (Nr. 19c) und dem beizulegenden Zeitwert (Nr. 19b) stille Reserven bzw. stille

---

[115] Vgl. *Peters*, in: Kölner Komm RechnungslegungsR, § 285 Rn. 201, 206.

[116] Vgl. *Peters*, in: Kölner Komm RechnungslegungsR, § 285 Rn. 203.

[117] Vgl. *Wulf*, in: Baetge/Kirsch/Thiele, BilanzR, § 285 Rn. 342.

[118] Vgl. *Wulf*, in: Baetge/Kirsch/Thiele, BilanzR, § 285 Rn. 322; *Peters*, in: Kölner Komm RechnungslegungsR, § 285 Rn. 216.

[119] Vgl. dazu die Angabepflicht nach Nr. 19a.

Lasten erkennen.[120] Auch insofern dient die Vorschrift dazu, die Bilanz zu relativieren. Die Angabepflicht verfolgt allein bilanzrechtliche Zwecke.

17) Geschäfte mit nahestehenden Unternehmen bzw. Personen (§ 285 Nr. 21 HGB)

Im Rahmen des BilMoG wurde erstmals die Pflicht in das HGB eingeführt, über Geschäfte mit nahestehenden Personen zu berichten. Die Vorschrift des § 285 Nr. 21 HGB steht im Kontext mit anderen Normen, die die Beziehungen zu verbunden Unternehmen und Personengruppen transparenter machen.[121] Hierzu zählen insbesondere die Angaben nach §§ 285 Nr. 3, 9, 10, 14 HGB sowie nach § 312 AktG. Der Gesetzgeber bezweckte mit dem neu eingeführten § 285 Nr. 21 HGB, dass die handelsrechtliche Rechnungslegung weiter an die internationalen Standards angenähert wird.[122] Die IAS sehen in IAS 24 eine sehr weitgehende Regelung zur Offenlegung von Beziehungen zu nahestehenden Unternehmen und Personen vor. Die Erwägungen zur Zwecksetzung der IAS 24 können bei der Zweckbestimmung zur handelsrechtlichen Gesetzgebung deshalb herangezogen werden. Danach soll durch die Vorschrift das Ausmaß transparent gemacht werden, inwieweit auf die Geschäfts- und Finanzpolitik des Beteiligungsunternehmens Einfluss genommen wird, um so die Geschäftätigkeit besser einschätzen zu können.[123] Indem die (zumindest marktunüblichen) Geschäfte offengelegt werden, werden dem Adressaten wichtige Informationen über anderweitig nicht erkennbare Verflechtungen mit anderen Personen gegeben.[124] Demnach verfolgt § 285 Nr. 21 HGB das Ziel, konzernähnliche (Unternehmens-) Strukturen transparent zu machen und dadurch letztendlich eine Einflussnahme zulasten anderer Beteiligter zu vermeiden[125]. Denn bei Geschäften mit nahestehenden Personen besteht wie bei Eigengeschäften die Gefahr von Interessenkonflikten.[126] Die Offenlegung der Geschäfte zu nahestehenden Personen dient dazu, das Verhalten der Beteiligten dahingehend zu steuern, dass Geschäfte zu Marktkonditionen durchgeführt werden, so dass von vornherein vermieden wird, dass sich diese aus den Interessenkonflikten resultierenden Gefahren realisieren.[127]

---

[120] Vgl. *Peters*, in: Kölner Komm RechnungslegungsR, § 285 Rn. 214, 216.

[121] Vgl. BT-Drucks. 16/10067, S. 72.

[122] Vgl. BT-Drucks. 16/10067, S. 72; *Rimmelspacher/Fey*, WPg 2010, S. 180.

[123] Vgl. IAS 24.5, 8.

[124] Vgl. *Wulf*, in: Baetge/Kirsch/Thiele, BilanzR, § 285 Rn. 374.

[125] Vgl. Grünbuch zum Europäischen Corporate Governance-Rahmen, KOM(2011) 164/3, S. 19.

[126] Vgl. *Fleischer*, NZG 2006, S. 561, 567; *Hopt*, ZGR 2004, S. 1, 10.

[127] So zur Begründung der Regelung der US-GAAP *Winnefeld*, Bilanz-Hdb, Kap. J Rn. 444, wobei wesentliche Transaktionen mit nahestehenden Personen nach den US-GAAP in der MD&A zu erfolgen hat, vgl. hierzu *Winnefeld*, Bilanz-Hdb, Kap. K Rn. 142.

Gleichzeitig können Transaktionen mit nahestehenden Personen dazu führen, dass die Vermögens-, Finanz- und Ertragslage verschleiert und beeinflusst wird.[128] § 285 Nr. 21 HGB verlangt allerdings allein, die Beeinflussung der Finanzlage zu erläutern.[129] Unter diesem Gesichtspunkt relativiert die Vorschrift das durch den Jahresabschluss vermittelte Bild.[130] Da es nach dem ausdrücklichen Gesetzeswortlaut („zumindest") zulässig ist, über die marktunüblichen Geschäfte hinaus solche Geschäfte mit nahestehenden Personen zu veröffentlichen, die zu marktüblichen Konditionen zustande gekommen sind, die Angaben aber nicht in marktübliche- und marktunübliche Geschäfte aufzugliedern sind[131], kann kaum beurteilt werden, inwieweit das Bild der Finanzlage durch diese Geschäfte verzerrt wurde. Zwar können auch marktübliche Geschäfte oder allein das Bestehen einer Verflechtung zu einem Unternehmen oder einer Person die Finanzlage des Unternehmens beeinflussen, doch soll durch die Offenlegung der Beziehungen und der Transaktionen dann nicht mehr das Finanzbild in konkreter Weise relativiert werden, sondern allein der Realisierung konzernrechtlicher bzw. konzernrechtsähnlicher Gefahrenpotenzialen präventiv entgegen gewirkt werden.

Es stehen die Offenlegung der Unternehmens- bzw. Konzernstruktur und hierbei insbesondere die Offenlegung von Einflussnahmepotentialen sowie die Offenlegung und Vermeidung von Interessenkonflikten als Ausdruck guter Corporate Governance im Vordergrund. Die Berichtspflicht ist deshalb dem Gesellschaftsrecht zuzuordnen.

18) Angaben zu Forschungs- und Entwicklungskosten (§ 285 Nr. 22 HGB)

Seit das Gesetz durch das BilMoG geändert wurde, sieht § 248 Abs. 2 HGB ein Aktivierungswahlrecht für selbstgeschaffene immaterielle Vermögensgegenstände vor, die nach der alten Rechtslage wegen des mit einem solchen Vorgehen verbundenen Verstoßes gegen das Vorsichts- und Realisationsprinzips nicht aktiviert werden durften. Als Ausgleich für die Aktivierungsmöglichkeit wurde § 285 Nr. 22 HGB eingeführt, der die Gesellschaften verpflichtet, ihre Forschungs- und Entwicklungskosten im Anhang auszuweisen. Die Offenlegung aller im Geschäftsjahr angefallenen Forschungs- und Entwicklungskosten ermöglicht es den Adressaten auch, die Innovationsfähigkeit des Unternehmens einzuschätzen und sich ein Urteil über die auf dieser Innovationsfähigkeit beruhenden Entwicklungschancen zu bilden. Es können so Finanzzahlen ausgewertet und analysiert werden.

---

[128] Vgl. IAS 24.6; *Wulf*, in: Baetge/Kirsch/Thiele, BilanzR, § 285 Rn. 374.

[129] Vgl. *Rimmelspacher/Fey*, WPg 2010, S. 180, 186 f.

[130] Vgl. *Küting/Gattung*, WPg 2005, S. 1061, 1062.

[131] Vgl. *Rimmelspacher/Fey*, WPg 2010, S. 180, 191.

Daneben sollen die Angaben zu den auf die aktivierten selbstgeschaffenen immateriellen Vermögensgegenstände entfallenden Forschungs- und Entwicklungskosten die gläubigerschützende Funktion[132] des durch die Aktivierungsmöglichkeit von Entwicklungskosten (vgl. § 255 Abs. 2a HGB) aufgebrochenen Vorsichts- und Realisationsprinzips übernehmen und vor den Risiken einer möglicherweise nicht realisierbaren (Über-) Bewertung warnen. Insofern dienen die Angaben dazu, diese Bilanzposten zu relativieren. Diese Zwecke sind bilanzrechtlicher Natur.

19) Angaben bei Bildung von Bewertungseinheiten (§ 285 Nr. 23 HGB)

Die Vorschrift des § 285 Nr. 23 HGB wurde durch das BilMoG neu eingeführt und steht in engem Zusammenhang zu dem ebenfalls neuen § 254 HGB, der unter bestimmten Voraussetzungen erlaubt, sog. Bewertungseinheiten zu bilden. Werden solche Bewertungseinheiten gebildet, werden die aus einem Grundgeschäft resultierenden Risiken eines Verlusts mit gegenläufigen zu erwartenden Gewinnen aus einem im Zusammenhang stehenden Sicherungsgeschäft verrechnet.[133] Ohne § 254 HGB würden die aus dem Grundgeschäft drohenden Verluste mit Hilfe von Abschreibungen bzw. durch Bildung von Rückstellungen in der Bilanz negativ abgebildet werden, zu erwartende, noch unrealisierte Gewinne aus den Sicherungsgeschäften wegen des aus dem Realisationsprinzip resultierenden Ansatzverbots bilanziell hingegen unberücksichtigt bleiben.[134] Die Bewertungseinheiten verstoßen gegen das im deutschen HGB-Bilanzrecht vorherrschende Realisations- und Imparitätsprinzip sowie gegen den in § 252 Abs. 2 Nr. 3 HGB verankerten Einzelbewertungsgrundsatz.[135] Zugleich werden bei der Bewertung von Vermögensgegenständen Verlustrisiken nicht bilanziert, dafür aber unrealisierte Gewinne mittelbar in die Bilanz einbezogen.[136] Im Ergebnis werden Verluste nicht oder nur in einem geringeren Maß bilanziell abgebildet. Die Angabepflicht des § 285 Nr. 23 HGB soll diese Verrechnung transparent machen[137] und ermöglichen, dass die zugrunde gelegten Annahmen, die eine solche Verrechnung rechtfertigen (§ 285 Nr. 23b, c HGB), geprüft werden. Insbesondere dadurch, dass die verrechneten Beträge aufgegliedert werden (§ 285 Nr. 23a HGB), lässt sich das Ausmaß der bilanzpolitischen Maßnahme erkennen und die Bilanz so relativieren, wie sie sich nach einer dem strengen Vorsichtsprinzip folgenden Bilanzierung präsentieren würde. Beide Zwecke sind dem Bilanzrecht zuzuordnen.

---

[132] Vgl. BT-Drucks. 16/10067, S. 35.

[133] Vgl. *Zwirner/Froschhammer*, BC 2010, S. 153.

[134] Vgl. *Zwirner/Froschhammer*, BC 2010, S. 153.

[135] Vgl. *Zwirner/Froschhammer*, BC 2010, S. 153, 154 f.

[136] Vgl. *Zwirner/Froschhammer*, BC 2010, S. 153, 154 f.

[137] Vgl. *Wulf*, in: Baetge/Kirsch/Thiele, BilanzR, § 285 Rn. 390.

20) Angaben zu Pensionsrückstellungen (§ 285 Nr. 24 HGB)

Die Vorschrift des § 285 Nr. 24 HGB verlangt vertiefende Hinweise zu den von der Gesellschaft gebildeten Pensionsrückstellungen. Sie bezieht sich auf die materiellrechtliche Regelung des § 253 HGB, der hinsichtlich der Rückstellungsbewertung für Pensionen durch das BilMoG reformiert wurde.[138] Die Neuregelung ist eine Klarstellung gegenüber § 284 Abs. 2 Nr. 1 HGB, der bereits allgemein Angaben zu den Bilanzierungs- und Bewertungsmethoden verlangt.[139] Die Angaben nach § 285 Nr. 24 HGB beziehen sich auf das „Wie" der Bewertung und geben Aufschluss über die angewandten Bewertungsmethoden sowie die Annahmen in Bezug auf die Rückstellungen für Pensionen und ähnliche Verpflichtungen, die der Berechnung zugrunde gelegt wurden.[140] Die Angabe soll ebenso wie § 284 Abs. 2 Nr. 1 HGB die Bilanz in Bezug auf die beschriebenen Bilanzposten erläutern. Mithilfe dieser Angaben soll der Leser darüber unterrichtet werden, ob und nach welcher Methode die Pensionsrückstellungen realitätsnah bewertet wurden.[141] Werden die Pensionsrückstellungen hingegen nicht realitätsnah bewertet, dient die Angabe dazu, die Bilanz zu korrigieren. Die Bilanz relativieren zu können, ist insbesondere dann von Interesse, wenn Änderungen bei der Bewertungsmethode vorgenommen wurden, die sich zumeist sehr stark auf das Jahresergebnis auswirken[142]. Bilanzerläuterung und Relativierung sind dem Bilanzrecht zuzuordnende Zwecke.

*21) Angaben bei Saldierung von Vermögensgegenständen und Schulden
(§ 285 Nr. 25 HGB)*

Nach § 285 Nr. 25 HGB sind alle in Bilanz bzw. Gewinn- und Verlustrechnung verrechneten Vermögensgegenstände und Schulden bzw. Aufwendungen und Erträge einzeln anzugeben. Entgegen dem in § 246 Abs. 2 S. 1 HGB verankerten Verrechnungsverbot, das zu den Grundsätzen ordnungsgemäßer Bilanzierung zählt, ist es seit der Reform durch das BilMoG ausnahmsweise zulässig, diese Posten miteinander zu verrechnen, wenn die Vermögensgegenstände dem Zugriff aller Gläubiger entzogen sind und ausschließlich Schulden aus Altersversorgungsverpflichtungen oder ähnlichen langfristigen Verpflichtungen bedienen sollen. Die Vorschrift bezweckt, in Bilanz bzw. Gewinn- und Verlustrechnung verrechnete Posten nach Art und Höhe aufzugliedern.[143] Es handelt sich um Finanzzahlen, die nach bisheriger Rechtslage in der Bilanz selbst aufgeführt

---

[138] Vgl. BT-Drucks. 16/10067, S. 36.
[139] Vgl. *Wulf*, in: Baetge/Kirsch/Thiele, BilanzR, § 285 Rn. 395.
[140] Vgl. *Taeger*, in: Haufe HGB, § 285 Rn. 157.
[141] Vgl. *Taeger*, in: Haufe HGB, § 285 Rn. 157.
[142] Vgl. *Taeger*, in: Haufe HGB, § 285 Rn. 157.
[143] Vgl. BT-Drucks. 16/10067, S. 73; *Wulf*, in: Baetge/Kirsch/Thiele, BilanzR, § 285 Rn. 400.

werden mussten.[144] Durch die Aufgliederung wird die Bilanz bzw. Gewinn- und Verlustrechnung erläutert; es werden allein bilanzrechtliche Zwecke verfolgt.

22) Angaben zum Investmentvermögen (§ 285 Nr. 26 HGB)

Nach § 285 Nr. 26 HGB sind Angaben zum Investmentvermögen des berichtenden Unternehmens zu machen. Im Einzelnen fordert § 285 Nr. 26 HGB, den Wert der Anlage i. S. d. § 36 InvG, die Differenz zum Buchwert, Anlageziele, die Höhe der Ausschüttungen, unterbliebene Abschreibungen und Beschränkungen in der Möglichkeit, diese Anteile täglich zurückgeben zu können, anzugeben.

Derartige Anteile an Spezialfonds sind i. d. R. in der Bilanz mit den Anschaffungskosten verbucht.[145] Durch die Anhangsangaben zum Wert nach § 36 InvG, der auf den börsentäglichen Marktwertentwicklungen beruht und dem Ausgabe- oder Rücknahmepreis entspricht,[146] und zum Differenzbetrag werden die aus dem Anschaffungskostenprinzip resultierenden stillen Reserven bzw. stillen Lasten aufgedeckt.[147] Es wird ermöglicht, die Bilanz zu korrigieren.

Darüber hinaus ist gefordert, die Anlagen nach Anlagezielen aufzugliedern. So soll den Adressaten außerdem ermöglicht werden, das Anlagerisiko einzuschätzen.[148] Hierdurch werden sie vor möglicherweise bestehenden Verlustrisiken gewarnt, die sich zukünftig negativ auf die Bilanz auswirken können und eine Korrektur der Bilanz zur Folge haben könnten. In diesem Zusammenhang lässt sich auch die Angabepflicht zu Rückgabemöglichkeiten erklären, die Hinweise auf ungewöhnliche Verhältnisse, wie z. B. Investitionen in illiquide strukturierte Anlagevehikel u. ä.[149], liefern sollen[150] und sich negativ auf das Anlagerisiko auswirken können.

Angaben zu möglichen stimmrechtsberechtigten Aktien i. S. d. § 96 Abs. 1 InvG sind hingegen nicht zu machen[151], sodass es nicht darum geht, (konzernrechtsrelevante) Einflusspotenziale aufzudecken. Es werden mit der Angabepflicht ausschließlich bilanzrechtliche Zwecke verfolgt.

---

[144] Vgl. *Taeger*, in: Haufe HGB, § 285 Rn. 159.

[145] Vgl. *Wulf*, in: Baetge/Kirsch/Thiele, BilanzR, § 285 Rn. 405.

[146] Vgl. *Grottel*, in: Beck BilanzKomm, § 285 Rn. 445.

[147] Vgl. BT-Drucks. 16/10067, S. 73 f.; *Wulf*, in: Baetge/Kirsch/Thiele, BilanzR, § 285 Rn. 405.

[148] Vgl. BT-Drucks. 16/10067, S. 74.

[149] Vgl. *Grottel*, in: Beck BilanzKomm, § 285 Rn. 449.

[150] Vgl. BT-Drucks. 16/10067, S. 74.

[151] Vgl. *Taeger*, in: Haufe HGB, § 285 Rn. 160.

23) Erläuterungen zu unter der Bilanz ausgewiesenen
Eventualverbindlichkeiten (§ 285 Nr. 27 HGB)

Nach § 285 Nr. 27 HGB sind die Unternehmen verpflichtet, Gründe für die
Risikoeinschätzung bestimmter Eventualverbindlichkeiten anzugeben.[152] Diese
Eventualverbindlichkeiten bestehen bereits, die Inanspruchnahme hat sich indessen noch nicht insoweit konkretisiert, dass eine Rückstellung zu bilden wäre.
Nach § 251 HGB sind solche Verbindlichkeiten, die erst dann zu einer passi-
vierbaren Vermögensbelastung beim Kaufmann führen, wenn eine bestimmte
Bedingung eintritt, aufgrund des mit ihnen verbunden Risikopotentials zunächst
unter der Bilanz anzuführen.[153] Indem die Risiken und die für die Risikoeinschätzung zugrunde gelegten Entscheidungskriterien, die zu einer Nicht-Passi-
vierung geführt haben, erläutert werden, soll das den Eventualverbindlichkeiten
dennoch innewohnende Risiko einer drohenden Inanspruchnahme transparent
gemacht werden. Dieses Risiko ist gerade noch nicht in der Bilanz berücksichtigt, so dass die Vorschrift ermöglicht, die Bilanz zu relativieren. Diese
Risikoerläuterung steht im Zusammenhang mit der Risikoberichterstattung des
Lageberichts nach § 289 Abs. 2 Nr. 2 HGB. Der Gesetzgeber hat aber wegen
des sehr konkreten Bezugs der Angaben nach § 285 Nr. 27 HGB zu den unter
der Bilanz ausgewiesenen Eventualverbindlichkeiten eine Anhangsangabe einer
Angabe im Lagebericht vorgezogen.[154]

Entsprechendes gilt für die nach § 268 Abs. 7 HGB wahlweise im Anhang
oder unter der Bilanz vorzunehmende Aufgliederung der Beträge nach Haftungsverhältnissen. Da die Vorschrift allein bezweckt, die Bilanz zu relativieren,
ist die Angabepflicht dem Bilanzrecht zuzuordnen.

24) Angaben über ausschüttungsgesperrte Beträge (§ 285 Nr. 28 HGB)

Der durch das BilMoG neu eingeführte § 285 Nr. 28 HGB verpflichtet Kapitalgesellschaften, Angaben über ausschüttungsgesperrte Beträge i. S. d. § 268 Abs. 8
HGB zu machen und in die Kategorien „Aktivierung selbstgeschaffener immaterieller Vermögenswerte", „Aktivierung latenter Steuern" und „Aktivierung
von Vermögensgegenständen zum beizulegenden Zeitwert" aufzugliedern.[155]
Die Vorschrift ist im Zusammenhang mit den durch das BilMoG eingeführten
Aktivierungswahlrechten in § 248 Abs. 2 S. 1 HGB und § 274 Abs. 1 S. 2 HGB
und der ausnahmsweise zulässigen Aktivierung zum beizulegenden Zeitwert
nach § 253 Abs. 1 S. 4 HGB zu sehen. Durch alle drei Vorschriften wurde das

---

[152] Vgl. *Taeger*, in: Haufe HGB, § 285 Rn. 165.
[153] Vgl. *Ballwieser*, in: MünchKomm HGB, § 251 Rn. 1.
[154] Vgl. Begründung zum RegE BilMoG, BT-Drucks. 16/10067, S. 75.
[155] Vgl. zu den Voraussetzungen im Einzelnen *Grottel*, in: Beck BilanzKomm, § 285
Rn. 460 ff.

Vorsichtsprinzip zurückgedrängt. Die Angaben zu den ausschüttungsgesperrten Beträgen schaffen einen Ausgleich für den durch die Reform reduzierten Gläubigerschutz.

Die Angabe in § 285 Nr. 28 HGB erläutert die Bilanz, indem einzelne Posten aufgegliedert werden, und bezweckt zum einen, vor möglicherweise nicht realisierbaren Gewinnen zu warnen. Daneben erlaubt sie es, das Jahresergebnis, in dem Erträge enthalten sind, die nicht ausgeschüttet werden können und weiterhin als Haftungsmasse erhalten bleiben, zu relativieren. Insgesamt verfolgt die Vorschrift bilanzrechtliche Zwecke.

25) *Angaben zu latenten Steuern (§ 285 Nr. 29 HGB)*

Die erst durch den Rechtsausschuss zum BilMoG in den Gesetzentwurf aufgenommene Vorschrift des § 285 Nr. 29 HGB übernimmt aus systematischen Gründen die Anhangsangaben des § 274 Abs. 2 HGB a. F. zu latenten Steuern.[156] Latente Steuern sind verborgene Steuerlasten oder -vorteile, die sich aus Unterschieden in Ansatz und/oder Bewertung von Vermögensgegenständen bzw. Schulden in Handelsbilanz und Steuerbilanz ergeben und die sich in späteren Geschäftsjahren voraussichtlich abbauen werden. Es sind Angaben darüber zu machen, aufgrund welcher Bewertungen und bzgl. welcher Posten sich Differenzen zwischen den handelsbilanzrechtlichen und den steuerbilanzrechtlichen Bewertungsansätzen ergeben. Die Angabe dient dazu, die Bilanz dadurch zu erläutern, dass Bilanzierungs- und Bewertungsmethoden dargestellt werden.[157] Wird auf Grund einer Saldierung von aktiven und passiven latenten Steuern nur ein Gesamtbetrag entweder verpflichtend auf der Passivseite oder im Rahmen des Aktivierungswahlrechts nach § 274 Abs. 1 S. 2 HGB auf der Aktivseite ausgewiesen, führt die Angabe nach § 285 Nr. 29 HGB dazu, dass dieser Bilanzposten aufgegliedert wird. Unterbleibt eine Aktivierung des Saldos an aktiven Steuern, so ergänzen die Anhangsangaben die Bilanz und relativieren die Bilanzsumme um den Betrag zukünftiger Steuerentlastungen. Alle diese Zwecke sind dem Bilanzrecht zuzuordnen.

III. *Weitere Anhangsangaben nach HGB*

1) *Angaben nach der Generalnorm des § 264 Abs. 2 S. 2 HGB*

Die Generalnorm des § 264 Abs. 2 S. 2 HGB verlangt dann eine Anhangsangabe, wenn aufgrund besonderer Umstände das vom Jahresabschluss vermittelte Bild der Lage des Unternehmens ausnahmsweise nicht den tatsächlichen Umständen entspricht. Dies ist der Fall, wenn der Jahresabschluss, obwohl die gesetzlichen

---

[156] Vgl. Beschlussempfehlungen des Rechtsausschusses, BT-Drucks. 16/12407, S. 88.
[157] Vgl. *Grottel*, in: Beck BilanzKomm, § 285 Rn. 470.

Vorschriften angewandt wurden, nicht diejenige Aussagekraft hat, die ein ordentlicher Kaufmann durchschnittlich erwartet.[158] Die Vorschrift gibt keine Hinweise, wann eine solche Berichtspflicht erforderlich ist und statuiert keine konkreten Berichtsinhalte.[159] Aus dem Erfordernis „besonderer Umstände" ergibt sich aber, dass eine Angabe nur in Ausnahmefällen erforderlich ist. Denn anders als im angelsächsischen Rechtskreis, wo einzelne Normen von der wörtlichen und nicht einer teleologischen Auslegung („literal rule") dominiert sind, sind in der deutschen Rechtsanwendung bereits die materiellen Bilanznormen teleologisch im Hinblick auf das Einblicksgebot auszulegen.[160] Dies führt entsprechend seltener zu Anhangsangaben unter dem Gebot des „true and fair view", das durch § 264 Abs. 2 S. 2 HGB abgesichert werden soll. Ebenso wenig hat sich in Deutschland die sog. „Abkoppelungsthese"[161] durchgesetzt, nach der die klassischen Grundsätze ordnungsgemäßer Bilanzierung das Bilanzrecht losgelöst vom Einblicksgebot dominieren sollen und dem Einblicksgebot primär über Anhangsangaben Rechnung zu tragen sei.

Damit ein Fall vorliegt, in dem eine Anhangsangabe notwendig ist, muss die Diskrepanz zwischen den tatsächlichen Verhältnissen und dem Bild des Jahresabschlusses so erheblich sein, dass das Bild von der Gesamtlage des Unternehmens fehlerhaft ist. Sollte ein berichtspflichtiger Fall vorliegen, bezweckt die Anhangsangabe, den insofern fehlerhaften Jahresabschluss zu korrigieren. Anzugeben sind die besonderen Umstände und – wenn schätzbar – die zahlenmäßigen Auswirkungen.[162] Die Vorschrift relativiert die durch den Jahresabschluss vermittelten Finanzzahlen und ist bilanzrechtlicher Natur.

2) Angaben zu den Gliederungsvorschriften des § 265 HGB

a) Abweichungen von Vorjahresgliederungen
(§§ 265 Abs. 1 S. 2, Abs. 2 S. 2, 3 HGB)

Grundsätzlich sind einmal vom Unternehmen gewählte Form und Darstellung von Bilanz und Gewinn- und Verlustrechnung beizubehalten (sog. Grundsatz der Darstellungsstetigkeit; § 265 Abs. 1 S. 1 HGB). Nur in Ausnahmefällen darf wegen besonderer Umstände hiervon abgewichen werden. Nach § 265 Abs. 1 S. 2 HGB sind Abweichungen von der Darstellungsstetigkeit im Anhang anzugeben und zu begründen. Diese Angaben sollen die aktuellen Finanzzahlen

---

[158] Vgl. *Winkeljohann/Schellhorn*, in: Beck BilanzKomm, § 264 Rn. 48.

[159] Vgl. für Beispiele solcher besonderer Umstände *Claussen*, in: Kölner Komm RechnungslegungsR, § 264 Rn. 64 f.; *Winkeljohann/Schellhorn*, in: Beck BilanzKomm, § 264 Rn. 50.

[160] Vgl. *Beine*, Wpg 1995, S. 467, 469 f.

[161] Vgl. *Beisse*, in: FS Beusch, S. 77, 93; hierzu *Hüttemann*, in: Großkommentar HGB § 264 Rn. 26.

[162] Vgl. *Claussen*, in: Kölner Komm RechnungslegungsR, § 264 Rn. 67; *Winkeljohann/ Schellhorn*, in: Beck BilanzKomm, § 264 Rn. 55.

von Bilanz bzw. Gewinn- und Verlustrechnung mit den Vorjahresangaben vergleichbar machen.[163] Durch Änderungen in der Darstellung kann bei den Lesern eine fehlerhafte Annahme darüber hervorgerufen werden, ob und in welchem Ausmaß sich die Lage der Gesellschaft verändert hat. Durch die Angaben der Änderungen auf formeller Ebene können solche Irreführungen ausgeglichen und die vermeintlichen materiellen Änderungen relativiert werden.

Während Absatz 1 formelle Änderungen in der Gliederung und Darstellung aufdeckt, zielen die Anhangsangaben nach Absatz 2 auf die materielle Vergleichbarkeit mit den Vorjahresdokumenten ab. Dazu sind nach § 265 Abs. 2 S. 1 HGB zunächst zu jedem Posten in Bilanz bzw. Gewinn- und Verlustrechnung die jeweiligen Vorjahresbeträge anzugeben. Wenn diese Vorjahresbeträge beispielsweise aufgrund einer Ausweisänderung, also eines Ausweises eines Aktiv- oder Passivpostens an anderer Stelle, nicht mit den aktuellen Angaben vergleichbar sind, ist dies nach Absatz 2 Satz 2 im Anhang anzugeben und zu erläutern.[164] Es soll vermieden werden, dass die Leser durch den Vergleich der aktuellen mit den Vorjahresbeträgen irregeführt werden. Vermeintliche Änderungen der Beträge werden relativiert. Werden die Vorjahresbeträge angepasst, um sie vergleichbar zu machen (§ 265 Abs. 2 S. 3 HGB), wird eine Irreführung von vornherein vermieden. Die Anhangsangaben erklären die Differenz zu den in den alten Dokumenten abgedruckten Beträgen und verhindern Fehlvorstellung bei einem Vergleich der alten und neuen Jahresabschlüsse.

Alle drei Anhangsangaben relativieren das im Hinblick auf den Vorjahresvergleich durch Bilanz und Gewinn- und Verlustrechnung vermittelte Bild der Lage der Gesellschaft und sind dem Bilanzrecht zuzuordnen.

b) Ergänzungen bei verschiedenen Geschäftszweigen (§ 265 Abs. 4 S. 2 HGB)

Betreibt ein Unternehmen mehrere Geschäftszweige, können sich hieraus verschiedene Gliederungsschemata für die Bilanz und die Gewinn- und Verlustrechnung ergeben.[165] Der Jahresabschluss soll dann nach den für den Hauptgeschäftszweig geltenden Schemata aufgestellt werden und ist durch Spezifika anderer einschlägiger Gliederungsvorschriften zu ergänzen.[166] Die Angaben im Anhang gemäß § 265 Abs. 4 S. 2 HGB sollen diese Ergänzungen und den Aufbau des Jahresabschlusses erläutern, um Irreführungen bei den Lesern des Jahresabschlusses zu vermeiden. Die Erläuterung des Jahresabschlusses ist ein bilanzrechtlicher Zweck.

---

[163] Vgl. *Suchan*, in: MünchKomm BilanzR, § 265 HGB Rn. 2.
[164] Vgl. *Winkeljohann/Büssow*, in: Beck BilanzKomm, § 265 Rn. 5.
[165] Vgl. *Winkeljohann/Büssow*, in: Beck BilanzKomm, § 265 Rn. 11.
[166] Vgl. *Wiedmann*, in: Ebenroth/Boujong/Joost/Strohn, HGB, § 265 Rn. 18.

c) Aufgliederung zusammengefasster Posten (§ 265 Abs. 7 Nr. 2 HGB)

Nach § 265 Abs. 7 Nr. 2 HGB dürfen entgegen dem Grundsatz der Vollständigkeit, der als allgemeiner Grundsatz ordnungsgemäßer Bilanzierung in § 246 Abs. 1 S. 1 HGB verankert ist, ausnahmsweise Beträge aus Bilanz bzw. Gewinn- und Verlustrechnung zusammengefasst werden, wenn dies der Klarheit der Darstellung dient. Die Zusammenfassung dient dann dazu, den ebenfalls als Grundsatz ordnungsgemäßer Bilanzierung und in § 243 Abs. 2 HGB verankerten Grundsatz der Klarheit zu erfüllen. Den mit einem solchen Vorgehen stets verbundenen Informationsverlust zulasten des Vollständigkeitsgebots soll die in § 265 Abs. 7 Nr. 2, 2. Hs. HGB statuierte Pflicht des gesonderten Ausweises aller ausnahmsweise zusammengefassten Posten ausgleichen. Dadurch werden Finanzzahlen, die ansonsten in Bilanz bzw. Gewinn- und Verlustrechnung enthalten wären, in den Anhang verlagert[167], um die übrigen Bestandteile des Jahresabschlusses zu entlasten. Erreicht wird ein Ausgleich des Informationsdefizits in Bilanz bzw. Gewinn- und Verlustrechnung, indem die Posten im Anhang aufgegliedert werden. Die Vorschrift erläutert den Jahresabschluss und ist dem Bilanzrecht zuzuordnen.

3) Erläuterungen zu sog. antizipativen Posten
(§§ 268 Abs. 4 S. 2; 268 Abs. 5 S. 3 HGB)

Nach § 268 Abs. 4 S. 2 HGB sind sog. antizipative Posten, die in der Bilanz unter dem Bilanzposten der „sonstigen Vermögensgegenstände" aktiviert wurden, im Anhang zu erläutern. Zu diesen antizipativen Posten gehören dem abgelaufenen Geschäftsjahr zuzuordnende Erträge, die erst später zu Einnahmen führen.[168] Aktiviert werden dürfen solche Vermögensgegenstände – es handelt sich zumeist um Forderungen –, wenn sie nach den allgemeinen Grundsätzen ordnungsgemäßer Bilanzierung aktivierungsfähig sind. Eine Aktivierungsfähigkeit setzt voraus, dass sie am Abschlussstichtag hinreichend konkretisiert sind.[169] Durch die Angaben werden der Bilanzposten der sonstigen Vermögensgegenstände aufgeschlüsselt und die Vermögenslage des Unternehmens erläutert[170]. Die Angaben sollen den Leser vor den solchen antizipativen Vermögenspositionen innewohnenden Unsicherheiten und der möglicherweise höheren Risikobehaftung warnen[171] und das durch die Bilanz allein erzeugte Bild der Vermögenslage relativieren.

---

[167] Vgl. *Claussen*, in: Kölner Komm AktG, § 265 HGB Rn. 23.
[168] Vgl. *Claussen*, in: Kölner Komm AktG, § 268 HGB Rn. 37.
[169] Vgl. *Hüttemann/Meyer*, in: Großkomm HGB, § 268 Rn. 29.
[170] Vgl. *Claussen*, in: Kölner Komm AktG, § 268 HGB Rn. 38.
[171] Vgl. *Reiner/Haußer*, in: MünchKomm HGB, § 268 Rn. 32 f.

Eine spiegelbildliche Berichtspflicht für sog. antizipative Verbindlichkeiten statuiert § 268 Abs. 5 S. 3 HGB. Danach sollen der Bilanzposten der „Verbindlichkeiten" aufgeschlüsselt werden und diejenigen als Verbindlichkeit passivierten Beträge im Anhang erläutert werden, die erst nach dem Abschlussstichtag entstehen. Da eine Passivierung einer Verbindlichkeit voraussetzt, dass sie rechtlich besteht, ist ein Anwendungsbereich der Norm kaum ersichtlich.[172] Möglich scheint, dass eine Passivierung aufgrund faktischen Übernahmezwangs erfolgte und dieses Vorgehen zu erläutern ist. Dann wird neben der mit der Aufgliederung verbundenen Erläuterung der Bilanz die Vermögenslage relativiert: Der als Verbindlichkeit verbuchte Betrag ist zwar dem abgeschlossenen Geschäftsjahr zuzuordnen, zu einer möglicherweise mit der Erfüllung einhergehenden Ausgabe wird es aber, wenn überhaupt, erst im nächsten Jahr kommen. Dieser Relativierungsgedanke wird dann noch deutlicher, wenn man – wie einige Stimmen in der Literatur[173] – die Berichtspflicht auf alle zwar rechtlich entstandenen aber noch nicht fälligen Verbindlichkeiten ausweitet. Durch die Darstellung der späteren Verbindlichkeit kann der Leser die präsentierte Vermögenslage „nach oben" korrigieren, da der Abfluss des Vermögens erst in Zukunft droht. Die beiden Anhangsangaben zu den antizipativen Bilanzposten sollen erläutern und relativieren und gehören daher zum Bilanzrecht.

4) Erläuterungen zu außerordentlichen bzw. periodenfremden Erträgen und Aufwendungen (§ 277 Abs. 4 S. 2, 3 HGB)

Die nach § 277 Abs. 4 S. 2 HGB geforderten Angaben beziehen sich auf die in der Gewinn- und Verlustrechnung nach § 275 Abs. 2 Nr. 15 und 16 bzw. nach Abs. 3 Nr. 14 und 15 HGB auszuweisenden außerordentlichen Erträge und Aufwendungen. Diese Beträge sollen erläutert werden, um dem Leser ein besseres Bild über das tatsächlich bestehende Ertragspotential des Unternehmens zu vermitteln. Denn durch diese außerordentlichen Ereignisse, die eben wegen ihrer Außergewöhnlichkeit in den Folgejahren das Ergebnis nicht wieder beeinflussen, wird das Bild der Ertragslage verzerrt.[174] Durch die Hintergrundinformationen zu Betrag und Art wird der Leser in die Lage versetzt, sich ein Bild über das so bereinigte Ertragspotential zu machen. Das Bild über die Ertragslage wird durch die zusätzlichen Erläuterungen relativiert.

Noch deutlicher wird der Relativierungszweck bei der nach § 277 Abs. 4 S. 3 HGB geforderten Erläuterung der Aufwendungen und Erträge, die eigentlich einem anderen Geschäftsjahr zuzuordnen sind. Diese periodenfremden Aufwendungen und Erträge haben keinerlei Zusammenhang zu den Leistungen der

---

[172] Vgl. *Hüttemann/Meyer*, in: Großkomm HGB, § 268 Rn. 35.

[173] Vgl. zum Meinungsstand *Reiner/Haußer*, in: MünchKomm HGB, § 268 Rn. 37.

[174] Vgl. *Reiner/Haußer*, in: MünchKomm HGB, § 277 Rn. 42.

Berichtsperiode und lassen keinerlei Rückschlüsse auf die tatsächliche Ertragsentwicklung in dem dargestellten Geschäftsjahr der Gesellschaft zu.[175] Sie verzerren vielmehr das durch die Gewinn- und Verlustrechnung zu generierende, den tatsächlichen Umständen entsprechende Bild.[176] Durch die Angaben im Anhang wird der Leser in die Lage versetzt, diese Verzerrungen zu korrigieren. Die Berichtspflichten nach § 277 Abs. 4 HGB gehören folglich zum Bilanzrecht.

5) Exkurs: Begründung zum Fehlen eines Prüfungsausschusses (§ 324 Abs. 1 S. 2 Nr. 1 Hs. 2 HGB)

Die Vorschrift des § 324 Abs. 1 S. 2 Nr. 1 Hs. 2 HGB befreit kapitalmarktorientierte Gesellschaften, die gesetzlich nicht dazu verpflichtet sind, einen Aufsichts- oder Verwaltungsrat einzurichten, von der in Abs. 1 S. 1 statuierten Pflicht, stattdessen einen Prüfungsausschuss einzurichten.[177] Hierunter fallen Emittenten, die mit Vermögensgegenständen gesicherte Wertpapiere (sog. Asset Backed Securities) ausgeben.[178] Nicht unter die Ausnahmevorschrift fallen demnach Aktiengesellschaften, da diese dazu verpflichtet sind, einen Aufsichtsrat, der die Aufgaben des Prüfungsausschusses übernimmt, zu bilden. § 324 HGB setzt die Abschlussprüferrichtlinie in deutsches Recht um, die die Unternehmensleitung und -kontrolle verbessern soll.[179] Macht ein Unternehmen von der in § 324 Abs. 1 S. 2 Nr. 1 HGB verankerten Befreiungsmöglichkeit Gebrauch und unterlässt es, einen Prüfungsausschuss einzurichten, der die Corporate Governance verbessern soll, indem die Unternehmenskontrolle verstärkt wird, muss es als Ausgleich im Anhang die Gründe offenlegen, weshalb das Unternehmen es nicht für angebracht hält, einen Aufsichts- oder Verwaltungsrat bzw. einen Prüfungsausschuss einzurichten.[180] Die Norm statuiert eine dem § 161 AktG vergleichbare „comply or explain"-Verpflichtung und sensibilisiert die Leser für ein möglicherweise bestehendes Kontrolldefizit. Die Transparenz der Unternehmenskontrolle als wesentlicher Teil der Corporate Governance ist eine dem Gesellschaftsrecht zuzuordnende Aufgabe.

---

[175] Vgl. *Reiner/Haußer*, in: MünchKomm HGB, § 277 Rn. 43.
[176] Vgl. *Reiner/Haußer*, in: MünchKomm HGB, § 277 Rn. 43.
[177] Vgl. BT-Drucks. 16/10067, S. 92 f.
[178] Vgl. *Burg/Müller*, in: Kölner Komm RechnungslegungsR, § 324 Rn. 17.
[179] Vgl. *Grottel/Röhm-Kottmann, in:* Beck BilanzKomm, § 324 Rn. 1.
[180] Vgl. BT-Drucks. 16/10067, S. 93.

IV. Aktienrechtliche Anhangsangaben nach § 160 AktG

§ 160 AktG bestimmt über die handelsrechtlichen Anhangsangaben hinausgehende Berichtspflichten, die nur für die Aktiengesellschaft gelten. Wesentliche Teile dieser Vorschrift[181] gehen auf § 160 Abs. 3 AktG von 1965 zurück.[182]

1) Angaben zu Vorratsaktien (§ 160 Abs. 1 Nr. 1 AktG)

Nach § 160 Abs. 1 Nr. 1 AktG ist zum einen über Bestand und Zugang von
sog. Vorratsaktien und zum anderen über die Verwertung solcher Aktien zu berichten. Vorratsaktien sind Aktien, die ein Aktionär für Rechnung der Gesellschaft oder eines Tochterunternehmens oder ein Tochterunternehmen für die
Muttergesellschaft übernommen hat. Die Wurzeln der Vorschrift gehen bis auf
§ 260a HGB 1931 zurück. Anders als bei der heutigen Vorschrift musste damals
nicht über Vorratsaktien, die ein abhängiges Unternehmen gezeichnet hat, sondern nach § 260a Abs. 3 Nr. 1 HGB 1931 nur über solche, die ein Aktionär für
Rechnung der Gesellschaft gezeichnet hat, berichtet werden. Der Erwerb durch
ein abhängiges Unternehmen war durch das Gesetz in § 226 Abs. 4 S. 2 HGB
1931 verboten worden, nachdem das Reichsgericht[183] zuvor die Übernahme
von Aktien durch ein abhängiges Unternehmen wegen der fehlenden effektiven
Kapitalaufbringung missbilligt hatte.[184]

Eine Berichtspflicht über den Bestand und Zugang an solchen Vorratsakti-
en dient dem Leser dazu, zu erkennen, inwieweit die Bilanzen „aufgebläht"
wurden[185], indem die Einlage durch Mittel beglichen wurde, die wirtschaftlich
ohnehin schon der Gesellschaft zuzuordnen waren.[186] In dieser Hinsicht dient
die Publizität der Vorratsaktien in § 160 Abs. 1 Nr. 1 HGB dazu, die Bilanz zu
relativieren. Da materiellrechtlich die Zeichnung von Aktien durch ein abhängiges Unternehmen oder im Mehrheitsbesitz stehendes Unternehmen gemäß § 56
Abs. 2 AktG verboten ist, kommt eine Publizität in dieser Konstellation nur in
Betracht, wenn eine verbotswidrige, aber wegen § 56 Abs. 2 S. 2 AktG wirksame Zeichnung vorgenommen wurde. Es ist deshalb nur in den wenigen Fällen
eines gesetzeswidrigen Verhaltens notwendig, die Bilanz zu relativieren. Zudem
erfasst die Vorschrift, wie auch das ihr zugrundeliegende Verbot des § 56 Abs. 2
AktG, gleichermaßen Unternehmen, bei denen eine Abhängigkeit auf einem
Beherrschungsvertrag beruht, ohne dass ein beherrschender Anteilsbesitz be-

---

[181] Im Einzelnen sind dies die Nummern 1, 2, 4, 7 und 8.
[182] Kritisch zur damaligen Zuordnung der Vorschrift zum Anhang, siehe oben § 2 A. I. 5).
[183] RGZ 108, S. 41, 43.
[184] Vgl. *Pinner*, in: Staub HGB, 14. Auflage 1933, § 226 Anm. 28.
[185] *Merkelbach*, Entwicklung der deutschen Finanzierungsgesellschaften, S. 77.
[186] RGZ 108, S. 41, 43.

steht.[187] Hier besteht keine Gefahr für die reale Kapitalaufbringung[188], sodass die Publizitätspflicht in diesem Fall weder dienlich noch erforderlich ist, um die Bilanz zu relativieren. Die durch die Angabe des Bestehens solcher Vorratsaktien ausgehende allgemeine Warnung einer möglicherweise nicht vorhandenen effektiven Kapitalaufbringung ist sehr vage.

Daneben hat die verbotswidrige Zeichnung durch ein Tochterunternehmen für Rechnung der Gesellschaft Auswirkungen auf die Stimmrechtsverhältnisse. Wegen der früher in solchen Fällen oftmals erfolgten Stimmrechtsmanipulationen[189] wurde ein Rechtsverlust für solche Aktien eingeführt (§ 71d S. 2, 4 i. V. m. 71b AktG analog[190]). Durch einen solchen Rechtsverlust verschieben sich insbesondere die Stimmrechtsmehrheiten in der Gesellschaft. In dieser Hinsicht kann mithilfe der Vorschrift die Anzahl von Aktien ermittelt werden, deren Rechte ruhen.[191] Die tatsächlichen Einflussmöglichkeiten und Beteiligungsstrukturen können dargestellt werden.

Ein ähnliches Bild ergibt sich für den ersten Teil der Angabepflicht, d. h. der Berichterstattung über Vorratsaktien, die von einem Aktionär für Rechnung der Gesellschaft gezeichnet wurden. Materiellrechtliche Regulierungsanordnungen zur Zeichnung durch einen Aktionär für Rechnung der Gesellschaft wurden erst in der Reform des Jahres 1937 in § 51 HGB 1937 eingeführt. Das lässt darauf schließen, dass die Gefahren für die effektive Kapitalaufbringung damals wie heute[192] für nicht allzu schwerwiegend erachtet wurden. Auch heute erlaubt das Gesetz deshalb eine solche Aktienübernahme im Grundsatz (vgl. § 56 Abs. 3 AktG). Wegen des nun gesetzlich angeordneten Verbots, sich auf das der mittelbaren Stellvertretung zugrunde liegende Rechtsverhältnis zu berufen (§ 56 Abs. 3 S. 1 AktG), darf es bei gesetzeskonformem Handeln der Aktiengesellschaft zu keiner Zahlung an den Aktionär kommen, die eine Einlagenrückgewähr bedeuten würde. Denn die Vorschrift führt u. a. dazu, dass dem zeichnenden Aktionär kein Anspruch auf Aufwendungsersatz bzw. auf Erstattung der geleisteten Einlagen zusteht.[193] Bei rechtmäßigem Verhalten der Aktiengesellschaft besteht aus diesem Grund kein Bedürfnis, die Bilanz zu relativieren. Vielmehr dient die Berichtspflicht dazu, die tatsächlichen Beteiligungsverhältnisse, die wegen des

---

[187] Vgl. *Westermann*, in: Heidelberger Komm AktG, § 56 Rn. 5; *Bungeroth*, MünchKomm AktG, § 56 Rn. 28.

[188] Vgl. *Westermann*, in: Heidelberger Komm AktG, § 56 Rn. 5; *Bungeroth*, MünchKomm AktG, § 56 Rn. 28.

[189] Vgl. *Pinner*, in: Staub HGB, 14. Auflage 1933, § 185 Anm. 11i; *Fleischer*, in: Schmidt/ Lutter AktG, § 56 Rn. 1.

[190] Allg. Meinung; vgl. *Westermann*, in: Heidelberger Komm AktG, § 56 Rn. 7.

[191] Vgl. *Kessler*, in: MünchKomm AktG, § 160 Rn. 4, 10; *Adler/Düring/Schmaltz*, Rechnungslegung und Prüfung, § 160 AktG Rn. 17.

[192] Vgl. *Westermann*, in: Heidelberger Komm AktG, § 56 Rn. 2.

[193] Vgl. *Bungeroth*, in: MünchKomm AktG, § 56 Rn. 70.

in § 56 Abs. 3 S. 3 AktG ebenfalls angeordneten Rechtsverlustes von den sich aus der Anzahl der Aktien ergebenden Verhältnissen abweichen, darzustellen.

Werden die Vorratsaktien verwertet, endet der Rechtsverlust, sodass sich die Stimmrechtsverhältnisse erneut verschieben. Indem offengelegt wird, dass die Vorratsaktien verwertet wurden, werden diese Veränderungen transparent gemacht. Der Berichtspflicht über die (bilanzielle) Verwendung des Erlöses, die die Bilanz erläutert, kommt geringe Bedeutung zu, da in Höhe des der Aktiengesellschaft zugeflossenen Erlöses nach § 272 Abs. 2 Nr. 1 HGB ohnehin eine Einstellung in die Kapitalrücklage zu erfolgen hat.[194] Es ist folglich bereits durch diese Regelung sichergestellt, dass der Vorgang bilanziell abgebildet wird.

Insgesamt dient die Berichterstattung nach § 160 Abs. 1 Nr. 1 AktG sowohl bilanzrechtlichen als auch gesellschaftsrechtlichen Zwecken. Die Publizitätspflicht wird aber zumeist nur in den Fällen, in denen die Vorratsaktien legal gezeichnet wurden, erfüllt werden. In diesen Fällen ist es aber nicht notwendig, die Bilanz zu relativieren, sodass im Vordergrund steht, die Folgen für die Stimmrechtsverhältnisse offenzulegen. Sollte ein Fall der verbotswidrigen Zeichnung von Vorratsaktien vorliegen, bei dem tatsächlich die Einlage durch wirtschaftlich der Gesellschaft zugehörige Mittel erfolgt, wäre eine Angabe notwendig, die den konkreten Geldbetrag angibt. Wegen des Relativierungszwecks dieser Angabe wäre diese Berichtspflicht bilanzrechtlicher Natur. Da aber nicht gefordert ist, diesen Betrag anzugeben, überwiegt der gesellschaftsrechtliche Aspekt, die Stimm- und Beteiligungsverhältnisse darzustellen.

2) Angaben zu eigenen Aktien (§ 160 Abs. 1 Nr. 2 AktG)

§ 160 Abs. 1 Nr. 2 AktG verpflichtet Aktiengesellschaften dazu, den Erwerb, Bestand und Verkauf von direkt oder indirekt gehaltenen eigenen Aktien offenzulegen. Die Berichtspflicht soll zusammen mit den aktienrechtlichen Rahmenregelungen zum Erwerb eigener Aktien (§§ 71 ff. AktG) vor den Gefahren schützen, die durch den Erwerb eigener Aktien entstehen können[195]:

Zunächst führt der Erwerb eigener Aktien wirtschaftlich zu einer Einlagenrückgewähr, die die Vorschriften zur Kapitalerhaltung verletzt.[196] Insofern relativiert die Angabepflicht den Bilanzposten des Eigenkapitals. Zusätzlich führt die Reduzierung des Eigenkapitalanteils dazu, dass die Aktienrendite oder der Ertrag pro Aktie gesteigert wird.[197] Die Anhangsangabe erlaubt es, diese finanziellen Kennzahlen zu relativieren. Jedoch wird dies schon dadurch ermöglicht, dass die nicht zur Einziehung erworbenen eigenen Aktien im Umlaufvermögen

---

[194] Vgl. *Adler/Düring/Schmaltz*, Rechnungslegung und Prüfung, § 160 AktG Rn. 21.
[195] Vgl. *Brönner*, in: Großkomm AktG, § 160 Rn. 14.
[196] Vgl. *Adler/Düring/Schmaltz*, Rechnungslegung und Prüfung, § 160 AktG Rn. 25.
[197] Vgl. *Cahn*, in: Bayer/Habersack, Aktienrecht im Wandel, S. 768.

der Gesellschaft zu aktivieren sind.[198] Die bilanziellen Auswirkungen in Form der wirtschaftlichen Einlagenrückgewähr und der Gefahr, dass der Kapitalschutz verletzt wird, werden durch die Pflicht, gemäß § 272 Abs. 4 HGB Rücklagen zu bilden, neutralisiert[199], so dass bereits die Bilanz selbst die benötigten Informationen zu den Kennzahlen liefert.

Daneben führt der Erwerb eigener Aktien wegen des aktienrechtrechtlich angeordneten Rechtsverlustes (§ 71b AktG) dazu, dass die Beteiligungsquote der übrigen Aktionäre erhöht wird. Die übrigen Aktionäre haben anschließend einen gesteigerten Einfluss auf die Verwaltung.[200] Die Anhangsangabe legt die tatsächlichen Stimmrechtsmehrheiten offen.

Außerdem zeigt die Offenlegung der eigenen Aktien und insbesondere der Erwerb und die Veräußerung eigener Aktien, inwieweit der Vorstand Einfluss auf die Beteiligungsstruktur genommen hat und, da – zumindest nach dem Gesetz – auch verbotswidrig erworbene eigene Aktien anzugeben sind[201], sich wegen eines Verstoßes gegen das Erwerbsverbot ggf. schadensersatzpflichtig und strafbar gemacht hat. Die Offenlegungspflicht dient dazu, die Unternehmensleitung zu kontrollieren.

Neben diesen gesellschaftsrechtlich zu qualifizierenden Zwecken, tritt der bilanzrechtliche Relativierungszweck zurück. Denn die in der Bilanz selbst vorbuchten Gegenpositionen erlauben bereits, die Bilanz zu relativieren. Die Vorschrift ist danach schwerpunktmäßig dem Gesellschaftsrecht zuzuordnen.

3) Angaben zu Aktiengattungen (§ 160 Abs. 1 Nr. 3 AktG)

Nach § 160 Abs. 1 Nr. 3 AktG sind im Anhang die Aktiengattungen unter Angabe der Zahl und des Nennbetrags offenzulegen. Darüber hinaus verlangt die Vorschrift die Angabe der Aktien, die im Rahmen einer bedingten Kapitalerhöhung oder bei einem genehmigten Kapital im Geschäftsjahr gezeichnet wurden. Die Vorschrift steht in engem Zusammenhang zu § 152 Abs. 1 S. 2 AktG und überschneidet sich inhaltlich mit den Angaben im Lagebericht nach § 289 Abs. 4 Nr. 1 HGB. Während § 152 Abs. 1 S. 2 AktG die Angabe des Nennbetrags der einzelnen Aktiengattungen in der Bilanz selbst verlangt, ist in § 160 Abs. 1 Nr. 3 AktG die Angabe der Zahl der den einzelnen Aktiengattungen zugehörigen Aktien anzugeben.[202] Insofern wird ein Bilanzposten erläutert. Anders als die An-

---

[198] Vgl. *Dißars*, SC 2007, S. 39, 42.

[199] Vgl. *Dißars*, SC 2007, S. 39, 40.

[200] Vgl. *Cahn*, in: Bayer/Habersack, AktienR im Wandel, S. 771.

[201] Vgl. *Brönner*, in: Großkomm AktG, § 160 Rn. 14.

[202] Vgl. *Kessler*, in: MünchKomm AktG, § 160 Rn. 35; nach in der Literatur vertretenen Ansichten soll es auch möglich sein, die Angaben zu den Zahlen der Aktien jeder Gattung zusammen mit der Angabe des Nennbetrags in der Bilanz zu machen (so *Hüffer*, AktG, § 160 Rn. 10, *Claussen*, in: Kölner Komm AktG, §§ 284–288 HGB, 160 AktG Rn. 152) bzw. die An-

gabe nach § 152 Abs. 1 S. 2 AktG fordert die Zahlenangaben nach § 160 Abs. 1 Nr. 3 AktG nicht, dass Bilanzposten in untergeordnete Finanzzahlenkategorien aufgegliedert werden. Da die bilanzielle Tragweite der Gattungsverteilung schon durch § 152 Abs. 1 S. 2 AktG aufgedeckt wird und die Angaben des § 160 Abs. 1 Nr. 3 AktG gerade keine Finanzzahlen darstellen, tritt der bilanzielle Erläuterungszweck in den Hintergrund.

Die Angabepflicht führt dazu, dass die einzelnen Aktiengattungen, wie Stammaktien, Vorzugsaktien und ausnahmsweise bestehende Mehrstimmrechtsaktien, aufgegliedert werden. Indem die Stärke der jeweiligen Aktiengattung anzugeben ist, lässt sich das Zahlenverhältnis der Gattungen erkennen[203] und ermöglicht dem Leser, zum einen Besonderheiten bei der Gewinnverteilung zu erkennen, zum anderen die Stimmrechtsverteilung und die Einfluss- und Kontrollmöglichkeiten zu durchleuchten. Die Angabe zu den neu gezeichneten Aktien aus genehmigtem Kapital bzw. bedingter Kapitalerhöhung zielt hingegen darauf ab, die Aktionäre darüber zu informieren, ob die Aktienausgabe im Rahmen der satzungsmäßigen Ermächtigung erfolgte[204] und die an die Ausnutzung der Ermächtigung geknüpften Bedingungen erfüllt wurden[205]. Somit dient dieser Teil der Offenlegungspflicht der Kontrolle der Unternehmensleitung durch die Aktionäre. Im Ergebnis erfüllt die Berichtspflicht überwiegend gesellschaftsrechtliche Zwecke.

4) Angaben zum genehmigten Kapital (§ 160 Abs. 1 Nr. 4 AktG)

Nach § 160 Abs. 1 Nr. 4 AktG sind der Inhalt der Ermächtigung und der Nennbetrag des genehmigten Kapitals i. S. d. §§ 202 ff. AktG anzugeben.[206] Anders als bedingtes Kapital (§§ 192 ff. AktG) ergibt sich ein noch nicht verwendetes genehmigtes Kapital nicht aus der Bilanz[207], denn eine Angabe- oder Vermerkpflicht im Rahmen des Postens Grundkapital ist nicht vorgesehen.[208] Wird das genehmigte Kapital durch den Vorstand genutzt, so ergibt sich wieder eine Berichtspflicht aus § 160 Abs. 1 Nr. 3 AktG. § 160 Abs. 1 Nr. 4 ermöglicht hingegen, beurteilen zu können, wie sich die gesellschaftsrechtliche Haftungsmasse möglicherweise erweitern wird, ohne dass es eines erneuten Hauptversammlungsbeschlusses bedarf. Da es im Ermessen des Vorstands unter Zustimmungspflicht

---

gaben vollständig in den Anhang zu verschieben (so *Adler/Düring/Schmaltz*, Rechnungslegung und Prüfung, § 160 AktG Rn. 41).

[203] Vgl. *Kessler*, in: MünchKomm AktG, § 160 Rn. 33; *Adler/Düring/Schmaltz*, Rechnungslegung und Prüfung, § 160 AktG Rn. 40.

[204] Vgl. *Kessler*, in: MünchKomm AktG, § 160 Rn. 37.

[205] Vgl. *Adler/Düring/Schmaltz*, Rechnungslegung und Prüfung, § 160 AktG Rn. 42.

[206] Vgl. *Brönner*, in: Großkomm AktG, § 160 Rn. 23. Ein bloß genehmigtes Kapital wäre hingegen kein aktivierungsfähiger Vermögensgegenstand.

[207] Vgl. *Brönner*, in: Großkomm AktG, § 160 Rn. 22.

[208] Vgl. *Adler/Düring/Schmaltz*, Rechnungslegung und Prüfung, § 160 AktG Rn. 47.

des Aufsichtsrats (§ 204 Abs. 1 AktG) steht, das genehmigte Kapital auszunutzen, kann vor Ausnutzung des genehmigten Kapitals der Posten Eigenkapital bzw. im Speziellen der Unterposten Grundkapital nicht verlässlich korrigiert oder relativiert werden. Es kann deshalb nicht der Hauptzweck der Norm sein, die Bilanz zu relativieren.

Wegen des dem Vorstand zustehenden Ermessensspielraumes, ob und in welcher Weise er von einer durch die Hauptversammlung erteilten Ermächtigung Gebrauch machen will, besteht seitens der Aktionäre ein großes Bedürfnis, den Vorstand zu kontrollieren.[209] Diesem will die Angabepflicht des § 160 Abs. 1 Nr. 4 AktG nachkommen. Insbesondere sollen die Aktionäre überprüfen können, ob sich der Vorstand an die Rahmenbedingungen der Ermächtigung gehalten hat.[210] Zudem kann es durch die Ausnutzung des genehmigten Kapitals unter Ausschließung des Bezugsrechts dazu kommen, dass sich die Beteiligungsquote verändert. Die Berichtspflicht gibt Auskunft darüber, ob und wie der Vorstand Einfluss auf die Beteiligungsquote genommen hat.[211] Die Vorschrift ermöglicht, die Unternehmensleitung zu kontrollieren.

Wegen der der Berichtspflicht inhärenten Unsicherheiten in der Aussage darüber, ob das Eigenkapital möglicherweise erhöht ist, stellt die Unternehmenskontrolle die schwerpunktmäßige Zwecksetzung dar, sodass die Angabe dem Gesellschaftsrecht zuzuordnen ist.

5) Angaben zu Aktienoptionen, Wandelschuldverschreibungen und vergleichbaren Wertpapieren (§ 160 Abs. 1 Nr. 5 AktG)

§ 160 Abs. 1 Nr. 5 AktG verlangt, alle in Umlauf befindlichen[212] Bezugsrechte, die im Rahmen eines Aktienoptionsprogramms i. S. d. § 192 Abs. 2 Nr. 3 AktG ausgegeben wurden, sowie alle Wandelschuldverschreibungen und vergleichbare Wertpapiere mit Umtausch- oder Bezugsrecht, offenzulegen.[213] Die Vorschrift dient im weitesten Sinne dazu, den Posten Eigenkapital zu erläutern[214], indem darauf hingewiesen wird, dass möglicherweise beim Eigenkapital Veränderungen eintreten, wenn die Bedingungen einer bedingten Kapitalerhöhung i. S. d. § 192 AktG erfüllt sind. Denn wenn das Bezugsrecht gewandelt bzw. ausgeübt wird, wird Fremdkapital in Eigenkapital umgewandelt, sodass sich die Finanzierungsstruktur des Unternehmens ändert. Da ungewiss ist, ob und wann die Bezugsrechte ausgeübt bzw. gewandelt werden, kann es nicht bezweckt

---

[209] Vgl. *Brönner*, in: Großkomm AktG, § 160 Rn. 22; *Adler/Düring/Schmaltz*, Rechnungslegung und Prüfung, § 160 AktG Rn. 49.

[210] Vgl. *Hüffer*, AktG, § 160 Rn. 11; *Kessler*, in: MünchKomm AktG, § 160 Rn. 44.

[211] Vgl. *Claussen*, in: Kölner Komm RechnungslegungsR, § 289 Rn. 63.

[212] Vgl. *Claussen*, in: Kölner Komm AktG, §§ 284–288 HGB, 160 AktG Rn. 157.

[213] Vgl. *Kessler*, in: MünchKomm AktG, § 160 Rn. 47.

[214] Vgl. *Adler/Düring/Schmaltz*, Rechnungslegung und Prüfung, § 160 AktG Rn. 52.

sein, den Bilanzposten in konkreter Weise zu relativieren bzw. zu korrigieren. Anders als die Internationalen Rechnungslegungsstandards, die nach IAS 33 von kapitalmarktorientierten Unternehmen in der Gewinn- und Verlustrechnung verlangen, das verwässerte und das unverwässerte Ergebnis pro Aktie, d. h. das Ergebnis mit und ohne Berücksichtigung von Bezugsrechten und Wandelschuldverschreibungen, anzugeben, ist nach handelsrechtlicher Rechnungslegung kein Leistungsvergleich anhand solcher Finanzkennzahlen gefordert. Nach deutschem Recht wiegt deshalb die Finanzzahlenkomponente weniger schwer als nach den internationalen Rechnungslegungsstandards.

Daneben gibt die Vorschrift darüber Auskunft, ob und in welchem Rahmen möglicherweise eine Veränderung in der Beteiligungsquote und damit einhergehende Kapital- und Stimmrechtsverwässerungen zu erwarten sind. Denn die Ausübung eines Bezugsrechts oder die Wandlung einer Schuldverschreibung in Aktien führt bei den aktuellen Aktionären, denen in den erfassten Konstellationen meist kein Bezugsrecht zusteht, dazu, dass ihre aktienrechtlichen Mitgliedschaftsrechte verwässert werden. Der Schutz der Mitgliedschaftsrechte ist ein wesentlicher Schutz- und Regelungsbereich des Aktienrechts. Zwar sind auch diese gesellschaftsrechtlichen Auswirkungen ungewiss, doch berühren sie den Kern der Mitgliedschaft, was der Berichterstattung ein größeres Gewicht verleiht. Der Schwerpunkt der Zwecksetzung dieser Vorschrift liegt im Gesellschaftsrecht.

6) Angaben zu Genussrechten (§ 160 Abs. 1 Nr. 6 AktG)

Nach § 160 Abs. 1 Nr. 6 AktG sind wesentliche Angaben über Genussrechte, Besserungsscheine und vergleichbare Rechte zu machen. Diesen Rechten ist gemein, dass sie zu zukünftigen Verbindlichkeiten führen, die in der Regel vor Bedingungseintritt nicht passiviert werden dürfen, aber aus dem (künftigen) Gewinn der Gesellschaft zu erfüllen sind.[215] Stimmrechte wie auch sonstige Mitgliedschaftsrechte werden bei diesen schuldrechtlichen Kapitalüberlassungsverhältnissen nicht gewährt, so dass sie sich nicht auf die Beteiligungsverhältnisse auswirken können.[216] Die Aktionäre sollen allein darüber informiert werden, inwieweit der in der Bilanz ausgewiesene Gewinn bereits durch zukünftige Verbindlichkeiten vorbelastet ist und die ausgewiesene Summe deshalb relativiert werden muss. Daneben werden die nicht oder nicht in vollem Umfang aus der Bilanz erkennbaren Verpflichtungen aus diesen Rechten umfassend erläutert.[217]

---

[215] Vgl. *Adler/Düring/Schmalz*, Band 4, § 160 AktG Rn. 55; *Kessler*, in: MünchKomm AktG, § 160 Rn. 52.

[216] Vgl. *Kessler*, in: MünchKomm AktG, 2. Auflage, § 285 HGB Rn. 285.

[217] Vgl. *Adler/Düring/Schmalz*, Band 4, § 160 AktG Rn. 56.

Sollte ein Genussrecht ausnahmsweise als Eigenkapital bilanziert werden, dann ist dennoch über die Konditionen zu berichten. In diesem Fall dient die Erläuterung im Anhang dazu, die Bilanzierungsgrundlagen und -methoden näher zu erläutern.[218] Da die Berichtspflicht allein bilanzrechtliche Zwecke verfolgt, ist sie dem Bilanzrecht zuzuordnen.

7) Angaben zum Bestehen wechselseitiger Beteiligungen (§ 160 Abs. 1 Nr. 7 AktG)

Nach der Vorschrift des § 160 Abs. 1 Nr. 7 AktG hat die berichtende Aktiengesellschaft unter Angabe des anderen Unternehmens eine wechselseitige Beteiligung offenzulegen. Wechselseitige Beteiligungen können das Eigenkapital faktisch mindern.[219] Denn es liegt im Fall des derivativen Erwerbs eine Einlagenrückgewähr vor, wenn das eine Unternehmen seine Einlage mit Mitteln erbringt, die ihm zuvor von diesem als Einlage erbracht worden sind.[220] Im Fall des originären Erwerbs einer wechselseitigen Beteiligung liegt ein Fall der mittelbaren Selbstzeichnung eigener Aktien vor, die ebenso zu einer Kapitalverwässerung führt.[221] Neben den materiellen Gefahren für die Aufbringung und den Erhalt des Kapitals bürgen wechselseitige Beteiligungen die Gefahr, dass das Kapital nicht richtig ausgewiesen wird.[222] Die Anhangsangabe informiert die Adressaten darüber, dass der Bilanzposten Eigenkapital möglicherweise in seiner Werthaltigkeit gemindert ist und relativiert so die Bilanz. Da allerdings nur das Unternehmen, mit dem eine wechselseitige Beteiligung besteht, namentlich bekannt gegeben werden muss, nicht aber Angaben zur Höhe der Beteiligung zu machen oder etwaige Änderungen der Höhe anzugeben sind[223], versetzt die Information die Leser nicht in die Lage, eine exakte Korrektur bzw. Relativierung vorzunehmen.[224] Deshalb kann die Regelung allein allgemein warnen, nicht aber als Hauptzweck verfolgen, die Bilanz zu relativieren.

Neben den Gefahren für den Kapitalschutz bergen wechselseitige Beteiligungen das Risiko, dass die Unternehmen wechselseitig über ihre sog. Verwaltungs-

---

[218] Vgl. *Adler/Düring/Schmalz*, Band 4, § 160 AktG Rn. 55.

[219] Vgl. *Brönner*, in: GroßKomm AktG, § 160 AktG Rn. 31; *Claussen*, in: Kölner Komm AktG, §§ 284–288 HGB, 160 AktG Rn. 164; *Adler/Düring/Schmalz*, Band 4, § 160 AktG Rn. 62 f.

[220] Vgl. *Raiser/Veil*, Recht der Kapitalgesellschaften, § 51 Rn. 43.

[221] Vgl. *Bayer*, in: MünchKomm AktG, § 19 Rn. 2 ff.; *Hüffer*, in: MünchKomm AktG, 2. Auflage, § 160 Rn. 17.

[222] Vgl. *Kropff*, AktG, S. 34.

[223] Vgl. *Claussen*, in: Kölner Komm AktG, §§ 284–288 HGB, 160 AktG Rn. 165; *Adler/Düring/Schmalz*, Band 4, § 160 AktG Rn. 64.

[224] Allgemein zur Problematik der Berechnung der Eigenkapitalminderung selbst bei Bekanntsein der Höhe der wechselseitigen Beteiligung vgl. *Bayer*, in: MünchKomm AktG, § 19 Rn. 2 ff.

stimmrechte Einfluss nehmen.[225] Denn die Rechte aus den wechselseitigen Beteiligungen werden durch die Verwaltung ausgeübt, so dass die Willensbildung maßgeblich durch die Verwaltung der anderen Gesellschaft beeinflusst wird.[226] Dadurch wird die Balance der Organe beeinflusst, was zu einem Kontrollvakuum hinsichtlich des Verhaltens der Vorstandsmitglieder führt.[227] Die Anhangsangabe legt diese konzernmäßigen Verflechtungen offen und warnt vor den Gefahren missbräuchlicher Einflussnahme. Da der Gesetzgeber in § 328 AktG gerade diese wechselseitige Einflussnahme einzuschränken versucht hat, dient die Anhangsangabe neben der Offenlegung der Gefahren auch dazu, die dort angeordneten Beschränkungen von gesellschaftsrechtlichen Rechten zu überprüfen.[228] Dies ermöglicht es, die Unternehmensleitung zu kontrollieren. Insgesamt überwiegen daher die gesellschaftsrechtlichen Zwecke der Angabe, sodass die Norm dem Gesellschaftsrecht zuzuordnen ist.

8) Angabe mitgeteilter Beteiligungen an der Aktiengesellschaft (§ 160 Abs. 1 Nr. 8 AktG)

Eine Aktiengesellschaft trifft über die Offenlegung wechselseitiger Beteiligungen hinaus die Pflicht, Beteiligungen, die ihr nach § 20 Abs. 1 und 4 AktG bzw. bei börsennotierten Unternehmen nach § 21 Abs. 1 oder 1a WpHG mitgeteilt worden sind, in ihrem Anhang aufzuführen. Die Vorschrift ergänzt § 285 Nr. 11 HGB[229], wobei § 285 Nr. 11 HGB fordert, den Anteilsbesitz an anderen (Tochter-) Unternehmen offenzulegen, während die Regelung aus dem Aktiengesetz Angaben zur Gesellschafterstruktur der berichtenden Aktiengesellschaft selbst verlangt. Wegen des für den Anhang geltenden Stichtagsprinzips sind für den Fall, dass mehrere Mitteilungen gemacht wurden, allein die zum Ende des Geschäftsjahres aktuellsten Beteiligungsstufen anzugeben.[230]

Die durch die Aktienrechtsreform von 1965 eingeführte Vorschrift hängt aufs Engste mit den materiellrechtlichen Mitteilungspflichten des Aktiengesetzes zusammen[231] und bestärkt die von ihnen verfolgten Ziele, indem sie die Einzelmitteilungen zusammenfasst. Die aktienrechtliche Beteiligungstransparenz soll die Aktionäre, die Gläubiger und die Öffentlichkeit über geplante und bestehende Konzernverbindungen unterrichten und die für die Unternehmensleitung

---

[225] Vgl. *Adler/Düring/Schmalz*, Band 4, § 160 AktG Rn. 62; *Hüffer*, in: MünchKomm AktG, 2. Auflage, § 160 Rn. 17.

[226] Vgl. *Kropff*, AktG, S. 35; *Bayer*, in: MünchKomm AktG, § 19 Rn. 6.

[227] Vgl. *Raiser/Veil*, Recht der Kapitalgesellschaften, § 51 Rn. 45.

[228] Vgl. *Brönner*, in: GroßKomm AktG, § 160 AktG Rn. 31; *Adler/Düring/Schmalz*, Band 4, § 160 AktG Rn. 63.

[229] Vgl. *Kessler*, in: MünchKomm AktG, § 160 Rn. 64; *Claussen*, Kölner Komm Rechnungslegung, §§ 284–288 HGB, 160 AktG Rn. 166.

[230] Vgl. *Kessler*, in: MünchKomm AktG, § 160 Rn. 69.

[231] Vgl. *Kropff*, AktG 1965, S. 261.

nicht immer transparenten Machtverhältnisse hervorheben.[232] Es sollen konzernrechtliche Verflechtungen offengelegt werden, um Gefahren nachteiliger
Einflussnahme durch einen (Groß-) Aktionär zulasten der schutzbedürftigen
Minderheitsaktionäre entgegenzuwirken.[233] Indem die (Groß-) Aktionäre namentlich genannt werden, werden die Gefahren, die sich aus der Anonymität der
Aktiengesellschaft ergeben, insbesondere der Missbrauch von Machtstellungen,
bekämpft.[234]

Indem § 160 Abs. 1 Nr. 8 AktG auch explizit auf die kapitalmarktrechtliche
Beteiligungstransparenz gem. § 21 WpHG Bezug nimmt, werden auch die von
dieser Vorschrift verfolgten Zwecke integriert. Die §§ 21 ff. WpHG setzen die
europarechtlichen Vorgaben der Transparenzrichtlinie um. Zweck der ersten
Transparenzrichtlinie[235] war es, zum einen durch angemessene Unterrichtung
über die Beteiligungsverhältnisse, die Anleger zu schützen, zum zweiten durch
Transparenz das Vertrauen in den Kapitalmarkt zu stärken und drittens die Funktionsfähigkeit der Kapitalmärkte zu fördern.[236] Dies sind rein kapitalmarktrechtliche Zwecke. Nach der Begründung zum Regierungsentwurf zur Umsetzung
der ersten Transparenzrichtlinie durch das 2. Finanzmarktförderungsgesetz sollen daneben auch dem Missbrauch von Insiderinformationen entgegengewirkt
und die Wettbewerbsfähigkeit des Finanzplatzes Deutschland erhöht werden.[237]
Zusätzlich soll nach der Begründung aber gerade auch, wie schon bei § 20 AktG,
der Gesellschaft, den Aktionären in ihrer gesellschaftsrechtlichen Funktion, den
Gläubigern und der Öffentlichkeit ein Überblick über die Aktionärsstruktur und
die Beteiligungsverhältnisse ermöglicht werden. Die Vorschrift verfolgt deshalb
auch einen gesellschaftsrechtlichen Zweck.

Ob die gesellschaftsrechtliche Komponente gleichrangig neben der kapitalmarktrechtlichen Komponente bestehen bleibt,[238] oder hinter die kapitalmarktrechtlich motivierte Transparenz weitgehend zurücktritt,[239] kann für die hier
zu untersuchenden Fragen dahinstehen. Denn zum einen wird die verbleibende

---

[232] Vgl. *Kropff*, AktG 1965, S. 38; *Burgard*, AG 1992, S. 41, 43.

[233] Vgl. *Kropff*, AktG 1965, S. 41.

[234] Vgl. *Kropff*, AktG 1965, S. 39.

[235] Richtlinie 88/627/EWG des Rates vom 12. Dezember 1988 (erste Transparenzrichtlinie), aufgehoben und übergeleitet durch die Richtlinie 2001/34/EG des Europäischen Parlaments und des Rates vom 28. Mai 2001 (Kapitalmarktpublizitätsrichtlinie).

[236] Erwägungsgrund 1 der Richtlinie 88/627/EWG vom 12. Dezember 1988 (erste Transparenzrichtlinie); *Schneider*, in: Assmann/Schneider, WpHG-Kommentar, Vorbemerkung § 21,
Rn. 20.

[237] Begr. RegE zum Zweiten Finanzmarktförderungsgesetz, BT-Drucks. 12/6679, S. 52;
vgl. auch *Schneider*, in: Assmann/Schneider, WpHG-Kommentar, Vorbemerkung § 21, Rn. 21;
Starke, Beteiligungstransparenz im Ges- und KapitalmarktR, S. 95.

[238] So *Schneider*, in: Assmann/Schneider, WpHG-Kommentar, Vorbemerkung § 21, Rn. 28;
grundlegend zu diesem Verständnis auch *Hopt*, ZHR 141 (1977), S. 389, 431 f.; offenlassend
Starke, Beteiligungstransparenz im Ges- und KapitalmarktR, S. 95 f.

[239] Vgl. *Veil*, ZHR 177 (2013), S. 427, 429 f.

gesellschaftsrechtliche Legitimation der kapitalmarktrechtlichen Beteiligungstransparenz durch die Gleichstellung mit den aktienrechtlichen Beteiligungs-
mitteilungen in § 160 Abs. 1 Nr. 8 AktG gestärkt, zum anderen fehlt auch den
rein kapitalmarktrechtlichen Zwecken ein bilanzrechtlicher Finanzzahlenbezug
vollständig. Die kapitalmarktrechtlichen Zwecke sind keinesfalls bilanzrechtlich, sondern stehen vielmehr dem Gesellschaftsrecht nahe.[240]

Damit überwiegt der konzernrechtliche Zweck, die Beteiligungsstruktur darzustellen. Die Berichtspflicht ist dem Gesellschaftsrecht zuzuordnen.

V. Spezielle aktienrechtliche Angabepflicht bei Kapitalherabsetzung gemäß § 240 S. 3 AktG

Setzt eine Aktiengesellschaft ihr Kapital herab und verringert so die Grund-
kapitalziffer auf der Passivseite ihrer Bilanz, führt dieser Vorgang zu einem entsprechenden Buchgewinn, der gemäß § 240 S. 1 AktG als Sonderposten in der
Gewinn- und Verlustrechnung ausgewiesen werden muss.[241]

§ 240 AktG im Allgemeinen und im Speziellen die Erläuterungen nach S. 3
kompensieren die bilanziellen Aus- bzw. bei rückwirkendem Ausweis der Ka-
pitalmaßnahme im Jahresabschluss des vorangegangenen Geschäftsjahres nach
§§ 234 und 235 AktG, die Rückwirkungen:[242] Erst durch diese Informationen
wird dem Leser ein den tatsächlichen Verhältnissen entsprechendes Bild von
der Ertragslage des Unternehmens geliefert. Denn der Ausweis des durch die
Kapitalherabsetzung erzeugten Buchgewinns verzerrt die eigentliche Ertragslage.[243] Wird dieser Betrag angegeben und erläutert, wofür der Buchgewinn
verwendet wurde (Satz 3), wird es dem Leser ermöglicht, die Verzerrungen auszugleichen und das Bild der Ertragslage zu relativieren. Dies ist ein bilanzrechtlicher Zweck.

VI. Sonderrechnung nach erfolgter Sonderprüfung (§ 261 Abs. 1 S. 3, 4 AktG)

Stellt sich nach Abschluss der Sonderprüfung i. S. d. § 258 AktG bzw. im gerichtlichen Verfahren nach § 260 AktG heraus, dass ein oder mehrere Posten in der
Bilanz unterbewertet waren, sind die betroffenen Posten im nächsten zu erstel-
lenden Jahresabschluss mit den in der Sonderprüfung ermittelten Werten bzw.
Beträgen anzusetzen (§ 261 Abs. 1 S. 1 AktG). Dadurch wird nachträglich der

---

[240] Zum Verhältnis kapitalmarktrechtlicher Zwecke zum Gesellschaftsrecht siehe auch allgemein oben § 3C. III.2).

[241] Vgl. *Becker*, in: Heidelberger Komm AktG, § 240 Rn. 3.

[242] Vgl. *Oechsler*, in: MünchKomm AktG, § 240 Rn. 1; *Becker*, in: Heidelberger Komm
AktG, § 240 Rn. 3.

[243] Vgl. *Oechsler*, in: MünchKomm AktG, § 240 Rn. 1; *Becker*, in: Heidelberger Komm
AktG, § 240 Rn. 1.

Bilanzposten korrigiert und die unzulässiger Weise gebildeten stillen Reserven werden aufgedeckt. Sind die Vermögensgegenstände nicht mehr in dem Maße werthaltig oder eine Verbindlichkeit nach den allgemeinen Bewertungsgrundsätzen mit einem höheren Wert beizulegen, ist diese nachträgliche Korrektur in der Bilanz nicht mehr möglich. In diesem Fall ordnet § 260 Abs. 1 S. 3 AktG an, im Anhang die Gründe für diese veränderten Verhältnisse anzugeben und zusätzlich eine sog. Sonderrechnung zu veröffentlichen, in der ausgehend von dem im Rahmen der Sonderprüfung festgestellten Betrag ab- bzw. zuzüglich der nach allgemeinem HGB vorzunehmenden Wertanpassung der nun angesetzte Wert errechnet wird.[244] Die Sonderrechnung erläutert das Bewertungsverfahren. Die Anhangsangabe soll daneben die nachträglich unmöglich gewordene Korrektur des Jahresabschlusses nachholen.

Denselben Zweck verfolgt § 261 Abs. 1 S. 4 AktG, der eine Anhangsangabe des von der Sonderprüfung ermittelten Werts verlangt, wenn die Bilanz nicht mehr korrigiert werden kann, weil der betroffene Vermögensgegenstand nicht mehr vorhanden ist. In diesem Fall ist zwar keine Sonderrechnung offenzulegen, sondern darüber zu berichten, wozu der Ertrag, der aus dem Abgang resultiert, verwendet wurde. Dieser Ertrag, der beispielsweise in den Bilanzgewinn eingegangen sein kann[245], spiegelt (zumindest teilweise) den Korrekturbetrag aus der Sonderprüfung. Die unmöglich gewordene Korrektur des Bilanzpostens wird dadurch ersetzt, dass der unzulässiger Weise verbuchte Ertrag offengelegt wird. Die verzerrte Ertragslage wird relativiert. All diese Zwecke sind bilanzrechtlicher Natur.

VII. Ausweiswahlrechte

Sog. Ausweiswahlrechte finden sich in HGB und AktG in unterschiedlichen Zusammenhängen.[246] Es handelt sich um Angaben, bei denen es dem berichtenden Unternehmen überlassen ist, die Inhalte wahlweise in der Bilanz oder im Anhang bzw. in der Gewinn- und Verlustrechnung oder im Anhang zu platzieren. Fielen unter erstere Ausweiswahlrechte früher noch sog. bilanzsummenrelevante Ausweiswahlrechte[247], bei deren Inanspruchnahme sich die Bilanzsumme aus bilanzpolitischen Erwägungen verzerren ließ und bei denen die Anhangsangabe diese Verzerrung korrigiert bzw. relativiert hätte, existieren heute nur noch Ausweiswahlrechte, die zu ohnehin schon in der Bilanz erfassten Posten entweder dort oder im Anhang Zusatzinformationen liefern.

---

[244] Vgl. *Adler/Dürig/Schmaltz*, Rechnungslegung, § 261 AktG Rn. 11.

[245] Vgl. *Hüffer*, in: MünchKomm AktG, § 261 Rn. 12.

[246] Ausweiswahlrechte finden sich in § 265 Abs. 3 S. 1 HGB, § 268 Abs. 1 S. 2, Abs. 2 S. 1, 3, Abs. 6, Abs. 7 HGB, § 277 Abs. 3 S. 1 HGB, § 58 Abs. 2a AktG, § 152 Abs. 2, Abs. 3 AktG; § 158 Abs. 1 S. 2 AktG.

[247] Vgl. mit Beispielen *Veit*, DB 1996, S. 641 ff.

Für die Gewinn- und Verlustrechnung finden sich solche Ausweiswahlrechte, die für das Ergebnis ohne Relevanz sind, in § 158 AktG. Die dort statuierten Angaben ergänzen rechtsformspezifisch die Gewinn- und Verlustrechnung. Diese Angaben betreffen nicht die Ergebnisentstehung, sondern allein die Ergebnisverwendung.[248] Sie dienen dazu, den ausschüttungsfähigen Bilanzgewinn zu errechnen[249] und sollen dem Leser verdeutlichen, wie die in der Bilanz unter dem Eigenkapital ausgewiesenen Beträge insbesondere des Bilanzgewinns bzw. Bilanzverlusts zustande gekommen sind.[250] Sie dienen dazu, die Bilanz zu erläutern.

Auch die Angaben nach § 268 Abs. 2 HGB und nach § 152 Abs. 2 und 3 AktG dienen dazu, einzelne Bilanzposten zu erläutern und nachvollziehbar zu machen, wie die Bilanzbeträge zustande gekommen sind. Nach diesen Vorschriften sind die wertmäßigen Entwicklungen des Anlagevermögens (§ 268 Abs. 2 HGB) bzw. der Kapital- bzw. Gewinnrücklagen (§ 152 Abs. 2 bzw. 3 AktG) nachzuzeichnen, sodass der Leser nachvollziehen kann, worauf die konkrete Bewertung des Bilanzpostens zurückzuführen ist.

Der Erläuterung einzelner Bilanz- bzw. Gewinn- und Verlustrechnungsposten dienen auch die Ausweiswahlrechte nach §§ 268 Abs. 1 S. 2, 268 Abs. 6, 268 Abs. 7 HGB und nach § 58 Abs. 2a S. 2 AktG, die verlangen, dass bestimmte in der Bilanz bzw. Gewinn- und Verlustrechnung enthaltene Posten aufgeschlüsselt werden. Hierbei handelt es sich um Finanzzahlen, die in den Rechenwerken unter einem übergeordneten Punkt bereits eingerechnet wurden. Die Anhangsangabe gibt dann an, welcher Teil von dem Gesamtbetrag den jeweiligen Unterposten zuzuordnen ist (sog. davon-Vermerk). So verpflichtet § 268 Abs. 7 HGB dazu, anstelle des Gesamtbetrags der nach § 251 HGB unter der Bilanz auszuweisenden Haftungsverhältnisse[251] die Beträge nach den jeweiligen Haftungsverhältnissen aufzugliedern.[252] Gleiches gilt für das Ausweiswahlrecht des § 268 Abs. 6 HGB, der den gesonderten Ausweis eines in den Rechnungsabgrenzungsposten der Aktivseite einbezogenen Unterschiedsbetrags nach § 250 Abs. 3 HGB fordert.[253] Nach § 268 Abs. 1 S. 2 HGB ist bei Aufstellung des Jahresabschlusses unter Berücksichtigung einer teilweisen Ergebnisverwendung der in dem Bilanzposten „Bilanzgewinn/Bilanzverlust" einbezogene, aus dem Vorjahr

---

[248] Vgl. *Förschle/Peun*, in: Beck BilanzKomm, § 275 Rn. 310; *Merkt*, in: Baumbach/Hopt HGB, § 275 Rn. 34.

[249] Vgl. *Förschle/Peun*, in: Beck BilanzKomm, § 275 Rn. 312.

[250] Vgl. *Claussen*, in: Kölner Komm RechnungslegungsR, §§ 275–77 HGB, 158 AktG Rn. 129.

[251] Vgl. hierzu bereits § 4A. II.23).

[252] Vgl. *Ballwieser*, in: MünchKomm HGB, § 251 Rn. 4.

[253] Solche Unterschiedsbeträge betreffen Verbindlichkeiten, die zu einem geringeren Betrag als ihrem Erfüllungsbetrag (nominelle Höhe der Verbindlichkeit) ausgegeben wurden; vgl. allgemein hierzu *Prinz*, in: Kölner Komm RechnungslegungsR, § 250 Rn. 21 ff.

stammende Gewinn- bzw. Verlustvortrag gesondert auszuweisen.[254] In gleicher Weise fordert § 58 Abs. 2a S. 2 AktG von der rechnungslegenden Aktiengesellschaft, einen in dem allgemeinen Posten der Gewinnrücklagen eingestellten Betrag an sog. Sonderrücklagen gesondert auszuweisen.[255]

Auch § 265 Abs. 3 S. 1 HGB dient dazu, die Bilanz zu erläutern. Danach ist eine sog. Mitzugehörigkeit eines Vermögensgegenstands zu einem anderen als dem Bilanzposten, unter dem der Gegenstand bilanziert wurde, offenzulegen. Dadurch soll dem Bilanzleser ermöglicht werden, den Bilanzposten richtig einzuordnen und einzuschätzen[256], und die in der Bilanz abgebildete Zuordnung relativiert bzw. korrigiert werden.

Die in § 277 Abs. 3 S. 1 HGB geforderten Angaben zu außerplanmäßigen Abschreibungen dienen ebenfalls dazu, das durch die Gewinn- und Verlustrechnung vermittelte Bild der Ertragslage zu relativieren. Denn mit diesen unter den einzelnen Gliederungsposten der Gewinn- und Verlustrechnung versteckt eingerechneten[257] Aufwendungen, die die Ertragslage des Unternehmens in dem Berichtszeitraum negativ beeinflusst haben, braucht in den nächsten Jahren nicht gerechnet zu werden[258]. Die Angabe schlüsselt die jeweils betroffenen Posten der Gewinn- und Verlustrechnung auf.

Gemeinsam ist den Ausweiswahlrechten, dass sie die übrigen Rechnungslegungsinstrumente (Bilanz und Gewinn- und Verlustrechnung) entlasten. Denn wenn ein Ausweiswahlrecht in Anspruch genommen wird, werden Finanzzahlen in den Anhang verschoben, die in gleicher Form Inhalt eines der anderen Instrumente sein können. Dieses Vorgehen dient, wenn das bilanzierende Unternehmen für die Angaben den nach seinen Verhältnissen am besten geeigneten Platz für die Angabe auswählt, dazu, das Rechnungslegungsziel „Klarheit" als einem Grundsatz ordnungsgemäßer Bilanzierung zu verwirklichen.[259] Ausweiswahlrechte verfolgen ausschließlich Erläuterungs- und Relativierungszwecke und sind somit dem Bilanzrecht zuzuordnen.

VIII. Zusammenfassung

Die Anhangsberichterstattung präsentiert sich als facettenreiche Publizitätsform und ist ein Sammelbecken unterschiedlichster Informationen. Es lassen sich Inhalte mit klarem Bezug zur Bilanz von solchen mit Bezug zur Gewinn- und

---

[254] Vgl. *Suchan*, in: MünchKomm BilanzR, § 268 HGB Rn. 4.

[255] Vgl. *Bayer*, in: MünchKomm AktG, § 58 Rn. 79.

[256] Vgl. *Claussen*, in: Kölner Komm RechnungslegungsR, § 265 HGB Rn. 15.

[257] Betroffen sein können beim Gesamtkostenverfahren beispielsweise die Gliederungsnummern gem. § 275 Abs. 2 Nr. 7a, 12 und 16 HGB sowie nach dem Umsatzkostenverfahren die Gliederungsnummern gem. § 275 Abs. 3 Nr. 2, 4, 5, 7, 11 und 15 HGB, vgl. *Förschle/Peun*, in: Beck BilanzKomm, § 275 Rn. 7 f.

[258] Vgl. *Baetge/Kirsch/Thiele*, Bilanzen, S. 618.

[259] Vgl. *Winkeljohann/Büssow*, in: Beck BilanzKomm, § 265 Rn. 7.

Verlustrechnung trennen. Der von diesen Berichtsinhalten gemeinsam verfolgte Zweck weist stets einen Finanzzahlenbezug auf, da die Angaben dazu dienen den Jahresabschluss zu ergänzen, zu erläutern oder zu relativieren. Daneben beinhaltet der Anhang gerade Informationen, die – zumindest in ihrer derzeitigen Ausgestaltung – allein konzernrechtliche bzw. Corporate Governance-bezogene Zwecke verfolgen.

Die genauere Analyse der bilanzrechtlichen Anhangsangaben zeigt darüber hinaus, dass zwischen den bilanzrechtlichen Themenbereichen „Ergänzung", „Erläuterung" und „ Relativierung" meist Interdependenzen bestehen: So helfen Erläuterungen zu einzelnen Finanzzahlen oftmals, verdeckte Risiken aufzudecken und bezwecken so gleichzeitig, das vermittelte Bild zu relativieren. Ergänzende Informationen können zugleich warnen und bezwecken deshalb ebenso, das Bild zu relativieren.

Die bilanzrechtlichen Anhangsangaben haben dabei einen konkreten Bezug zum restlichen Jahresabschluss (Bilanz oder Gewinn- und Verlustrechnung). Entsprechend der ursprünglichen Konzeption werden durch diese Angaben Detailinformationen geliefert und nicht ein auswertendes positionsgelöstes Bild der Gesamtsituation präsentiert. Bilanzrechtliche Anhangsangaben können dabei selbst konkrete Finanzzahlen[260] oder deskriptiver Natur sein[261].

Ein bedeutender Anteil der Berichtspflichten betrifft hingegen Konzern- und Beteiligungsverhältnisse. Insbesondere konzernrechtliche Beteiligungen der Gesellschaft an anderen Unternehmen können zwar einen nicht unerheblichen Effekt auf die wirtschaftliche Lage des Unternehmens haben, doch fehlen diesen Angaben meist konkrete Bezüge zur Bilanz oder Gewinn- und Verlustrechnung. Auch fehlt ihnen die nötige wertmäßige Konkretheit, um transparent zu machen, wie sich diese Umstände auf die allgemeine wirtschaftliche Gesamtsituation auswirken. Aus diesem Grund ist die bilanzrechtliche Zweckkomponente bei diesen Inhalten zu vernachlässigen und die gesellschaftsrechtlich einzuordnende Transparenz hinsichtlich der Konzern- bzw. Unternehmensstrukturen rückt in den Vordergrund. Gleichermaßen kann eine Anhangsangabe zwar fordern, eine konkrete Finanzzahl zu nennen, doch tritt der Finanzzahlenbezug dadurch in den Hintergrund, dass die Finanzzahl in ihrer relativen Höhe im Vergleich zur Bilanzsumme oder anderen Finanzzahlen absolut unbedeutend ist. Neben den konzernrechtlichen Beteiligungen enthält der Anhang wesentliche Informationen zu Abhängigkeits- und Konzernlagen, die ein – wenn auch höchst unvollständiges – Konzernbild vermitteln.[262]

---

[260] Hierzu zählen beispielsweise die Angaben nach § 285 Nr. 3 und 3a HGB zu nicht bilanzierten Verpflichtungen und Geschäften.

[261] Deskriptiver Natur sind beispielsweise Erläuterungen zu den Bilanzierungs- und Bewertungsmethoden, wie sie u. a. § 284 Abs. 2 Nr. 1 HGB und § 285 Nr. 13 HGB fordern.

[262] Vgl. *Burgard*, Offenlegung von Beteiligungen, Abhängigkeits- und Konzernlagen, S. 159.

Gesellschaftsrechtliche Angaben haben meist historisch bedingt ihren Weg in den Anhang gefunden. Sie standen ursprünglich im Zusammenhang mit zu dieser Zeit noch publizitätspflichtigen Finanzzahlen oder sind dem Anhang zugewiesen worden, nachdem der Geschäftsbericht durch das Bilanzrichtlinien-Gesetz abgeschafft wurde, damals aber noch weniger in den von den Einzelposten losgelösten Lagebericht passten.

Wenngleich die überwiegende Anzahl an Anhangsberichtspflichten einen starken Finanzzahlenbezug aufweist,[263] der mit der ursprünglichen Konzeption dieses Berichtsinstruments[264] übereinstimmt, hat die Analyse den Systematisierungsbedarf bestätigt, denn konzernrechtlichen und Corporate Governance-bezogenen Berichtspflichten fehlt der erforderliche Finanzzahlenbezug oftmals vollständig.

B. Inhalte des Lageberichts

Die Zentralnorm der Lageberichtsinhalte bildet § 289 HGB. Daneben findet sich – anders als bei den Anhangsangaben – nur eine einzelne rechtsformspezifische Berichtspflicht des Lageberichts in § 312 Abs. 3 AktG. Durch das BilMoG wurde der Lagebericht noch um die sog. Erklärung zur Unternehmensführung nach § 289a HGB ergänzt. Sie kann entweder unmittelbar in den Lagebericht aufgenommen werden (§ 289a Abs. 1 S. 1 HGB) oder auf der Internetseite veröffentlicht und in den Lagebericht lediglich ein Verweis auf die Internetseite aufgenommen werden (§ 289a Abs. 1 S. 2, 3 HGB).

Der in § 289 Abs. 1 S. 5 HGB verankerte „Lageberichtseid"[265] ist hingegen, wie das auf den Jahresabschluss bezogene Pendent des Bilanzeids in § 264 Abs. 2 S. 3 HGB, nicht Teil des Lageberichts[266] und wird nicht durch den Abschlussprüfer geprüft[267]. Er ist vielmehr in ein separates Dokument aufzunehmen und gehört deshalb nicht zu den Berichtspflichten des Lageberichts.[268]

I. Inhalte nach der Generalnorm des § 289 HGB

1) Inhalte des sog. Wirtschaftsberichts (§ 289 Abs. 1 S. 1–3, Abs. 3 HGB)

Den Kern des Lageberichts bildet der sog. Wirtschaftsbericht, in dem der Geschäftsverlauf einschließlich des Geschäftsergebnisses und der (Vermögens-, Fi-

---

[263] Eine tabellarische Übersicht über die Einordnung der Berichtsinhalte von Anhang und Lagebericht findet sich im Anhang 1.
[264] Vgl. dazu oben § 2A.
[265] *Böcking/Dutzi*, in: Baetge/Kirsch/Thiele, BilanzR, § 289 Rn. 134.
[266] Vgl. *Grottel*, in: Beck BilanzKomm, § 289 Rn. 56.
[267] Vgl. *Claussen*, in: Kölner Komm RechnungslegungsR, § 289 Rn. 32.
[268] Vgl. *Grottel*, in: Beck BilanzKomm, § 289 Rn. 56.

nanz- und Ertrags-) Lage des Unternehmens (§ 289 Abs. 1 S. 1 HGB) dargestellt sowie der Geschäftsverlauf und die Lage der Gesellschaft (§ 289 Abs. 1 S. 2) unter Einbeziehung der finanziellen (§ 289 Abs. 1 S. 3 HGB) und nichtfinanziellen (§ 289 Abs. 3 HGB) Leistungsindikatoren analysiert werden müssen.

In dem darstellenden Teil des Wirtschaftsberichts ist zunächst auf den Geschäftsverlauf einzugehen. Dieser Geschäftsverlauf hat seinen Niederschlag im Zahlenwerk von Bilanz und Gewinn- und Verlustrechnung gefunden[269], die als stichtagsbezogene Berichtsinstrumente nur einen Ist-Zustand zu einem bestimmten Zeitpunkt präsentieren. Die Beschreibung des Geschäftsverlaufs ist hingegen zeitraumbezogen und lässt neben dem „Auf und Ab" der Gesellschaft erkennen, wie sich die Gesellschaft im Laufe des Geschäftsjahres entwickelt hat.[270] Der Wirtschaftsbericht erläutert die Finanzzahlen des Jahresabschlusses und deren Zustandekommen.

Dieselbe Zwecksetzung verfolgt die Darstellung des Geschäftsergebnisses als das Resultat des Geschäftsverlaufs. In dieser Darstellung sind die wesentlichen Bewertungsgrundlagen, die zu diesem Jahresergebnis geführt haben, zu erläutern und das Ergebnis selbst in seine wesentlichen Einzelbestandteile aufzugliedern.[271] Hierzu ist darauf einzugehen, wie bilanzpolitische Maßnahmen Einfluss auf dieses Ergebnis genommen haben,[272] so dass mögliche bilanzpolitische Verzerrungen offengelegt werden müssen, um das Ergebnis relativieren zu können.

Zuletzt muss die Darstellung auf die Vermögens-, Finanz- und Ertragslage der Gesellschaft, insbesondere auf diejenigen Einflüsse und Ereignisse, die sich noch nicht im Jahresabschluss niedergeschlagen haben,[273] eingehen, um ein den tatsächlichen Umständen und ggf. vom Jahresabschluss abweichendes Bild zu erzeugen. Ein solches von dem durch den Jahresabschluss vermittelten Eindruck der Ertragslage abweichendes tatsächliches Bild kann insbesondere dann entstehen, wenn sich im Jahresergebnis ungewöhnliche oder außerordentliche Ereignisse niedergeschlagen haben.[274] Dann erlaubt die Wirtschaftsberichterstattung nach § 289 Abs. 1 S. 1 HGB, den Jahresabschluss zu relativieren.

Die Beschreibung der finanziellen Lage umfasst auch zukunftsorientierte Angaben, die die Adressaten über drohende Zahlungsschwierigkeiten oder ungewisse Ausschüttungserwartungen informieren.[275] Diese Angaben warnen vor potentiellen Risiken und führen ebenfalls dazu, dass der Jahresabschluss relativiert wird.

---

[269] Vgl. *Claussen*, in: Kölner Komm RechnungslegungsR, § 289 Rn. 17.
[270] *Böcking/Dutzi*, in: Baetge/Kirsch/Thiele, BilanzR, § 289 Rn. 76.
[271] Vgl. *Böcking/Dutzi*, in: Baetge/Kirsch/Thiele, BilanzR, § 289 Rn. 78.
[272] Vgl. *Baetge/Kirsch/Thiele*, Bilanzen, S. 736.
[273] Vgl. *Böcking/Dutzi*, in: Baetge/Kirsch/Thiele, BilanzR, § 289 Rn. 79.
[274] Vgl. *Böcking/Dutzi*, in: Baetge/Kirsch/Thiele, BilanzR, § 289 Rn. 82.
[275] Vgl. *Böcking/Dutzi*, in: Baetge/Kirsch/Thiele, BilanzR, § 289 Rn. 81.

Die in § 289 Abs. 1 S. 2 HGB geforderte Analyse des Geschäftsverlaufs und der Lage der Gesellschaft geht über diese beschreibende Darstellung nach Satz 1 hinaus und verlangt beurteilende und bewertende Aussagen,[276] die alle Bestandteile dieser Berichtsgegenstände auswerten[277]. Dazu sind einzelne Kennzahlen aus den Rechenwerken um Verzerrungen bereinigt herauszustellen und zu kommentieren[278]. Die Analyse hat darüber hinaus insbesondere sog. finanzielle Leistungsindikatoren zu berücksichtigen (§ 289 Abs. 1 S. 3). Zu diesen finanziellen Leistungsindikatoren gehören beispielsweise der Cashflow[279], der Return on Invest[280], die Umsatzrentabilität[281] oder die Eigenkapitalquote[282].[283] All diese Leistungsindikatoren stellen betriebswirtschaftliche Messgrößen dar, die sich aus den jeweiligen Finanzzahlen des Jahresabschlusses errechnen lassen[284]. Indem diese Kennzahlen in die Lageanalyse einbezogen werden, bezweckt die Berichtspflicht, die aus dem Jahresabschluss abgeleiteten Finanzzahlen auszuwerten. Die Angaben haben einen unmittelbaren Finanzzahlenbezug.

Nach § 289 Abs. 3 HGB sind neben diesen finanziellen Leistungsindikatoren nichtfinanzielle Leistungsindikatoren in die Analyse einzubeziehen. Dies macht der Verweis auf § 289 Abs. 1 S. 3 HGB deutlich. Dieser Verweis legt es nahe, den Zweck der Angabepflicht des Absatz 3 ebenfalls darin zu sehen, dass einzelne Jahresabschlussposten erläutert und die Finanzzahlen analysiert werden sollen. Jedoch handelt es sich bei den nichtfinanziellen Leistungsindikatoren, für die das Gesetz beispielhaft die Arbeitnehmer- und Umweltbelange nennt, schon nach dem Wortsinn um keine sich in den Rechenwerken niederschlagenden Finanzzahlen. Sie sind auch nicht konkret mit den Inhalten des Jahresabschlusses zu verknüpfen. Die Literatur rekurriert für die inhaltliche Ausgestaltung deshalb auf den schon vor dem BilReG üblichen Sozialbericht.[285] So soll beispielsweise im Bereich der Arbeitnehmerbelange über Anzahl und Qualifikation der Mitarbeiter, den Altersaufbau, die Arbeitnehmerfluktuation, die Betriebszugehörigkeit und die Mitarbeiterzufriedenheit sowie die Arbeitszeiten, Arbeitsbedingungen und Mitbestimmungsregeln informiert werden.[286] Diese Informationen

---

[276] Vgl. *Böcking/Dutzi*, in: Baetge/Kirsch/Thiele, BilanzR, § 289 Rn. 84.

[277] Vgl. DRS 15.8.

[278] Vgl. BT-Drucks. 15/3419, S. 30; *Grottel*, in: Beck BilanzKomm, § 289 Rn. 27.

[279] Cashflow bezeichnet den Nettozufluss an liquiden Mitteln während einer bestimmten Periode.

[280] Return in Invest bezeichnet den Gewinn im Verhältnis zum eingesetzten Kapital.

[281] Die Umsatzrendite ist das Verhältnis von Gewinn zu Umsatz.

[282] Die Eigenkapitalquote beschreibt den Anteil des Eigenkapitals an der Bilanzsumme.

[283] Mit weiteren Bsp. *Paetzmann*, in: Haufe HGB, § 289 Rn. 25.

[284] Vgl. *Claussen*, in: Kölner Komm RechnungslegungsR, § 289 Rn. 22.

[285] Vgl. *Böcking/Dutzi*, in: Baetge/Kirsch/Thiele, BilanzR, § 289 Rn. 260; *Kirsch/Köhrmann*, Beck Hdb der Rechnungslegung, Stand 2009, B 510 Rn. 45; *Claussen*, in: Kölner Komm RechnungslegungsR, § 289 Rn. 53 f.

[286] Vgl. IDW RH HFA 1.007 Rn. 12; *Kirsch/Köhrmann*, Beck Hdb der Rechnungslegung, Stand 2009, B 510 Rn. 46.

sollen die Beziehung zwischen Arbeitgeber und Arbeitnehmern darstellen.[287] Bei dem insbesondere von der Europäischen Kommission[288] und der OECD[289] zugrundegelegten Verständnis von Corporate Governance sind diese Themen alle Teil einer guten Unternehmensleitung, bei der gerade auch diese Stakeholderinteressen berücksichtigt werden sollen. Die Transparenz ist ein wichtiges Mittel, um die Corporate Governance zu verbessern und dient den Interessen der Arbeitnehmer als bedeutender Stakeholder-Gruppe.

Nicht mehr unter dieses erweiterte Verständnis der Corporate Governance lassen sich hingegen die Aktivitäten beispielsweise im Bereich der Umweltbelange und sonstiger reputationsfördernder gesellschaftlicher Aktivitäten[290], wie z. B. Sponsoring sozialer Zwecke, einordnen. Diese Themen fallen in den Bereich der *Corporate Social Responsibility*[291], die im engen Zusammenhang zur Corporate Governance steht. Indem hierüber Bericht zu erstatten ist, sollen Anreize gesetzt werden, das gesellschaftliche Engagement zu verstärken, denn insbesondere auf dem Kapitalmarkt verbessert nachhaltiges und sozialverantwortliches Handeln die Finanzierungsmöglichkeiten der Gesellschaften.[292] Erhöhte Transparenz kann den Unternehmen helfen, nichtfinanzielle Risiken und Chancen besser zu managen, kann so ihre nichtfinanziellen Ergebnisse verbessern und erlaubt es Organisationen der Zivilgesellschaft wie auch Investoren, Nachhaltigkeitsaspekte zu bewerten.[293] Durch die Berichterstattung kann das Vorstandsverhalten gesteuert werden. Sie ermöglicht gleichzeitig die Unternehmensleitung in Bezug auf die soziale Verantwortung des Unternehmens zu kontrollieren.

Unter einem anderen Aspekt kann die Berichterstattung über nichtfinanzielle Leistungsindikatoren einen Finanzzahlenbezug aufweisen: Erstellt ein Unternehmen ein sog. Intellectual-Capital-Statement, in dem die in der Regel nicht bilanzierungsfähigen immateriellen Werte präsentiert und hergeleitet werden,[294] um so die Berichtspflicht des § 289 Abs. 3 HGB zu erfüllen, ergibt sich sehr wohl

---

[287] Vgl. *Claussen*, in: Kölner Komm RechnungslegungsR, § 289 Rn. 53.

[288] Vgl. Zuletzt im Grünbuch „Europäischer Corporate Governance-Rahmen", S. 2 f. („sonstige Akteure" mit Verweis auf die OECD-Grundsätze auf dem Gebiet der Corporate Governance).

[289] Vgl. OECD Principles of Corporate Governance, S. 21.

[290] Vgl. *Böcking/Dutzi*, in: Baetge/Kirsch/Thiele, BilanzR, § 289 Rn. 261.

[291] Vgl. hierzu oben § 4A. II.5).

[292] Vgl. *Mülbert*, AG 2009, S. 766, 771.

[293] Vorschlag für eine Richtlinie zur Änderung der Richtlinie 78/660/EWG des Rates im Hinblick auf die Offenlegung nichtfinanzieller und die Diversität betreffender Informationen durch bestimmte große Gesellschaften und Konzerne vom 16. April 2013, COM(2013) 207 final, S. 2. Die in diesem Vorschlag vorgesehenen Ergänzungen der Angaben zu nichtfinanziellen Informationen betreffen die Beachtung der Menschenrechte und Maßnahmen zur Bekämpfung von Bestechung und Korruption. Auch diese neuen Informationen sind Teil der Corporate Social Responsibility und weisen keinen unmittelbaren Bezug zu den Finanzzahlen auf.

[294] Vgl. *Böcking/Dutzi*, in: Baetge/Kirsch/Thiele, BilanzR, § 289 Rn. 262 f.

ein Bezug zu den in den Rechenwerken präsentierten Finanzzahlen. Denn diese Werte sind Teil des Unternehmenswerts (sog. originärer Goodwill), der nicht aus dem Jahresabschluss ersichtlich ist. Diese Angaben ergänzen den Jahresabschluss und erlauben es, das durch den Jahresabschluss vermittelte Bild vom Gesamtwert der Gesellschaft zu relativieren. Verpflichtend ist eine solche immaterielle Wertrechnung nach deutscher HGB-Rechnungslegung nicht.

Überwiegend verfolgt die Lageberichtserstattung im Rahmen des Wirtschaftsberichts demnach bilanzrechtliche Zwecke. Allein die Berichterstattung über die nichtfinanziellen Leistungsindikatoren kann sowohl bilanzrechtlich als auch gesellschaftsrechtlich qualifiziert werden. Einer doppelten Berichtspflicht bedarf es solange nicht, bis der bilanzrechtliche Aspekt der Berichterstattungspflicht dahingehend konkretisiert wurde, dass explizit ein sog. Intellectual-Capital-Statement zu veröffentlichen ist.[295] Bis dahin würden die vom Gesetzgeber beispielhaft angeführten Arbeitnehmer- und Umweltbelange ihre Verankerung allein im Gesellschaftsrecht haben. Sollte zukünftig eine solche Wissensbilanzierung in einer wertbezogenen Ausformung eingeführt werden, sollte über die nicht-finanziellen Leistungsindikatoren getrennt berichtet werden und die wertbezogenen Angaben mit Finanzzahlenbezug tendenziell eher einem (erweiterten) Anhang, die Corporate Governance-bezogenen und verhaltenssteuernden Angaben zusammen mit den übrigen gesellschaftsrechtlichen Inhalten offengelegt werden.

2) Angaben des sog. Prognoseberichts (§ 289 Abs. 1 S. 4 HGB)

Ebenfalls Teil der Wirtschaftsberichterstattung, aber als eigenständiger Abschnitt abzufassen, sind der sog. Prognosebericht und die Berichterstattung über Chancen und Risiken. Diese beiden Berichtspflichten des § 289 Abs. 1 S. 4 HGB stehen in engem sachlichen Zusammenhang und sind nach dem Willen des Gesetzgebers in einem einheitlichen Bericht zusammenzufassen[296].

Mit der Zukunftsorientierung der Rechnungslegung in § 289 Abs. 1 S. 4 HGB wollte der Gesetzgeber entscheidungsrelevante Informationen für die Investitionsentscheidungen der Anleger liefern und den Investoren einen Soll-Ist-Vergleich ermöglichen.[297] Ein solcher Soll-Ist-Vergleich würde den Adressaten ein Urteil darüber erlauben, ob sich das Unternehmen entsprechend den von der

---

[295] Die Europäische Kommission hat zu diesem Themenkomplex 2005 eine High Level Expert Group beauftragt, die im Juni 2006 einen Bericht über „Intellectual Capital Reporting" für kleine und mittlere Unternehmen (KMU) veröffentlichte. Dieser Bericht soll als Grundlage für einen diesbezüglichen Aktionsplan dienen und ist abrufbar unter http://ec.europa.eu/invest-in-research/pdf/download_en/2006-2977_web1.pdf.

[296] Vgl. *Baetge/Kirsch/Thiele*, Bilanzen, S. 753; abweichend aber die DRS Standards 15.91 und 5.32 zum Konzernlagebericht.

[297] BR-Drucks. 326/04, S. 62.

Unternehmensleitung gesetzten Oberzielen entwickelt,[298] vorausgesetzt dass gerade über solche Planungen berichtet wird. Mit einer solchen Vergleichsmöglichkeit ginge einerseits eine Kontrolle der Unternehmensleitung bezüglich ihrer strategischen Entscheidungen einher, andererseits würde disziplinierend auf die Geschäftsleitung eingewirkt, sich stringent an den gefassten Zielen zu orientieren. Unter diesem Gesichtspunkt würde eine zukunftsorientierte Berichterstattung über die Unternehmensplanung, -ziele und -strategien einen Beitrag zur Corporate Governance des Unternehmens leisten.[299] Eine solche Pflicht zur Berichterstattung über Planungen, Ziele und Strategien hatte der Gesetzgeber zwar ursprünglich vorgesehen[300], dieser Bereich der Prognoseberichterstattung wurde durch den Rechtsausschuss jedoch gestrichen[301], sodass die Unternehmen rechtlich nicht dazu verpflichtet sind, Aussagen über Planungen und Zielvorgaben im Rahmen des Prognoseberichts zu treffen[302]. Dem Aspekt, die Unternehmensleitung zu kontrollieren und indirekt das Verhalten zu steuern, kommt deshalb eine nur abgeschwächte Rolle zu.

Im Vordergrund der Prognoseberichterstattung steht nach derzeitiger Gesetzeslage, die stichtagsbezogenen Finanzzahlen des Jahresabschlusses in zeitlicher Hinsicht zu ergänzen.[303] Dazu werden die bisherigen Finanzzahlen für einen Prognosezeitraum von zwei Jahren[304] extrapoliert[305]. Die Angaben im Prognosebericht sind selbst Finanzzahlen. Indem die Finanzzahlen fortgeschrieben werden, werden die bisherigen Finanzzahlen ausgewertet.

Daneben wird durch diese prognostischen Angaben das von Jahresabschluss und Lagebericht vermittelte Bild des Unternehmens in einen Gesamtkontext gestellt, der es erlaubt, kurzfristige Umstände herauszufiltern und ein relativierendes Zukunftsbild über die Unternehmenslage zu entwickeln. Hierzu vermittelt insbesondere die Berichterstattung über die zukünftigen Chancen und Risiken einen Einblick, inwieweit sich das durch den Jahresabschluss präsentierte Bild des Unternehmens zukünftig ändern wird. Unter diesem Gesichtspunkt dient die Berichtspflicht dazu, (durch die Chancenberichterstattung nach oben bzw. durch die Risikoberichterstattung nach unten) den Jahresabschluss zu relativieren. Daneben führt insbesondere die Risikoberichterstattung dazu, dass die Leser vor noch nicht in der Bilanz verarbeiteten Risiken gewarnt werden[306]. Demnach verfolgt die Prognoseberichterstattung in ihrer derzeitigen Ausgestaltung allein bilanzrechtliche Zwecke.

---

[298] Vgl. *Steinmeyer*, BilMoG, S. 277, 284.

[299] Vgl. *Steinmeyer*, BilMoG, S. 277, 284.

[300] Vgl. BR-Drucks. 326/04, S. 62.

[301] BT-Drucks. 15/4054; vgl. *Lange*, in: MünchKomm HGB, § 289 Rn. 79.

[302] Vgl. *Steinmeyer*, BilMoG, S. 277, 285.

[303] Vgl. *Baetge/Kirsch/Thiele*, Bilanzen, S. 745.

[304] DRS 15.87.

[305] *Claussen*, in: Kölner Komm RechnungslegungsR, § 289 Rn. 26.

[306] Vgl. *Claussen*, in: Kölner Komm RechnungslegungsR, § 289 Rn. 26.

3) Angaben des sog. Nachtragsberichts (§ 289 Abs. 2 Nr. 1 HGB)

Nach § 289 Abs. 2 Nr. 1 HGB ist über die Vorgänge von besonderer Bedeutung zu berichten, die nach dem Abschlussstichtag[307] eingetreten sind. Durch diesen sog. Nachtragsbericht sollen Aufsichtsrat bzw. Hauptversammlung in die Lage versetzt werden, Entscheidungen wie den Gewinnverwendungsbeschluss, den Entlastungsbeschluss und die Feststellung des Jahresabschlusses auf Grundlage aktueller Informationen über die Lage der Gesellschaft zu treffen.[308] Es sollen Veränderungen offengelegt werden, die zwischen Bilanzstichtag und Bilanzaufstellung liegen und im Jahresabschluss nicht abgebildet wurden.[309] Die Einbeziehung dieser Informationen in den Jahresabschluss ist wegen des für ihn geltenden Stichtagsprinzips (vgl. §§ 242 Abs. 1, 2, 243 Abs. 3 HGB) außerhalb des (imparitätisch) zur Berücksichtigung von Risiken und Verlusten zwingenden Wertaufhellungsprinzips (§ 252 Abs. 1 Nr. 4 HGB) nicht möglich.

Der Lagebericht im Ganzen unterliegt wegen seiner teilweisen Zukunftsbezogenheit nicht diesem strengen Stichtagsprinzip.[310] Allein die Darstellung des Geschäftsverlaufs einschließlich des Geschäftsergebnisses nach § 289 Abs. 1 S. 1, Var. 1 HGB ist vergangenheits- und stichtagsbezogen.[311] Der Darstellung der Lage nach § 289 Abs. 1 S. 1, Var. 2 HGB hingegen fehlt diese Stichtagsbezogenheit, da die Lage eines Unternehmens zu einem bestimmten Stichtag nicht nur durch die Verhältnisse zu diesem Zeitpunkt, sondern insbesondere durch Entwicklungserwartungen charakterisiert wird.[312] Die Darstellung der Lage muss bereits ohne die Anordnung des Absatz 2 Nr. 1 HGB solche Vorgänge, die nach dem Abschlussstichtag eingetreten sind, beinhalten, da ansonsten Adressaten irregeführt oder getäuscht werden könnten.[313] Für die Inhalte des Nachtragsberichts verbleibt deshalb die Berichterstattung über Veränderungen, die bei früherem Eintreten zu den Pflichtangaben des Jahresabschlusses gezählt hätten.[314] Hierbei kann es notwendig sein, einzelne Positionen des Jahresabschlusses aufzugreifen.[315] Diese Veränderungen hinsichtlich des Jahres-

---

[307] Zum Streit um das Ende des Berichtszeitraumes vgl. *Grottel*, in: Beck BilanzKomm, § 289 Rn. 64.

[308] Vgl. *Böcking/Dutzi*, in: Baetge/Kirsch/Thiele, BilanzR, § 289 Rn. 153.

[309] Vgl. *Lange*, in: MünchKomm HGB, § 289 Rn. 96; *Müller*, in: Beck Hdb der Rechnungslegung, Stand 1998; B 510 Rn. 60.

[310] Eine Stichtagsbezogenheit ließe sich mangels Geltung der GoB für den Lagebericht nicht aus diesen, evtl. aber aus der Anordnung des § 264 Abs. 1 S. 3 HGB („für das vergangene Geschäftsjahr") ableiten.

[311] Vgl. *Wiedmann*, in: Ebenroth/Boujong/Joost/Strohn, HGB, § 289 Rn. 15.

[312] Vgl. *Wiedmann*, in: Ebenroth/Boujong/Joost/Strohn, HGB, § 289 Rn. 15; anders wohl *Müller*, in: Beck Hdb der Rechnungslegung, Stand 1998; B 510 Rn. 60; *Hommelhoff*, in: Großkomm HGB, 4. Auflage, § 289 Rn. 108, 113, die allgemein auf die Stichtagsbezogenheit der Lageberichterstattung abstellen.

[313] Vgl. *Kropff*, BFuP 1980, S. 514, 530.

[314] Vgl. *Müller*, in: Beck Hdb der Rechnungslegung, Stand 1998; B 510 Rn. 64.

[315] Vgl. *Bauchowitz*, Lageberichtspublizität, S. 41.

abschlusses können dann dazu führen, dass sich der gemäß § 289 Abs. 1 S. 1 HGB dargestellte Geschäftsverlauf und das Geschäftsergebnis verändern, so dass im Rahmen des Nachtragsberichts diese Darstellung aktualisiert werden muss. In beiderlei Hinsicht soll der Nachtragbericht die stichtagsbezogenen Angaben aus Bilanz, Gewinn- und Verlustrechnung, des Anhangs und die auf diesen Angaben aufbauenden Teile des Lageberichts korrigieren.[316]

Soweit der Nachtragsbericht Anhangsangaben korrigiert, die nach dem hier vertretenen Zweckverständnis keinen Bezug zum Bilanzrecht haben, erfüllt die Nachtragsberichterstattung dieselben gesellschaftsrechtlichen Zwecke wie die originäre Anhangsberichtspflicht. Gleiches gilt darüber hinaus für gesonderte „Nachtragsangaben" zu den einzelnen (stichtagsbezogenen) Berichtspflichten des Lageberichts.[317] Ihre Aktualisierung dient dann neben der Korrektur der Lageberichtsangaben wiederum demselben Zweck, wie die Hauptberichtspflicht.

Durch den Relativierungszweck des Nachtragsberichts sind die meisten Inhalte des § 289 Abs. 2 Nr. 1 HGB bilanzrechtlicher Natur. Soweit gesellschaftsrechtlich zu qualifizierende Anhangs- oder Lageberichtsinhalte aktualisiert werden, werden die mit diesen Inhalten verfolgten gesellschaftsrechtlichen Zwecke erfüllt. Soweit bei einer Neukonzeption der Berichtsformate die gesellschaftsrechtlichen Hauptberichtspflichten ohnehin aus Anhang und Lagebericht herausverlagert würden,[318] blieben für die Nachtragsberichterstattung und etwaige „Nachtragsangaben" nur noch die bilanzrechtlichen Inhalte, so dass die Berichtspflicht und ihre gesonderte Aktualisierung im Bilanzrecht zu verankern wäre. Aktualisierungsfragen der gesellschaftsrechtlichen Inhalte ließen sich besser bei der Grundkonzeption der Rahmenbedingungen für deren Berichterstattung berücksichtigen, denn anders als im Bilanzrecht ist hier ein strenges Stichtagsprinzip nicht zwingend geboten und ggf. sogar nicht sinnvoll.[319]

Die Angaben des Nachtragsberichts sollen Bilanz bzw. Gewinn- und Verlustrechnung korrigieren und sind wegen dieses Finanzzahlenbezugs bilanzrechtlicher Natur. Diesem Befund entspricht es auch, dass die konsolidierte Bilanzrichtlinie gem. Art. 17 Abs. 1 lit. q) den Nachtragsbericht nunmehr im Anhang verankert.[320]

---

[316] Vgl. *Böcking/Dutzi*, in: Baetge/Kirsch/Thiele, BilanzR, § 289 Rn. 152; *Lange*, in: MünchKomm HGB, § 289 Rn. 96.

[317] Vgl. beispielsweise die Forderung, Gründungen oder Schließungen von Niederlassungen im von den übrigen Angaben abzugrenzenden Nachtragsbericht anzuführen, *Böcking/Dutzi*, in: Baetge/Kirsch/Thiele, BilanzR, § 289 Rn. 156; *Paetzmann*, in: Haufe HGB, § 289 Rn. 61. Es erscheint zwar systematisch wenig sinnvoll, wenn auch für die Einzelangaben des Lageberichts das Stichtagsprinzip zugrunde gelegt wird und so im selben Berichtsinstrument zunächst eine überholte Aussage getroffen wird, die dann im Rahmen des Nachtragsberichts korrigiert wird, doch entspricht dieses Vorgehen (wohl) wörtlicher Gesetzesanwendung.

[318] Zur Umsetzung der Ergebnisse der Analyse siehe § 5.

[319] Vgl. hierzu Teil 2 dieser Arbeit, insbesondere § 7.

[320] Richtilinie 2013/34/EU des Europäischen Parlaments und des Rates vom 26. Juni 2013.

4) Risikoberichterstattung über Finanzinstrumente (§ 289 Abs. 2 Nr. 2 HGB)

Nach § 289 Abs. 2 Nr. 2 HGB ist über die Risiken, die aus den vom Unternehmen verwendeten Finanzinstrumenten resultieren, zu berichten. Dazu muss zum einen auf die Risikomanagementziele und -methoden (Nr. 2a) und zum anderen auf konkrete Einzelrisiken der Finanzinstrumente (Nr. 2b) eingegangen werden. Die Angaben überschneiden sich teilweise mit denen nach § 285 Nr. 23 HGB sowie § 289 Abs. 5 HGB.[321]

Bei der Berichterstattung über die Risikomanagementziele nach Nr. 2a ist zunächst über die Risikoneigung (Risikofreude bzw. Risikoaversion) des Vorstands zu berichten.[322] Die Angaben nach Nr. 2a beschreiben zunächst, wie der Vorstand seinen im Rahmen der Leitungsbefugnis nach § 76 AktG eingeräumten Ermessensspielraum in Bezug auf die Verwendung unterschiedlich risikoreicher Finanzinstrumente ausgestaltet. Die Vorschrift bezweckt in dieser Hinsicht, die Unternehmensleitung kontrollieren zu können. Allerdings lassen sich aus diesen Angaben auch konkrete Rückschlüsse auf im Jahresabschluss erfasste bzw. verborgene Risiken ziehen und die generelle Risikoposition des Unternehmens erfassen.[323] Der Leser wird vor generellen Risiken in Bezug auf verwendete Finanzinstrumente, die sich möglicherweise in Zukunft bilanziell auswirken, gewarnt.

Diese sehr generelle Risikoposition wird dann durch die Berichterstattung über die Risikomanagementmethoden weiter konkretisiert, denn es soll beschrieben werden, welche konkreten Maßnahmen getroffen wurden, um die Risiken, die derartigen Finanzinstrumenten innewohnen, zu minimieren und welche konkreten Restrisiken verbleiben.[324] Hierbei ist darauf einzugehen, wie und ob die einzelnen Risiken durch Sicherungsgeschäfte (sog. Hedging[325]) abgesichert sind. Dieser Bereich überschneidet sich mit den Angaben nach § 285 Nr. 23 HGB.[326] Durch die Verbindung dieser beiden Berichtspflichten wird deutlich, dass der Schwerpunkt der Lageberichtsinformation darin liegt, die in der Bilanz nicht zum Ausdruck gekommenen Risiken in Bezug auf die Finanzinstrumente besser einschätzen zu können und vor drohenden Verlusten zu warnen. Das durch den Jahresabschluss vermittelte Bild vom Unternehmen wird relativiert. Dass die Risikoeinstellung des Vorstands aufgrund der Lageberichtsangabe potentiell eingeschätzt werden kann, stellt hingegen nur einen Reflex der Berichterstattungspflicht dar. Dies gilt umso mehr, als dass die Beschreibung auf den sehr speziellen Bereich der Finanzinstrumente beschränkt ist. Eine

---

[321] Vgl. *Grottel*, in: Beck BilanzKomm, § 289 Rn. 65.
[322] Vgl. *Grottel*, in: Beck BilanzKomm, § 289 Rn. 71.
[323] Vgl. *Grottel*, in: Beck BilanzKomm, § 289 Rn. 71.
[324] Vgl. *Grottel*, in: Beck BilanzKomm, § 289 Rn. 72.
[325] Vgl. *Böcking/Dutzi*, in: Baetge/Kirsch/Thiele, BilanzR, § 289 Rn. 172.
[326] Vgl. *Grottel*, in: Beck BilanzKomm, § 289 Rn. 65.

verallgemeinernde Aussage hinsichtlich der Risikoeinstellung in den übrigen Bereichen der Unternehmensleitung, insbesondere hinsichtlich des operativen Geschäfts, kann hieraus nicht abgeleitet werden.

Unproblematischer zeigt sich das Zweckverständnis des zweiten Berichtsteils nach Nr. 2b. Danach müssen die Unternehmen Art und Ausmaß von Preisänderungs-, Ausfall- und Liquiditätsrisiken sowie Risiken aus Zahlungsstromschwankungen, die aus der Verwendung von Finanzinstrumenten resultieren, angeben. Durch diese Informationen soll der Leser des Lageberichts vor Risiken, die mit der Verwendung von Finanzinstrumenten einhergehen, gewarnt werden und in die Lage versetzte werden, diese besser beurteilen zu können[327]. Denn die Angaben bilden ähnlich den in der Bilanz vorgenommenen Abschreibungen, Wertberichtigungen und der Rückstellungsbildung die Wertrisiken selbst ab.[328] Die Informationen relativieren das durch den Jahresabschluss vermittelte Bild der Vermögens-, Finanz- und Ertragslage der Gesellschaft.

Da im Rahmen der Berichterstattung nach § 289 Abs. 2 Nr. 2 HGB ohne Bedeutung ist, ob das beschriebene Finanzinstrument bilanziert wurde,[329] sodass beispielsweise Finanzinstrumente, die schwebende Geschäfte darstellen, ebenfalls erfasst sind, ergänzen die Informationen die Bilanz um Finanzpositionen, die es erlauben, die Bilanzsumme zu relativeren. Insgesamt liegt der Schwerpunkt der Berichterstattungspflicht nach § 289 Abs. 2 Nr. 2 HGB im Bilanzrecht.

5) Angaben des sog. Forschungs- und Entwicklungsberichts
(§ 289 Abs. 2 Nr. 3 HGB)

Nach § 289 Abs. 2 Nr. 3 HGB soll im Lagebericht auf den Bereich „Forschung und Entwicklung" eingegangen werden. Dazu erstellen die Unternehmen einen sog. Forschungs- und Entwicklungsbericht, in dem sie quantitative Angaben zur Zahl der Mitarbeiter im Forschungs- und Entwicklungsbereich, zu Einrichtungen des Forschungs- und Entwicklungsbereichs, zum Umfang getätigter und geplanter Investitionen, zum Einsatz von Drittmitteln und zum Umfang der Aufwendungen (sog. Faktoreinsatz) sowie Angaben zu den Forschungs- und Entwicklungsergebnissen (output) in den Bericht aufnehmen.[330] Auch über Forschungs- und Entwicklungsziele soll berichtet werden.[331] Soweit danach Anga-

---

[327] Vgl. mit Verweis auf die Zwecksetzung der durch die Vorschrift umgesetzten Fair-Value-Richtlinie (Richtlinie 2001/65/EG des Europäischen Parlaments und des Rates vom 27.9.2001) *Böcking/Dutzi*, in: Baetge/Kirsch/Thiele, BilanzR, § 289 Rn. 171.

[328] Vgl. *Melcher/Mattheus*, DB Beilage 2009, S. 77, 78.

[329] Vgl. *Böcking/Dutzi*, in: Baetge/Kirsch/Thiele, BilanzR, § 289 Rn. 176; *Grottel*, in: Beck BilanzKomm, § 289 Rn. 79.

[330] Das Gesetz enthält keine konkreten Vorgaben für den Inhalt, die aufgelisteten Bereiche haben sich in der Praxis als Mindestinhalt herauskristallisiert, vgl. *Böcking/Dutzi*, in: Baetge/ Kirsch/Thiele, BilanzR, § 289 Rn. 196.

[331] Vgl. *Böcking/Dutzi*, in: Baetge/Kirsch/Thiele, BilanzR, § 289 Rn. 196.

ben zum Umfang der Aufwendungen gemacht werden, führt die Lageberichtsangabe zu einer Aufschlüsselung der Gewinn- und Verlustrechnung, die nach
§ 275 HGB keinen gesonderten Ausweis des Forschungs- und Entwicklungsauf-
wands vorsieht. Diese Informationen sind für den Leser von Interesse, da solche
Ausgaben bereits das gegenwärtige Ergebnis belasten, aber erst in Zukunft zu
Erträgen führen.[332] Der Forschungs- und Entwicklungsbericht kann dadurch
das durch die Gewinn- und Verlustrechnung vermittelte Bild der Ertragslage
relativieren. Gleichzeitig liefern die Finanzzahlen zum Bereich Forschung und
Entwicklung Informationen, die notwendig sind, um die Zukunftsaussichten des
Unternehmens analysieren und beurteilen zu können.[333] Dies gilt insbesondere
für die Berichterstattung über Ziele und Ergebnisse der Forschung und Entwicklung.

Der Bericht liefert folglich insbesondere quantitative Informationen, die notwendig sind, um die Finanzzahlen im Rahmen einer Prognoseberichterstattung
fortschreiben zu können. Dieser Lageberichtsteil wie auch der Prognosebericht
dienen insbesondere dazu, die finanzielle Lage zu analysieren. Danach ist die
Berichterstattung nach § 289 Abs. 2 Nr. 3 HGB bilanzrechtlich einzuordnen.

6) Angaben des sog. Zweigniederlassungsberichts (§ 289 Abs. 2 Nr. 4 HGB)

Der in Umsetzung der Zweigniederlassungsrichtlinie[334] eingeführte § 289
Abs. 2 Nr. 4 HGB verpflichtet[335] Kapitalgesellschaften, die Sitze ihrer Zweigniederlassungen, ggf. deren abweichende Firmierungen sowie wesentliche
diesbezügliche Veränderungen im Vergleich zum Vorjahr zu veröffentlichen.[336]
Mit der Berichtspflicht verfolgte die Richtlinie das Ziel, die Regelung über die
Offenlegung von Zweigniederlassungen an die von Tochterunternehmen nach
§ 285 Nr. 11 HGB anzupassen, um es zu erschweren, dass die dortige Trans-
parenzpflicht umgangen wird.[337] Dies sei notwendig, da die wirtschaftliche
und soziale Bedeutung von Zweigniederlassungen gleich der von Tochterunternehmen sei.[338] Die Regelung zielt auf dieselben Zwecke ab wie die Regelung
des § 285 Nr. 11 HGB, nach dem bedeutende Beteiligungen offenzulegen sind.
Ebenso wie bei Tochterunternehmen ist es auch im Zusammenhang mit Zweig-

---

[332] Vgl. *Grottel*, in: Beck BilanzKomm, § 289 Rn. 86; *Böcking/Dutzi*, in: Baetge/Kirsch/
Thiele, BilanzR, § 289 Rn. 191.

[333] Vgl. *Paetzmann*, in: Haufe, HGB, § 289 Rn. 73; *Böcking/Dutzi*, in: Baetge/Kirsch/
Thiele, BilanzR, § 289 Rn. 191.

[334] Zweigniederlassungsrichtlinie vom 30. Dezember 1989 AblEG Nr. L 395/36; Umsetzung durch das Zweigniederlassungsrichtliniengesetz vom 22. Juli 1993, BGBl. I 1993, S. 1282.

[335] Zur Auslegung des Wortes „soll" vgl. *Fey*, DB 1994, S. 485.

[336] Vgl. *Böcking/Dutzi*, in: Baetge/Kirsch/Thiele, BilanzR, § 289 Rn. 215.

[337] Vgl. *Fey*, DB 1994, S. 485; *Böcking/Dutzi*, in: Baetge/Kirsch/Thiele, BilanzR, § 289
Rn. 211; *Veit*, BB 1997, S. 461.

[338] Vgl. *Veit*, BB 1997, S. 461.

niederlassungen von Interesse, die Ausgestaltungen der Unternehmenssteuerung auf strategischer Ebene und die damit zusammenhängenden Einflussmöglichkeiten bezüglich der Unternehmensorganisation bzw. der Unternehmensgruppe transparent zu machen.

Daneben kann die Funktion des Zweigniederlassungsberichts darin gesehen werden, dass ein Überblick über die geographische Verbreitung einer Gesellschaft und ihre Marktpräsenz gegeben wird.[339] Die geographische Verbreitung ermöglicht es, die Unternehmenslage besser beurteilen zu können[340], da in gewissem Maße eine Beziehung zu den nach § 285 Nr. 4 HGB geographisch aufgeschlüsselten Umsatzerlösen hergestellt werden kann.[341] Jedoch kommt dieser Information nur eine eingeschränkte Bedeutung zu, da nach § 289 Abs. 2 Nr. 4 HGB Zweigniederlassungen lediglich aufgelistet werden[342], ohne dass ein Bezug zu ihren Umsätzen hergestellt wird. Dem Zweigniederlassungsbericht fehlt ein konkreter Bezug zu den Finanzzahlen und zum Bilanzrecht. Da die Darstellung der Unternehmensstruktur im Vordergrund steht, ist die Berichtspflicht gesellschaftsrechtlich einzuordnen.

7) Angaben des sog. Vergütungsberichts (§ 289 Abs. 2 Nr. 5 HGB)

§ 289 Abs. 2 Nr. 5 HGB verlangt von börsennotierten Aktiengesellschaften, einen sog. Vergütungsbericht zu veröffentlichen, dessen Inhalt in engem Zusammenhang mit den Anhangsangaben nach § 285 Nr. 9 HGB steht. Die Vorschrift wurde 2005 durch das VorstOG[343] eingeführt. Anders als die Anhangsangaben verlangt der Vergütungsbericht nicht, die Vergütungshöhe offenzulegen, sondern das Vergütungssystem beider Organe in seinen Grundzügen darzustellen.

Die Gesetzesbegründung versteht unter den Grundzügen des Vergütungssystems Erläuterungen zum Verhältnis der erfolgsunabhängigen und erfolgsbezogenen Komponenten sowie zu den Komponenten mit langfristiger Anreizwirkung.[344] Hierzu müssen die Angaben ermöglichen, die Anreizwirkungen und die Angemessenheit der Organbezüge beurteilen zu können.[345] Die Aktionäre sollen überprüfen können, ob die dem Vorstand vom Aufsichtsrat gewährten Vergütungen in einem angemessenen Verhältnis zur Leistung des Managements stehen und ob ausreichende Anreizstrukturen für den Vorstand geschaffen wurden, die ihn zu einer erfolgreichen Unternehmensführung motivieren.[346]

---
[339] Vgl. *Veit*, BB 1997, S. 461 f.; *Lange*, in: MünchKomm HGB, § 289 Rn. 115; *Böcking/Dutzi*, in: Baetge/Kirsch/Thiele, BilanzR, § 289 Rn. 212.

[340] Vgl. *Fey*, DB 1994, S. 485.

[341] Vgl. *Lange*, in: MünchKomm HGB, § 289 Rn. 115.

[342] Vgl. *Lange*, in: MünchKomm HGB, § 289 Rn. 114.

[343] BT-Drucks. 15/5577.

[344] BT-Drucks. 15/5577, S. 8.

[345] Vgl. *Böcking/Dutzi*, in: Baetge/Kirsch/Thiele, BilanzR, § 289 Rn. 237.

[346] Vgl. *Böcking*, in: FS Pohle, S. 247, 262.

Gleiches gilt für die Kontrolle der Aufsichtsratsvergütung, die durch die Satzung oder durch einen Hauptversammlungsbeschluss festgelegt wurde (§ 113 AktG). Die Angaben im Vergütungsbericht dienen dazu, die Leistung des Managements zu beurteilen und die Unternehmensleitung zu kontrollieren. Einen wesentlichen Aspekt dieser Kontrolle bildet die Berichterstattung über die Kosten der Unternehmensführung.[347] Die Kontrolle sowohl des Managements als auch des für die Vorstandsvergütung zuständigen Aufsichtsrats wird unterstützt und die Corporate Governance gestärkt.[348] Parallel kann die Aufsichtsratstätigkeit beurteilt werden und die diesbezügliche Unternehmenskontrolle gestärkt werden, indem die auf den Aufsichtsrat entfallenden Kosten offengelegt werden. Gerade weil hierdurch die Corporate Governance als solche gestärkt wird, sollen diese Inhalte auch Teil der Erklärung zur Unternehmensführung nach § 289a HGB sein können.[349]

Soweit von dem Ausweiswahlrecht Gebrauch gemacht wird und die Angaben zur Individualvergütung der Vorstandsmitglieder nach § 285 Nr. 9 lit. a S. 5–8 HGB im Lagebericht gemacht werden, erfüllt die Lageberichtspflicht dieselben Zwecke wie die identische Berichterstattung im Anhang (Angemessenheitsprüfung und Kontrolle der Unternehmensleitung sowie Verhaltenssteuerung).[350] Die Inhalte verfolgen demnach allein gesellschaftsrechtliche Zwecke.[351]

8) Übernahmerechtliche Zusatzangaben nach § 289 Abs. 4 HGB

Mit den übernahmerechtlichen Zusatzangaben nach § 289 Abs. 4 HGB wurden die europarechtlichen Vorgaben der Übernahmerichtlinie umgesetzt.[352] Das Übernahmerecht nach WpÜG wie auch die übernahmerechtlichen Transparenzvorschriften des § 289 Abs. 4 HGB verfolgen primär kapitalmarktrechtliche Zwecke: Es soll die Funktionsfähigkeit des Kapitalmarkts geschützt und der Finanzplatz Deutschland gestärkt werden.[353] Durch die übernahmerechtliche Investorentransparenz sollen den Kapitalmarktteilnehmern und insbesondere potentiellen Übernahmeinteressenten übernahmespezifische Informationen angeboten werden.[354] Vor allem Bieter (aber auch sonstige Investoren) sollen

---

[347] Vgl. *Böcking*, in: FS Pohle, S. 247, 262.

[348] Vgl. *Böcking/Dutzi*, in: Baetge/Kirsch/Thiele, BilanzR, § 289 Rn. 232.

[349] Vgl. *Bachmann*, ZIP 2010, S. 1517, 1520.

[350] Vgl. dazu § 4A. II.7).

[351] Vgl. im Ergebnis auch *Brinckmann*, Finanzberichterstattung, S. 260.

[352] Richtlinie 2004/25/EG des Europäischen Parlaments und des Rates vom 21. April 2004 (Übernahmerichtlinie; Umsetzung durch das Übernahmerichtlinie-Umsetzungsgesetz vom 8. Juli 2006 (BGBl I S 1426).

[353] Vgl. Begr. RegE zum Übernahmerichlinien-Umsetzungsgesetz, BT-Drucks. 14/7034, S. 28.

[354] Vgl. Begr. RegE zum Übernahmerichlinien-Umsetzungsgesetz, BT-Drucks. 14/7034, S. 24; *Kleindiek*, in: MünchKomm BilanzR, § 289 HGB, Rn. 109.

über eventuell bestehende Übernahmehindernisse, insbesondere solche, die zur Abwehr feindlicher Übernahmen aufgestellt wurden, aufgeklärt werden.[355] Wie auch die Informationen zur kapitalmarktrechtlichen Beteiligungstransparenz[356] bilden Informationen zur Zusammensetzung des Aktionärskreises, der Aktionärsstruktur, des Stimmrechtseinflusses und der Zugriffsmöglichkeiten auf andere Stimmrechte wichtige Kriterien für den Auf- und Abbau wesentlicher Beteiligungen.[357] Auch die übernahmerechtliche Investorentransparenz weist enge Berührungspunkte mit dem Gesellschaftsrecht und insbesondere dem Konzernrecht auf.[358] Zwar richten sich die Informationen primär an den Kapitalmarkt und die Kapitalmarktteilnehmer, doch liegt der Regulierung von Übernahmen die Überlegung zugrunde, dass ein Markt für Unternehmenskontrolle besteht[359] und die Anleger durch Investitions- und Desinvestitionsentscheidungen ein ineffizientes Management disziplinieren können.[360] Damit verbindet sich die kapitalmarkt- und konzernrechtliche Dimension auf übergeordneter Ebene mit der Corporate Governance zuzuordnenden Kontrollaspekten.[361]

a) Angaben zur Zusammensetzung des Kapitals (§ 289 Abs. 4 Nr. 1 HGB)

Im Rahmen der übernahmerechtlichen Transparenzpflichten sind zunächst Angaben zur Zusammensetzung des Kapitals zu machen, wobei die einzelnen Aktiengattungen aufzugliedern sind (§ 289 Abs. 4 Nr. 1 HGB). Die Vorschrift verlangt Angaben, die bereits nach § 160 Abs. 1 Nr. 3 AktG im Anhang zu machen sind. Seit der Reform durch das BilMoG entfällt deshalb die Lageberichtsangabe, wenn die Informationen im Anhang enthalten sind, sodass Doppelangaben vermieden werden.[362] Anders als die aktienrechtliche Vorschrift richtet sich die Lageberichtsangabe wie die übrigen übernahmebezogenen Angaben des Abs. 4 nicht nur an die Aktionäre, sondern gerade auch an potentielle Bieter.[363] Die Vorschrift bezweckt, ein Bild über die Struktur des Kapitals und die daraus resultierenden gesellschaftsrechtlichen Kontrollmöglichkeiten und Einfluss-

---

[355] Vgl. *Kleindiek*, in: MünchKomm BilanzR, § 289 HGB, Rn. 109.

[356] Siehe hierzu auch schon oben § 3C. III.2)und § 4A. IV. 8).

[357] Vgl. *Schneider*, in: Assmann/Schneider, WpHG-Kommentar, Vorbemerkung § 21, Rn. 19.

[358] Vgl. *Pötzsch*, in: Assmann/Pötzsch/Schneider, WpÜG-Kommentar, Einleitung Rn. 15.

[359] Dieser grundlegende Ansatz geht auf *Manne*, 73 Journal of Political Economy 1965, S. 110 ff. sowie *Easterbrook/Fischel*, 91 Yale Law Journal 1982, S. 698 ff. zurück.

[360] Vgl. *Pötzsch*, in: Assmann/Pötzsch/Schneider, WpÜG-Kommentar, Einleitung Rn. 15; *Starke*, Beteiligungstransparenz im Ges- und KapitalmarktR, S. 67.

[361] Zum Zusammenspiel kapitalmarktrechtlicher Zwecke mit dem Gesellschaftsrecht siehe bereits oben § 3C. III.2).

[362] Vgl. *Paetzmann*, in: Haufe, HGB, § 289 Rn. 92.

[363] Vgl. *Maul/Muffat-Jeandet*, AG 2004, S. 306, 308; *Böcking/Dutzi*, in: Baetge/Kirsch/Thiele, BilanzR, § 289 Rn. 271.

potenziale zu generieren.[364] Dies ist insbesondere für den Bieter notwendig, um die Finanzierung einer Übernahme anzupassen.[365] Die Berichtspflicht betrifft folglich Fragen der Gesellschafterstruktur und ist – wie § 160 Nr. 3 AktG – dem Gesellschaftsrecht zuzuordnen.

b) Beschränkungen, die Stimmrechte oder die Übertragung von Aktien betreffen (§ 289 Abs. 4 Nr. 2 HGB)

Nach § 289 Abs. 4 Nr. 2 HGB hat der Vorstand im Lagebericht jede Art von Beschränkung der Stimmrechte oder der Übertragbarkeit von Aktien anzugeben. Gesetzliche Stimmrechtsbeschränkungen können sich nur ausnahmsweise ergeben, soweit früher zulässige Mehrheitsstimmrechte fortbestehen oder etwaige Höchstgrenzen für die Stimmrechtsausübung wie in § 2 Abs. 1 VW-Gesetz vorliegen.[366] Häufiger dürften Stimmrechtsbeschränkungen wegen unterlassener Meldepflichten (§ 28 WpHG), wegen Interessenkollisionen (§ 136 AktG) oder aufgrund wechselseitiger Beteiligungen (§ 328 AktG) sein.[367] Theoretisch fallen hierunter auch stimmrechtslose Vorzugsaktien. Diese werden schon nach § 289 Abs. 4 Nr. 1 HGB offengelegt, so dass Informationen hierüber unterbleiben können. Neben den gesetzlichen oder satzungsmäßigen Beschränkungen sind individualvertragliche Beschränkungen, sog. Stimmbindungsverträge, wie sie beispielsweise im Rahmen eines *actings in concert* nach § 22 Abs. 2 WpHG abgeschlossen werden, offenzulegen.[368] Beschränkungen von Stimmrechten können das durch Nr. 1 generierte Bild der Kontroll- und Einflussmöglichkeiten verzerren. Die Angabe dient dazu, dem Leser, insbesondere dem Bieter, ein genaueres Bild über die Kontroll- und Einflussstruktur der Zielgesellschaft zu verschaffen.

Beschränkungen der Übertragbarkeit von Aktien können sich aus aktienrechtlichen Vinkulierungen nach § 68 Abs. 2 AktG, aus wechselseitigen Beteiligungen nach § 328 AktG oder aus vertraglichen Haltevereinbarungen ergeben.[369] Solche Beschränkungen stellen Übernahmehindernisse bzw. Erwerbshindernisse dar, da sie den Aufbau einer Mehrheitsbeteiligung bzw. einer einfachen Investition verhindern bzw. erschweren können.[370] Vinkulierungen können die Kotroll- und Einflusspotenziale und den Aktionärskreis perpetuieren. Die Berichtspflicht bezüglich solcher Übertragungsbeschränkungen untermauert die

---

[364] Vgl. *Lanfermann/Maul*, BB 2004, S. 1517, 1518; *Maul/Muffat-Jeandet*, AG 2004, S. 306, 308; BT-Drucks. 16/1003, S. 24.

[365] Vgl. *Maul/Muffat-Jeandet*, AG 2004, S. 306, 308.

[366] Vgl. *Böcking/Dutzi*, in: Baetge/Kirsch/Thiele, BilanzR, § 289 Rn. 282.

[367] Vgl. *Grottel*, in: Beck BilanzKomm, § 289 Rn. 119.

[368] Vgl. *Grottel*, in: Beck BilanzKomm, § 289 Rn. 120.

[369] Vgl. *Böcking/Dutzi*, in: Baetge/Kirsch/Thiele, BilanzR, § 289 Rn. 283.

[370] Vgl. zu den Zwecken einer Vinkulierung *Bayer*, in: MünchKomm AktG, § 68 Rn. 35 ff.

Informationen zu den Kontroll- und Einflussmöglichkeiten in der Gesellschaft, indem sie Aussagen darüber zulässt, ob und wie diese veränderbar sind. Somit ist diese Berichtspflicht gesellschaftsrechtlich einzuordnen.

c) Bedeutende Beteiligungen (§ 289 Abs. 4 Nr. 3 HGB)

Ebenso wie in § 160 Abs. 1 Nr. 8 AktG ist über die Gesellschafterstruktur zu berichten. Neben den direkten Beteiligungen, die schon im Anhang berichtspflichtig sind, soll die Regelung insbesondere indirekte Beteiligungen offenlegen. Ausweislich der Gesetzesbegründung sollen insbesondere Beteiligungen in Form sog. Pyramidenstrukturen und wechselseitige Beteiligungen erfasst werden.[371] Bei Pyramidenstrukturen wird die Stimmrechtskontrolle über eine zwischengeschaltete Holdinggesellschaft und ohne Kapitalanteilsmehrheit ausgeübt.[372] Die Vorschrift soll potentiellen Bietern ein möglichst genaues Bild über die Gesellschafterstruktur[373] sowie die tatsächlichen Einflussmöglichkeiten[374] bieten. Angaben zu direkten Beteiligungen können wegen der schon im Anhang erfolgten Berichterstattung seit der Reform durch das BilMoG unterbleiben. Durch die Vorschrift werden gesellschaftsrechtliche Inhalte offengelegt.

d) Inhaber von Aktien mit Sonderrechten (§ 289 Abs. 4 Nr. 4 HGB)

Nach § 289 Abs. 4 Nr. 4 HGB sind die Inhaber von Sonderrechten, die Kontrollbefugnisse verleihen, namentlich zu nennen und die Sonderrechte zu beschreiben. Neben den in der Gesetzesbegründung genannten Entsenderechten nach § 101 Abs. 2 AktG[375] fallen Weisungs-, Zustimmungs- und Widerspruchsrechte, die die Grenzen des § 23 Abs. 5 AktG nicht überschreiten, unter die Norm.[376] Solche Sonderrechte verschieben das aktienrechtliche Kontrollsystem und verstärken die Einflussposition der innehabenden Aktionäre gegenüber der Verwaltung. Mit der Übernahmerichtlinie[377], auf die die Regelung zurückzuführen ist, strebte der europäische Gesetzgeber an, solche teils willkürlichen Unterschiede in der Führungs- und Managementkultur transparent zu machen.[378] Durch die Offenlegung von Sonderrechten werden derartige Gestaltungsmöglichkeiten

---

[371] BT-Drucks. 16/1003, S. 25.
[372] Vgl. *Paetzmann*, in: Haufe HGB, § 289 Rn. 94; *Böcking/Dutzi*, in: Baetge/Kirsch/Thiele, BilanzR, § 289 Rn. 285.
[373] Vgl. *Böcking/Dutzi*, in: Baetge/Kirsch/Thiele, BilanzR, § 289 Rn. 283
[374] Vgl. *Lanfermann/Maul*, BB 2004, S. 1517, 1519.
[375] BT-Drucks. 16/1003, S. 25.
[376] Vgl. *Grottel*, in: Beck BilanzKomm, § 289 Rn. 128.
[377] Richtlinie 2004/25/EG des Europäischen Parlaments und des Rates vom 21. April 2004.
[378] So der Erwägungsgrund 3 der Übernahmerichtlinie, Richtlinie 2004/25/EG.

gesellschaftsrechtlicher Kontrollmöglichkeiten transparent gemacht[379] und die tatsächlichen über die aktienrechtlich vermittelten Rechte hinausgehenden Kontroll- und Einflussrechte offengelegt.

Durch die namentliche Nennung der Aktionäre, die solche Sonderrechte innehaben, wird daneben die aktienrechtliche Anonymität aufgehoben, so dass möglicherweise bestehende Interessenkonflikte offengelegt werden und ein Anreiz zu einem verantwortungsvollen Umgang mit den Sonderrechten gesetzt wird. Es handelt sich deshalb um eine gesellschaftsrechtlich einzuordnende Berichtspflicht.

e) Art der Stimmrechtskontrolle bei Arbeitnehmeraktien (§ 289 Abs. 4 Nr. 5 HGB)

Im Lagebericht ist gemäß § 289 Abs. 4 Nr. 5 HGB des Weiteren über die Art der Stimmrechtskontrolle bei Arbeitnehmerbeteiligungen zu berichten. Zwar ist nach deutschem Aktienrecht eine Trennung von Stimmrecht und Aktie nicht zulässig, so dass diese Konstellationen in Deutschland eigentlich nicht anzutreffen sein dürften[380], doch ist vorstellbar, dass die Arbeitnehmer die Aktien in gemeinsamer Berechtigung halten und die aus diesen Aktien resultierenden Stimmrechte durch einen gemeinsamen Vertreter ausüben lassen[381]. Werden die Mitgliedschaftsrechte der Arbeitnehmer in einem Pool derart zusammengefasst und einheitlich von Arbeitnehmervertretern ausgeübt, so können enorme Einflusspotenziale entstehen[382], die aus der Gesellschafterstruktur nicht erkennbar sind. Die Vorschrift erzeugt ein realitätsgetreues Bild der Einflussmöglichkeiten und ist dem Gesellschaftsrecht zuzuordnen.

f) Regeln über die Ernennung und Abberufung von Vorstandsmitgliedern sowie über Satzungsänderungen (§ 289 Abs. 4 Nr. 6 HGB)

Die Berichtspflicht des § 289 Abs. 4 Nr. 6 HGB verlangt von den berichtenden Unternehmen, die gesetzlichen Vorschriften und ggf. die Bestimmungen der Satzung über die Ernennung und Abberufung der Vorstandsmitglieder sowie diejenigen über die Änderung der Satzung anzugeben. Die Angaben machen, wie von der Übernahmerichtlinie angestrebt, die unterschiedlichen Managementkulturen in der Europäischen Union transparent.[383] Hierzu zählen in

---

[379] Vgl. allgemein zur Wirkung der kapitalmarktrechtlich determinierten Übernahmerichtlinie *Merkt*, Die Rolle des Kapitalmarktrechts in der Diskussion um die Corporate Governance, S. 37.

[380] Vgl. BT-Drucks. 16/1003, S. 25.

[381] Vgl. *Grottel*, in: Beck BilanzKomm, § 289 Rn. 129.

[382] Vgl. *Claussen*, in: Kölner Komm RechnungslegungsR, § 289 Rn. 61.

[383] Vgl. Erwägungsgrund 3 der Übernahmerichtlinie, Richtlinie 2004/25/EG.

Deutschland insbesondere die Besonderheiten der Mitbestimmung nach dem MitbestG, die deshalb ebenso darzustellen sind.[384] Die Beschreibung des Systems und seiner Besonderheiten verdeutlicht, wie sich die Personalhoheit in der jeweiligen Gesellschaft verteilt und macht einen wichtigen Teil des Aufgaben- und Machtgefüges zwischen Aufsichtsrat und Vorstand, also einen Teil der zur Corporate Governance[385] gehörenden Unternehmensorganisation, transparent. Die Angaben zu den Vorschriften über Satzungsänderungen betreffen darüber hinaus das Verhältnis der Hauptversammlung zu den Leitungsorganen und beschreiben die Einflussrechte der Hauptversammlung. Auch diese Beschreibung des Zusammenspiels dieses Organs mit den übrigen bezweckt, die Unternehmensorganisation darzustellen. Die Offenlegung der Unternehmensorganisation ist gesellschaftsrechtlich einzuordnen.

g) *Vorstandsbefugnisse bezüglich Ausgabe und Rückkauf von Aktien (§ 289 Abs. 4 Nr. 7 HGB)*

Während die Darstellung nach Nr. 6 insbesondere die Machtpositionen des Aufsichtsrats und der Hauptversammlung beschreibt, verlangt § 289 Abs. 4 Nr. 7 HGB, dass die Befugnisse des Vorstands beschrieben werden. Hierbei geht es ausweislich der Gesetzesbegründung zur Umsetzung der Übernahmerichtlinie nicht darum, alle gesetzlichen und satzungsmäßigen Befugnisse des Vorstands[386], sondern allein solche Befugnisse, die eine übernahmerechtliche Relevanz haben, zu beschreiben.[387] Diesen Befugnissen ist gemein, dass sie dem Vorstand die Macht verleihen, Einfluss auf die Beteiligungsverhältnisse zu nehmen.[388] Bei der Darstellung kann es auch nach dem BilMoG zu Doppelangaben mit § 160 Abs. 1 Nr. 2 und Nr. 4 AktG kommen.[389] Beispielhaft („insbesondere") nennt das Gesetz die Befugnisse des Vorstands, Aktien auszugeben oder zurückzukaufen. Neben den direkt beteiligungsrelevanten Befugnissen sind Angaben über Ermächtigungen zu machen, die es dem Vorstand erlauben, Verteidigungsmaßnahmen i. S. d. § 33 WpÜG zu ergreifen.[390] Wie von der Übernahmerichtlinie angestrebt,[391] werden die für Unternehmensübernahmen relevanten Leitungskompetenzen des Vorstands dargestellt.

---

[384] Vgl. *Claussen*, in: Kölner Komm RechnungslegungsR, § 289 Rn. 62.

[385] Vgl. *Hirte*, ECFR 2005, S. 1, 6.

[386] BT-Drucks. 16/1003, S. 25.

[387] Vgl. *Böcking/Dutzi*, in: Baetge/Kirsch/Thiele, BilanzR, § 289 Rn. 290.

[388] Vgl. *Claussen*, in: Kölner Komm RechnungslegungsR, § 289 Rn. 61; *Grottel*, in: Beck BilanzKomm, § 289 Rn. 132.

[389] Vgl. *Grottel*, in: Beck BilanzKomm, § 289 Rn. 133 f.; *Claussen*, in: Kölner Komm RechnungslegungsR, § 289 Rn. 63.

[390] Vgl. *Böcking/Dutzi*, in: Baetge/Kirsch/Thiele, BilanzR, § 289 Rn. 290.

[391] Vgl. Erwägungsgrund 3 der Übernahmerichtlinie, Richtlinie 2004/25/EG.

Sowohl die Kompetenzen als Teil der Unternehmensorganisation als auch die Einflussnahmemöglichkeiten des Vorstands auf die Unternehmens- und Konzernstruktur darzustellen, sind Inhalte, die dem Gesellschaftsrecht zuzuordnen sind.

h) Angaben zu „Change of control"-Klauseln und Entschädigungsvereinbarungen (§ 289 Abs. 4 Nr. 8, 9 HGB)

Die Berichtspflichten der §§ 289 Abs. 4 Nr. 8 und 9 HGB verlangen, sog. „Change of control"-Klauseln, also Vereinbarungen, die unter der Bedingung eines Kontrollwechsels[392] stehen, offenzulegen. Dabei bildet § 289 Abs. 4 Nr. 9 HGB eine lex specialis-Regelung für Entschädigungsvereinbarungen zwischen der Gesellschaft und dem Vorstand bzw. sonstigen Arbeitnehmern. Die Angaben zu den Entschädigungsvereinbarungen überschneiden sich teilweise mit Angaben nach § 285 Nr. 9a HGB und § 289 Abs. 2 Nr. 5 HGB. Um Doppelangaben zu vermeiden, können Angaben nach § 289 Abs. 4 Nr. 9 unterbleiben, wenn sie bereits im Anhang veröffentlicht wurden. Durch die Regelung des § 289 Abs. 2 Nr. 5 HGB können wiederum Angaben im Anhang unterbleiben, wenn sie im Vergütungsbericht des Lageberichts angeführt werden, so dass im Ergebnis wohl eine einheitliche Berichterstattung über Entschädigungszahlungen im Lagebericht als ausreichend angesehen werden muss.[393] Da Entschädigungsvereinbarungen einen wichtigen Teil der Vergütung bilden, verfolgt die Berichterstattung hierüber dieselben Zwecke wie die allgemeine Berichterstattung über Vergütungsfragen nach § 285 Nr. 9 HGB und § 289 Abs. 2 Nr. 5 HGB.[394] Darüber hinaus zielen die Angaben zu den Entschädigungsvereinbarungen darauf ab, den Aktionären und Bietern zu ermöglichen, das potenzielle Verhalten des Vorstands[395] im Falle eines Übernahmeangebots einzuschätzen: „Change of control"-Klauseln sollen den Vorstand dazu anhalten, sein Verhalten ausschließlich am Interesse des Unternehmens und nicht an etwaigen Eigeninteressen im Fall der Übernahme auszurichten.[396] Wurden demnach Entschädigungsvereinbarungen mit dem Vorstand getroffen, können Bieter und Aktionäre davon ausgehen, dass sich der Vorstand neutral verhält. Es wird die Vorstandsposition beschrieben, um das Vorstandsverhalten überprüfbar und vorhersehbar zu machen.

---

[392] Der Zusatz „infolge eines Übernahmeangebots" muss nach Sinn und Zweck der Vorschrift so ausgelegt werden, dass alle derartigen Klauseln erfasst sind, auch wenn sie nicht ausschließlich oder ausdrücklich für den Fall des Kontrollwechsels infolge eines Übernahmeangebots eingreifen, da es ansonsten zu Umgehungsvereinbarung kommen würde; vgl. *Sailer*, AG 2006, S. 913, 916.

[393] Vgl. *Sailer*, AG 2006, S. 913, 924 f.

[394] Diese sind die Unternehmenskontrolle und Verhaltenssteuerung, vgl. § 4A. II.7).

[395] Vgl. BT-Drucks. 15/5577, S. 7; *Bittmann/Schwarz*, BB 2009, S. 1014.

[396] Vgl. *Bittmann/Schwarz*, BB 2009, S. 1014.

Daneben sollen die Angaben nach Nr. 9 wie die Angabepflichten zu den allgemeinen Vereinbarungen nach § 289 Abs. 4 Nr. 8 HGB den Bieter und die übrigen Aktionäre über die möglicherweise eintretenden wirtschaftlichen Folgen einer Konzernierung bzw. eines Kontrollwechsels aufklären, um so eine informierte Investitionsentscheidung treffen zu können.[397] Dass es sich hierbei allein um wirtschaftliche Folgen aufgrund individualvertraglicher Vereinbarungen handelt und nicht um aktienrechtlich angeordnete Folgen, kann nichts daran ändern, dass die Berichtspflichten dem Themenkomplex des Konzernrechts zuzuordnen ist. Denn diese Folgen sind allein eine Konsequenz aus konzernrechtlichen Umstrukturierungen, die den gesellschaftsrechtlichen Berichtszwecken zuzuordnen sind. In summa sind deshalb die Berichtspflichten nach § 289 Abs. 4 Nr. 8 und 9 HGB gesellschaftsrechtlicher Natur.

9) Angaben zum rechnungslegungsbezogenen internen Kontroll- und Risikomanagementsystem (§ 289 Abs. 5 HGB)

Nach dem durch das BilMoG eingeführten § 289 Abs. 5 HGB sind die wesentlichen Merkmale des internen Kontroll- und Risikomanagements in Hinblick auf den Rechnungslegungsprozess zu beschreiben. Was unter einem internen Kontroll- bzw. Risikomanagementsystem zu verstehen ist, definiert das Gesetz ebenso wenig wie die Änderungsrichtlinie, die durch die Vorschrift umgesetzt wird.

Die Gesetzesbegründung versteht unter dem internen Kontrollsystem „Grundsätze, Verfahren und Maßnahmen zur Sicherung der Wirksamkeit und Wirtschaftlichkeit der Rechnungslegung, zur Sicherung der Ordnungsmäßigkeit der Rechnungslegung sowie zur Sicherung der Einhaltung der maßgeblichen rechtlichen Vorschriften".[398] Hiervon sind alle organisatorischen Sicherungsmaßnahmen und das die Unternehmensführung unterstützende Controlling erfasst, durch das bestimmte Prozessabläufe i. S. e. Organisationsstruktur geschaffen werden.[399] Diese Sicherungssysteme beinhalten sog. prozessintegrierte Maßnahmen zur Kontrolle und Regelungen zur prozessunabhängigen Überwachung.[400] Die Angaben beschreiben die vom Vorstand im Rahmen seiner Leitungsautonomie geschaffenen Organisations-, Kontroll- und Überwachungsstrukturen und sichern die Einhaltung gesetzlicher Vorgaben.[401]

Eine Definition, was unter einem internen Risikomanagementsystem zu verstehen ist, enthält die Regierungsbegründung hingegen nicht. Nach dem vom IDW erlassenen Standard IDW PS 340 Ziffer 4 ist hierunter die Gesamtheit

---

[397] Vgl. *Bittmann/Schwarz*, BB 2009, S. 1014, 1015.
[398] Vgl. BT-Drucks. 16/10067, S. 77.
[399] Vgl. *Paetzmann*, in: Haufe HGB, § 289 Rn. 104 f.
[400] Vgl. *Grottel*, in: Beck BilanzKomm, § 289 Rn. 152.
[401] Vgl. *Melcher/Mattheus*, DB Beilage 2009, S. 77, 78.

aller organisatorischen Regelungen und Maßnahmen zur Risikoerkennung und zum Umgang mit den Risiken zu verstehen. Die Gesetzesbegründung misst diesem Teil der Berichtspflicht eine untergeordnete Bedeutung zu und sieht den Anwendungsbereich darauf beschränkt, die Risikoabsicherung, die bilanziell abgebildet wurde, zu beschreiben.[402] Somit steht dieser Teil der Berichtspflicht in engem Zusammenhang zu den Angaben nach § 285 Nr. 23 HGB und § 289 Abs. 2 Nr. 2 HGB[403], die die in der Bilanz enthaltenen Risiken verdeutlichen und es ermöglichen sollen, die Bilanz zu relativieren[404]. Da einzelne Risiken im Rahmen des § 289 Abs. 5 HGB gerade nicht dargestellt werden sollen[405], dient diese Lageberichtspflicht aber gerade nicht dazu, die Bilanz unmittelbar zu relativieren.

Vielmehr beziehen sich beide Berichtsteile auf die Darstellung von Organisationsstrukturen der unternehmensinternen Rechnungslegungssysteme und der hierauf bezogenen Kontroll- und Überwachungsmechanismen, die zu einer erfolgreichen Unternehmensführung beitragen sollen. Die Offenlegung soll die Unternehmen dazu anregen, solche Systeme zu schaffen. Hierdurch wird die Corporate Governance in Form der Unternehmensorganisation, verstanden als gute Unternehmensleitung, verbessert.[406] Auch nach der Abänderungsrichtlinie soll die Berichtspflicht einen Teil der sog. Schlüsselinformationen zur Corporate Governance eines Unternehmens abdecken[407] und wird dort als Teil der Erklärung zur Unternehmensführung behandelt. Einen Bezug zur Rechnungslegung erfährt die Vorschrift allein durch die Begrenzung auf rechnungslegungsbezogene Aspekte der internen Kontroll- und Risikomanagementsysteme. Würde diese Beschränkung fehlen und stattdessen das gesamte Risikomanagement- und Kontrollsystem zu beschreiben sein, würde der Inhalt dieser Berichtspflicht allgemeine Informationen zur Unternehmensführung liefern[408], die inhaltlich der Erklärung zur Unternehmensführung nach § 289a HGB näher stehen würden.[409] Die vom Gesetzgeber angeordnete Beschränkung auf die Rechnungslegung kann aber auch deshalb nicht als entscheidendes Kriterium für eine bilanzrechtliche Qualifizierung der Norm herangezogen werden, weil der Gesetzgeber die Beschränkung allein auf die Erwägung stützt, dass möglicherweise schutzwürdige Interessen der Unternehmen gefährdet wären, würden die Unternehmen dazu verpflichtet sein, das gesamte Kontroll- und Risikomanagementsystem

---

[402] Vgl. BT-Drucks. 16/10067, S. 77.

[403] Vgl. *Grottel*, in: Beck BilanzKomm, § 289 Rn. 154.

[404] Vgl. oben § 4A. II.19); § 4B. I. 4).

[405] Vgl. *Melcher/Mattheus*, DB Beilage 2009, S. 77, 78; *Grottel*, in: Beck BilanzKomm, § 289 Rn. 153; *Paetzmann*, in: Haufe HGB, § 289 Rn. 105.

[406] Vgl. *Hommelhoff/Mattheus*, BB 2007, S. 2787, 2791.

[407] Erwägungsgrund 10 der Abänderungsrichtline, Richtlinie 2006/46/EG vom 14. Juni 2006; Umsetzung des Art. 46a Abs. 1 lit. c).

[408] Vgl. *Steinmeyer*, BilMoG, S. 277, 292 f.

[409] Vgl. *Bachmann*, ZIP 2010, S. 1517, 1520.

umfassend zu umschreiben.[410] Der Gesetzgeber bezweckt aber mit der Pflicht, das System zu beschreiben, dass sich der Vorstand als Organ der Gesellschaft mit solchen Systemen und deren Effektivität auseinandersetzt.[411] Denn durch die Publizitätspflicht, die insbesondere bei einem Negativbericht mit einer unerwünschten Signalwirkung an den Kapitalmarkt einhergeht[412], erhöht sich der Handlungsdruck auf die Unternehmen, solche über die Rechnungslegung hinausgehenden Systeme, die sich nicht punktgenau auf die Rechnungslegung begrenzen lassen,[413] einzurichten.[414] Der Zweck der Publizitätspflicht ist folglich darin zu sehen, das Verhalten des Vorstands zu steuern[415], um so die Corporate Governance der Unternehmen zu verbessern und einen faktischen Zwang zu erzeugen, die in § 92 Abs. 2 AktG auf die Einrichtung eines Risikofrühwarnsystems beschränkte Pflicht auszuweiten. Mithin ist die Berichtspflicht gesellschaftsrechtlich zu qualifizieren.

II. Erklärung zur Unternehmensführung gemäß § 289a HGB

In der durch das BilMoG 2009 eingeführten Erklärung zur Unternehmensführung gemäß § 289a HGB, die einen gesonderten Teil des Lageberichts bildet, sind Schlüsselinformationen zur Corporate Governance eines Unternehmens zu veröffentlichen. Hierzu zählen die Entsprechenserklärung gemäß § 161 AktG (§ 289a Abs. 2 Nr. 1 HGB), Angaben zu Unternehmensführungspraktiken (§ 289a Abs. 2 Nr. 2 HGB) sowie eine Beschreibung der Arbeitsweise und Zusammensetzung der Organe und ihrer Ausschüsse (§ 289a Abs. 2 Nr. 3 HGB).

Die Entsprechenserklärung ist zusätzlich zu der nach § 285 Nr. 16 HGB zu veröffentlichenden formellen Bestätigung in die Rechnungslegungsdokumente aufzunehmen. Hierdurch soll erreicht werden, dass die Informationen zur Corporate Governance gebündelt in einem Dokument veröffentlicht werden.[416] Durch die Wiedergabe der schon nach materiellem Aktienrecht gemäß § 161 Abs. 2 AktG zu veröffentlichenden Entsprechenserklärung soll eine zielgerichtete Informationsversorgung der Adressaten[417] mit allen Corporate Governance relevanten Informationen gewährleistet werden, die es ihnen ermöglicht, sich über das von der Unternehmensleitung verfolgte System der Unternehmensführung

---

[410] Vgl. BT-Drucks. 16/10067, S. 77.

[411] Vgl. BT-Drucks. 16/10067, S. 76.

[412] Vgl. *Melcher/Mattheus*, DB Beilage 2009, S. 77, 79.

[413] Vgl. *Kort*, ZGR 2010, S. 440, 446.

[414] Vgl. *Niemeier*, WPg 2006, S. 173, 183.

[415] Vgl. *Kort*, ZGR 2010, S. 440, 457.

[416] Die Richtlinie spricht hier von der Zugänglichmachung sog. Schlüsselinformationen, vgl. Richtlinie 2006/46/EG, Erwägungsgrund 10.

[417] Durch die Publizität auf der Internetseite wird der Adressatenkreis ausgeweitet, so dass sogar die interessierte Öffentlichkeit hierzu zählt, vgl. *Grottel/Röhm-Kottmann*, in: Beck BilanzKomm, § 289a Rn. 18.

und -überwachung zu informieren. Des Weiteren werden die Adressaten in die Lage versetzt, zu kontrollieren, ob sich der Vorstand weiterhin an die Entsprechensbekundungen hält und die diesbezüglich gegebenen Anfechtungsrechte flankiert.[418] Hierdurch wird eine gesteigerte Durchsetzungsquote angestrebt,[419] so dass die Publizität bezweckt, das Vorstandsverhalten zu steuern.

Die ebenfalls geforderten Angaben zu den Unternehmensführungspraktiken (§ 289a Abs. 2 Nr. 2 HGB) zielen in erster Linie darauf ab, die textlich fixierten unternehmensinternen Standards darzustellen.[420] Der Gesetzgeber versteht den Begriff der Unternehmensführungspraktiken ausweislich der Gesetzbegründung sehr weit i. S. e. Corporate Social Responsibility und will unter die Vorschrift auch Ethik-, Arbeits- und Sozialstandards subsumieren.[421] Der Inhalt der Erklärung zur Unternehmensführung steht in engem Zusammenhang mit § 289 Abs. 3 HGB, der unter der Prämisse der nicht-finanziellen Leistungsindikatoren ebenfalls Angaben zur Sozialberichterstattung und insbesondere zu Arbeitnehmerbelangen fordert.[422] Durch die Berichterstattung über diese Art der Unternehmensführungspraktiken soll, wie durch die Angaben des Sozialberichts nach § 289 Abs. 3 HGB, die gesellschaftliche Verantwortung der Unternehmen transparent gemacht werden. Hierdurch soll Druck auf die Unternehmensleitung aufgebaut werden, Ethik-, Arbeits- und Sozialstandards zu verbessern (Verhaltenssteuerung). Die gesamte Corporate Governance, verstanden als System, das die Interessen aller Stakeholder berücksichtigt, soll verbessert werden. Durch die Offenlegung der freiwilligen Standards werden die Adressaten darüber hinaus in die Lage versetzt, die Bekundungen der Unternehmensleitung, die Standards einhalten zu wollen, zu kontrollieren.

Der dritte Teil der § 289a HGB-Erklärung verlangt, die Arbeitsweise von Vorstand und Aufsichtsrat sowie die Zusammensetzung und Arbeitsweise von deren Ausschüssen zu beschreiben. Die Angaben zur Zusammensetzung von Vorstand und Aufsichtsrat sind bereits im Anhang nach § 285 Nr. 10 HGB zu machen. Bezüglich der den Aufsichtsrat betreffenden Angaben ergeben sich darüber hinaus Überschneidungen mit dem Aufsichtsratsbericht nach § 171 Abs. 2 S. 2 AktG. Über die Anhangsangaben hinaus ist der sog. unabhängige Finanzexperte[423] namentlich zu nennen sowie die Besetzung gebildeter Ausschüsse bekannt zu geben[424]. Die Vorschrift dient ebenso wie die Organpublizität dazu, den Principle-Agent-Konflikt, insbesondere durch namentliche Benennung des unabhängigen Finanzexperten, zu bekämpfen, die Unabhängigkeit zu sichern und

---

[418] Vgl. dazu oben § 4A. II.13).
[419] Vgl. *Hüffer*, AktG, § 161 Rn. 1.
[420] Vgl. *Bachmann*, ZIP 2010, S. 1517, 1518.
[421] Vgl. BT-Drucks. 16/10067, S. 78; *Bischof/Selch*, WPg 2008, S. 1021, 1028.
[422] Siehe oben § 4B. I. 1).
[423] Vgl. *Bachmann*, ZIP 2010, S. 1517, 1520.
[424] Vgl. *Claussen*, in: Kölner Komm RechnungslegungsR, § 289a Rn. 27.

so Interessenkonflikte zu vermeiden. Durch die Beschreibung der gebildeten Ausschüsse und ihrer Besetzungen werden die unternehmensinterne Organisation[425] und daraus resultierende Einfluss- und Machtpotentiale offengelegt. Dies ist wichtig, weil derartigen Ausschüssen Teile der Entscheidungskompetenzen übertragen werden können.[426] Aus diesem Grund sind insbesondere die Geschäftsordnungen der jeweiligen Organe offenzulegen.[427] Insgesamt erleichtern Informationen zu den Organmitgliedern ein gutes Verständnis der organisatorischen und geschäftlichen Angelegenheiten.[428] Demnach fehlt den Angaben der Erklärung zur Unternehmensführung ein Finanzzahlenbezug vollständig,[429] so dass die Vorschrift dem Gesellschaftsrecht zuzuordnen ist.

III. Angaben im Rahmen des Abhängigkeitsberichts (§ 312 Abs. 3 S. 3 AktG)

Übt ein Unternehmen im Rahmen eines faktischen Konzerns eine beherrschende Stellung auf ein abhängiges Unternehmen aus, so ist der Vorstand des abhängigen Unternehmens nach § 312 AktG verpflichtet, einen Bericht über die Beziehungen zu verbundenen Unternehmen aufzustellen. Darin sind insbesondere Rechtsgeschäfte aufzuführen, die auf Veranlassung oder im Interesse des herrschenden oder eines mit diesem verbundenen Unternehmens abgeschlossen wurden (§ 312 Abs. 1 S. 2 AktG). Nach § 313 Abs. 3 AktG ist am Schluss des Berichts zu erklären, ob die Gesellschaft bei jedem Rechtsgeschäft eine angemessene Gegenleistung erhielt und durch getroffene oder unterlassene Maßnahmen nicht benachteiligt wurde. Diese sog. Schlusserklärung ist nach § 312 Abs. 3 S. 3 AktG im Lagebericht bzw., wenn die Gesellschaft keinen Lagebericht auf-

---

[425] Vgl. Empfehlungen der Kommission vom 15. Februar 2005 (2005/162/EG, ABl. L 52/56), Ziff. 9.1.

[426] Vgl. *Kuthe/Geiser*, NZG 2008, S. 172, 174; Empfehlungen der Kommission vom 15. Februar 2005 (2005/162/EG, ABl. L 52/58 ff.).

[427] Vgl. *Kuthe/Geiser*, NZG 2008, S. 172, 174.

[428] Vorschlag für eine Richtlinie zur Änderung der Richtlinie 78/660/EWG des Rates im Hinblick auf die Offenlegung nichtfinanzieller und die Diversität betreffender Informationen durch bestimmte große Gesellschaften und Konzerne vom 16. April 2013, COM(2013) 207 final, S. 11.

[429] Vgl. *Melcher/Mattheus*, DB Beilage 2009, S. 77, 80; *Gelhausen/Fey/Kämpfer*, Rechnungslegung und Prüfung nach BilMoG, § 289a Rn. 3. Auch die von der Europäischen Kommission geplante Ausweitung der Transparenz hinsichtlich der Diversität der Leitungs- und Kontrollorganmitglieder geht in diese Richtung. Die Angaben zur Diversität sollen einem „engstirnigem Gruppendenken" entgegenwirken und sollen sowohl Leitungs- als auch Kontrollorgan dazu anhalten, Entscheidungen konstruktiv zu hinterfragen und so die Kontrolle zu verbessern. Außerdem soll das Verständnis der organisatorischen und geschäftlichen Angelegenheiten erleichtert werden; Vorschlag für eine Richtlinie zur Änderung der Richtlinie 78/660/EWG des Rates im Hinblick auf die Offenlegung nichtfinanzieller und die Diversität betreffender Informationen durch bestimmte große Gesellschaften und Konzerne vom 16. April 2013, COM(2013) 207 final, S. 11.

zustellen hat, im Anhang[430] zu veröffentlichen. Die Schlusserklärung soll den Vorstand daran erinnern, dass er dazu verpflichtet ist, eigenverantwortlich zu leiten und die Interessen dieser Gesellschaft zu wahren.[431] Die Schlusserklärung entfaltet, wie der gesamte Abhängigkeitsbericht, präventive Wirkung,[432] indem das Vorstandsverhalten im Sinne seiner ihm obliegenden ordnungsgemäßen Leitungsaufgabe gesteuert wird.

Die Veröffentlichung der Schlusserklärung erleichtert es daneben den (Minderheits-) Aktionären, das Vorstandsverhalten zu kontrollieren und schützt sie vor unrechtmäßiger Einflussnahme aufgrund dieser konzernrechtlicher Verflechtungen[433]. Die Vorschrift bezweckt demnach, die Minderheitsaktionäre vor konzernbedingten Nachteilen zu schützen und das Vorstandsverhalten zu steuern. Sie ist gesellschaftsrechtlich einzuordnen.

IV. Zusammenfassung

Die derzeitigen Inhalte des Lageberichts verfolgen ganz überwiegend gesellschaftsrechtliche Zwecke.[434] Wesentliche bilanzrechtliche Informationen werden durch die Wirtschaftsberichterstattung transparent gemacht. Wie es der Konzeption des Lageberichts entspricht, handelt es sich bei diesen Angaben zumeist nicht um konkrete Finanzzahlen, sondern um eine beurteilende und analysierende Auswertung der bilanziellen Entwicklungen und Ergebnisse. Die Angaben sind gefilterte Informationen über den Jahresabschluss, die insbesondere für die privaten Anleger von Interesse sind.[435] Konkrete Finanzzahlen sind im Rahmen der Lageberichterstattung allein im Nachtrags- sowie im Forschungs- und Entwicklungsbericht gefordert. Die Wirtschaftsberichterstattung erlaubt durch ihre weite, nur generalklauselartige Ausgestaltung auch eine Berichterstattung darüber, wie sich konzernrechtliche Ereignisse wirtschaftlich auswirken, wenn die Auswirkung auf die wirtschaftliche Lage des Unternehmens

---

[430] Vgl. *Habersack*, in: Emmerich/Habersack, KonzernR, § 312 Rn. 47; *Altmeppen*, in: MünchKomm AktG, § 312 Rn. 152.

[431] Vgl. *Habersack*, in: Emmerich/Habersack, KonzernR, § 312 Rn. 44; *Förschle/Heinz*, Beck BilanzKomm, § 289 Rn. 203.

[432] Vgl. *Habersack*, in: Emmerich/Habersack, KonzernR, § 312 Rn. 44; *Altmeppen*, in: MünchKomm AktG, § 312 Rn. 140; *Förschle/Heinz*, Beck BilanzKomm, § 289 Rn. 204.

[433] So zur weitergehenden Regelung des § 160 Abs. 3 Nr. 10 AktG 1965, wonach im Geschäftsbericht alle rechtlichen und geschäftlichen Beziehungen zu verbundenen Unternehmen offenzulegen waren, *Wilhelmi*, in: Godin/Wilhelmi, AktG, 3. Auflage 1967, § 160 Anm. 14; allgemein zur Zielsetzung des Abhängigkeitsberichts *Rimmelspacher/Fey*, WPg 2010, S. 180, 182.

[434] Eine tabellarische Übersicht über die Einordnung der Berichtsinhalte von Anhang und Lagebericht findet sich im Anhang 1 – Übersicht der Berichtszwecke.

[435] Vgl. *Ernst/Gassen/Pellens*, in: von Rosen: Verhalten und Präferenzen deutscher Aktionäre, Studien des DAI, Heft 42, 2009, S. 30.

wesentlich ist.[436] An dieser Stelle könnte auch nach der Neukonzeption in angemessener Weise auf konzernrechtliche Implikationen eingegangen werden, ohne einen systematischen Bruch hervorzurufen.

Die übrigen Lageberichtsangaben betreffen gleichermaßen konzernrechtliche Sachverhalte und Corporate Governance-Fragen. Auch bei den Zwecken der Lageberichtsinhalte zeigt sich, dass diese typischen konzernrechtlichen Themen mit denen der Corporate Governance verzahnt sind. Insbesondere die Inhalte zu Konzern- und Gesellschafterstrukturen sollen nicht nur Verflechtungen transparent machen und Machtpotentialen sowie potentielle Interessenkonflikte offenlegen, sondern durch die Veröffentlichung soll zugleich präventiv verhaltenssteuernd auf die berichtenden Organe eingewirkt werden. Letzteres ist wesentliche Aufgabe der Corporate Governance-Berichterstattung.

Die gesellschaftsrechtlichen Lageberichtsangaben überschneiden sich oftmals mit gesellschaftsrechtlichen Inhalten des Anhangs. Insbesondere Angaben nach § 160 AktG und übernahmerechtliche Angaben nach § 289 Abs. 4 HGB sind nicht aufeinander abgestimmt. Dies erklärt sich aus ihren unterschiedlichen reformpolitischen Hintergründen: Während die übernahmerechtlichen Inhalte nach der europäischen Übernahmerichtlinie im Lagebericht zu veröffentlichen sind, gehen die Angaben des § 160 AktG schon auf Zeiten vor dem Bilanzrichtlinien-Gesetz zurück und sind als damaliger Annex des Geschäftsberichts in den Anhang überführt worden. An anderer Stelle folgt die getrennte Verankerung miteinander zusammenhängender Berichtsinhalte der Grundkonzeption von Anhang und Lagebericht: Konkrete Finanzzahlen im Zusammenhang mit der Organvergütung sind im Anhang zu machen, während das von einzelnen Zahlen losgelöste Vergütungssystem dem für derartige abstrakte Beschreibungen vorgesehenen Lagebericht zugeordnet wurden. Dass diese Angaben trotz eines mehr oder weniger stark ausgeprägten Finanzzahlenbezugs gesellschaftsrechtlich zu qualifizieren sind und damit weder Anhang noch Lagebericht ein adäquates Berichtsformat darstellen, folgt bei diesen Informationen zum einen aus der Tatsache, dass die Finanzzahlen relativ unbedeutend im Vergleich zur Bilanzsumme sind und zum anderen der Gesetzgeber mit den Angaben allein anstrebte, das Verhalten der Organe zu steuern.

Ähnlich den konzernbezogenen Angaben des Anhangs spielt bei den gesellschaftsrechtlichen Lageberichtsinhalten die derzeitige Ausgestaltung der Berichtspflichten eine entscheidende Rolle. Denn insbesondere bei Prognose- und Sozialbericht könnte die Berichtspflicht durch den Gesetzgeber justiert werden, so dass dann die Inhalte anders zu qualifizieren sein könnten. Hieran zeigt sich, dass auch Corporate Governance-bezogene Inhalte durchaus mit den erweitert

---

[436] Vgl. *Burgard*, Offenlegung von Beteiligungen, Abhängigkeits- und Konzernlagen, S. 115.

verstandenen Zielen einer bilanzrechtlichen Berichterstattung verknüpft sein können.

Insgesamt hat sich der Lagebericht im Laufe der Reformen zu einem Berichtsinstrument weiterentwickelt, dessen Inhalte vielfältige Bereiche des Unternehmens betreffen. Wirtschaftliche wie gesellschaftsrechtliche Inhalte machen ihn zu einem Instrument umfassender Unternehmensberichterstattung. Hierdurch verliert er aber zugleich seine Konturen und wird mit Detailinformationen angereichert, die die wirtschaftliche Gesamtlage des Unternehmens nicht beschreiben.

§ 5 Grundlinien der konzeptionellen Neuordnung

A. Trennung der Berichtsinhalte als Ausgangspunkt

Die vorangegangene Analyse der Berichtsformate und Inhalte von Anhang und Lagebericht hat bestätigt, dass erheblicher Handlungsbedarf besteht, die Berichtspflichten inhaltlich zu systematisieren. Diese Systematisierung kann anhand der typologisch verwendeten Abgrenzungskriterien „Gesellschaftsrecht" und „Bilanzrecht" erfolgen. Für jede Vorschrift konnte ein eindeutiger Schwerpunkt ermittelt werden,[1] sodass sogar alle Berichtsinhalte eindeutig einem der beiden Rechtsgebiete zugeordnet werden können. Etwaige Zweifel in die eine oder andere Richtung beschränken sich auf wenige Einzelfälle und stellen die Methodik des Vorgehens vom Ergebnis her nicht infrage.

Die Untersuchung der derzeitigen Konzeption von Anhang und Lagebericht hat für die gesellschaftsrechtlichen Berichtsinhalte gezeigt, dass sie den von den Normen verfolgten Informationszwecken nicht gerecht werden kann. Denn die als gesellschaftsrechtlich zu qualifizierenden Informationen liefern weder unmittelbar relevante noch für dessen Verständnis aus finanzanalytischer Sicht erforderliche Detailinformationen zum Jahresabschluss. Dies wäre nach dem derzeitigen System Aufgabe der Anhangsangaben. Auch beschreiben sie weder zusammenfassend noch wertend oder mit zukunftsbezogener Perspektive die wirtschaftliche Gesamtsituation, wie es die dem Lagebericht zugedachte Kernaufgabe erfordert.

Im Hinblick auf diese Kernfunktionen bleiben die gesellschaftsrechtlichen Inhalte bereits für informatorische Zwecke Fremdkörper in beiden Berichtsinstrumenten. Da sie zudem im jeweiligen Berichtsinstrument, das überwiegend anderen Hauptzwecken dient, verstreut sind, werden sie bereits innerhalb des Berichtsinstruments in den Hintergrund gedrängt. Dass sie zusätzlich auf zwei verschiedene Berichtsinstrumente zersplittert sind, führt zu einer disparaten Informationsverteilung. Sie zerreißt sachlich Zusammenhängendes, erhöht für den ausschließlich oder primär finanzwirtschaftlich orientierten Adressaten als dortiger Fremdkörper die informatorischen Transaktionskosten[2] und belastet noch mehr den informatorischen Transaktionsaufwand, um wesentlichen Infor-

---

[1] Siehe oben § 3C. IV.
[2] Siehe oben § 1B. II.

mationen zu gesellschaftsrechtlichen Zusammenhängen der Unternehmens- und Beteiligungsstruktur und Verhaltenskontrolle der Unternehmensleitung nachzugehen.

Deshalb muss das derzeitige System der bisherigen Berichtsformate verändert und neu geordnet werden, um es informationseffizient und leistungsfähig zu machen. Hierbei käme zwar in Betracht, alle Inhalte in einem einheitlichen Berichtsinstrument sachlich-inhaltlich ordnend zu systematisieren. Dieses könnte als umfassender „Unternehmensbericht" die gesamten Berichtsinhalte aufnehmen. Die Inhalte könnten unter informatorischen Gesichtspunkten neu nach bilanzerläuternden, die wirtschliche Lage darstellenden und schließlich gesellschaftsrechtlichen Inhalten und Funktionszusammenhängen geordnet werden.

In diese Richtung schienen die unverbindlichen Vorschläge des *International Integrated Reporting Council* (IIRC) zum sog. *Integrated Reporting* zu gehen. Die Reformüberlegungen des IIRC zielten darauf ab, die Unternehmensberichterstattung zu verbessern, ohne dabei ein Mehr an Berichterstattung zu fordern. Inhaltlich sollte durch das Integrated Reporting die Qualität der nach jeweiligem Landesrecht verfügbaren Informationen insbesondere für Kapitalgeber verbessert werden, um eine effiziente und produktive Kapitalallokation zu ermöglichen.[3] Dazu sollte die klassische Finanzberichterstattung (wie die Bilanz oder Kapitalflussrechnung) mit nicht-finanziellen Berichtselementen (wie Nachhaltigkeitsbericht, Bericht über das Risikomanagement sowie Corporate Governance-Aspekte) zu einem einheitlichen Bericht verbunden werden. Der vom IIRC veröffentlichte Framework on Integrated Reporting[4] setzt dieses Ziel jedoch nur bedingt um. Denn nach dem Framework kann der *Integrated Report* entweder als eigenständiger – zu den nach Landesrecht geforderten Berichtsformaten zusätzlicher Bericht – oder als Bestandteil eines dieser Berichtsformate veröffentlicht werden.[5] Schon hierdurch wird deutlich, dass der Bericht entgegen der ursprünglichen Zielsetzung die gesetzliche Unternehmensberichterstattung nicht ersetzen kann, sondern sie nur um einen zusätzlichen Bericht oder Berichtsteil ergänzt. Unabhängig von der fehlenden Gesetzgebungskompetenz des IICR, die es benötigen würde, um gesetzliche Berichtsformate zu ersetzen, enthält der Framework darüber hinaus keine Vorschriften, wie die Folgesysteme und Rahmenbedingungen eines solchen Berichts einheitlich ausgestaltet werden könnten.

---

[3] Vgl. die Ziele des Integrated Reportings http://www.theiirc.org/about/.

[4] Abrufbar unter http://www.theiirc.org/wp-content/uploads/2013/12/13-12-08-THE-INT ER NATIONAL-IR-FRAMEWORK-2-1.pdf.

[5] Vgl. die Executive Summary des Framworks on Integrated Reporting, S. 4. Der Framwork nennt hier das MD&A als mögliches Zielberichtsformat, das dem deutschen Lagebericht entspricht; vgl. auch *Kajüter*, DStR 2014, S. 222, 226.

Erkennbar würde mit einem „Einheitsbericht" aber auch die Systematik der Folgesysteme und Rechtsfolgen von der Kompetenzverteilung, Prüfung und Hauptversammlungsbeteiligung bis hin zur Haftung jedenfalls im Ausgangspunkt ebenfalls unter den Druck einer „Einheitslösung" gestellt. Denn ein tatsächlich einheitlicher Bericht, wie heute der Jahresabschluss bestehend aus Bilanz, Gewinn- und Verlustrechnung sowie Anhang, entsteht nur dann, wenn eben diese Folgesysteme und Rahmenbedingungen für alle Inhalte gleichermaßen ausgestaltet sind. Würden die Rahmenbedingungen hingegen unterschiedlich ausgestaltet, würde es sich vielmehr um verschiedene Teilberichte handeln, die ggf. gemeinsam veröffentlicht werden könnten. Dies zeigt sich bei der heutigen Rechtslage zum einen in der strikten Trennung von Jahresabschluss und Lagebericht, aber auch in der Sonderrolle der Erklärung zur Unternehmensführung in Bezug auf den Lagebericht. Der Lagebericht unterliegt anderen Rahmenbedingungen als der Jahresabschluss, die Erklärung zur Unternehmensführung wiederum anderen als der Lagebericht.[6]

Dass Unternehmen solche verschiedenen Teilberichte zusätzlich in einem einheitlichen Dokument gemeinsam als Unternehmensbericht veröffentlichen, steht dieser konzeptionellen Trennung nicht entgegen. Eine verschiedene Berichte zusammenführende Veröffentlichung ist nach heutigem Recht bereits möglich. § 328 Abs. 2 HGB, der insbesondere für Veröffentlichungen des Jahresabschlusses in Geschäftsberichten greift, schreibt für freiwillige Veröffentlichungen und Vervielfältigungen lediglich vor, dass darauf hinzuweisen ist, wenn die Inhalte nicht in ihrer gesetzlich vorgeschriebenen Form wiedergegeben werden. Die jeweils geltenden Rahmenbedingungen der enthaltenen Berichte können weiterhin voneinander abweichen.

Würde man hingegen nach einer vollständigen Einheitslösung systematisieren und alle Inhalte demselben (Rechts-) Folgesystem unterwerfen, würde man der Verschiedenheit der Berichtsinhalte nicht gerecht. Denn das für bilanzrechtliche Inhalte über Jahrzehnte herausgebildete System passt nicht ohne weiteres auf Berichtspflichten mit gesellschaftsrechtlichem Inhalt.[7] Eine Einheitslösung,[8] verstanden als einheitlich verfasster Bericht mit einheitlichem (Rechts-) Folgesystem, würde verhindern, dass sich ein vollkommen eigenständiges allein die Vorgaben des Gesellschaftsrechts erfüllendes Folgesystem für die gesellschaftsrechtlichen Inhalte entwickeln könnte. Die Einheitslösung würde einer systematischen Rechtsfortbildung entgegenstehen.

---

[6] Die unterschiedlichen Rahmenbedingungen werden in Teil 2 aufgegriffen und näher erläutert.

[7] Siehe hierzu Teil 2 dieser Arbeit.

[8] Kritisch hinsichtlich eines einheitlichen Berichts im Sinne des Integrated Reprotings auch *Hommelhoff/Mattheus*, in: Großkomm HGB, §§ 289/289a, Rn. 6 f.

Ausgangspunkt für eine weitere Systematisierung der Berichtsformate kann deshalb nur eine Konzeption sein, die nach den festgestellten Berichtszwecken trennt und auf dieser Grundlage ordnet und systematisiert.

B. Folgen für die bilanzrechtlichen Inhalte

Es muss zunächst, wenn auch nicht umfassend und im Detail, die systematische Zuordnung der bilanzrechtlichen Inhalte von Anhang und Lagebericht skizziert werden. Wie die Zweckanalyse zeigt, finden sich die so zu qualifizierenden Informationen sowohl im Anhang als auch im Lagebericht. Die bilanzrechtlich einzuordnenden Informationen lassen sich in methodenerläuternde und überwiegend einzelpositionsbezogene, relativierende und ergänzende Angaben zu Bilanz und Gewinn- und Verlustrechnung einerseits und in von konkreten Posten des Jahresabschlusses losgelöste Erläuterungen unterscheiden.

I. Beibehaltung der Trennung von Anhang und Lagebericht?

Dies legt zumindest nahe, den ursprünglichen Systemgedanken von Anhang und Lagebericht innerhalb der bilanzrechtlichen Inhalte beizubehalten. Dann könnten positionsbezogene Angaben zu Bilanz und Gewinn- und Verlustrechnung weiterhin dem Anhang zugeordnet werden und von den konkreten Angaben losgelöste (verbale) Erläuterungen dem Lagebericht zugewiesen werden. Solche verbalen Erläuterungen finden sich insbesondere in Berichtspflichten, die Finanzzahlen in Form von Analysen und Beurteilungen auswerten oder allgemeine Warnungen aussprechen, die keinen unmittelbaren Bezug zu einzelnen Finanzzahlen aufweisen. Dies betrifft insbesondere die Angaben nach § 289 Abs. 1, 3 und Abs. 2 Nr. 3 HGB.

Reflektiert man noch einmal die Ergebnisse der Zweckanalyse bei diesen auswertenden Berichtsinhalten, so wird deutlich, dass eine positionsbezogene Untersuchung Voraussetzung ist, um die Finanzzahlen auszuwerten und zu verallgemeinern. Es lässt sich somit keine klare Trennlinie finden, die es ermöglicht, positionsbezogene Inhalte von übergeordneten Erläuterungen abzugrenzen. Ohne eine klare Trennlinie birgt die Aufspaltung von bilanzrechtlichen Inhalten auf einen positionsbezogenen Anhang und einen verallgemeinernden Lagebericht die Gefahr, dass aktuelle und mögliche neue Berichtsinhalte unsystematische zugeordnet werden könnten.

Daneben wäre die Anzahl an Berichtspflichten, die im weiterhin separaten Berichtsinstrument Lagebericht eine von den einzelnen Jahresabschlussposten losgelöste Information (nicht gesellschaftsrechtlichen Inhalts und Zwecks) vermitteln sollen, gering. Zwar würde auch dann qualitativ die erläuternde, zusammenfassende und perspektivisch orientierte Berichterstattung des Managements zur wirtschaftlichen Lage des Unternehmens einen essentiellen Bestandteil der Wirtschaftsberichterstattung und einen wichtigen Informationsschwerpunkt bilden. Und auch stünde dessen grundsätzliche Funktion, neben der statisch orientierten Bilanz und Gewinn- und Verlustrechnung eine „zweite Säule" dynamisch-wertender Rechnungslegung zu bilden,[9] nicht in Frage. Doch bestünde eine gewisse Gefahr, dass der Lagebericht bei Ersteller wie auch bei den Empfängern an Bedeutung verlöre. Denn nicht zuletzt dadurch, dass der Lagebricht um die (zumeist gesellschaftsrechtlichen und damit funktional sachfremden) Angaben angereichert wurde, ist sein Aufmerksamkeitswert gestiegen.

II. Einheitlicher Erläuterungs- und Analysebericht

Es liegt daher nahe, alle bilanzrechtlichen Inhalte in einem umfassenden Berichtsinstrument zusammenzufassen. Hierfür böte es sich an, den derzeitigen Anhang zu einem umfassenden ergänzenden Erläuterungs- und Analysebericht auszubauen.[10] Ihm wären nach den Grundlinien der vorgeschlagenen Neukonzeption die wirtschaftlichen Informationselemente des Lageberichts zuzuordnen.[11] Im Zuge der erforderlichen legislativen Neuordnung sollte das bisher namentlich in §285 HGB verwandte Prinzip, Angabepflichten bloß zu reihen, ohne sie inhaltlich zu ordnen, aufgegeben werden. Auch die bisherigen Ausweiswahlrechte, die dazu verpflichten, Angaben entweder in der Bilanz oder im Anhang auszuweisen,[12] sollten überprüft werden. Diese reinen Darstellungsoptionen bieten wenig Nutzen für den Ersteller, hindern aber dabei, bilanzrechtliche Informationen in eine geordnete bilanzrechtliche Berichterstattung zu konzentrieren und führen zu unnötigem erhöhten informatorischen Transaktionsaufwand für die Adressaten.

Für die inhaltliche Ausgestaltung eines solchen einheitlichen, die Bilanz und Gewinn- und Verlustrechnung ergänzenden, erläuternden und auswertenden Berichtsinstruments unter dem Gesichtspunkt informatorisch systematisierter Ordnung spräche zunächst, dass insgesamt finanzanalytische Informationsaspekte zusammengeführt, inhaltlich verknüpft, und, von sachfremden gesellschaftsrechtlichen Zwängen befreit, geordnet abgebildet werden könnten.

---

[9] Vgl. *Hommelhoff*, Großkomm HGB, 4. Auflage, §289, Rn. 8 ff.

[10] Vgl. aus kapitalmarktrechtlicher Sicht auch *Brinckmann*, Finanzberichterstattung, S. 261.

[11] Dies betrifft alle Angaben, die einen Finanzzahlenbezug aufweisen, wie die Wirtschaftsberichterstattung nach §289 Abs. 1 S. 1–3, Absatz 3 HGB, den Prognosebericht nach §289 Abs. 2 Nr. 1 HGB. Für einen Überblick, welche Berichtsinhalte dem jeweiligen Rechtsgebiet zuzuordnen wären, siehe die tabellarische Übersicht im Anhang 1 – Übersicht der Berichtszwecke.

[12] Siehe §4A. VII.

Angesichts der Vielzahl von mehr als 50 bilanzrechtlich zuzuordnenden Angabepflichten stünde die informatorisch-inhaltliche Ordnung im Vordergrund, die angesichts des Gesamtgehalts eines solchen Berichts auch legislativ den Erstellern zwar nicht im Detail, so doch in den wichtigsten Untergruppen der Informationen vorzugeben wäre. Hierfür wäre zunächst denkbar, die Inhalte anhand der unterschiedlichen Zwecksetzungen[13] zu gliedern. Die Analyse zeigt eine häufige doppelte (bilanzrechtliche) Zweckverfolgung, so dass wegen dieser Überschneidungen ebenfalls keine klare Trennung möglich wäre.

Hingegen böte es sich an, nach Bezugsobjekten aufzugliedern. Nachdem zunächst sowohl Bilanz wie Gewinn- und Verlustrechnung betreffende Bilanzierungs- und Bewertungsmethoden dargestellt werden sollten, könnten anschließend Berichtsinhalte, die sich auf die Bilanz beziehen, und zuletzt Inhalte, die den Bereich der Aufwendungen und Erträge, also im Darstellungsfeld der Gewinn- und Verlustrechnung liegen, dargestellt werden. Die Untergliederung sollte sich an den Gliederungspunkten von Bilanz bzw. Gewinn- und Verlustrechnung orientieren, da dies erleichtern würde, Bilanz und Anhang bzw. Gewinn- und Verlustrechnung und Anhang parallel zu lesen. Ein weiterer Abschnitt sollte Berichtsinhalte umfassen, die sich auf beide Berichtsinstrumente beziehen bzw. positionsunabhängig sind. Innerhalb dieses letzten Abschnitts – oder in einem weiteren Abschnitt – böte es sich an, auswertende bzw. subjektivierte Inhalte, wie Prognosen und Einschätzungen zusammenzufassen. Deren besonderer Charakter und die ihnen anhaftende Unsicherheit sind schon aus Gründen einer nicht irreleitenden Information gesondert und in der systematischen Ordnung des Berichtsstoffs herauszustellen.

III. Systemfolgefragen

Die Inhalte in einem einheitlichen Erläuterungs- und Analysebericht anstelle einer getrennten bilanzrechtlichen Berichterstattung in Anhang und Lagebericht neuzuordnen, würde natürlich voraussetzen, auch die Rechtsfolgenseite, insbesondere also das Enforcement, kritisch zu hinterfragen und zu revidieren.

Legte man die Berichtsformate zusammen, böte dies die Chance, historisch entstandene mögliche Ungleichbehandlungen kritisch zu hinterfragen. So unterliegen Anhang und Lagebericht nach § 317 HGB beispielsweise nicht denselben Prüfungskriterien, die Grundsätze ordnungsgemäßer Bilanzierung gelten nach § 243 HGB nicht für den Lagebericht und auch das strenge Stichtagsprinzip ist auf diesen nicht anwendbar. Daneben wäre zu klären, ob ein bilanzrechtlicher, Anhang- wie Lageberichtsangaben konzentrierender Einheitsbericht insgesamt durch den Aufsichtsrat gebilligt oder gar durch die Hauptversammlung förmlich festzustellen wäre. Zu klären wäre auch, ob es sachgerecht wäre, Anhangs- und

---

[13]   Vgl. Abbildung zu den bilanzrechtlichen Zwecken, § 3C. III.1).

Lageberichtsinformationen hinsichtlich der Beschlussanfechtung weiterhin unterschiedlich zu behandeln.

Diese Fragen sind allein in Bezug auf die bilanzrechtlichen Berichtsformate zu stellen. Weder die Integration gesellschaftsrechtlicher Informationen, noch deren hier befürwortete Heraustrennung würde etwas dazu beitragen, sie zu beantworten. Die Fragen für die Folgesysteme wären deshalb getrennt zu beantworten und entsprechend der Zielsetzung dieser Untersuchung[14] allein für die gesellschaftsrechtliche Berichtskomponente zu untersuchen.

C. Folgen für die gesellschaftsrechtlichen Inhalte

Den im Folgenden zu behandelnden gesellschaftsrechtlichen Berichtsinhalten fehlt ein konkreter Bezug zur Rechnungslegung fast vollständig. Der Paradigmenwechsel, den es bedeuten würde, diese Inhalte zusammenzuführen und neuzuordnen, sollte aus Gründen der informatorischen Klarheit mit einer eigenständigen Bezeichnung unterstrichen werden. Selbst wenn nach der in dieser Arbeit präferierten Neu- und Zuordnung der bilanzrechtlichen Inhalte in ein einheitliches Berichtsinstrument der Terminus „Lagebericht" frei werden würde, mag dieser als rechnungslegungsbezogen belegter Berichtsterminus nicht zu den gänzlich anderen sachlichen Berichtsinhalten passen.

Die gesellschaftsrechtlichen Inhalte neu zu ordnen, wirft zudem weitere Fragen auf, wie diese Inhalte sich zu anderen gesellschaftsrechtlichen Publizitätspflichten verhalten. Diese Fragen können nicht lediglich beantwortet werden, indem alle Inhalte unter einem einheitlichen Terminus gebündelt werden. Vielmehr ist das Verhältnis eines gesellschaftsrechtlichen Berichts zu diesen anderen gesellschaftsrechtlichen Publizitätspflichten und den sie stützenden kommunikativen Funktionen zu untersuchen.

I. Integration in existente gesellschaftsrechtliche Publizitätsregime?

Ein eigenständiges, umfassendes Berichtsinstrument liefert das Gesellschaftsrecht *de lege lata* allerdings nicht. Nach derzeitigem Aktienrecht werden thematisch ähnliche Informationen, wie Beteiligungs- und Konzernstrukturen sowie Corporate Governance-bezogene Informationen jeweils gesondert und auf unterschiedliche Art und Weise publiziert. Das Gesellschaftsrecht kennt sowohl im Bereich der Konzerntransparenz als auch im Bereich der Corporate Governance-Transparenz einige wenige Publizitätspflichten.

---

[14] Siehe § 1C.

1) Beteiligungs- und Konzerntransparenz

Die Offenlegung der konzernrechtlichen Beteiligungstransparenz regelt § 20 Abs. 6 AktG. Danach hat die Gesellschaft eine ihr mitgeteilte Beteiligung in den Gesellschaftsblättern zu veröffentlichen. Diese müssen mindestens im elektronischen Bundesanzeiger veröffentlicht werden (§ 25 AktG).[15] Weitere Informationsmedien kann die Satzung bestimmen.[16] Neben der Beteiligungstransparenz sieht das Gesetz weitere Inhalte vor, die in den Geschäftsblättern offenzulegen sind. Hierzu gehören u. a. die Zusammensetzung des Aufsichtsrats und Wechsel seiner Mitglieder (§§ 97 Abs. 1, 99 Abs. 4, 106 AktG) sowie die Einberufung der Hauptversammlung und deren Tagesordnung (§§ 121 Abs. 3, 124 AktG).[17]

Die Gesellschaftsblätter bilden ein Sammelbecken verschiedenartiger Informationen, die mit den gesellschaftsrechtlichen Informationen der Rechnungslegung inhaltlich eng verknüpft sind. Die Eigenschaft eines Sammelwerks verschiedener Informationen wird dadurch gestärkt, dass über § 23 Abs. 4 AktG weitere Bekanntmachungen „in den Geschäftsblättern" vorgesehen werden können.[18] Durch diese Vielzahl an unterschiedlichsten Informationen wird eine gezielte Information über die Beteiligungstransparenz erschwert. Zudem werden Informationen, die im Rahmen der Gesellschaftsblätter veröffentlicht wurden, im elektronischen Bundesanzeiger lediglich als „Meldung" angezeigt, ohne dass die Informationen aufbereitet oder in diesbezügliche Gesamtinformationen eingeflochten werden. Ein vollständiges und abschließendes Bild der Beteiligungen muss nicht erstellt werden.

Eine konzentrierte und konsolidierte Information über die Konzern- und Beteiligungsstrukturen einer Gesellschaft ist somit nicht vorgesehen; sie ist in diesem auf Aktualität und nicht auf Konzentration ausgerichteten Publizitäts-Teilsystem auch nicht angelegt. Wohl deshalb greift das Gesellschaftsrecht für den konzernrechtsrelevanten Abhängigkeitsbericht gemäß § 312 Abs. 3 S. 3 AktG auf den Lagebericht als Publizitätsinstrument zurück, in dem kumulierte Informationen eines Jahres zusammengefasst werden können.

2) Corporate Governance-Publizität

Die der Corporate Governance zuzuordnenden Berichtspflichten zerstreuen sich im gesamten Aktiengesetz. Neben der rein unternehmensinternen, nicht publizierten Berichterstattung des Vorstands an den Aufsichtsrat gemäß § 90 AktG,

---

[15] Vgl. *Veil*, in: Schmidt/Lutter, AktG, § 20 Rn. 33.

[16] Vgl. *Seibt*, in: Schmidt/Lutter, AktG, § 25 Rn. 3.

[17] Für eine Auflistung aller Pflichtbekanntmachungen siehe *Seibt*, in: Schmidt/Lutter, AktG, § 25 Rn. 2.

[18] Vgl. *Seibt*, in: Schmidt/Lutter, AktG, § 25 Rn. 51.

nach der der Vorstand über die Geschäftspolitik, die Rentabilität, den Gang der Geschäfte und wesentliche Geschäfte berichten soll, finden sich extern offenzulegende Berichtsinhalte in § 161 AktG und Ziff. 3.10 DCGK.

Die Entsprechenserklärung des § 161 AktG, in der darüber berichtet werden muss, ob und welche Kodexempfehlungen (nicht) eingehalten wurden, ist als eigenständiges Berichtsinstrument auf der Internetseite und ggf. zusätzlich als Teil der Erklärung zur Unternehmensführung nach § 289a HGB im Rahmen des Lageberichts offenzulegen. Die Erklärung zur Unternehmensführung kann nach § 289a Abs. 1 S. 2 HGB zwar als eigenständiges Berichtsformat auf der Internetseite der Gesellschaft publiziert werden. Jedoch verlangt das Gesetz in § 289a Abs. 1 S. 3 HGB in diesem Fall einen Hinweis im Lagebericht. Dies mag einen ersten Versuch darstellen, der Unterschiedlichkeit der Informationen der Erklärung zur Unternehmensführung von rechnungslegungsbezogenen Inhalten formal Rechnung zu tragen. Doch scheitert dieser Versuch daran, dass ein originär gesellschaftsrechtliches Berichtsinstrument fehlt und aus diesem Grund die Rechnungslegungspublizität inkonsequent als Ziel-Berichtsformat herangezogen wird.

Ein ähnliches Bild zeichnet der Corporate Governance Kodex. Der Kodex sieht in Ziff. 3.10 DCGK einen sog. Corporate Governance-Bericht vor. In ihm sollen die Unternehmen über die Corporate Governance des Unternehmens berichten. Hierzu gehört ausweislich des Wortlauts, Kodexabweichungen zu erläutern und zu den Kodexempfehlungen Stellung zu nehmen. Zu weiteren Inhalten und zur weiteren Ausgestaltung gibt der Kodex kaum Hinweise. Einzig den Ziff. 5.4.1, 6.3 und 7.1.3 DCGK sind zusätzliche Hinweise zu entnehmen: Die Zielsetzung des Aufsichtsrats in Bezug auf eine dem Kodex entsprechende Zusammensetzung sollen veröffentlicht werden (Ziff. 5.4.1 DCGK), ein Aktienbesitz der Organe soll angegeben werden, sofern dieser 1 % der Gesamtaktien der Gesellschaft übersteigt (Ziff. 6.3 DCGK) und Angaben zu Aktienoptionsprogrammen und ähnlichen wertpapierorientierten Anreizsystemen (Ziff. 7.1.3 DCGK) sollen gemacht werden. Welche Themen darüber hinaus zur Corporate Governance des Unternehmens gehören, bleibt unklar. Der Corporate Governance-Bericht nimmt insgesamt wichtige Teilaspekte eines Themenbereichs der gesellschaftsrechtlichen Berichterstattung auf, wäre aber mit den weiteren Inhalten etwa zur Beteiligungs- und Konzerntransparenz informatorisch überfordert. Es bliebe die Möglichkeit, das Internet als ein wichtiges Informationsmedium zu nutzen, dessen Tragweite für eine zusammenfassende Gesellschaftsberichterstattung näher zu analysieren sein wird.

3) Anknüpfung an freiwillige Publizität?

Da auch der Kodex nicht auf ein originär aktienrechtliches Berichtsinstrument zurückgreifen kann, bediente er sich bis zur Reform im Juni 2012 einer (zusätzlichen) Publizität im Rahmen des sog. Geschäftsberichts.

Dieses Berichtsinstrument, das weder das Aktiengesetz noch das Handelsgesetzbuch als zwingende Publizitätsform kennt, wird von vielen Gesellschaften als Basisinstrument für die Kommunikation mit den Aktionären und anderen Stakeholdern genutzt.[19] In den Geschäftsberichten der Unternehmen können mangels gesetzlicher Vorgaben unterschiedlichste Informationen des Handels-, Gesellschafts- und Kapitalmarktrechts zusammenfließen.[20] Dadurch präsentieren sich die Geschäftsberichte der Unternehmen oftmals als „Sammelbecken" völlig unterschiedlicher Angaben,[21] angefangen bei Rechnungslegungsinformationen über Corporate Governance-Inhalte bis zu Arbeits- und Sozialthemen.

Die Geschäftsberichte eignen sich wenig als Mittel gezielter Information, da sie unterschiedlichste Inhalte vermengen. Um die neugewonnene Informationseffizienz[22] nicht wieder zunichte zu machen, sollte es vermieden werden, verschiedene Informationen derart zu vermengen. Dieser Effekt wird im Rahmen freiwilliger Publizität, die ja gerade keinen gesetzlichen Inhaltsvorgaben unterliegt, noch verstärkt, weil es möglich ist, wichtige Informationen durch die Zugabe unwichtiger Informationen zu „verschleiern".[23] Nicht zuletzt deshalb verringert sich die Vergleichbarkeit solcher Berichte mit denen der Mitbewerber, so dass der Informationswert im Extremfall entwertet wird.[24] Zwar haben die Unternehmen wegen der Möglichkeit, sich durch einen guten Geschäftsbericht am Markt zu profilieren[25], ein Interesse daran, diesen Bericht informativ zu gestalten,[26] doch birgt gerade diese Tatsache die Gefahr, den Freiraum zu missbrauchen und ein allzu positives Bild vom eigenen Unternehmen zu kreieren, dem es an der nötigen Objektivität mangelt.

Diesem Missbrauchspotential kann wegen der nur geringfügigen Regulierung nur mangelhaft Einhalt geboten werden: Rahmenbedingungen für freiwillige Publizität finden sich nur in § 328 Abs. 2 HGB hinsichtlich der Darstellung von Jahresabschlussinhalten in freiwilligen Veröffentlichungen oder Verviel-

---

[19] Vgl. *von Werder*, in: Ringleb, DCGK, Rn. 542.
[20] Vgl. *Merkt*, Unternehmenspublizität, S. 430.
[21] Vgl. *Küting/Hütten*, in: Achleitner/Bassen, Investor Relations am Neuen Markt, S. 489, 495.
[22] Siehe § 1B. II.
[23] *Merkt*, Unternehmenspublizität, S. 424.
[24] *Merkt*, Unternehmenspublizität, S. 424.
[25] *Merkt*, Unternehmenspublizität, S. 424.
[26] Es gibt sogar einen Wettbewerb um den besten Geschäftsbericht, der jedes Jahr von einem Forschungsteam um Prof. Beatge, Universität Münster, in Zusammenarbeit mit dem „manager magazin" ausgerichtet wird. Die der Bewertung zugrunde gelegten Checklisten sind unter http://www.wiwi.uni-muenster.de/baetge/geschaeftsbericht/checklisten.html abrufbar.

fältigungen. Um Fehleindrücken entgegenzuwirken, sind Verkürzungen des Jahresabschlusses zu kennzeichnen; der Bestätigungsvermerk des Abschlussprüfers darf nicht beigefügt werden. Wie lückenhaft diese Regelung ist, zeigt sich schon darin, dass eine Parallelvorschrift für Lageberichtsinhalte fehlt. Auch gibt die Vorschrift keine Vorgaben dazu, wie die übrigen Informationen auszugestalten und darzustellen sind. Auf der Enforcement-Seite findet sich eine ebenfalls nur rudimentäre Regelung. § 400 Abs. 1 Nr. 1 AktG stellt es unter Strafe, die Gesellschaftsverhältnisse in Darstellungen oder Übersichten über den Vermögensstand der Gesellschaft unrichtig wiederzugeben oder zu verschleiern. Ein durchschnittlicher Geschäftsbericht[27] wird zwar das Tatbestandsmerkmal der Darstellung des Vermögensstandes erfüllen,[28] da er die Rechnungslegungsdokumente beinhaltet. Doch entfällt diese Strafbewehrung, wenn der Inhalt des Geschäftsberichts auf den Corporate Governance-Bericht begrenzt wird. Denn wie bei der Erklärung zur Unternehmensführung nach § 289a HGB[29] und der Entsprechenserklärung gemäß § 161 AktG[30] ist zweifelhaft, ob ein Bezug zu den wirtschaftlichen Verhältnissen der Gesellschaft besteht und die Voraussetzung der Strafnorm erfüllt ist.[31]

Es zeigt sich, dass das HGB und das AktG nur rudimentäre Regulierungen der freiwilligen Publizität vorsehen. Diese reichen keinesfalls aus, um eine effektive wie wahrheitsgetreue Information der Adressaten zu gewährleisten. Da der Pflichtcharakter der in Rede stehenden gesellschaftsrechtlichen Inhalte von Anhang und Lagebericht insgesamt nicht verändert werden soll, wäre es ohnehin unumgänglich, die Materie gesetzlich zu verankern. Ein Rückgriff auf das freiwillige Berichtsinstrument „Geschäftsbericht" für die Pflichtpublizität wäre aber widersprüchlich, denn dadurch würde der freiwillige Bericht faktisch zu einem verpflichtenden Publizitätsinstrument. Diese Unzulänglichkeit hat wohl auch die Regierungskommission dazu veranlasst, für den Corporate Governance-Bericht nach dem DCGK nicht weiter auf den Geschäftsbericht zurückzugreifen. Seit der letzten Reform soll der Bericht nunmehr „im Zusammenhang mit der Erklärung zur Unternehmensführung" veröffentlicht werden. Was damit im Einzelnen gemeint ist, bleibt unklar.[32] In jedem Fall aber wird ein weiteres

---

[27] Zu den üblichen Bestandteilen vgl. *Küting/Hütten*, in: Achleitner/Bassen, Investor Relations am Neuen Markt, S. 489, 494 f.

[28] Vgl. *Schaal*, in: MünchKomm AktG, § 400 Rn. 24.

[29] Vgl. *Hefendehl*, in: Spindler/Stilz, AktG, § 400 Rn. 46.

[30] Vgl. *Hefendehl*, in: Spindler/Stilz, AktG, § 400 Rn. 68.

[31] *Schaal*, in: MünchKomm AktG, § 400 Rn. 24 lassen einen solch weitgefassten Bezug ausreichen. Er könnte aber in Bezug auf die Corporate Governance-Berichterstattung allein damit bejaht werden, dass eine gute Corporate Governance einen positiven Effekt auf den Unternehmenserfolg und die wirtschaftliche Entwicklung eines Unternehmens hat; vgl. zu einem solchen Zusammenhang *Stiglbauer*, Corporate Governance Berichterstattung und Unternehmenserfolg.

[32] Vgl. *Nikoleyczik/Schult*, GWR 2012, S. 289.

eigenständiges Dokument veröffentlicht werden müssen, das keinen Beitrag dazu leistet, die zusammengehörigen Informationen zur Corporate Governance zusammenhängend und systematisch geordnet offenzulegen.

II. Notwendigkeit eines eigenständigen Pflicht-Berichtsinstruments

Aus diesen Gründen würde es eines neuen, im Gesellschaftsrecht verankerten Berichtsinstruments bedürfen. An vorhandene, auf Aktualität von Einzelmeldungen (Gesellschaftsblätter) oder Teilaspekte abdeckende Teilsysteme (Governance-Transparenz) anzuknüpfen, könnte die bisher auf Anhang und Lagebericht verstreuten gesellschaftsrechtlichen Informationen nicht konsolidieren und zusammenfassend darstellen. Es wäre ein eigenständiges Instrument gesellschaftsrechtlicher Berichterstattung zu schaffen. Dieses soll im Folgenden als „Gesellschaftsbericht" bezeichnet werden.

D. Gesellschaftsbericht als Teil der Unternehmensberichterstattung

Unter informationssystematischen Gesichtspunkten hat der Gesellschaftsbericht eine Bündelungsfunktion. Er sammelt und konzentriert die bisher auf verschiedene Berichtsteile verstreuten Informationen und fasst sachlich Zusammengehöriges zusammen. Dadurch entlastet er die bilanzrechtlichen Berichte und beseitigt dort Störfaktoren, die eine konzentrierte Wahrnehmung der finanzanalytischen Informationen behindern.

Die Zusammenführung der einzelnen, insgesamt 34 verschiedenen gesellschaftsrechtlichen Angabepflichten aus bisherigem Anhang und Lagebericht würde dem Bericht ein informatorisches Gewicht verleihen, das dasjenige der Addition seiner Einzelbestandteile deutlich übersteigen würde. Hierdurch würde er den Aufmerksamkeitswert zugunsten der gesellschaftsrechtlichen Informationen deutlich steigern, ohne die Informationsinteressen der bilanzrechtlich und finanzanalytisch orientierten Informationsadressaten zu stören. Durch die grundlegende Aufteilung würde er unterschiedliche subjektive Informationspräferenzen wesentlicher Adressatengruppen stützen. Er könnte den primär als potentiellen Finanzanlegern interessierten Lesern als ergänzende Information ihrer finanzstromorientierten Nutzeneinschätzung dienen, böte aber vor allem aktiven, Governance-orientierten Aktionären eine geeignete und informationseffiziente Grundlage für ihre Mitwirkung innerhalb der gesamtgesellschaftsrechtlichen Willensbildung und bei der Unternehmenskontrolle.

Im Detail festzustellen, welche der gesellschaftsrechtlichen Angaben in einen solchen Bericht aufgenommen werden, welche entfallen oder welche Aspekte ergänzend in ihn aufgenommen werden sollten, ist nicht Gegenstand dieser Untersuchung. Die in Anhang 2 dieser Arbeit[33] aus der Gesamtanalyse nochmals gesondert exzerpierten gesellschaftsrechtlichen Berichtselemente zeigen jedenfalls, dass sich der dort vorgruppierte aktuelle Pflichteninhalt unter Informationsgesichtspunkten thematisch strukturiert weiter ordnen lässt. Diese hierarchisch nachgeordnete Systematisierungsaufgabe anzugehen, ist nicht Ziel dieser Untersuchung.

Primär gilt es zu untersuchen, welchen weiteren Rahmenbedingungen ein solch originär gesellschaftsrechtliches Berichtsinstrument insbesondere nach deutschem Aktienrecht unterliegen würde. Dem widmet sich der zweite Teil dieser Arbeit.

E. Europarechtliche Implikationen für einen Gesellschaftsbericht

Nicht nur die Konzeption von Anhang und Lagebericht, sondern auch die wesentlichen Inhalte[34] dieser Berichtsformate sind europarechtlich determiniert. Neben der 4.[35] und 7.[36] Bilanzrichtlinie, die der europäische Gesetzgeber nunmehr 2013 durch eine konsolidierte Bilanzrichtlinie[37] abgelöst hat, regeln die Übernahmerichtlinie[38] und die Abschlussprüferrichtlinie[39] Inhalte wie Rahmenbedingungen der Rechtsmaterie. Mit den europarechtlichen Vorgaben erhielten auch wesentliche Teile der gesellschaftsrechtlich zu qualifizierenden Berichtsinhalte Einzug in Anhang und Lagebericht. Dass das europäische Sekundärrecht die Vorschriften zu den Rechnungslegungsvorschriften nutzte, um die gesellschaftsrechtliche Transparenz zu erweitern, dürfte darauf zurückzuführen sein, dass die Rechnungslegung einer der wenigen Bereiche ist, in denen eine europarechtliche Harmonisierung erreicht werden konnte. Die meisten Projekte

---

[33] Anhang 2 – Inhaltliche Gruppierung der Berichtsthemen des Gesellschaftsberichts.

[34] Von den deutschen Anhangs- und Lageberichtsangaben nach §§ 284, 285, 289 und 289a HGB und §§ 160 und 312 AktG beruhen allein §§ 285 Nr. 26 HGB und § 312 Abs. 3 S. 3 AktG nicht auf europarechtlichen Vorgaben. Seit der Konsolidierung der 4. und 7. Richtlinie sind desweiteren Angaben gem. §§ 284 II Nr. 2, 285 Nr. 6 und 12 HGB nicht mehr gefordert. Für einen synoptischen Vergleich des europäischen Sekundärrechts nach Konsolidierung der 4. und 7. Richtlinie mit geltendem Handelsrecht *Stute*, StB 2013, S. 442, 450 ff.; *ders.*, StB 2014, S. 26, 27 ff.

[35] Richtlinie 78/660/EWG des Europäischen Parlaments und des Rates vom 25. Juli 1978 (4. Bilanzrichtlinie).

[36] Richtlinie 83/349/EWG des Europäischen Parlaments und des Rates vom 13. Juni 1983 (7. Bilanzrichtlinie).

[37] Richtlinie 2013/34/EU des Europäischen Parlaments und des Rates vom 26. Juni 2013 (konsolidierte Bilanzrichtlinie).

[38] Richtlinie 2004/25/EG des Europäischen Parlaments und des Rates vom 21. April 2004 (Übernahmerichtlinie).

[39] Richtlinie 2006/43/EG des Europäischen Parlaments und des Rates vom 17. Mai 2006 (Abschlussprüferrichtlinie).

zur Rechtsangleichung des Gesellschaftsrechts scheiterten an bisweilen unüberbrückbaren Differenzen der einzelnen Mitgliedsstaaten.[40]

I. Prinzip der Mindestharmonisierung und verbleibende Freiräume bei der Ausgestaltung

Die Bilanzrichtlinie folgt bisweilen im Grundsatz dem Prinzip der Mindestharmonisierung.[41] Zu den sich aus Wortlaut und Systematik erschließenden Mindestvorgaben für Anhang und Lagebericht gehört, dass es diese zwei Berichtsinstrumente gibt. Für den Anhang, nicht aber für den Lagebericht, wird angeordnet, dass er integraler Bestandteil des Jahresabschlusses ist.[42]

Hinsichtlich der Inhalte, die zwingend in den Berichtsinstrumenten enthalten sein müssen, folgen die Richtlinien ebenfalls dem Konzept der Mindestharmonisierung. Allein für kleine Unternehmen will die konsolidierte Bilanzrichtlinie nach dem „*think small first*"-Ansatz die Belastungen durch die Transparenzvorschriften senken und kehrt deshalb von dem bisher geltenden Primat der Mindestharmonisierung im Sinne eines kleinsten gemeinsamen Nenners in diesem Bereich zugunsten einer maximal Harmonisierung ab (Art. 16 Abs. 3 der konsolidierten Bilanzrichtlinie).[43] Nach dem dritten Erwägungsgrund ermöglicht die Richtlinie den Mitgliedsstaaten jedoch, für die kleinen Unternehmen ergänzend zu den zwingend vorgeschriebenen Anhangsangaben „einige wenige Informationen zu verlangen".[44] Für mittlere und große Unternehmen bleibt es explizit bei dem Ansatz der Mindestharmonisierung.[45] Zusätzliche Angaben können von den Mitgliedsstaaten demnach vorgesehen und frei in Anhang oder Lagebericht verortet werden.

Hinsichtlich der europarechtlich vorgeschriebenen Inhalte legt die Richtlinie im Rahmen der Mindestharmonisierung jedoch fest, wo diese Informationen zu veröffentlichen sind. Gem. Art. 16 und 17 der Richtlinie sind die dort genannten Angaben zwingend im Anhang zu machen („die Unternehmen machen im Anhang […] folgende Angaben"). In gleicher Weise schreibt Art. 19 der Richtlinie die Inhalte des Lageberichts vor; gleiches gilt für die Erklärung zur Unternehmensführung nach Art. 20 der Richtlinie.

Diesen Vorgaben ist der deutsche Gesetzgeber bei der Umsetzung der Richtlinien nicht immer gefolgt. So hat er die Pflicht, das interne Kontroll- und Risikomanagementsystem zu beschreiben, anstatt in der Erklärung zur Unternehmens-

---

[40] Vgl. *Teichmann*, Binnenmarktkonformes GesR, S. 187 ff.

[41] Zum Prinzip der Mindestharmonisierung vgl. *Teichmann*, Binnenmarktkonformes GesR, S. 198 ff.

[42] Art. 4 Abs. 1 der konsolidierten Bilanzrichtlinie.

[43] Vgl. *Lanfermann*, BB 2011, S. 3051, 3053.

[44] Satz 1 des Erwägungsgrundes 10 der Richtlinie 2013/34/EU.

[45] Satz 5 des Erwägungsgrundes 10 der Richtlinie 2013/34/EU.

führung, wie es in Art. 20 Abs. 1 lit. c) der konsolidierten Richtlinie vorgesehen ist, in den Lagebericht aufgenommen. Zwar sieht Art. 20 Abs. 1 der konsolidierten Bilanzrichtlinie vor, dass die Erklärung zur Unternehmensführung Teil des Lageberichts ist, so dass die Angaben auch dort gemacht werden können, doch sind sie auch dann in einem gesonderten Abschnitt aufzuführen. Alternativ sieht Art. 20 Abs. 2 lit. a) der konsolidierten Bilanzrichtlinie die Möglichkeit vor, die Angaben der Erklärung zur Unternehmensführung in einen gesonderten Bericht, aufzunehmen. Es ist in der Richtlinie jedoch nicht angelegt, dass dieses Mitgliedsstaatenwahlrecht für einzelne Angaben getrennt ausgeübt werden soll.[46] Denn dadurch werden die Schlüsselinformationen zur Corporate Governance, die in der Erklärung zur Unternehmensführung zusammengefasst offengelegt werden sollen,[47] auseinandergerissen.

Ähnliches gilt für die übernahmerechtlichen Inhalte, die der deutsche Gesetzgeber gem. § 289 Abs. 4 HGB im Lagebericht verortet hat. Hier ist es jedoch die europäische Rechtslage, die auch nach der Konsolidierung der 4. und 7. Richtlinie uneinheitlich ist, zu beachten. Während die Übernahmerichtlinie in Art. 10 Abs. 2 vorsieht, dass die Angaben im Lagebericht gemacht werden müssen, verankert die konsolidierte Bilanzrichtlinie in Art. 20 Abs. 1 lit. c) den Übernahmebericht in der Erklärung zur Unternehmensführung.

Auch hinsichtlich der Angaben zu den Organmitgliedern nach § 285 Nr. 10 HGB sieht die Richtlinie vor, dass diese in die Erklärung zur Unternehmensführung aufzunehmen sind (Art. 20 Abs. 1 lit. f) der konsolidierten Bilanzrichtlinie) und damit nicht Teil des Anhangs sind. Der deutsche Gesetzgeber hatte die Regelung zwar bereits vor Einführung der europarechtlichen Regelungen im Anhang vorgesehen,[48] doch hätte er die Informationen zur Umsetzung der Richtlinie auch in die Erklärung zur Unternehmensführung überführen müssen.

Neben diesen vom deutschen Gesetzgeber angenommenen faktischen bzw. aus einer weiten Auslegung der Mitgliedsstaatenwahlrechts nach Art. 20 Abs. 2 der konsolidierten Bilanzrichtlinie resultierenden Umsetzungsspielräumen, die nicht mit dem Wortlaut der Richtlinien vereinbar sind,[49] und den aus Unklarheiten der Richtlinien resultierenden Spielräumen bei der Frage, wo einzelne

---

[46] So aber wohl das Verständnis von *Stute*, StB 2014, S. 26, 28.

[47] Vgl. Erwägungsgrund 10 der Richtlinie 2006/46/EG.

[48] Siehe dazu oben § 4A. II.8).

[49] Die vom deutschen Gesetzgeber vorgenommene Verortung im Lagebericht ist allerdings hinsichtlich der Prüfung der Inhalte durch den Abschlussprüfer konsequenter, denn gem. Art. 20 Abs. 3 i. V. m. Art 34 Abs. 1 lit. a) i) der konsolidierten Richtlinie sind die Angaben zum Kontroll- und Risikomanagementsystem, wie auch die übernahmerechtlichen Angaben einer Einklangsprüfung zu unterziehen, wohingegen die übrigen Angaben der Erklärung zur Unternehmensführung allein auf ihr Vorhandensein geprüft werden. Im Hinblick auf die Organtransparenz verstößt die Verortung im Anhang zwar gegen die explizite Zuweisung der Information zur Erklärung zur Unternehmensführung, hinsichtlich der Rechtsfolgen, insbesondere der Prüfung, erlaubt die Richtlinie aber einen strengeren Prüfungsmaßstab, da auch in diesem Bereich das Prinzip der Mindestharmonisierung gilt; vgl. hierzu sogleich.

Berichtspflichten zu verorten sind, verbleibt die von der Richtlinie vorgesehene Möglichkeit, gem. Art. 20 Abs. 2 lit. a) die Erklärung zur Unternehmensführung als gesonderten Bericht offenzulegen. Da die Regelung ebenfalls nur eine Mindestharmonisierung darstellt, stünde es den Mitgliedsstaaten frei, in diesem gesonderten Bericht weitere Inhalte aufzunehmen. Begrenzt dürfte eine solche Ausweitung allein durch den Zweck sein, der mit der Erklärung verbunden ist. Sie soll den Aktionären „leicht zugängliche Schlüsselinformationen zu den angewandten Unternehmensführungspraktiken" geben.[50] Ein gewisser Spielraum, die Angaben um themenverwandte Inhalte zu ergänzen, bestünde jedoch. Angaben, die explizit dem Anhang oder dem Lagebericht zugewiesen sind, können aber nicht in die Erklärung zur Unternehmensführung ausgelagert werden. Um die Berichtsinhalte nach dem hier vorgeschlagenen Konzept vollständig neu zu ordnen und zu systematisieren, reichen die Freiräume, die der europäische Gesetzgeber eingeräumt hat, deshalb nicht aus.

II. Europarechtliche Vorgaben für die Rahmenbedingungen der Berichterstattung

Auch die Rahmenbedingungen, wie unternehmensinterne Verantwortlichkeit, Offenlegung, Prüfung und Haftung, regelt die Richtlinie.[51]

Art. 33 Abs. 1 der konsolidierten Richtlinie regelt zunächst für Anhang und Lagebericht sowie für die Erklärung zur Unternehmensführung, wenn sie als gesonderter Bericht veröffentlicht wird, dass unternehmensintern die Mitglieder der Verwaltungs-, Leitungs-, und Aufsichtsorgane im Rahmen der ihnen durch die mitgliedsstaatlichen Regelungen übertragenen Zuständigkeiten die gemeinsame Aufgabe haben sollen, die Berichte zu erstellen und offenzulegen. Damit wird zunächst deutlich, dass Leitungs- und Aufsichtsorgan zu beteiligen sind. Andererseits überlässt es die Richtlinie den Mitgliedsstaaten, die innergesellschaftsrechtlichen Kompetenzen und Verantwortlichkeiten auszugestalten. In dieser Hinsicht besteht ein weiter Umsetzungsspielraum.

Die Veröffentlichung regelt Art. 30 der konsolidierten Bilanzrichtlinie i. V. m. Art. 2 lit. f) der Publizitätsrichtlinie.[52] Hier gelten für Anhang, Lagebericht und Erklärung zur Unternehmensführung dieselben Regeln. Allerdings folgt auch die Publizitätsrichtlinie dem Prinzip der Mindestharmonisierung und gewährt den Mitgliedsstaaten einen weiten Umsetzungsspielraum. So sollen die Mitgliedsstaaten das Amtsblatt, in dem die offenzulegenden Urkunden und Angaben

---

[50] Erwägungsgrund 10 der Richtlinie 2006/46/EG.

[51] Zu den Rahmenbedingungen, die für einen Gesellschaftsbericht gelten sollten, siehe sogleich Teil 2 dieser Arbeit.

[52] Richtlinie 2009/101/EG des Europäischen Parlaments und des Rates vom 16. September; geändert durch die Richtlinie 2012/17/EU des Europäischen Parlaments und des Rates vom 13. Juni 2012.

bekannt zu machen sind, zwar in Papierform oder in elektronischer Form führen, es ist ihnen aber ebenso gestattet Bekanntmachungen durch andere wirksame Formen zu regeln. Art. 3 der Publizitätsrichtlinie schreibt jedoch vor, dass die Rechnungslegungsunterlagen zumindest entweder bei einem zentralen Register oder bei einem Handels- oder Gesellschaftsregister in elektronischer Form hinterlegt sein müssen.

Die Prüfung von Anhang, Lagebericht und Erklärung zur Unternehmensführung regelt Art. 34 der konsolidierten Bilanzrichtlinie i. V. m. der Abschlussprüferrichtlinie.[53] Die Trennung von Anhang und Lagebericht setzt sich im System der Prüfung fort. Der Jahresabschluss – und damit auch der Anhang – ist für prüfungspflichtige Unternehmen einer Vollprüfung durch den Abschlussprüfer zu unterziehen.[54] Für den Lagebericht ist dagegen in Art. 34 Abs. 1 lit. a) der konsolidierten Bilanzrichtlinie nur eine Einklangsprüfung angeordnet. Für die Erklärung zur Unternehmensführung ist der Prüfungsmaßstab nochmal gelockert: Gem. Art. 20 Abs. 3 der konsolidierten Bilanzrichtlinie prüft der Abschlussprüfer im Rahmen der Einklangsprüfung lediglich die Angaben zum Kontroll- und Risikomanagementsystem[55] und zum Übernahmebericht[56], hinsichtlich der übrigen Inhalte überprüft er hingegen nur, ob diese Angaben gemacht wurden. Nach dem insoweit unveränderten Mindestharmonisierungskonzept steht es des Mitgliedsstaaten frei, den Lagebricht und die Erklärung zur Unternehmensführung der Vollprüfung zu unterziehen.[57]

Hinsichtlich der Rechtsdurchsetzungsmethoden gewährt die Richtlinie den Mitgliedsstaaten weite Umsetzungsspielräume. Art. 33 Abs. 2 der konsolidierten Bilanzrichtlinie scheibt lediglich vor, dass ein Binnenregress für Sorgfaltspflichtverstöße vorzusehen ist. Weitere Sanktionen für Verstöße können die Mitgliedsstaaten gem. Art. 51 der konsolidierten Bilanzrichtlinie selbst festlegen; diese müssen lediglich wirksam, verhältnismäßig und abschreckend sein.

III. Notwendigkeit einer Richtlinienänderung

Unabhängig davon, ob und in welchem Ausmaß den Mitgliedsstaaten bei der Gestaltung ihrer Unternehmensberichterstattung aus europarechtlicher Perspektive Freiräume eingeräumt wurden, würde ein deutscher Alleingang die Ziele verfehlen, die durch die europäische Harmonisierung erreicht werden sollen.

Will der nationalen Gesetzgeber die bestehenden Freiräume für die Umsetzung von Richtlinien ausnutzen und die Richtlinie nicht „eins zu eins"

---

[53] Richtlinie 2006/43/EG.
[54] Art. 34 Abs. 1 der konsolidierten Bilanzrichtlinie.
[55] Art. 20 Abs. 1 lit.) der konsolidierten Bilanzrichtlinie.
[56] Art. 20 Abs. 1 lit. d) der konsolidierten Bilanzrichtlinie.
[57] Auch die Abschlussprüferrichtlinie folgt dem Konzept der Mindestharmonisierung, vgl. Erwägungsgrund 5 der Richtlinie 2006/43/EG.

umsetzen, muss er zunächst die spezifischen Zwecke berücksichtigen, die mit dem primären und sekundären Gemeinschaftsrecht verfolgt werden. Für die Bilanzrechtsharmonisierung sind primärrechtlich die besondere Bedeutung der Rechnungslegung und Kapitalmarktinformation für die Funktionsfähigkeit des Binnenmarkts und der ihn tragenden Verkehrsfreiheiten von hoher Bedeutung. Auch wenn mit der Bilanzrechtsharmonisierung keine Vollharmonisierung erreicht wird, sondern es sich um eine Mindestharmonisierung handelt, setzt das mit der 4. und 7. Richtlinie angestrebte – wenn auch unvollkommen erreichte – Ziel einer (Mindest-)Vergleichbarkeit der Jahresabschlüsse den nationalen Gesetzgebern enge Grenzen. Dieser Zielsetzung kommt besonders mit den massiv angewachsenen Informationspflichten im Anhang und Lagebericht für die gemeinschaftsweite und internationale Kapitalmarktkommunikation erhöhte Bedeutung zu. Zwar hat der Gemeinschaftsgesetzgeber unter dem *„think small first"*-Ansatz der konsolidierten Fassung zunächst nur für den Anhang von kleinen Kapitalgesellschaften seine Bestrebungen verdeutlicht, zumindest den Anhang dieser kleinen Unternehmen vollständig zu harmonisieren. Dies eröffnet angesichts des übergeordneten Regelungsziels einer Mindestvereinheitlichung aber keineswegs im Gegenschluss auf erweiterte Freiräume bei der Umsetzung anderer Mindestvorgaben der Bilanzrechtsrichtlinie zu schließen. Um zu gewährleisten, dass die Unternehmensberichterstattung innerhalb der Europäischen Union vergleichbar bleibt, ist nicht der deutsche Gesetzgeber gefragt, die zur Systematisierung notwendigen Strukturänderungen vorzunehmen, sondern der europäische Gesetzgeber.

Aus rechtlichen wie aus systematischen Gründen wäre es deshalb notwendig, die Richtlinien zu ändern, zumal der europäische Gesetzgeber es bislang versäumt hat, einen einheitlichen Systemgedanken, wie er in dieser Arbeit vorgeschlagen wird, auszuformen, die Unternehmensberichterstattung neu zu strukturieren und die Inhalte hiernach zu systematisieren.[58]

---

[58] Erste Ansätze, die Verortung der Berichtsinhalte in den Richtlinien zu überdenken, hat der europäische Gesetzgeber bei der Konsolidierung der Bilanzrichtlinie zwar aufgegriffen. So ist gem. Art. 17 Abs. 1q) der konsolidierten Bilanzrichtlinie nunmehr der Nachtragsbericht, der nach der derzeitigen Regelung des § 289 Abs. 2 Nr. 1 HGB dem Lagebericht zugeordnet ist, nunmehr im Anhang verankert. Allerdings blieb es bei dieser punktuellen Änderung.

Teil 2

Aktienrechtliche Rahmenbedingungen
für einen Gesellschaftsbericht

Würden Anhang und Lagebericht nach diesem Modell neukonzipiert und ihre Inhalte systematisiert, würde sich der Gesellschaftsbericht als ein Format mit allein gesellschaftsrechtlichen Inhalten präsentieren. Er wäre ein originär gesellschaftsrechtlicher Bericht. Unter dieser Prämisse müsste er sich in die Methodik dieses Rechtsgebiets einfügen und dessen rechtliche Anforderungen erfüllen.

Das Gesellschaftsrecht kennt bisher nur ein Berichtsformat, das sich vergleichbar der bilanzrechtlichen Berichterstattung auch an die unternehmensexternen Adressaten richtet. Die in § 161 AktG verankerte Entsprechenserklärung zum Corporate Governance Kodex adressiert neben den Aktionären den Kapitalmarkt und die Öffentlichkeit.[1] Anders als es bei dem neuen Gesellschaftsbericht wäre, wird ihr Inhalt nicht durch den Gesetzeswortlaut des § 161 AktG allein bestimmt, sondern ist vom selbstregulatorisch, durch die Kodex-Kommission festgelegten Corporate Governance Kodex, abhängig. Wird den dortigen Empfehlungen Folge geleistet, so kann sich die Entsprechenserklärung darauf beschränken, dieser Befolgung Ausdruck zu verleihen.[2] Einen umfassenden Bericht über die ausgeübte Corporate Governance des Unternehmens stellt die Entsprechenserklärung nicht dar. Die rechtliche Ausgestaltung der Entsprechenserklärung kann deshalb nur bedingt Anhaltspunkte für gesellschaftsrechtliche Rahmenbedingungen einer unternehmensexternen Berichterstattung liefern.

Mangels eines gesellschaftsrechtlichen Vorbilds unternehmensexterner Berichterstattung müssten die Anforderungen und Rahmenbedingungen, die das Gesellschaftsrecht vorgibt, für den Gesellschaftsbericht neu herausgearbeitet werden. Das für das Bilanzrecht entwickelte Regelungsregime könnte für die Rahmenbedingungen, die für den Gesellschaftsbericht gelten sollen, nur dann wertungsmäßig herangezogen werden, wenn es Ausdruck eines Rechtsgedankens ist, der im Gesellschaftsrecht bereits verankert ist.[3] Dann bestünden keine

---

[1] Vgl. *Hüffer*, AktG, § 161 Rn. 10; *Grottel*, in Beck BilanzKomm, § 285 Rn. 281.

[2] In einem solchen Fall präsentiert sich die Entsprechenserklärung als kurze, einseitige Bekanntmachung, vgl. z. B. die Entsprechenserklärung der BASF AG http://www.basf.com/group/corporate/de/function/conversions:/publish/content/investor-relations/corporate-governance/images/Entsprechenserklaerung_2011_BASF_SE.pdf.

[3] Vgl. *Dreher*, ZGR 2010, S. 469, 503.

Bedenken, die konkretisierenden Vorschriften in das Gesellschaftsrecht zu implementieren. Ist dies nicht der Fall, müsste genau untersucht und begründet werden, ob und warum die jeweilige Regelung mit dem (zwingenden) Gesellschaftsrecht vereinbar wäre. Dass dies bisweilen noch nicht untersucht wurde, liegt wiederum daran, dass die gesellschaftsrechtlichen Informationen ohne inneren Zusammenhang zu den funktionalen Zwecken in die bilanzrechtlich orientierten Berichtsinstrumente eingeflossen sind. Die Frage, ob es sachgerecht und mit dem Gesellschaftsrecht vereinbar ist, die gesellschaftsrechtlichen Inhalte dem bilanzrechtlichen Regelungsregime zu unterwerfen, stellte sich deshalb bisher nicht. Für die gesellschaftsrechtliche Rahmenordnung und das (Rechts-) Folgensystem eines neuen Gesellschaftsberichts dürften die bilanzrechtlichen Regime, die für die rechnungslegungsbezogene Einordnung von Jahresabschluss, Anhang und Lagebericht erarbeitet wurden, aber nicht mechanisch übertragen werden. Vielmehr wären Fragen der Kompetenz, der Hauptversammlungsbeteiligung, der Berichtsprüfung, der gerichtlichen Kontrolle und der Haftung genuin neu aus aktienrechtlichen Prinzipien zu entwickeln.

§ 6 Normadressat und innergesellschaftliche Zuständigkeiten

Erste grundlegende Weichenstellung für die meisten weiteren aktienrechtlichen Rahmenbedingungen für den Gesellschaftsbericht wäre, wer nach außen Schuldnerin der Berichtspflicht und wer innergesellschaftlich für die Aufstellung verantwortlich wäre. Sowohl die Adressatenfrage als auch die Frage der Berichtskompetenz bedingen eine Vorentscheidung, die über die Möglichkeiten auf Rechtsdurchsetzungsebene, insbesondere über die Fragen der Prüfung und der Haftung, mitentscheidet.

A. Adressat der Berichtspflicht

Primär würde sich die Frage nach dem Normadressaten des neu zu schaffenden Gesellschaftsberichts stellen. Es käme eine Erklärung der Gesellschaft, bei der der Erklärungsverpflichtete die Aktiengesellschaft selbst wäre, oder eine Erklärung von Vorstand und/oder Aufsichtsrat als Organe der Gesellschaft in Frage.[1]

Sowohl die handelsrechtlichen Berichtspflichten als auch das aktienrechtliche Auskunftsrecht nach § 131 AktG[2] verpflichten die Gesellschaft. Für den Jahresabschluss ergibt sich dies formell aus § 242 HGB. Danach ist der Kaufmann, also die Aktiengesellschaft, verpflichtet, den Jahresabschluss aufzustellen. Für Anhang und Lagebericht kann nichts anderes gelten, wenngleich § 264 Abs. 1 HGB die Aufstellungspflicht an die gesetzlichen Vertreter richtet. Diese Vorschrift stellt allein eine Kompetenzregel dar,[3] denn andernfalls würde die Frage nach der Schuldnerin des Jahresabschlusses, der den Anhang einschließt, nach Berichtsteilen divergierend zu beantworten sein. Schuldnerin von Bilanz und Gewinn- und Verlustrechnung wäre dann die Gesellschaft, die des Anhangs, der gleichwohl eine Einheit mit den anderen beiden Berichtseinheiten bildet, der Vorstand als Vertreter der Gesellschaft. Dies kann ebenso wenig bezweckt sein

---

[1] Prinzipiell ist auch eine persönliche Erklärung der Mitglieder der Organe denkbar; vgl. zur Rechtslage bei § 161 AktG *Semler*, in: MünchKomm AktG, 2. Auflage, § 161 Rn. 68 f. Eine persönliche Pflicht ergibt aber in Anbetracht der Inhalte des Gesellschaftsberichts, die allein die Verhältnisse der Gesellschaft und nicht subjektive Informationen über die einzelnen Organmitglieder betreffen, keinen Sinn.

[2] Vgl. *Kubis*, in: MünchKomm AktG, § 131 Rn. 19.

[3] Zur Frage der innergesellschaftlichen Zuständigkeiten sogleich § 6B.

wie eine gespaltene Auslegung des § 264 Abs. 1 HGB in Bezug auf den Anhang einerseits und den Lagebericht andererseits[4].

Anders verhält es sich mit der Entsprechenserklärung nach § 161 AktG. Die Norm sieht eine Erklärung von Vorstand und Aufsichtsrat vor. Die herrschende Meinung in der Literatur erblickt hierin eine Regelung, die die Organe als Schuldnerin der Erklärung festlegt.[5] Dies stimme mit dem Inhalt der Erklärung überein, der sich auf ein Verhalten der Organe und nicht der Gesellschaft beziehe.[6]

Da die Inhalte des Gesellschaftsberichts, genauso wie die Inhalte des Jahresabschlusses, die Verhältnisse der Gesellschaft beträfen und sich, anders als die Entsprechenserklärung nach § 161 AktG, nicht auf eine subjektive Absichtsbekundung der Organe bezögen, sollte – unabhängig von den dogmatischen Bedenken einer Organverpflichtung – die Aktiengesellschaft Normadressat sein.[7] Dem entspräche auch die Feststellung, dass für die bisher im Aktienrecht etablierten Informationspflichten mit (auch oder ausschließlich) gesellschaftsrechtlichen Informationsgehalt, wie beispielsweise die Mitteilungen in den Gesellschaftsblättern, durchgängig jeweils die Gesellschaft als Normadressat bestimmt ist.[8]

B. Aufstellungskompetenz

Im deutschen Aktienrecht obliegt die Pflicht, die Gesellschaft zu leiten, dem Vorstand (§ 76 AktG). Was genau zu den Leitungsaufgaben in Abgrenzung zu den Geschäftsführungsmaßnahmen (§ 77 AktG) zählt, legt das Gesetz nur für einige wenige Pflichten explizit fest. In jedem Fall soll die Erstellung periodischer Berichte zu den Leitungsaufgaben zählen.[9] Parallel dazu weist § 78 AktG für den Regelfall die Vertretungsbefugnis ebenfalls dem Vorstand zu. Gibt

---

[4] So wohl *Seibt,* AG 2002, S. 249, 252, der davon ausgeht, dass Schuldner des Lageberichts der Vorstand ist.

[5] Vgl. *Goette,* in: MünchKomm AktG, § 161 Rn. 57; *Hüffer,* AktG, § 161 Rn. 6; *Lutter,* in: Kölner Komm AktG, § 161 Rn. 38; *Spindler,* in: Schmidt/Lutter, AktG, § 161 Rn. 18; *Ringleb,* in: DCGK, Rn. 1512; *Vetter,* in: Henssler/Strohn, GesR, § 161 Rn. 8; *Borges,* ZGR 2003, S. 508, 527; *Seibt,* AG 2002, S. 249, 252; a. A. *Semler,* in: MünchKomm AktG, 2. Auflage, § 161 Rn. 71, 73, der eine Rechtsfähigkeit der Organe verneint und deshalb eine organschaftliche Erklärung ablehnt.

[6] Vgl. *Hüffer,* AktG, § 161 Rn. 6; kritisch auch *Spindler, in:* Schmidt/Lutter, AktG, § 161 Rn. 18.

[7] Eine Änderung derzeitigen europarechtlichen Regelungen zu Anhang, Lagebericht und Erklärung zur Unternehmensführung dürfte dies nicht erfordern, denn die Rechnungslegungsrichtlinien adressieren die Pflicht an die „Unternehmen", vgl. Art. 16 Abs. 1, 17 Abs. 1, 19 und 20 Abs. 1 der konsolidierten Bilanzrichtlinie.

[8] Vgl. beispielsweise § 20 Abs. 6 AktG.

[9] Vgl. *Kuhner,* ZGR 2010, S. 980, 982; *Seibt,* in: Schmidt/Lutter, AktG, § 76 Rn. 9.

der Vorstand nach außen eine Erklärung in Form eines gesetzlichen Berichts ab, unterfällt diese Wissenserklärung seiner Vertretungsbefugnis. Danach wäre der Vorstand das nach dem Aktiengesetz zuständige Organ, um den Gesellschaftsbericht zu erstellen.

Etwas anderes ergäbe sich auch nicht aus den handelsrechtlichen und aktienrechtlichen Sonderregelungen zur Rechnungslegung. Einen vom Aktiengesetz explizit genannten Einzelbereich der Leitungsaufgabe stellt die Buchführung nach § 91 AktG dar.[10] Parallel dazu weist das Handelsgesetzbuch – rechtsformübergreifend – die Jahresabschluss- und Lageberichtsaufstellung den gesetzlichen Vertretern – bei der Aktiengesellschaft also dem Vorstand – zu. Sowohl § 264 HGB als auch § 91 AktG sind reine Kompetenzregeln.[11] Denn Schuldnerin der Berichte nach außen ist die Gesellschaft selbst. Der Aufsichtsrat wird erst im Rahmen der Prüfung tätig.[12]

Diese grundsätzliche Ausgestaltung wird in Ausnahmefällen vom Gesetzgeber durchbrochen.[13] Einen solchen Sonderweg wählte der Gesetzgeber beispielsweise bei der Transparenz der Corporate Governance. § 161 AktG und Ziff. 3.10 DCGK verlangen eine gemeinsame, einheitliche Erklärung bzw. Berichterstattung von Vorstand und Aufsichtsrat.[14] Davon zu unterscheiden ist die Frage, wie über den Inhalt entschieden wird. Da das Aktiengesetz ein gemeinschaftliches Verwaltungsorgan nicht kennt, müssen beide Organe unabhängig voneinander Beschluss fassen.[15] Bei der durch das BilMoG eingeführten Erklärung zur Unternehmensführung nach § 289a HGB wird zwar die Gesellschaft als Erklärungsschuldnerin adressiert. Wegen der inhaltlichen Nähe der Materie zu § 161 AktG gehen einige Stimmen in der Literatur aber davon aus, dass analog zu § 161 AktG eine gemeinsame Erklärung der beiden Organe abzugeben sei.[16] Argumentativ wird vorgebracht, dass sich die Verhaltensvorgaben des Kodex

---

[10] Vgl. *Fleischer*, in: Spindler/Stilz, AktG, § 91 Rn. 1.

[11] Vgl. *Palmes*, Lagebericht, S. 306; a. A. wohl *Casper*, BKR 2005, S. 83, 86.

[12] Vgl. *IDW*, Fachnachrichten 2008, S. 9, 17; *Böcking/Eibelshäuser*, Der Konzern 2009, S. 563, 570. Geringfügig abweichend stellt sich die Vorgehensweise beim Jahresabschluss dar. Dieser muss nach § 171 Abs. 1 S. 1 AktG ebenfalls vom Aufsichtsrat geprüft werden; im Anschluss ist aber zu seiner förmlichen Feststellung nach § 172 AktG eine Zustimmung des Aufsichtsrats erforderlich.

[13] Beispielsweise in §§ 124 Abs. 3 S. 1, 112 AktG, 111 Abs. 2 S. 3 AktG und 246 Abs. 2 S. 2 AktG; vgl. *Bachmann*, ZIP 2010, S. 1517, 1522; *Semler*, in: MünchKomm AktG, 2. Auflage, § 161 Rn. 72; *Melcher/Mattheus*, DB-Beilage 5/2009, S. 77, 80.

[14] Vgl. § 161 Abs. 2 AktG („die Erklärung"), *Lutter*, in: Kölner Komm AktG, § 161 Rn. 73; *Goette*, in: MünchKomm AktG, § 161 Rn. 57 f.; *v. Werder*, in: Deutscher Corporate Governance Kodex, Rn. 550.

[15] Vgl. *Lutter*, in: Kölner Komm AktG, § 161 Rn. 40 ff.; *Goette*, in: MünchKomm AktG, § 161 Rn. 62, der aber darauf hinweist, dass eine gemeinsame Beschlussfassung durch den Gesetzgeber hätte angeordnet werden sollen.

[16] Vgl. *Grottel/Röhm-Kottmann*, in: Beck BilanzKomm, § 289a HGB Rn. 12; *Lentfer/Weber*, DB 2006, S. 2357, 2362; *Paetzmann*, in: Haufe HGB, § 289a Rn. 7.

an die Verwaltung insgesamt richteten[17] und eine Kongruenz der inhaltlichen Zuständigkeit und Berichtskompetenz gewahrt werden sollte[18]. Danach sei eine Berichtspflicht des Aufsichtsrats immer dann anzunehmen, wenn er erheblichen Einfluss darauf hat, welche Berichtsgegenstände dieser haben soll[19], was insbesondere bei den Angaben des § 289a Abs. 2 HGB der Fall sei.[20]

Es würde indes nicht überzeugen, diese von der Grundregel des Gesellschaftsrechts abweichende Kompetenzordnung auf den neu zu schaffenden Gesellschaftsbericht zu übertragen. Denn auch die Rechnungslegungsinhalte von Anhang und Lagebericht, über die unstrittig der Vorstand zu berichten hat, betreffen zumindest teilweise Bereiche, auf die der Aufsichtsrat erheblichen Einfluss hat[21], und dennoch hält der Gesetzgeber es für richtig, diese Berichtsinstrumente unter die Kompetenz des Vorstands zu fassen. Nur so könnte das im deutschen Aktienrecht mit seiner dualistischen Unternehmensverfassung tief verankerte Prinzip der Funktionstrennung gewahrt bleiben: Die primäre Aufgabe des Aufsichtsrats besteht in der Überwachung der Unternehmensleitung (§ 111 Abs. 1 AktG). Wer für im Bereich der Geschäftsführung liegende Aufgaben verantwortlich ist, in diesem Fall in Form der Aufstellung eines Berichts, kann nach diesem Prinzip nicht gleichzeitig für die Kontrolle seines eigenen Verhaltens verantwortlich sein.[22] Nur so können Interessenkonflikte verhindert und eine objektive Prüfung gewährleistet werden. Spiegelbildlich kann bei gemeinsamer Kompetenz keine gesellschaftsinterne Prüfung mehr stattfinden, so dass es zwingend einer externen Prüfung bedarf.[23] Dass der Vorstand Informationen vom Aufsichtsrat benötigen würde, um seine Berichtspflichten zu erfüllen, stünde einer Kompetenzzuordnung zum Vorstand nicht entgegen, denn eine gute Corporate Governance setzt ohnehin eine enge Zusammenarbeit von Vorstand und Aufsichtsrat voraus (vgl. Ziff. 3.1 DCGK).[24] Auch die Tatsache, dass ein gemeinsamer Bericht die Gelegenheit zur Reflexion und intensiveren Aus-

---

[17] Vgl. Reg.Begr. BT-Drucks. 14/8769, S. 21.

[18] Vgl. *Lentfer/Weber*, DB 2006, S. 2357, 2362; *Weber/Lentfer/Köster*, IRZ 2007, S. 367, 370; *Grottel/Röhm-Kottmann*, in: Beck BilanzKomm, § 289a HGB Rn. 12.

[19] Vgl. *Lentfer/Weber*, DB 2006, S. 2357, 2362; *Weber/Lentfer/Köster*, IRZ 2007, S. 367, 370.

[20] Vgl. *Grottel/Röhm-Kottmann*, in: Beck BilanzKomm, § 289a HGB Rn. 12; ähnlich auch *IDW*, Fachnachrichten 2008, S. 9, 17.

[21] So beispielsweise die Vergütung des Vorstands (§ 87 AktG) und die Kreditgewährung an Mitglieder (§ 89 AktG), über die in § 285 Nr. 9 HGB zu berichten ist; ähnlich auch *Melcher/Matheus*, DB-Beilage 5/2009, S. 77, 80.

[22] Vgl. *Dreher*, ZGR 2010, S. 496, 535, 537 f.

[23] Wie sich im Einzelnen ein ausreichendes Enforcement ausgestalten lässt, wird später unter § 8B. III zu klären sein.

[24] Ähnlich zur strittigen Kompetenzfrage bei der Erklärung zur Unternehmensführung auch *Bachmann*, ZIP 2010, S. 1517, 1522; *Böcking/Eibelshäuser*, Der Konzern 2009, S. 563, 567; *Gelhausen/Fey/Kämpfer*, Rechnungslegung und Prüfung nach BilMoG, § 289a Rn. 23; *Melcher/Matheus*, DB-Beilage 5/2009, S. 77, 80.

einandersetzung mit der Materie durch den Aufsichtsrat bietet,[25] könnte nicht zu einem anderen Ergebnis führen. Denn gerade im Rahmen seiner Überwachungs- und Prüfungsaufgabe würde sich der Aufsichtsrat ohnehin grundlegend mit den Berichtsinhalten befassen müssen. Ob das Einverständnis des Aufsichtsrats in Anlehnung an die Rechnungslegung durch förmlichen Billigungsbeschluss[26] oder dadurch erfolgen würde, dass ein Prüfungsbericht erstellt wird[27], ist sogleich zu diskutieren. Demnach sollte der Gesellschaftsbericht entsprechend dem aktienrechtlichen Grundmodell allein vom Vorstand aufgestellt werden.[28]

C. Förmliche Feststellung durch Beschluss durch den Aufsichtsrat?

Nachdem der Vorstand den Jahresabschluss aufgestellt hat, ist er gemäß § 171 Abs. 2 S. 4 AktG durch den Aufsichtsrat zu billigen. Hiermit geht einher, dass der Jahresabschluss festgestellt wird (§ 172 AktG), was ihn verbindlich und endgültig macht. Vorstand und Aufsichtsrat sind an den festgestellten Jahresabschluss gebunden und können ihn nur noch unter bestimmten Umständen ändern.[29] Der Lagebericht wird hingegen nicht förmlich durch den Aufsichtsrat gebilligt.

Die Notwendigkeit, den Jahresabschluss für verbindlich zu erklären, resultiert aus den an ihn unmittelbar geknüpften Rechtsfolgen: Er ist Grundlage für den von der Hauptversammlung zu fassenden Gewinnverwendungsbeschluss nach § 174 AktG und bildet die Basis für die Steuerbilanz[30], an die die Steuerzahlungen anknüpfen. Solche Rechtsfolgen sind an den Lagebericht nicht geknüpft.[31]

Außerhalb der Rechnungslegungsvorschriften kennt das Aktiengesetz keine weiteren Bereiche, in denen das Vorstandshandeln durch den Aufsichtsrat rechtsverbindliche gebilligt wird. Der Aufsichtsrat hat den Vorstand zwar nach § 111 Abs. 1 AktG zu überwachen, kann aber außer in besonders gelagerten

---

[25] So zur Begründung der Kompetenzverteilung beim Corporate Governance Bericht nach Ziff. 3.10 DCGK *v. Werder*, in: Deutscher Corporate Governance Kodex, Rn. 550.

[26] Siehe dazu sogleich § 6C.

[27] Siehe dazu unten § 8A.

[28] Dies würde auch mit den derzeitigen europarechtlichen Vorgaben übereinstimmen, denn die Richtlinien überlassen es den Mitgliedsstaaten, zu regeln, wer für die Erstellung von Anhang und Lagebericht zuständig ist, vgl. Art. 33 Abs. 1 der konsolidierten Bilanzrichtlinie, sowie oben § 5E. II.

[29] Vgl. *Euler*, in: Spindler/Stilz AktG, § 172 Rn. 13 f.

[30] Dies folgt aus dem Grundsatz der Maßgeblichkeit der handelsrechtlichen Bilanz für die Steuerbilanz, der in § 5 EStG verankert ist. Durch das BilMoG wurde die Maßgeblichkeit zwar massiv eingeschränkt, doch bleiben die Grundsätze der Aufstellung auch für die Steuerbilanz maßgeblich. Die umgekehrte Maßgeblichkeit der Steuerbilanz für die Handelsbilanz wurde hingegen durch das BilMoG abgeschafft.

[31] Anders im Sinne eines rechtspolitischen Reformvorschlags *Müßig*, Bilanzielle Risikovorsorge und außerbilanzielle Risikoberichterstattung, S. 204 f.

Fällen eines zustimmungspflichtigen Geschäfts (§ 111 Abs. 4 S. 2 AktG) nicht durch förmlichen (Veto-)Beschluss ausdrücken, dass er das Vorstandshandeln missbilligt. Die Wirkung und Reichweite dieser Aufsichtsratsbilligung sind in zweierlei Hinsicht begrenzt. Zum einen sind in den Katalog zustimmungsbedürftiger Geschäfte nur solche von grundlegender Bedeutung aufzunehmen. Auch hat eine Missbilligung keine unmittelbare Außenwirkung, so dass die Vertretungsbefugnis des Vorstands nicht eingeschränkt wird.[32] Indem das Gesetz dem Aufsichtsrat die Möglichkeit einräumt, seine Zustimmung zu verweigern, wird es ihm ermöglicht, präventiv die Unternehmenstätigkeit mitzugestalten und zu kontrollieren.[33] In allen übrigen Fällen ist der Aufsichtsrat darauf angewiesen, auf informellem Wege auf den Vorstand einzuwirken oder er am Ende des Geschäftsjahres in seinem Bericht nach § 171 Abs. 2 S. 2, Abs. 3 AktG seine Beanstandungen kundzutun.[34] Diese ex post-Missbilligung kann dann nur noch im Rahmen des Entlastungsbeschlusses oder bei Schadensersatzklagen von Bedeutung sein.

Darin zeigt sich, dass das Aktienrecht die Handlungsoptionen des Aufsichtsrats für den Fall, dass er das Vorstandshandeln missbilligt, sehr restriktiv ausgestaltet. Übertragen auf ein jährlich zu verfassendes Publizitätsinstrument könnte der Bericht des Aufsichtsrats über die Überprüfung der Geschäftsführung nach § 171 Abs. 2 S. 2, Abs. 3 AktG als ausreichendes Mittel angesehen werden, mit dem der Aufsichtsrat sein fehlendes Einverständnis mit den Darstellungen des Vorstands in den von ihm geprüften Berichtsinstrumenten zum Ausdruck bringt. Eine Zustimmungsbedürftigkeit wäre nicht erforderlich, denn die Publizität von Informationen stellt eine einfache Geschäftsführungsmaßnahme dar, die keine grundlegende Bedeutung i. S. d. § 111 Abs. 4 S. 2 AktG hat.

Kommt es im Laufe des Geschäftsjahrs zu einer wesentlichen Veränderung, die eine unterjährige Aktualisierung des Gesellschaftsberichts notwendig macht,[35] erlaubt es der Aufsichtsratsbericht nach § 111 AktG dem Aufsichtsrat nicht, in einer angemessen zeitnahen Frist Stellung zu beziehen. Denn der Aufsichtsratsbericht ist ausnahmslos als jährlicher Bericht konzipiert. Diese Lücke wird auch nicht von der kapitalmarktrechtlichen Finanzberichterstattung nach §§ 37v ff. WpHG geschlossen. Die danach zu veröffentlichenden unterjährigen Finanzberichte unterliegen keiner aufsichtsratlichen Prüfungspflicht, denn ein Verweis auf die aktienrechtlichen Vorschriften fehlt.[36]

Insbesondere wegen der den Aufsichtsrat selbst betreffenden Inhalte sollte für den Gesellschaftsbericht eine Regelung geschaffen werden, die dem Aufsichtsrat ausreichend Möglichkeit geben würde, auf die Darstellungen des Vorstands

---

[32] Vgl. *Habersack*, in: MünchKomm AktG, § 111 Rn. 129.
[33] *BGH*, Urteil vom 21. April 1997 – II ZR 175/95, BGHZ 135, 244, 254 f.
[34] Vgl. *Spindler*, in: Spindler/Stilz AktG, § 111 Rn. 29.
[35] Dazu sogleich § 7B. I.
[36] Vgl. *Heidelbach/Doleczik*, in: Schwark/Zimmer, KPMR-Komm, § 37w Rn. 49.

zu reagieren. Eine förmliche Feststellung und ein Veto-Beschlussrecht scheinen in Anbetracht der fehlenden unmittelbar an die Inhalte des Gesellschaftsberichts anknüpfenden Rechtsfolgen zu weitgehend. Das Gesetz sollte deshalb in Übereinstimmung mit der Prüfungspflicht des Aufsichtsrats[37] diesem das Recht und die Pflicht zur unterjährigen Stellungnahme zugestehen. Dies könnte dadurch geschehen, dass der Bericht des Aufsichtsrats nach § 171 AktG bei wesentlichen Änderungen einer Aktualisierungspflicht unterliegt.[38] Dies würde auch die Rechtsdurchsetzungsmöglichkeiten[39] fördern.

D. Mitwirkungsrechte der Hauptversammlung

Parallel zu der Frage, ob der Gesellschaftsbericht durch den Aufsichtsrat zu billigen wäre, sei es indem er Stellung nimmt oder förmlich Beschluss fasst, wäre zu klären, ob die Hauptversammlung zu beteiligen wäre. Es entspräche der Bedeutung des Gesellschaftsberichtes, ihn der Hauptversammlung vorzulegen und es als Pflichttagespunkt der ordentlichen Hauptversammlung anzusehen, ihn zu erläutern. Würde sich die Hauptversammlung mit dem Bericht und dem – auf die Prüfung des Gesellschaftsberichts eingehenden – Aufsichtsratsbericht befassen, würde dies die Kontrollfunktion des Aufsichtsrats im Hinblick auf den Gesellschaftsbericht stärken. Dies entspräche der Vorgehensweise beim Lagebericht und wäre beim Gesellschaftsbericht nicht weniger sachgerecht. Insbesondere wenn der Gesellschaftsbericht als eigener Tagesordnungspunkt identifiziert und erörtert würde, würde seine Bedeutung gestärkt und die Debatte auf die gesellschaftsrechtlichen und Governance-Belange der Gesellschaft gelenkt.[40]

Eine weitere, hierdurch noch nicht beantwortete Frage wäre, ob darüber hinaus vorgesehen werden sollte, den Gesellschaftsbericht von der Hauptversammlung förmlich billigen oder feststellen zu lassen.

I. Förmliche Billigungsbeschlüsse durch die Hauptversammlung im Aktiengesetz

Das Aktiengesetz sieht sowohl beim Jahresabschluss (§ 173 AktG) als auch bei zustimmungspflichtigen Geschäften (§ 111 Abs. 4 S. 3, 4 AktG) vor, dass die

---

[37] Siehe dazu § 8A.

[38] Europarechtlich ist nach den derzeitigen Regelungen allein vorgegeben, dass das Kontrollorgan an der Pflicht zur Aufstellung beteiligt wird, die Richtlinien überlässt es den Mitgliedsstaaten, zu regeln, wie die Erstellung von Anhang und Lagebericht innergesellschaftlich ausgestaltet wird, vgl. Art. 33 Abs. 1 der konsolidierten Bilanzrichtlinie, sowie oben § 5E. II.

[39] Dazu sogleich § 7C, § 9 und § 10.

[40] Da mit einer bloßen Vorlagepflicht keine weiterführenden Rechte in der Hauptversammlung verbunden sind, wird diese Thematik im Rahmen der Anfechtung diskutiert; siehe unten § 9.

Hauptversammlung diese billigt. Die beiden Hauptversammlungskompetenzen sind als sog. „Notkompetenzen"[41] ausgestaltet. Für den Fall, dass der Aufsichtsrat den Jahresabschluss nicht oder nicht binnen einer Nachfrist billigt (§ 173 Abs. 1 S. 1, Var. 2 AktG) bzw. seine Zustimmung zu einem zustimmungsbedürftigen Geschäft verweigert (§ 111 Abs. 4 S. 3, 4 AktG) oder Vorstand und Aufsichtsrat beschließen, der Hauptversammlung die Billigung zu überlassen (§ 173 Abs. 2 S. 1, Var. 1 AktG), kann die für die Feststellung des Jahresabschlusses erforderliche Billigung bzw. die im Rahmen des § 111 Abs. 4 AktG erforderliche Zustimmung ausnahmsweise durch die Hauptversammlung erfolgen.

Insbesondere wenn der Aufsichtsrat den Jahresabschluss nicht billigt, ist ein Hauptversammlungsbeschluss notwendig, denn andernfalls fehlt es für die weiteren mit ihm verknüpften Rechtsfolgen an einem verbindlichen Jahresabschluss. Alternativ könnte der Jahresabschluss nur durch eine „externe" Institution gebilligt und festgestellt werden. Dies wäre mit dem Wesen der Aktiengesellschaft als sich selbstverwaltende Institution nicht vereinbar.[42] Da sich an den Gesellschaftsbericht keine unmittelbaren Rechtsfolgen knüpfen würden, wäre eine aus diesem Grund angelegte Hauptversammlungskompetenz nicht notwendig. Für die förmliche Feststellung würde schon dem Grunde nach jegliche Notwendigkeit fehlen. Die Zustimmungskompetenz nach § 111 Abs. 4 S. 3 und 4 AktG soll einen Ausgleich zu der dem Aufsichtsrat im Rahmen der präventiven Kontrolle der Geschäftsführung bei zustimmungspflichtigen Geschäften zukommenden Einflussnahmemöglichkeiten auf die Entscheidungen des Vorstands und auf seine Geschäftsführungsbefugnis schaffen.[43] Es soll vermieden werden, dass der Vorstand in Geschäftsführungsfragen zu sehr vom Aufsichtsrat abhängig ist und dadurch das Gleichgewicht zwischen den Organen und ihren eigentlichen Aufgaben verloren geht. Da beim Gesellschaftsbericht der Aufsichtsrat nur über eine nachträgliche Stellungnahme Einfluss nehmen könnte und so insbesondere die den Vorstand betreffenden Corporate Governance-Darstellungen nicht beeinfluss könnte, bestünde kein Bedarf, die Kompetenz nach § 111 Abs. 4 AktG auszuweiten.

Der zweite Fall einer Hauptversammlungszuständigkeit – Billigung nach Übertragung durch Vorstand und Aufsichtsrat – kann als Relikt des Aktiengesetzes von 1937 angesehen werden,[44] denn bis dato war es vollständig der Hauptversammlung überlassen, den Jahresabschluss zu billigen.[45] Der Hauptversammlung, insbesondere der einer Publikumsgesellschaft, fehlt es aber zumeist an der nötigen Kompetenz, um sachgerecht beurteilen zu können, ob

---

[41] *Hennrichs/Pöschke*, in: MünchKomm AktG, § 173 Rn. 6.
[42] *Hennrichs/Pöschke*, in: MünchKomm AktG, § 173 Rn. 6.
[43] Vgl. *Habersack*, in: MüchKomm AktG, § 111 Rn. 100, 130.
[44] Vgl. *Hennrichs/Pöschke*, in: MünchKomm AktG, § 173 Rn. 9.
[45] Vgl. *Hennrichs/Pöschke*, in: MünchKomm AktG, § 173 Rn. 3.

bilanzrechtliche Vorgaben oder Ermessensspielräume eingehalten wurden.[46] Nicht zuletzt aus diesem Grund wurde die Hauptversammlungszuständigkeit auf die Ausnahmefälle begrenzt, in denen sich Aufsichtsrat und Vorstand nicht auf einen gemeinsamen Jahresabschluss einigen können.[47] Der Hauptversammlungsbeschluss stellt dann die letzte Möglichkeit dar, einen verbindlichen Jahresabschluss zu erhalten, an den die gesetzlich vorgesehenen Rechtsfolgen anknüpfen können. Da an die Inhalte des Gesellschaftsberichts keine derartigen Rechtsfolgen geknüpft wären, bestünde kein Bedürfnis – bei einer negativen Stellungnahme des Aufsichtsrats in seinem Bericht – den Gesellschaftsbericht verbindlich festzustellen. Die Kompetenz des § 173 AktG müsste deshalb ebenso wenig wie die des § 111 Abs. 4 AktG ausgeweitet werden.

II. Hauptversammlungsbeschluss aus anderen Gründen

Für den Gesellschaftsbericht, an den keine Rechtsfolgen geknüpft wären und der aus diesem Grund auch nicht gebilligt und verbindlich festgestellt werden müsste, könnte aber durchaus hinterfragt werden, ob ein berechtigtes Bedürfnis bestünde, die Inhalte des Berichts durch die Hauptversammlung zusätzlich billigen zu lassen und wenn ja, ob die Hauptversammlung hierzu die notwendige Sachkompetenz ausweisen würde.

1) Vergleichbare Billigungsrechte de lege lata

Ein vergleichbares Billigungsrecht sieht § 120 AktG mit dem Entlastungsbeschluss vor. Durch die Entlastung billigt die Hauptversammlung die Verwaltung der Gesellschaft durch die Mitglieder des Vorstands und des Aufsichtsrats. Daneben kennt das Aktiengesetz in § 120 Abs. 4 S. 1 AktG ein spezielles Billigungsrecht in Bezug auf das Vergütungssystem, über das als Teil der Corporate Governance-Berichterstattung (§ 289 Abs. 2 Nr. 5 HGB) auch im neuen Gesellschaftsbericht zu berichten wäre. Die allgemeine Billigung des Verwaltungshandelns nach § 120 Abs. 1 AktG war bereits im HGB von 1897 vorgesehen (§ 260 HGB 1897), wohingegen das sog. Vergütungsvotum nach § 120 Abs. 4 AktG auf das VorstAG von 2009 zurückgeht. Die Idee, einen Beschluss über das Vergütungssystem (sog. „Say-on-pay") einzuführen, geht auf Erfahrungen aus Großbritannien und eine Empfehlung der Europäischen Kommission[48]

---

[46] Vgl. *Hennrichs/Pöschke*, in: MünchKomm AktG, § 173 Rn. 9; *Euler*, in: Spindler/Stilz, AktG, § 173 Rn. 2.

[47] Vgl. *Euler*, in: Spindler/Stilz, AktG, § 173 Rn. 2.

[48] Empfehlung der Kommission vom 14. Dezember 2004 (2004/913/EG), Abl. Nr. L 385 v. 29. 12. 2004, S. 55.

zurück.[49] Beide Billigungswege geben den Aktionären eine effektive Möglichkeit, die jeweiligen Vorgänge zu erörtern, sich zu den Themen zu äußern und
die Rechenschaftspflicht zu stärken.[50] Hierdurch wird die Rolle der Aktionäre
insgesamt gestärkt und ein gesteigertes Engagement gefördert.

Gemeinsam ist beiden Hauptversammlungsvoten, dass sie rechtlich unverbindlich sind. Ein negativer Beschluss hat somit keinen Einfluss auf die Geltendmachung von Ersatzansprüchen (§ 120 Abs. 2 S. 2 AktG) oder sonstige Rechte
und Pflichten (§ 120 Abs. 4 S. 2 AktG). Durch diese rechtliche Unverbindlichkeit der Beschlüsse wird gleichzeitig erreicht, dass die vom Aktiengesetz vor-
gegebene Kompetenzordnung gewahrt bleibt.

Während das Vergütungsvotum einen speziellen Beschlussgegenstand,
nämlich das Vergütungssystem, hat, bezieht sich die Entlastung der Verwaltung
auf eine Gesamtbetrachtung des Verwaltungshandelns und kann allenfalls auf
einzelne Beschlüsse zu den jeweiligen Mitgliedern des Verwaltungsorgans
aufgeteilt werden (§ 120 Abs. 1 S. 2 AktG). Sofern die Hauptversammlung
das Handeln der Verwaltung billigen würde, würde zugleich u. a. der Gesellschaftsbericht (mit-) gebilligt. Denn er würde vom Vorstand im Rahmen seiner
Geschäftsführung erstellt und wäre deshalb Teil der Verwaltung. Auch der Beschluss über das Vergütungsvotum ist eine Gesamtbeurteilung: Es kann nur einheitlich über das System als Ganzes abgestimmt werden; es ist nicht zulässig,
nur einzelne Teilelemente zu billigen und so den Beschluss aufzuspalten.[51]

2) Billigung des Gesellschaftsberichts

Für den Gesellschaftsbericht würde sich ebenfalls die Frage stellen, ob er in
einem gesonderten Hauptversammlungsbeschluss in Anlehnung an die Regelung zum Vergütungsvotum gebilligt werden sollte oder ob den Aktionären mit
der allgemeinen Möglichkeit, durch Beschluss die Verwaltung zu entlasten, ein
ausreichendes Forum geboten würde, die Inhalte des Berichts zu beurteilen und
sich zu äußern.

a) Stärkere Einbeziehung der Aktionäre als Reformtrend

Jedenfalls entspräche ein solches Billigungsrecht den Reformbestrebungen
der Europäischen Kommission. Da es den Aktionären nach Auffassung der
Europäischen Kommission bislang am Interesse mangelt, die Unternehmens-

---

[49] Vgl. Beschlussempfehlung und Bericht des Rechtsausschusses, BT-Drucks. 16/13433,
S. 12.

[50] So die Zielsetzung der Europäischen Kommission, vgl. Erwägungsgrund 7, 8 der Empfehlung der Kommission vom 14. Dezember 2004 (2004/913/EG), Abl. Nr. L 385 v. 29. 12. 2004,
S. 55.

[51] Vgl. *Spindler*, in: Schmidt/Lutter AktG, § 120 Rn. 62.

führung für ihre Entscheidungen und Maßnahmen verantwortlich zu machen,[52] plant sie, Maßnahmen zu ergreifen, um die Aktionäre stärker einzubeziehen. Sie sollen dazu angehalten werden, sich mehr in die Corporate Governance-Angelegenheiten des Unternehmens einzubringen.[53] Hierzu will sie konkret ein Vergütungsvotum, wie es § 120 Abs. 4 AktG bereits vorsieht, sowie ein Billigungsrecht der Aktionäre bezüglich Transaktionen mit nahe stehenden Personen einführen.[54] So sollen die aus dem Auseinanderfallen von Eigentum und Verwaltung resultierenden Agency-Probleme reduziert werden. Solche Agency-Probleme können auch zwischen Aufsichtsrat und Aktionären auftreten und dadurch reduziert werden, dass Kompetenzen des Aufsichtsrats auf die Hauptversammlung zurückverlagert werden.[55] Daneben erwog die Europäische Kommission insbesondere im Grünbuch 2010 (dort bezogen auf Finanzinstitute) einen Verhaltenskodex nach dem britischen Vorbild des *Stewardship Codes*[56] für institutionelle Anleger einzuführen, um diese stärker in die Verantwortung und die Überwachung der Unternehmensleitung einzubeziehen.[57] Der britische *Stewardship Code* enthält einen Katalog von Wohlverhaltensregeln für institutionelle Investoren,[58] nach denen diese insbesondere[59] Gesellschaften, an denen sie beteiligt sind, überwachen (*Principle 3*) und Richtlinien entwickeln sollen, wann sie sich verstärkt in Unternehmensangelegenheiten einmischen (*Principle 4*). Insbesondere diese beiden Prinzipien wirken gezielt darauf hin, dass die institutionellen Investoren in der Hauptversammlung stärker einbezogen werden. Zwar will die Europäische Kommission auch weiterhin die Aktionäre und insbesondere die institutionellen Anleger einbeziehen, doch greift der Aktionsplan die Idee, einen Verhaltenskodex einzuführen, nicht mehr auf, sondern sieht nur noch Offenlegungspflichten auch zu Abstimmungsstrategien

---

[52] Aktionsplan Europäisches Gesellschaftsrecht und Corporate Governance COM(2012) 740/2, S. 3; Vorschlag für eine Aktionärsrichtlinie vom 9. April 2014, 2014/0121 (COD).

[53] Aktionsplan Europäisches Gesellschaftsrecht und Corporate Governance COM(2012) 740/2, S. 5; Art. 9a, 9b und 9c des Vorschlags für eine Aktionärsrichtlinie vom 9. April 2014, 2014/0121 (COD), S. 25 ff.

[54] Punkt 3.1 und 3.2 des Aktionsplans Europäisches Gesellschaftsrecht und Corporate Governance COM(2012) 740/2, S. 10 f.

[55] Vgl. *Velte*, EuZW 2013, S. 893, 894.

[56] *Stewardship Code* des Financila Resporting Council (FRC); abrufbar unter https://www.frc.org.uk/getattachment/e2db042e-120b-4e4e-bdc7-d540923533a6/UK-Stewardship-Code-September-2012.aspx.

[57] Punkt 5 Grünbuch zur Corporate Governance in Finanzinstituten und Vergütungspolitik vom 2. Juni 2010, KOM(2010) 284 endgültig, S. 18 f.

[58] Vgl. kritisch *Fleischer*, ZGR 2011, S. 155, 163 f.

[59] Daneben enthält der Code die Vorgaben, offenzulegen, wie die institutioenllen Anleger ihre Aktionärsverantwortung übernehmen (*Pinciple 1*), wie sie Interessenkonflikte bewältigen (*Principle 2*) und wie sie ihre Stimmrechte ausüben (*Principle 6*). Außerdem sollen sie ggf. mit anderen Investoren gemeinsam handeln (*Principle 6*). Abschließend sollen sie periodisch über ihre Verantwortungsübernahme und ihr Stimmverhalten berichten (*Principle 7*).

vor.[60] Die Rechte und das Engagement der Aktionäre zu stärken, kann aber dennoch als rechtsfortbildender Reformtrend aufgefasst werden, der bei der Ausgestaltung eines Gesellschaftsberichts berücksichtigt werden könnte, sofern er mit dem System des Aktienrechts vereinbar ist.

b) Systematische Anforderungen an ein Billigungsrecht

Zunächst müsste bei einer Billigung durch die Hauptversammlung zwischen zwei verschiedenen Arten von Berichtspflichten unterschieden werden. Der Gesellschaftsbericht würde insbesondere im Bereich der Corporate Governance-Inhalte das Vorstandsverhalten beschreiben. Hierzu zählen beispielsweise die Beschreibung von Organisations- und Überwachungsstrukturen, wie sie § 289 Abs. 5 und § 289a Abs. 2 Nr. 2 und 3 HGB verlangen. Es wäre vorstellbar, diese ein Verwaltungshandeln beschreibenden Inhalte durch die Hauptversammlung zu billigen. Ein solches Vorgehen wäre mit den Anwendungsbereichen sonstiger Billigungsbeschlüsse im Aktiengesetz vergleichbar. Denn auch die allgemeine Billigung der Verwaltung nach § 120 Abs. 1 AktG und die Billigung des Vergütungsvotums nach § 120 Abs. 4 AktG beziehen sich auf ein Verwaltungshandeln. Hingegen würde es wenig Sinn machen, solche Gesellschaftsberichtsinhalte, die lediglich exogene Tatsachen darstellen,[61] zu billigen, da der Vorstand bzw. der Aufsichtsrat auf diese Inhalte keinen Einfluss hätten. Nur wenn es bei den Inhalten darum geht, ein Verhalten zu bewerten, kann es überhaupt in Frage kommen, dieses zu billigen. Würde man für den Gesellschaftsbericht ein derartiges Hauptversammlungsvotum befürworten, müsste im Gesetz zum Ausdruck kommen, dass es auf verhaltensabhängige Berichtspflichten beschränkt wäre.

Doch auch, wenn man das Recht der Hauptversammlung beschränkte und nur verhaltensbeschreibende Berichtsinhalte gebilligt würden, müsste kritisch hinterfragt werden, ob sich ein solches Hauptversammlungsrecht in die aktienrechtliche Systematik einfügen würde und überhaupt ein Bedürfnis bestünde.

Zunächst könnte, damit das Zuständigkeitsgefüge in der Aktiengesellschaft gewahrt bliebe, eine solche Kontrolle durch die Aktionäre nur in rechtlich unverbindlicher Weise und damit in äußerst abgeschwächter Form erfolgen.[62] Denn nach dem Zuständigkeitsgefüge liegt es im Aufgaben- und Verantwortungsbereich des Aufsichtsrats, die Geschäftsleitung zu überwachen. Der Vorstand

---

[60] Punkt 2.4 des Aktionsplans Europäisches Gesellschaftsrecht und Corporate Governance COM(2012) 740/2, S. 9; Art. 3f–3i des Vorschlags für eine Aktionärsrichtlinie vom 9. April 2014, 2014/0121 (COD), S. 22 ff.; vgl. auch *Hupka*, GWR 2013, S. 59, 60.

[61] So z. B. die Darstellung von Interessenkonflikten oder die Beteiligungstransparenz.

[62] Kritisch zu systematischen Bedenken eines verbindlichen Vergütungsvotums nach dem Gesetzesentwurf zum VorstKoG vgl. BR-Drucks. 637/1/13, S. 1 f.; etwas positiver hingegen *Verse*, NZG 2013, S. 921, 925.

selbst ist dazu verpflichtet, die Gesellschaft weisungsunabhängig und eigenverantwortlich zu leiten (§ 76 AktG). Zuspitzen würde sich dieser Kompetenzkonflikt, würde man die Inhalte nach § 289a Abs. 2 Nr. 3 HGB billigen. Sie wären nach der hier vertretenen Auffassung ebenfalls Teil des Gesellschaftsberichts. Es fällt in die Organisationshoheit des Aufsichtsrats, Ausschüsse zu bilden (§ 107 Abs. 3 AktG); die Hauptversammlung ist nicht zuständig. Um diese Grundsystematik des Aktienrechts zu wahren, sind deshalb sowohl die Entlastung nach § 120 Abs. 1 AktG als auch das Vergütungsvotum als rechtlich unverbindliche Konsultativrechte ausgestaltet (vgl. § 120 Abs. 2 S. 2, Abs. 4 S. 2 AktG). Es ist allein Sache des Aufsichtsrats, die Vergütungsregeln inhaltlich festzulegen (§ 84 Abs. 1, § 87 Abs. 1 AktG); die Hauptversammlung kann diese Kompetenz nicht an sich ziehen und kann keine inhaltlichen Änderungen vornehmen.[63] Diese Verantwortung für die Vorstandsvergütung kann dem Aufsichtsrat auch ein verbindliches Vergütungsvotum, wie es die Bundesregierung in der Aktienrechtsnovelle 2012[64] geplant hatte, nicht abnehmen.[65] Der Aufsichtsrat wäre an die Nicht-Billigung durch die Hauptversammlung – entgegen der gesetzgeberischen Intention – nicht gebunden.[66] Auch ein auf die Gesellschaftsberichtsinhalte bezogenes Hauptversammlungsvotum müsste aus diesen Gründen unverbindlich ausgestaltet sein.

c) Nutzen und Probleme eines Billigungsrechts für den Gesellschaftsbericht

Ein derartiges Konsultativrecht würde trotz der rechtlichen Unverbindlichkeit die Position der Hauptversammlung stärken. Die Aktionäre würden vermehrt in die Thematik guter Corporate Governance und die konzernbezogene Unternehmenspolitik eingebunden. Wollten sie eine fundierte Entscheidung treffen, so wären sie gezwungen, sich mit den Inhalten des Gesellschaftsberichts vermehrt auseinanderzusetzen. Für eine stärkere Einbeziehung der Aktionäre spräche, dass durch ihre Rolle als „Kontrolle der Kontrolleure" die gesamte Corporate Governance verbessert werden könnte.[67] Denn missbilligten die Aktionäre Teile des Gesellschaftsberichts, könnte hiervon (zumindest mittelbar) eine positive

---

[63] Vgl. *Sünner*, CCZ 2013, S. 169, 171.

[64] Später wurde die Akteinrechtsnovelle (BT-Durcks. 17/8989) in das VorstKoG (BT-Drucks. 17/14790) umbenannt; sie wurde 2013 durch den Bundesrat gestoppt. Der nunmehr am 11. April 2014 vom Bundesministerium der Justiz und für Verbraucherschutz vorgelegte Entwurf einer Aktienrechtsnovelle 2014 enthält keine Regelung zum Vergütungsvotum.

[65] So speziell zum Plan der Bundesregierung, das Vergütungsvotum verbindlich auszugestalten, vgl. *Sünner*, CCZ 2013, S. 169, 171.

[66] Vgl. *Sünner*, CCZ 2013, S. 169, 171.

[67] So die Überlegungen der Europäischen Kommission im Aktionsplan Europäisches Gesellschaftsrecht und Corporate Governance moderner Rechtsrahmen für engagierte Aktionäre und besser überlebensfähige Unternehmen, COM(2012) 740/2, S. 3.

Verhaltenssteuerung ausgehen.[68] Denn durch eine Nicht-Billigung würde sowohl auf den Vorstand als auch auf den Aufsichtsrat ein faktischer Befolgungszwang ausgeübt.

Positiv könnte sich ein Hauptversammlungsvotum daneben mittelbar auswirken, wenn von ihm eine Bindungswirkung in Bezug auf Anfechtungsrechte ausginge. Unter dem Aspekt des „venire contra factum proprium" könnte es möglich sein, eine Anfechtung des allgemeinen Entlastungsbeschlusses zu unterbinden. Diese Problematik ist bislang insbesondere bei Entsprechenserklärungen in den Fokus gerückt, die fehlerhaft geworden waren, weil sie nicht aktualisiert wurden. Doch bliebe angesichts der notwendigen rechtlichen Unverbindlichkeit und wegen des notwendigen Minderheitenschutzes kaum Raum für eine derartige Wirkung.[69] Auch weitere mittelbare Beschlussfolgen könnten an die (Nicht-) Billigung nicht geknüpft werden. Insbesondere könnte eine Nicht-Billigung nicht dazu führen, dass Vorstands- oder Aufsichtsratsmitglieder abberufen werden müssten, denn dies richtet sich allein nach den materiellen Regeln der §§ 84 bzw. 103 AktG.[70] Auch ein Haftungsausschluss gemäß § 93 Abs. 4 AktG, beim Aufsichtsrat i. V. m. § 116 S. 1 AktG, sofern die Hauptversammlung die verhaltensabhängigen Inhalte des Gesellschaftsberichts billigt, dürfte nicht in Betracht kommen.[71] Denn der Zweck des § 93 Abs. 4 AktG besteht allein darin, die Organwalter von Haftung freizustellen, wenn und weil sie an den Hauptversammlungsbeschluss gebunden sind.[72] Da der Hauptversammlungsbeschluss aber rechtlich unverbindlich auszugestalten wäre, würde eine solche Bindung gerade nicht bestehen.

Ein Billigungsrecht würde demnach allein die Rechte der Hauptversammlung stärken und dadurch möglicherweise das Engagement der Aktionäre – nach den Reformbestrebungen der EU insbesondere das der institutionellen Investoren – steigern. Tatsächlich sind aber ein solches gesteigertes Engagement und eine verhaltenssteuernde Wirkung auf das Management bislang empirisch nicht belegbar. Empirische Untersuchungen zur mäßigenden Wirkung des Vergütungsvotums haben (weltweit) keine eindeutig positiven Ergebnisse geliefert.[73]

---

[68] So zur Begründung des Vergütungsvotums die Beschlussempfehlung des Rechtsausschusses, BT-Drucks. 16/13433, S. 12 mit Verweis auf die positive Erfahrung in Großbritannien.

[69] Vgl. so zum Entlastungsbeschluss *Hoffmann*, in: Spindler/Stilz AktG, § 120 Rn. 28 ff.

[70] Vgl. zum Vergütungsvotum *Kubis*, in: MünchKomm AktG, § 120 Rn. 50; *Sünner*, CCZ 2013, S. 169, 171.

[71] Vgl. zum (sogar verbindlichen) Vergütungsvotum nach dem Entwurf des VorstKoG *Verse*, NZG 2013, S. 921, 929 f.

[72] Vgl. *Verse*, NZG 2013, S. 921, 930; *Fleischer*, in: Spindler/Stilz, AktG, § 93 Rn. 265; *Hopt*, in: Großkomm AktG, § 93 Rn. 306; *Krieger/Sailer-Coceani*, in: Schmidt/Lutter, AktG § 93 Rn. 48; *Raiser/Veil*, Recht der Kapitalgesellschaften, § 14 Rn. 100.

[73] Vgl. *Burns/Minnick*, The Financial Review 48 (2013), S. 233 ff. („Relative to non-SOP firms, SOP firms' total compensation to CEOs does not significantly change ..."); *Ferri/Maber*, Review of Finance 17 (2013), S. 527, 529 f., 555 („Taken together, our findings suggest that say on pay had a moderating effect on the level of CEO compensation only conditional upon

Dass institutionelle Investoren ihr Engagement durch ein solches Billigungsrecht stärken würden, kann auch deshalb angezweifelt werden, weil gerade diese Gruppe von Aktionären Überwachungskosten regelmäßig scheuen und einer Hauptversammlungsbeteiligung einen Ausstieg aus dem Investment oftmals bevorzugt (*Exit* vor *Voice*).[74] Insbesondere wäre zweifelhaft, ob ein so unverbindliches und damit schwaches Votum die mit ihm einhergehenden Kosten und Aufwände rechtfertigen würde.[75]

Da Hauptversammlungen außerdem bereits heute überwiegend nicht von Kleinanlegern, sondern von Banken, internationalen Fonds und institutionellen Anlegern dominiert werden,[76] bestünde zusätzlich die Gefahr, dass die Billigung allein dem Willen der institutionellen Anleger entspräche. Der dominante Einfluss institutioneller Investoren und Stimmrechtsagenturen würde zulasten der Privatanleger wesentlich erhöht.[77]

Auch hätte eine Stärkung der Hauptversammlungsrechte den negativen Effekt, dass die Balance der unternehmerischen Mitbestimmungsregelungen unterlaufen würde.[78] Die Kapitalinteressen der Aktionäre würden zu Lasten der Beschäftigtensinteressen, die insbesondere durch die unternehmerische Mitbestimmung im Aufsichtsrat repräsentiert werden, gestärkt.[79] Denn anders als die Hauptversammlung hat der dem Unternehmensinteresse verpflichtete Aufsichtsrat neben den Interessen der Aktionäre auch die Interessen der Unternehmensbeschäftigten und das Allgemeinwohlinteresse zu berücksichtigen.[80] So dürfte es beispielsweise nicht immer im Interesse der (institutionellen) Anleger liegen, Arbeitnehmer- und Umweltbelange und andere Themen, die zum Bereich der Corporate Social Responsibility gehören und über die im Gesellschaftsbericht zu berichten wäre, zu verbessern. Indem die Anleger die Möglichkeit erhielten, ein diesbezügliches Engagement im Wege der Beschlussfassung über den Gesellschaftsbericht zu missbilligen, würde ein negatives und verhaltenssteuerndes Signal an die Unternehmensleitung gesandt.

Aus ökonomischer Sicht ist eine Stärkung der Hauptversammlungsrechte mit Zurückhaltung zu begegnen. Zwar kann den Agency-Problemen, die auch zwischen Aufsichtsrat und Aktionären bestehen können, entgegengewirkt werden,

---

poor performance"); einen positiven Zusammenhang nachweisend hingegen *Conyon/Sadler*, Corporate Governance – An International Review 2010, S. 296; dazu zusammenfassend *Verse*, NZG 2013, S. 921, 924; *Velte*, EuZW 2013, S. 893, 897 f.

[74] Vgl. *Fleischer*, ZGR 2011, S. 155, 164 f.

[75] So zum Vergütungsvotum auch *von Falkenhausen/Kocher*, AG 2010, S. 623, 628; bzgl. der Pläne der Europäischen Kommission, institutionelle Invesotren stärker einzubeziehen, *Fleischer*, ZGR 2011, S. 155, 164 ff.; *Hupka*, GWR 2013, S. 59, 60.

[76] Vgl. BR-Drucks. 637/1/13, S. 2.

[77] Vgl. *Velte*, EuZW 2013, S. 893, 894.

[78] Vgl. *Velte*, EuZG 2013, 983, 986; BR-Drucks. 637/1/13, S. 2.

[79] Vgl. BR-Drucks. 637/1/13, S. 2.

[80] BR-Drucks. 637/1/13, S. 2.

doch könnten neue Agency-Probleme entstehen, da eine Billigung erhöhte zeitliche und fachliche Anforderungen an die Aktionäre stellen würden, die selbst aber dazu neigen, sich ohne eigenen Beitrag den „Nutzen" eines Billigungsbeschlusses zu eigen zu machen (sog. Free-Rider-Verhalten).[81]

Ein weiteres Argument gegen die Möglichkeit, den Gesellschaftsbericht durch die Hauptversammlung billigen und feststellen zu lassen, wäre die Komplexität der unterschiedlichen Inhalte, die einer sachgerechten Beurteilung in der Hauptversammlung entgegenstünde.[82] Für Aktionäre ist es beispielsweise bereits heute nicht leicht zu beurteilen, ob die Organvergütung angemessen ist. Zusätzlich sind insbesondere die Vergütungssysteme hochgradig komplex.[83] Ähnliches dürfte auch für die Beurteilung gelten, ob Transaktionen mit nahestehenden Personen marktkonform und wirtschaftlich sinnvoll sind oder ob das Kontroll- und Risikomanagementsystem wirksam und effizient ist. All dies wären aber Themen des Gesellschaftsberichts.

Insgesamt sprächen gewichtige Gründe gegen eine Billigung des Gesellschaftsberichts durch die Hauptversammlung. Die erhofften positiven Effekte, wie die Stärkung des Engagements der Aktionäre und eine verhaltenssteuernde Wirkung, sind empirisch nicht belegt und werden durch Negativeffekte wieder aufgehoben. Aus diesen Gründen sollte der Gesellschaftsbericht nicht durch die Hauptversammlung gebilligt werden.[84]

E. Zwischenergebnis zur Adressaten- und Kompetenzregelung

Da die Inhalte des Gesellschaftsberichts die Gesellschaft selbst beträfen, sollte diese – der Rechtslage bei Jahresabschluss und Lagebericht entsprechend – Schuldnerin der Berichtspflicht sein.

In Fortsetzung dieser Annahme wäre es der gesetzliche Vertreter, bei der Aktiengesellschaft also der Vorstand, der im Innenverhältnis dafür verantwortlich wäre, den Bericht aufzustellen. Eine gemeinsame Erklärung von Vorstand und Aufsichtsrat, wie sie im Zusammenhang mit der Corporate Governance-Berichterstattung erstmals vorgesehen wurde, wäre weder dogmatisch noch systematisch geboten. Denn die dem Aufsichtsrat durch das Aktiengesetz zugewiesene Aufgabe besteht allein in der Kontrolle der Unternehmensleitung, nicht aber in der Leitung der Aktiengesellschaft.

---

[81]   Vgl. *Velte*, EuZW 2013, S. 893, 894, 898.

[82]   So zur Frage, ob über Details des Vergütungssystems abzustimmen sein sollte auch *von Falkenhausen/Kocher*, AG 2010, S. 623, 628.

[83]   Vgl. *von Falkenhausen/Kocher*, AG 2010, S. 623, 628.

[84]   Zur Vorlagepflicht des Gesellschaftsberichts in der Hauptversammlung siehe ausführlich im Rahmen der gerichtlichen Rechtskontrolle unten § 9.

Auch bestünde kein Bedarf, den Gesellschaftsbericht durch Aufsichtsrat und/ oder Hauptversammlung förmlich festzustellen und für verbindlich zu erklären, da an den Gesellschaftsbericht keine unmittelbaren Rechtsfolgen geknüpft wären.

Aber auch ein Hauptversammlungsbeschluss, der die verhaltensabhängigen Corporate-Governance-Berichtsinhalte beträfe, könnte weder als verbindlicher, noch als unverbindlicher Beschluss überzeugen. Während ein verbindlicher Hauptversammlungsbeschluss nicht mit dem dualistischen System des Aktienrechts vereinbar wäre, würden die positiven Effekte eines solchen Beschlusses durch negative Folgen aufgehoben. Ob sich die (institutionellen) Aktionäre durch ein solches Recht tatsächlich zu einem gesteigerten Engagement verleiten ließen, konnte bislang empirisch nicht nachgewiesen werden. Es bestünde aber die Gefahr, dass institutionelle Investoren wegen der gesteigerten Überwachungskosten die Gesellschaft vielmehr verlassen könnten, als ihre Kontrollrechte auszuüben. Aber auch eine verstärkte Einbindung der institutionellen Investoren ist nicht überzeugend. Institutionelle Investoren dominieren bereits heute die Hauptversammlungen und verfolgen nicht immer dieselben Interessen, wie es dem Aufsichtsrat als Kontrollinstanz obliegt. Würden die Rechte der Hauptversammlung gestärkt, rückten die Kapitalinteressen zu Lasten beispielsweise der Beschäftigteninteressen, die durch den mitbestimmten Aufsichtsrat repräsentiert werden, weiter in den Vordergrund. Auch dürfte die Komplexität der zu beurteilenden Fragen die Sachkunde der Privatanleger teils übersteigen. Der Gesellschaftsbericht sollte deshalb nicht gesondert von der Hauptversammlung zu billigen sein.

§ 7 Offenlegung und Transparenz

A. Transparenz und Geheimhaltungsinteressen

Dem Interesse der Aktionäre, der Öffentlichkeit und der Kapitalmärkte an Transparenz hinsichtlich der Unternehmensdaten, die dadurch erreicht werden soll, dass Informationen klar und übersichtlich offengelegt werden, können Geheimhaltungsinteressen der Unternehmen entgegenstehen. Gesetzlich anerkannte Fälle, in denen der Gesetzgeber ausnahmsweise erlaubt, das Geheimhaltungsinteresse über das Transparenzgebot zu stellen, finden sich in § 286 HGB, § 131 Abs. 3 AktG, § 15 Abs. 3 WpHG und § 8 Abs. 2 WpPG.[1] Während mit § 286 HGB für bestimmte Inhalte des Anhangs eine sog. Schutzklausel besteht, ist für den Lagebericht eine solche bisher nicht vorgesehen.[2] Für den Abhängigkeitsbericht gemäß § 312 AktG hat der Gesetzgeber sogar eine Interessenabwägung dahingehend vorgenommen, dass das Geheimhaltungsinteresse des Unternehmens stets das Informationsinteresse überwiegt; der Abhängigkeitsbericht ist nicht offenzulegen.[3]

Es lassen sich Schutzklauseln zum Schutz der Bundesrepublik Deutschland von solchen trennen, die den Geheimhaltungsinteressen der Unternehmen dienen. Die folgende Untersuchung wird sich auf die Geheimhaltungsinteressen der Unternehmen beschränken, da sich in Bezug auf den Schutz der Bundesrepublik Deutschland keine spezifischen Geheimhaltungsinteressen, die im Zusammenhang mit dem Gesellschaftsbericht stünden, ergäben.

Anders als die sehr speziellen Auskunftsverweigerungsrechte des § 131 Abs. 1 S. 1 Nr. 2 bis 7 AktG, verlangen die meisten Klauseln, die die Interessen

---

[1] Bei der Sonderprüfung gem. § 145 AktG und § 315 AktG können Geheimhaltungsinteressen gem. § 145 Abs. 4 AktG zwar grundsätzlich vor Gericht vorgetragen werden und eine Offenlegung bestimmter Inhalte verhindert werden, jedoch nur, sofern die Informationen nicht für die Beurteilung erforderlich sind (§ 145 Abs. 4 (2) AktG). In diesem Fall sind die damit einhergehenden Nachteile hinzunehmen. Der Sonderprüfungsbericht ist gem. § 145 Abs. 1 S. 3 AktG im Handelsregister bekanntzumachen. Für die bilanzrechtliche Sonderprüfung erkennt der Gesetzgeber keine Geheimhaltungsinteressen an. Der Bericht ist gem § 159 Abs. 1 S. 1 AktG stets in den Gesellschaftsblättern bekanntzumachen.

[2] Zu einem Bedürfnis an einer Schutzklausel für den Lagebericht, vgl. *v. Gamm*, Betriebsgeheimnisse und bilanzrechtliche Publizität, S. 124 ff.; *Palmes*, in: Schön, Rechnungslegung und Wettbewerbsschutz, S. 375, 379.

[3] *Altmeppen*, in: MünchKomm AktG, § 312 Rn. 9 f.

der Unternehmen schützen, für das Auskunftsverweigerungsrecht, dass der Gesellschaft ein erheblicher Nachteil (so § 131 Abs. 1 S. 1 Nr. 1 AktG und § 286 Abs. 3 S. 1 Nr. 2 HGB) bzw. ein erheblicher Schaden (§ 8 Abs. 2 Nr. 2 WpPG) droht. Anders als bei einem Schaden kann ein Nachteil immaterieller Natur sein.[4] Potentielle Nachteile sind wirtschaftlicher Natur und können beispielsweise zu Kursverlusten[5], Umsatzeinbußen[6] oder einer drohenden Preisgabe von für Konkurrenten interessanten Unternehmensinterna[7] führen. In letztere Kategorie fallen insbesondere Informationen über Forschungs- und Entwicklungsergebnisse oder strategische Entscheidungen der Unternehmensplanung.

I. Geheimhaltungsinteresse im Bereich der konzernrechtlichen Inhalte

1) Anerkannte Fälle schutzwürdiger Geheimhaltungsinteressen

Der Gesetzgeber hat bei der Anhangs- und Lageberichterstattung in einigen wenigen Fällen anerkannt, dass ein Geheimhaltungsinteresse der Unternehmen das Informationsinteresse der Adressaten übersteigt. Diese Ausnahmefälle betreffen die Beteiligungstransparenz nach § 285 Nr. 11 und Nr. 11a HGB, den Prognosebericht nach § 289 Abs. 1 S. 4 HGB und den Forschungs- und Entwicklungsbericht nach § 289 Abs. 2 Nr. 3 HGB.

a) Die Schutzklausel des § 286 Abs. 3 Nr. 2 HGB bzgl. Beteiligungen nach § 285 Nr. 11 und 11a HGB

§ 286 Abs. 3 Nr. 2 HGB sieht ein Auskunftsverweigerungsrecht in Bezug auf Beteiligungen, die nach § 285 Nr. 11 und 11a HGB offenzulegen sind, vor. Nach § 285 Nr. 11 und Nr. 11a HGB sind Beteiligungen an anderen Unternehmen und eine ggf. daraus resultierende persönliche Haftung offenzulegen. Gemäß § 286 Abs. 3 Nr. 2 HGB dürfen diese Angaben unterbleiben, wenn andernfalls den Wettbewerbern Einblicke in die wirtschaftlichen Erfolge einzelner regional tätiger Vertriebsgesellschaften gegeben würden oder wenn das Beteiligungsunternehmen auch für Konkurrenzunternehmen tätig ist.[8] Während die erstere Information die strategische Aufstellung des Unternehmens betrifft, kann es, wenn letztere Tatsache offengelegt würde, zu erheblichen Umsatzeinbußen kommen. Ferner wird es teilweise für zulässig gehalten, eine Beteiligung auch dann geheim zu halten, wenn droht, dass mit den Aktien spekuliert wird und so

---

[4] Vgl. *Grottel*, in: Beck BilanzKomm, § 286 Rn. 9.

[5] *Decher*, in: Großkomm AktG, § 131 Rn. 303.

[6] *Grottel*, in: Beck BilanzKomm, § 286 Rn. 9.

[7] *Siems*, in: Spindler/Stilz, AktG, § 131 Rn. 38; *Decher*, in: Großkomm AktG, § 131 Rn. 303.

[8] Vgl. *Hüttemann*, in: Staub HGB, § 286 Rn. 16; *Peters*, in: Kölner Komm RechnungslegungsR, § 286 Rn. 28.

ein Zuerwerb im Rahmen der Anlagepolitik des Unternehmens gestört werden und es zu Kursverlusten kommen könnte.[9] Nach der Wertung des § 286 Abs. 3 Nr. 2 HGB können die strategische Aufstellung, drohende Umsatzeinbußen und Kursspekulationen zur Geheimhaltung berechtigen.

b) *Tatbestandsbeschränkungen und immanente Schutzklauseln bei Prognosebericht und Forschungs- und Entwicklungsbericht*

Des Weiteren hat der Gesetzgeber die Unternehmensplanungen und -ziele von der Prognoseberichterstattung ausgenommen. Der Rechtsausschuss zum BilReG, auf den es zurückzuführen ist, dass die Berichtspflicht über Unternehmensstrategien und -ziele aus der Prognoseberichterstattung gestrichen wurde, ging bei seinen Beratungen davon aus, dass „die Unternehmen hierzu keine konkreten Angaben machen werden"[10]. Die Unternehmen haben ein erhebliches Interesse, diese Informationen geheim zu halten, denn es handelt sich um überaus sensible Informationen, die für Wettbewerber von höchstem Interesse sein können.[11] Sie betreffen ihren unternehmerischen Vorsprung und ihre künftige Weiterentwicklung. Derartige Informationen legen möglicherweise Innovationen bzw. Unternehmensstrategien und -planungen, insbesondere in Form der Anlagepolitik[12], offen.

Parallel erkennt die ganz herrschende Meinung im Rahmen des Forschungs- und Entwicklungsberichts eine immanente Schutzklausel an[13], sodass diese Inhalte keiner Publizität unterliegen sollen. Technische Innovationen, die den wirtschaftlichen Vorsprung des Unternehmens gegenüber seinem Konkurrenten bedeuten, müssen diesem nicht transparent gemacht werden.

2) *Anerkennung von Geheimhaltungsinteressen bzgl. konzernrechtlicher Inhalte des Gesellschaftsberichts*

Der Gesellschaftsbericht würde nach der hier vorgeschlagenen Konzeption die Beteiligungstransparenz nach § 285 Nr. 11 und 11a HGB beinhalten. Daneben werden wesentliche Beteiligungen gemäß § 289 Abs. 4 Nr. 3 HGB, wechselseitige Beteiligungen gemäß § 160 Abs. 1 Nr. 7 und die Gesellschafterstruktur gemäß § 160 Abs. 1 Nr. 8 AktG mitgeteilt. Auch der Zweigniederlassungsbericht nach § 289 Abs. 2 Nr. 4 HGB betrifft Informationen zur organisatorischen Aufstellung des Unternehmens und wäre dem Gesellschaftsbericht zugeordnet. All diese Berichtspflichten können Kursspekulationen auslösen, bei Tochtergesellschaf-

---

[9] Vgl. *Krieger*, DStR 1994, S. 177, 179; *Decher*, in: Großkomm AktG, § 131 Rn. 303.
[10] BT-Drucks. 15/4054, S. 58.
[11] Vgl. *Palmes*, in: Schön, Rechnungslegung und Wettbewerbsschutz, S. 375, 379.
[12] Vgl. *Decher*, in: Großkomm AktG, § 131 Rn. 305.
[13] Vgl. *Claussen*, in: Kölner Komm RechnungslegungsR, § 289 Rn. 45.

ten zu Umsatzeinbußen führen, sollten diese auch für Konkurrenten tätig sein, Unternehmensstrategien und -planungen sowie die strategische Aufstellung transparent machen. Dies sind Gründe, die der Gesetzgeber in der Vergangenheit ausnahmsweise als so schwerwiegend angesehen hat, dass die Unternehmen ausnahmsweise davon absehen dürfen, die Informationen offenzulegen. Fraglich ist, ob und welche Gründe für die oben genannten Berichtspflichten beim Gesellschaftsbericht anzuerkennen wären, um die Geheimhaltungsinteressen der Unternehmen zu schützen.

a) Geheimhaltung von Beteiligungen wegen drohender Kursspekulationen

Die Wertung des § 286 Abs. 3 Nr. 2 HGB, nach der insbesondere drohende Kursspekulationen zur Geheimhaltung hinsichtlich konzernrechtlicher Beteiligungen nach § 285 Nr. 11 und 11a HGB berechtigen können, kann als Begründung für die hier betrachtete kapitalmarktorientierte Aktiengesellschaft nicht zum Tragen kommen. Denn nach der Wertung der Beteiligungstransparenz des WpHG sind möglicherweise eintretende Marktreaktionen und daraus resultierende Zuerwerbsschwierigkeiten hinzunehmen; sie können deshalb kein ausreichender Grund für eine Auskunftsverweigerung sein.[14] Denn mit der uneinschränkbaren Beteiligungstransparenz des WpHG hat der Gesetzgeber entschieden, dass diese Informationen für die Anlageentscheidung und die Funktionsfähigkeit des Kapitalmarktes von grundlegender Bedeutung sind.[15] Diese Wertung strahlt auf sonstige Publizitätsvorschriften kapitalmarktorientierter Aktiengesellschaften aus,[16] so dass es konsequent vom Gesetzgeber war, das Auskunftsverweigerungsrecht des § 286 Abs. 3 S. 1 Nr. 2 HGB für diese Gesellschaften auszuschließen (§ 286 Abs. 3 S. 3 HGB). Diese Überlegungen gelten entsprechend für die anderen Angaben über Beteiligungen nach § 289 Abs. 4 Nr. 3 HGB, § 160 Abs. 1 Nr. 7 und 8 AktG und den hiermit im Zusammenhang stehenden Informationspflichten über die tatsächlichen Machtverhältnisse in der Aktiengesellschaft. Während die Angaben des § 289 Abs. 4 HGB unmittelbar kapitalmarktrechtlich geprägt sind[17] und die Wesentlichkeit der Information für die Funktionsfähigkeit des Kapitalmarkts es nicht zulässt, Geheimhaltungsinteressen zu berücksichtigen, ist das Vorrangverhältnis zwischen Geheimhaltungsinteresse und Transparenz für die übrigen konzernrechtlichen Angaben, die es ermöglichen sollen, die Beteiligungs- und Einflussstrukturen realitätsgetreu abzubilden und so allgemeine kapitalmarktrechtliche Transparenzzwecke erfüllen, noch zu klären.

---

[14] *Kersting*, in: Schön, Rechnungslegung und Wettbewerbsschutz, S. 411, 453.

[15] Vgl. *Decher*, in: Großkomm AktG, § 131 Rn. 162, 165.

[16] *Kersting*, in: Schön, Rechnungslegung und Wettbewerbsschutz, S. 411, 453.

[17] Vgl. *Claussen*, in: Kölner Komm RechnungslegungsR, § 289 Rn. 56.

b) Geheimhaltung von Beteiligungen wegen drohender Umsatzeinbußen

Parallel ist in Bezug auf Umsatzeinbußen bei der Tochtergesellschaft zu argumentieren, die daraus resultieren können, dass eine Tätigkeit für die Konzernmutter oder für andere Konkurrenzunternehmen offengelegt wird. Diese drohenden Umsatzeinbußen berechtigen nach der Wertung des § 286 Abs. 3 Nr. 2 HGB zur Geheimhaltung der Beteiligungen. Ist das Tochterunternehmen kapitalmarktorientiert, muss es die Beteiligung der Mutter nach §§ 21 ff. WpHG ohne Rücksicht auf diesen drohenden Nachteil offenlegen. Ein Geheimhaltungsinteresse ist deshalb ebenfalls nicht anzuerkennen.

c) Geheimhaltung der Unternehmensstrategie und -planung

Im Rahmen des Prognose- und des Forschungs- und Entwicklungsberichts schützt der Gesetzgeber die Unternehmen davor, Informationen offenzulegen, die die Unternehmensstrategie und- planung bzw. technische Innovationen schützen. Auch § 286 Abs. 3 Nr. 2 HGB soll vor der Offenlegung der strategischen Aufstellung des Unternehmens schützen.

Diese Wertungen könnten auch im Rahmen der konzernrechtlichen Gesellschaftsberichtspublizität anzuerkennen sein. Die konzernbezogenen Angabepflichten bezwecken gerade nicht, diese Informationen preiszugeben. Allerdings steht hinter jedem Beteiligungserwerb eine Unternehmensstrategie, so dass die Berufung auf strategische Geheimhaltungsinteressen nicht überzeugen kann. Durch die konzernrechtliche Beteiligungstransparenz soll gerade ein heimlicher Aufbau einer Mehrheitsbeteiligung verhindert werden. Sofern sich die Planungen im Bereich der Anlagepolitik in Form eines Beteiligungserwerbs perpetuiert haben, kann es nicht mehr um die zukünftige unternehmensinterne Planung gehen. Vielmehr greift in diesem Fall der Hauptzweck der konzernrechtlichen Transparenz, solche Verflechtungen offenzulegen, um vor den Gefahren zu warnen und eine Kontrolle zu ermöglichen. Außerdem sind – zumindest in den Fällen einer Beteiligung an einer Aktiengesellschaft bzw. GmbH – die Informationen ohne Rücksicht auf solche Geheimhaltungsinteressen im Rahmen der aktienrechtlichen Beteiligungstransparenz nach §§ 20 ff. AktG bzw. der Gesellschafterliste nach § 40 GmbHG offenzulegen.

d) Geheimhaltung der strategischen Aufstellung

Fraglich ist, ob es ein erhebliches Interesse an der Geheimhaltung regionaler Erfolge einzelner Beteiligungsunternehmen geben kann. Dieses Interesse, die strategische Aufstellung des Unternehmens geheim zu halten, wird durch § 286 Abs. 3 Nr. 2 HGB ebenfalls geschützt. Wegen der Regelung des § 289 Abs. 2 Nr. 4 HGB kann dieses Interesse allerdings nicht anerkannt werden. Denn der

Zweigniederlassungsbericht nach § 289 Abs. 2 Nr. 4 HGB will gerade die geographische Aufstellung des Unternehmens mitsamt seiner wirtschaftlichen Gewichtung transparent machen.[18] Er soll vermeiden, dass das Unternehmen Umgehungsstrategien verfolgt, die nicht zu einer Offenlegung von Tochterunternehmen nach § 285 Nr. 11 HGB führen.[19] Zwar ist hierin nicht der Hauptzweck der Berichtspflicht zu sehen, doch kann hieraus zumindest geschlossen werden, dass in der damit ggf. einhergehenden Auskunft über die wirtschaftlichen Erfolge regional tätiger Untergesellschaften bzw. Zweigniederlassungen kein rechtserheblicher Nachteil im Sinne einer Schutzklausel zu sehen ist. Wohl deshalb findet sich für den Zweigniederlassungsbericht keine dem § 286 Abs. 3 Nr. 2 HGB vergleichbare Schutzklausel. Weder für die Offenlegung von konzernrechtlichen Beteiligungen noch von Zweigniederlassungen kann daher ein hierauf gestütztes Geheimhaltungsinteresse anerkannt werden.

3) Anerkennung weiterer Geheimhaltungsinteressen bzgl. der konzernrechtlichen Gesellschaftsberichterstattung

Die nach der derzeitigen Rechtslage anzuerkennenden Geheimhaltungsinteressen könnten für die Beteiligungs- und Zweigniederlassungstransparenz des Gesellschaftsberichts nicht anerkannt werden. Fraglich ist, ob andere Geheimhaltungsinteressen bestehen könnten.

Abstrahiert man die obigen Erkenntnisse, darf ein zur Geheimhaltung berechtigender Nachteil nicht genau in der Tatsache begründet werden, deren Offenlegung von der Regelung gerade bezweckt wird. Durch die Transparenz der Konzern- und Unternehmensstruktur soll ablesbar werden, in welchen Gesellschaften möglicherweise die „Musik spielt" und wie auf diese wirtschaftlichen Potentiale zugegriffen werden kann. Auch brisante Verflechtungen zu Konkurrenzunternehmen sind in diesem Zusammenhang relevante Informationen, weisen sie doch auf mögliche Interessenkonflikte hin, deren Offenlegung ohnehin im engen Zusammenhang mit der Offenlegung von Konzernstrukturen und Einflusspotentialen steht. Umsatzeinbußen sind deshalb hinzunehmen.

Ein im Rahmen der Gesellschaftsberichterstattung anzuerkennendes Geheimhaltungsinteresse könnte demnach nur dann vorliegen, wenn (1) die Offenbarung dieser Information weder den Haupt- noch den Nebenzweck der jeweiligen Berichtspflicht darstellt, (2) keine andere im Zusammenhang stehende Berichtspflicht die Offenlegung bezweckt, (3) keine auf die Berichterstattungspflicht ausstrahlenden Wertungen anderer gesetzlicher Offenlegungspflichten einer Geheimhaltung entgegenstehen und (4) die Information nicht aufgrund anderer gesetzlicher Informationspflichten ohne Schutzklausel offenzulegen

---

[18] Vgl. oben § 4B. I. 6).
[19] Vgl. oben § 4B. I. 6).

wäre. Da für den Bereich der Konzern- und Beteiligungsstrukturen keine Interessen ersichtlich sind, die diese Kriterien erfüllen, bedürfte es auch für nicht kapitalmarktorientierte Aktiengesellschaften keiner Schutzklausel.[20]

II. Geheimhaltungsinteressen bzgl. Corporate Governance-bezogener Inhalte

1) Anerkannte Fälle schutzwürdiger Geheimhaltungsinteressen

Auch im Zusammenhang mit den Corporate Governance-bezogenen Inhalten wäre darüber nachzudenken, eine Schutzklausel zu etablieren. Bislang hat der deutsche Gesetzgeber in diesem Bereich nur vereinzelt Geheimhaltungsinteressen berücksichtigt. Dies gilt zunächst für die Beschreibung des rechnungslegungsbezogenen Kontroll- und Risikomanagementsystems nach § 289 Abs. 5 HGB und für die Offenlegung der Vergütungsstruktur gemäß § 289 Abs. 2 Nr. 5 HGB sowie der Individualvergütung nach § 285 Nr. 9 HGB.

a) Tatbestandbeschränkung bei der Beschreibung des Kontroll- und Risikomanagementsystems

Gemäß § 289 Abs. 5 HGB haben die Unternehmen das rechnungslegungsbezogene Kontroll- und Risikomanagementsystem zu beschreiben. Diese Berichtpflicht ist Teil der Corporate Governance-Berichterstattung und wäre in den Gesellschaftsbericht aufzunehmen. Das interne Kontroll- und Risikomanagementsystem ist vom Unternehmen an die jeweiligen Unternehmensstrategien, Wirtschaftlichkeits- sowie Effizienzaspekte anzupassen.[21] Die Unternehmensstrategie gehört zu den sensiblen Unternehmensdaten, die insbesondere der Konkurrenz nicht preisgegeben werden können, damit der unternehmerische Vorsprung nicht untergraben wird. Der Gesetzgeber hat deshalb bei der Berichtspflicht dieses Geheimhaltungsinteresse bereits auf Tatbestandsebene berücksichtigt. Zum Schutze der Geheimhaltungsinteressen der Unternehmen beschränkte der Gesetzgeber im Rahmen des BilMoG die Pflicht darauf, das Kontroll- und Risikomanagementsystem in Bezug auf die Rechnungslegung zu beschreiben.[22] Anders als der ohnehin allgemein gültige Grundsatz der Wesentlichkeit, der zwar eine immanente Schranke der Berichtspflichten darstellt,

---

[20] Für nicht kapitalmarktorientierte Gesellschaften würden aber möglicherweise die anderen oben genannten Geheimhaltungsinteressen greifen, wenngleich es mangels Marktteilnahme bei diesen Gesellschaften nicht zu Kursspekulationen oder Kursverlusten kommen kann. Da sich der Fokus der Arbeit auf die kapitalmarktorientierte Aktiengesellschaft richtet, wird das Bestehen von Geheimhaltungsinteressen nicht-kapitalmarktorientierter Gesellschaften nicht vertieft.

[21] BT-Drucks. 16/10067, S. 67.

[22] BT-Drucks. 16/10067, S. 77.

aber nicht dem Schutz von Geheimhaltungsinteressen dient,[23] handelt es sich bei den vom Gesetzgeber getroffenen Abwägungen bereits um Überlegungen, die mit einer Schutzklausel vergleichbar sind. Für die Offenlegung des rechnungslegungsbezogenen Kontroll- und Risikomanagementsystems können diese Geheimhaltungsinteressen nach der gesetzgeberischen Grundentscheidung hingegen nicht vorgetragen werden.

b) Immanente Schutzklausel bei der Vergütungsstruktur

Der Gesetzgeber sah auch bei der Offenlegung der Vergütungsstruktur nach § 289 Abs. 2 Nr. 5 HGB Geheimhaltungsinteressen der Unternehmen berührt. Die Begründung zum VorstOG geht deshalb davon aus, dass der Berichtspflicht ein „immanentes Geheimhaltungsrecht"[24] innewohnt und die Angaben unterbleiben können, „soweit sie nach vernünftiger kaufmännischer Beurteilung geeignet sind, der Gesellschaft einen erheblichen Nachteil zuzufügen."[25] Nach der Begründung sollen solche Nachteile vorliegen, wenn die Vergütung Anreize enthält, die an Ziele des Unternehmens geknüpft sind, wie z. B. die Steigerung des Umsatzes auf einem bestimmten Geschäftsfeld oder auf einem regionalen Absatzmarkt.[26] Der deutsche Gesetzgeber folgt mit dieser Regelung den Empfehlungen der Europäischen Kommission, die ebenfalls ausschließen möchte, dass durch die Berichterstattung vertrauliche Informationen preisgegeben werden, die der strategischen Position der Gesellschaft abträglich sein können.[27]

c) Opt out-Beschluss bei der Offenlegung der Individualvergütung

Hinsichtlich der individuellen Vorstandsvergütung, die gemäß § 285 Nr. 9 lit. a) S. 5 HGB offenzulegen ist, besteht ebenfalls die Möglichkeit in erlaubter Weise davon abzusehen, die individualisierten Beträge und Informationen offenzulegen. Nach § 286 Abs. 5 HGB kann die Hauptversammlung mit einer Dreiviertelmehrheit beschließen, die Individualvergütung nicht offenzulegen (sog. *opt out*-Beschluss). Der Grund, von dieser *opt out*-Möglichkeit Gebrauch zu machen, liegt jedoch nicht in dem Schutz von Geheimhaltungsinteressen. Die individualisierte Offenlegung kann zwar möglicherweise die Persönlichkeits-

---

[23] Vgl. *Palmes*, in: Schön, Rechnungslegung und Wettbewerbsschutz, S. 375, 380.

[24] *Palmes*, in: Schön, Rechnungslegung und Wettbewerbsschutz, S. 375, 403.

[25] BT-Drucks. 15/5577, S. 8. Auch in der Schweiz kann aus vergleichbaren Gründen eine Offenlegung unterbleiben, vgl. zum schweizerischen Recht *Vogt/Handle*, GesKR 2010, S. 547, 552 f.

[26] BT-Drucks. 15/5577, S. 8.

[27] Erwägungsgrund 5 und Art. 3.3 S. 2 der Empfehlung der Kommission v. 14. Dezember 2004 zur Einführung einer angemessenen Regelung für die Vergütung von Mitgliedern der Unternehmensleitung börsennotierter Gesellschaften; 2004/913/EG.

rechte der Vorstände berühren,[28] doch stellen diese keine Geheimhaltungsinteressen im beschriebenen Sinne dar, die zu einem wirtschaftlichen Nachteil der Gesellschaft führen können. Vielmehr baut die Möglichkeit des Offenlegungsverzichts auf der Überlegung auf, dass es allein Sache der Anteilseigner ist, die Angemessenheit der Vergütung zu kontrollieren und so das Vorstandsverhalten zu steuern. Die Aktionäre können deshalb darüber entscheiden, ob sie die Informationen darüber dem Kapitalmarkt zur Verfügung stellen möchten.[29] Allerdings ist eine solche Ausstiegsklausel kaum mit der Information der Kapitalmärkte über eine gute Corporate Governance zu vereinbaren.[30] Zwar ging der Gesetzgeber im Rahmen des VorstOG davon aus, dass nicht das Informationsinteresse der Öffentlichkeit durch die Neuregelungen zur Offenlegung der Vorstandsvergütung geschützt werden soll[31], doch erkennt er gerade in Bezug auf die Offenlegung der Individualvergütung ein Informationsinteresse potentieller Investoren, die Kapitalmarktteilnehmer sind, an.[32] Auch die durch diese Berichtspflicht explizit bezweckte Verhaltenssteuerung wie auch die gesamte Diskussion um die Transparenz der Corporate Governance bauen auf den öffentlich Druck des Kapitalmarkts auf. Unterbleibt eine Veröffentlichung, ist dieser Mechanismus außer Funktion gesetzt. Eine Ausstiegsklausel in Form eines *opt out*-Beschlusses überzeugt deshalb nicht.

2) Anerkennung von Geheimhaltungsinteressen bzgl. der Unternehmensstrategie

Sofern durch die Corporate Governance-Berichterstattung Unternehmensstrategien offenzulegen wären, erkennt der Gesetzgeber ein Geheimhaltungsinteresse an, das die Informationsinteressen der Adressaten überwiegt. Die Offenlegung strategischer Unternehmensinterna ist aber nicht Zweck dieser konkreten Berichtspflichten. Die tatbestandliche Beschränkung des § 289 Abs. 5 HGB, wie auch die immanente Schutzklausel beim Vergütungsbericht nach § 289 Abs. 2 Nr. 5 HGB wären deshalb auch beim Gesellschaftsbericht anzuerkennen.

Daneben können auch weitere Corporate Governance-Inhalte die Unternehmensstrategien tangieren. Insbesondere können die Angaben dazu, ob externe Berater herangezogen wurden, dieses Geheimhaltungsinteresse berühren.[33] Informationen hierzu sind unter der Arbeitsweise des Vorstands gemäß § 289a Abs. 2 Nr. 3 HGB zu beschreiben. Auch hier können aus den Angaben, welche

---

[28] Vgl. *Baums*, ZHR 169 (2005), S. 299, 302.

[29] Vgl. BT-Drucks. 15/5577, S. 5; *Baums*, ZHR 169 (2005), S. 299, 307.

[30] So in Bezug auf die Ausstiegsklausel des § 286 Abs. 5 HGB *Baums*, ZHR 169 (2005), S. 299, 303.

[31] BT-Drucks. 15/5577, S. 5.

[32] BT-Drucks. 15/5577, S. 6.

[33] Vgl. zur schweizer Rechtslage *Vogt/Handle*, GesKR 2010, S. 547, 548.

Berater herangezogen wurden, im Einzelfall möglicherweise Rückschlüsse auf Strategien und Planungen des Unternehmens gezogen werden.

Die Sanktionskommission der Schweizer Börse SIX Swiss Exchange AG hat daher für das Schweizer Recht entschieden, dass eine detaillierte Offenlegung in solchen Fällen entbehrlich sein kann.[34] Auch Angaben zu Entschädigungsvereinbarungen oder zu Beteiligungsprogrammen, die nach deutschem Recht gemäß § 285 Nr. 9 lit. a) HGB und § 289 Abs. 2 Nr. 5 HGB offenzulegen sind, können theoretisch in der Schweiz als Fälle angesehen, bei denen es im Ausnahmefall geboten sein kann, diese Informationen geheim zu halten. Bei diesen Angaben geht es darum, dass die Ziele für die Festsetzung der Entschädigungen (zum Beispiel Umsatz- oder Ertragsziele) sowie übrige Komponenten, die berücksichtigt werden, angegeben werden.[35] Jedoch dürften hier in der Regel die Informationsinteressen überwiegen.[36] Im Übrigen verlangt das Gesetz gerade hier in § 285 Nr. 9 HGB explizit, dass diese Informationen offengelegt werden müssen, so dass es hinzunehmen ist, dass hierdurch Geheimhaltungsinteressen verletzt werden, denn ein Geheimhaltungsinteresse kann – wie bereits oben beschrieben – nicht anerkannt werden, wenn die Offenlegung gerade Zweck der Berichtspflicht ist.

3) Ausgestaltung einer Schutzklausel

Der Rechtsvergleich mit der Schweiz, die Überlegungen des Gesetzgebers zur Ausgestaltung der Berichtspflichten über das interne Kontroll- und Risikomanagementsystem nach § 289 Abs. 5 HGB, der Verzicht auf die Ausweitung der Prognoseberichterstattung auf Unternehmensplanungen und -ziele, sowie die Begründungen des deutschen Gesetzgebers und der Europäischen Kommission zur Offenlegung der Vergütungsstruktur zeigen, dass es bei vielen der Corporate Governance-Informationen durchaus im Einzelfall ein Bedürfnis an Geheimhaltung gibt. Dieses Geheimhaltungsinteresse betrifft stets die Unternehmensstrategie. Aus diesem Grund sollte für den Gesellschaftsbericht in Bezug auf alle Corporate Governance-Inhalte eine eng gefasste Schutzklausel eingeführt werden. Ähnlich der Schweizer Regelung in Art. 7 der Richtlinie Corporate Governance der SIX[37] sollte eine Begründungspflicht etabliert werden, nach der eine substantielle Darlegung der Interessenabwägung gefordert wäre,

[34] Entscheid der Sanktionierungskommission 2010-CG-II/10 vom 30. Juli 2010, En.7.2; abrufbar unter: http://www.six-exchange-regulation.com/download/admission/being_public/sanctions/publication/decision_cg_300710_de.pdf.

[35] Vgl. *Vogt/Handle*, GesKR 2010, S. 547, 551.

[36] Vgl. zum schweizerischen Recht *Vogt/Handle*, GesKR 2010, S. 547, 552 f.

[37] Abrufbar unter http://www.six-exchange-regulation.com/admission_manual/06_15-DCG_de.pdf.

wollte das Unternehmen es unterlassen, diese Informationen offenzulegen.[38] Diese Regelung ginge weit über den in § 286 Abs. 3 S. 4 HGB gewählten Ansatz hinaus, wonach lediglich anzugeben ist, ob die Schutzklausel angewandt wurde. Die Schweizer Regelung würde durch die substantielle Begründung zum einen erlauben, besser nachprüfen zu können, ob die Voraussetzungen wirklich erfüllt waren, und zwänge zum anderen die Unternehmen in einem gesteigerten Maße dazu, sicherzustellen, dass sie nur in tatsächlich begründeten Einzelfällen von der Schutzklausel Gebrauch machen und dass das dadurch eintretende Informationsdefizit nur auf Ausnahmesituationen beschränkt bleibt. Ausgeschlossen wäre es hingegen, sich auf die Schutzklausel zu berufen, wenn gesetzlich gerade gefordert ist, die konkrete Information zu veröffentlichen. Erfasst wären deshalb nur Inhalte, die als ungewollter Reflex Unternehmensstrategien offenlegen würden.

III. Zusammenfassung

Hinsichtlich der konzernrechtlichen Publizitätspflichten des Gesellschaftsberichts könnten keine Geheimhaltungsinteressen definiert werden, die das Informationsinteresse der Adressaten überwögen. Zwar würden durch die Offenlegung der Beteiligungen auch Aspekte der Unternehmensstrategie, die einen der sensibelsten und deshalb schutzwürdigsten Bereiche unternehmerischer Tätigkeit und unternehmerischen Erfolgs betreffen, tangiert, doch müssten die diesbezüglichen Geheimhaltungsinteressen hinter dem Transparenzzweck zurückstehen. Auch Kursspekulationen und Umsatzeinbußen, die aus der Beteiligungstransparenz resultieren könnten, wären bei kapitalmarktorientierten Aktiengesellschaften hinzunehmen. Einer Schutzklausel, die sich auf die konzernrechtlichen Berichtspflichten des Gesellschaftsberichts beziehen würde, bedürfte es deshalb nicht.

Anders würde sich hingegen die Situation bei den Corporate Governance-bezogenen Inhalten des Gesellschaftsberichts präsentieren. Hier könnten durch verschiedene Berichtspflichten sensible Informationen über die Unternehmensstrategie preisgegeben werden, ohne dass dies durch die Berichtspflicht bezweckt wäre. Die bislang anerkannte Beschränkung der Berichtspflicht über das Kontroll- und Risikomanagementsystem müsste weiter aufrechterhalten werden. Darüber hinaus müsste die immanente Schutzklausel hinsichtlich der Vergütungsstruktur beibehalten werden. Um auch weitere Berichtspflichten, die dazu führen könnten, dass reflexartig und ungewollt Inhalte der Unternehmensstrategie offengelegt würden, zu erfassen, sollte eine Schutzklausel eingeführt

---

[38] Vgl. zur Auslegung auch Kommentar zur Corporate Governance-Richtlinie der SWX, Stand 20. September 2007, Ziff. 7.2; abrufbar unter http://www.six-exchange-regulation.com/ download/ admission/regulation/guidelines/swx_guideline_20070820–1_comm_de.pdf .

werden, die eine Art *comply or explain*-Ansatz vorsähe. Eine solche Klausel findet sich im schweizerischen Recht. Dann wäre umfassend zu begründen, warum ausnahmsweise eine Offenlegung unterbleiben durfte. Die Interessenabwägung wäre für die Adressaten nachvollziehbar und nachprüfbar.

B. Publizitätsmodi

I. Turnus der Veröffentlichung

Ein weiterer wesentlicher Aspekt der Publizität ist die Frequenz, mit der der Bericht offengelegt werden sollte. Betrachtet man die Rechtslage anderer gesetzlich vorgesehener Berichtsinstrumente, sind sowohl die rechnungslegungsbezogenen als auch die aktienrechtlichen Berichte zumeist jährlich abzugeben.[39] Ob eine solche periodisierte und stichtagsbezogene Offenlegung für den Gesellschaftsbericht zweckdienlich und sinnvoll wäre, soll im Folgenden geklärt werden.

Zunächst müssen dazu die Gründe für eine Periodisierung untersucht werden. Den Ausgangspunkt bildet das Stichtagsprinzip der Rechnungslegung, das die zeitraumbezogene Rechnungslegung bedingt. Durch die Rechnungslegung soll ein periodischer Gewinn oder Verlust des Unternehmens ermittelt werden. Es geht darum, den wirtschaftlichen Erfolg zu messen. Eigentlich kann dieser Erfolg erst am Ende des Lebens der Gesellschaft, nachdem die Gesellschaft abgewickelt wurde, sicher und willkürfrei ermittelt werden.[40] „Jedoch nützt es niemandem etwas, wenn man zwar mit Erfolg nach Gewinn strebt, aber das Ergebnis erst in Jahrzehnten erfährt…".[41] Die Periodisierung mit Hilfe des Stichtagsprinzips verkürzt den Messungszeitraum und ermöglicht es, einen Zwischengewinn zu ermitteln. Daneben dient der Stichtag dazu, den Betrachtungszeitraum zu objektivieren und eine willkürliche Gewinnermittlung zu unterbinden, denn andernfalls könnte das rechnungslegende Unternehmen einen für sich günstigen Zeitpunkt dafür wählen, an dem es den Jahresabschluss aufstellt, und so mögliche Misserfolge verheimlichen.[42]

Diese beiden Begründungsansätze – Messung des wirtschaftlichen Erfolgs und Objektivierung des Messungszeitraums – würden bei den gesellschaftsrechtlichen Berichterstattungsinhalten nicht greifen. Bei diesen Informationen geht es nicht um die Messung des wirtschaftlichen Periodenerfolgs. Vielmehr geht es um die dauerhafte Information der Aktionäre über Fragen der Corpo-

---

[39] Vgl. auch *Seibt*, AG 2002, S. 249, 254.

[40] Vgl. *Rieger*, Einführung in die Privatwirtschaftslehre, S. 205 ff.

[41] *Rieger*, Einführung in die Privatwirtschaftslehre, S. 202; vgl. auch *Schlaak*, Stichtagsprinzip im Jahresabschluss, S. 6.

[42] Vgl. *Schlaak*, Stichtagsprinzip im Jahresabschluss nach, S. 51 ff.

rate Governance und konzernrechtlicher Verflechtungen. Dieses Informationsbedürfnis der Adressaten kann nur durch einen stetig aktualisierten Informationsfluss befriedigt werden, der es erlaubt, nicht nur die Vergangenheit sondern auch den Status quo zu bewerten. Aus diesem Grund sind insbesondere die kapitalmarktrechtlichen Transparenznormen nicht nach dem Stichtagsprinzip ausgestaltet. So ist die Beteiligungstransparenz ebenso anlassbezogen wie die Ad-hoc-Publizität. Selbst die finanzzahlenbezogenen Berichtspflichten des WpHG in Form der Finanzberichte nach §§ 37x ff. WpHG verlangen unterjährig Bericht zu erstatten, um die Informationsbedürfnisse des Kapitalmarkts zu befriedigen. Sie dienen hingegen weder dazu, einen Zwischengewinn zu ermitteln noch eine Besteuerungsgrundlage zu finden. Zwar sind die auf die Rechnungslegung rekurrierenden Berichtspflichten weiterhin periodisiert, doch zwingt die erhöhte Frequenz der Berichterstattung dazu, zeitnah über entscheidungserhebliche Tatsachen zu berichten.

Im Bereich konzernrechtsrelevanter Informationen ist kein einheitlicher Veröffentlichungsturnus zu erkennen. Während im Rahmen der Beteiligungstransparenz Änderungen „unverzüglich" gemeldet und dann vom Unternehmen, dem die Beteiligung gemeldet wurde, in den Gesellschaftsblättern bekanntgegeben werden müssen, ist der Abhängigkeitsbericht nach § 312 AktG als jährliches Berichtsformat ausgestaltet (vgl. § 312 Abs. 1 AktG).

Entgegen diesem Befund sind die bereits existierenden gesellschaftsrechtlichen Berichtsformate, die für eine Transparenz hinsichtlich der Corporate Governance sorgen sollen, als jährlich zu veröffentlichende Instrumente ausgestaltet. Der sog. Corporate Governance-Bericht nach Ziff. 3.10 DCGK ist jährlich zu veröffentlichen und auch § 161 AktG verlangt eine jährliche Abgabe der Entsprechenserklärung (§ 161 Abs. 1 S. 1 AktG).

Allerdings ist auch im Bereich der Corporate Governance-bezogenen Berichtspflichten eine Tendenz erkennbar, die dazu zwingt, häufiger Bericht zu erstatten: Nach der Rechtsprechung und der herrschenden Meinung in der Literatur muss die Entsprechenserklärung nach § 161 AktG wegen ihres Dauercharakters unterjährig korrigiert werden.[43] Primär liegt der Auffassung die Überlegung zugrunde, dass die in der Entsprechenserklärung enthaltene, auf die Zukunft gerichtete Absichtserklärung fehlerhaft wird, wenn sich die Absichten ändern.[44] Solche Absichtsbekundungen enthielte der Gesellschaftsbericht nach

---

[43] *BGH*, Urteil vom 16. Februar 2009 – II ZR 185/07, BGHZ 180, 9, 19 (Kirch/Deutsche Bank); *BGH*, Urteil vom 21. September 2009 – II ZR 174/08, BGHZ 182, 272, 280 (Umschreibungsstopp); *OLG München*, Urteil vom 6. August 2008 – 7 U 5628/07 – AG 2009, S. 294, 295; *Vetter*, NZG 2009, S. 561, 564; *Spindler*, in: Schmidt/Lutter, AktG § 161 Rn. 43; *Sester*, in: Spindler/Stilz, AktG, § 161 Rn. 48 ff.; *Hölters*, AktG, § 161 Rn. 31; *Semler*, in: MünchKomm AktG, 2. Auflage, § 161 Rn. 121.

[44] Vgl. *Sester*, in: Spindler/Stilz, AktG, § 161 Rn. 50; *Spindler*, in: Schmidt/Lutter, AktG § 161 Rn. 43.

den Ergebnissen des ersten Teils dieser Arbeit nicht.[45] Vielmehr würden die Vergangenheit und der Status quo der einzelnen Bereiche beschrieben.

Daneben nimmt der BGH eine Aktualisierungspflicht bei der Entsprechenserklärung dann an, wenn sich die Corporate Governance des Unternehmens in sonstiger Weise, beispielsweise bei auftretenden Interessenkonflikten, ändert.[46] Tritt ein Interessenkonflikt auf, führt dies zwar automatisch dazu, dass von der bekundeten Absicht, die Empfehlungen des Kodex in diesem Zusammenhang (Ziff. 4.3 DCGK bzw. Ziff. 5.5 DCGK) einzuhalten, abgewichen wird, doch liegt die entscheidende Information der Aktualisierung darin, den Interessenkonflikt selbst offenzulegen. Informationen offenzulegen, die vermeintliche Interessenkonflikte aufdecken können, würde von einigen Inhalten des Gesellschaftsberichts ebenfalls angestrebt.[47] Auch wenn hier keine Absichtsbekundung revidiert werden müsste, bestünde doch das gleichgelagerte Interesse daran, die Interessenkonflikte offenzulegen. Denn gerade Kapitalmarktteilnehmer brauchen kontinuierlich aktuelle Informationen, um eine informierte Anlageentscheidung zu treffen.[48] Außerdem würde nur durch eine stetige Offenlegung solcher Konflikte erreicht, dass eine gezielte und ggf. vermehrte Kontrolle stattfinden kann. Auch für andere Inhalte des Gesellschaftsberichts, die es ermöglichen sollen, die Unternehmensleitung zu kontrollieren und ggf. das Verhalten der betroffenen Personen zu steuern, wären aktuelle Information notwendig. Denn würde einzig retroperspektiv berichtet werden, würde verhindert, zeitnah gegensteuern zu können. Zwar könnte eine aktuelle, weil anlassbezogene Information der Kapitalmarktteilnehmer über eine Ad-hoc-Publizität erreicht werden, doch wäre bei den meisten Inhalten des Gesellschaftsberichts eine Kursrelevanz, wie sie § 13 WpHG voraussetzt, mehr als zweifelhaft.[49]

Da die ursprünglichen Gründe dafür, periodisiert Bericht zu erstatten, bei den gesellschaftsrechtlichen Inhalten nicht greifen würden und sich gerade in Bezug auf eine kapitalmarktbezogene Berichterstattung eine unterjährige und stets aktuelle Berichterstattungspflicht ausformt, sollte der Gesellschaftsbericht zwar als jährlicher Bericht ausgestaltet werden. Die Unternehmen sollten aber bei wesentlichen[50] Änderungen dazu verpflichtet sein, die betroffenen Information zu aktualisieren. Da der Gesellschaftsbericht nicht förmlich festgestellt oder

---

[45] Die einzige zukunftsgerichtete Aussage von Anhang und Lagebericht stellt der Prognosebericht dar, der aber in seiner derzeitigen Ausformung dem Bilanzrecht zuzuordnen ist. Siehe oben § 4 B. I. 2).

[46] *BGH*, Urteil vom 16. Februar 2009, – II ZR 185/07 – BGHZ 180, 9, 19.

[47] Hierzu gehören insbesondere die Angaben zu §§ 285 Nr. 9, 10, 17, 21 und 289 Abs. 4 Nr. 4 HGB.

[48] Vgl. *Sester*, in: Spindler/Stilz, AktG, § 161 Rn. 50.

[49] Vgl. so auch zu den Inhalten der Corporate Governance-Erklärung *Seibert*, BB 2002, S. 581, 583.

[50] Zur Bedeutung des Wesentlichkeitsgrundsatzes ausführlich *Mekat*, Der Grundsatz der Wesentlichkeit in Rechnungslegung und Abschlussprüfung.

durch die Hauptversammlung gebilligt werden müsste,[51] würde die unterjährige Aktualisierungspflicht nicht dazu führen, dass für die Unternehmen wesentlich erhöhte Kosten entstünden.

II. Medium der Veröffentlichung

Nachdem festgelegt wurde, wie und in welchem zeitlichen Turnus der Gesellschaftsbericht offengelt werden müsste, würde sich die Frage stellen, in welchem Medium der Gesellschaftsbericht veröffentlicht werden sollte.

Betrachtet man dazu die Berichtsinstrumente der Rechnungslegung sowie der aktienrechtlichen und kapitalmarktrechtlichen Publizität, lassen sich vier Medien identifizieren, über die der Gesellschaftsbericht zugänglich gemacht werden könnte: Er könnte im elektronischen Bundesanzeiger eingereicht und bekanntgemacht, in den Gesellschaftsblättern bekanntgemacht, an das Unternehmensregister übermittelt oder auf die Internetseite des Unternehmens eingestellt werden.

Während die Rechnungslegungsunterlagen bis zur Neuregelung durch das Gesetz über elektronische Handelsregister und Genossenschaftsregister sowie das Unternehmensregister (EHUG)[52] von 2007 bei den Registergerichten zum Handelsregister einzureichen waren und zusätzlich in der Druckversion des Bundesanzigers zu veröffentlichen waren[53], sind die Unterlagen heute gemäß § 325 HGB nur noch beim elektronischen Bundesanzeiger einzureichen und durch diesen bekanntzumachen (§ 325 Abs. 2 HGB). Hintergrund der Neuregelung war es, die Registergerichte von einem justizfernen Verwaltungsaufwand zu befreien.[54] Zwar sah § 329 HGB a. F. eine registerrichterliche Prüfung der offenzulegenden Rechnungslegungsunterlagen vor, doch handelte es sich hierbei um eine sehr beschränkte Prüfungspflicht in Form einer Vollständigkeitsprüfung.[55] Eine Inhaltskontrolle und materielle Rechtmäßigkeitsüberprüfung durfte nicht erfolgen.[56] Heute wird die Rechnungslegung im elektronischen Bundesanzeiger bekannt gegeben; da durch die Einreichung die gesetzliche Pflicht erfüllt und die Frist gewahrt wird,[57] müssen gemäß § 329 HGB diese beiden Aspekte ebenfalls geprüft werden. Diese beim elektronischen Bundesanzeiger eingereichten Daten werden dann gemäß § 329 Abs. 1 S. 2 i. V. m. § 8b Abs. 3 HGB an das Unternehmensregister, das durch das EHUG eingeführt wurde, weitergeleitet und dort gespeichert.

---

[51]　Dazu oben § 6D.
[52]　BGBl. I S. 2553.
[53]　Vgl. *Noack*, NZG 2006, S. 801, 805.
[54]　BT-Drucks. 16/960, S. 1, 48.
[55]　Vgl. *Fehrenbacher*, in: MünchKomm HGB, 1. Auflage, § 329 Rn. 1, 4.
[56]　Vgl. *Fehrenbacher*, in: MünchKomm HGB, 1. Auflage, § 329 Rn. 8.
[57]　Vgl. *Fehrenbacher*, in: MünchKomm HGB, § 325 Rn. 116.

Einen vergleichbaren Offenlegungsprozess durchlaufen die aktienrechtlichen Mitteilungspflichten nach § 20 AktG. Nach § 20 Abs. 6 S. 1 AktG hat die Gesellschaft eine ihr mitgeteilte Beteiligung in den Gesellschaftsblättern bekanntzumachen. Als Pflicht-Gesellschaftsblätter bestimmt das AktG seit Inkrafttreten des EHUG in § 25 AktG wiederum den elektronischen Bundesanzeiger. Die Gesellschaftsblätter sind demnach ein gesonderter Abschnitt im Datenbestand des elektronischen Bundesanzeigers. Auch diese Informationen sind gemäß § 8b Abs. 3 S. 1 Nr. 1, Abs. 2 Nr. 5 HGB zur Speicherung an das Unternehmensregister weiterzuleiten.

Einen abweichenden Veröffentlichungsprozess liefert das Kapitalmarktrecht im Rahmen der Ad-hoc-Publizität i. S. d. § 15 WpHG. Nach § 15 Abs. 1 S. 1, Hs. 2 WpHG i. V. m. § 8b Abs. 3 S. 1 Nr. 2, Abs. 2 Nr. 9 HGB sind die Ad-hoc-Mitteilungen vom Emittenten direkt an das Unternehmensregister zu übermitteln. Allerdings erfüllt in diesem Bereich das Unternehmensregister keine originäre Bekanntmachungsfunktion, die ihm nach der gesetzlichen Ausgestaltung auch nicht zukommen soll.[58] Denn die eigentliche Veröffentlichung ist schon nach dem Wortlaut des § 15 Abs. 1 S. 1 WpHG von der Weiterleitung zur Veröffentlichung zu unterscheiden.[59] Die Wege der Veröffentlichung regelt hingegen die Wertpapierhandelsanzeige- und Insiderverzeichnisverordnung (WpAIV).[60]

In allen Fällen fungiert das Unternehmensregister nach der gesetzgeberischen Ausgestaltung nicht als Medium, in dem die Informationen originär bekannt gemacht werden. Vielmehr dient das Unternehmensregister als sog. „Metaregister"[61] nur dazu, alle über ein Unternehmen zur Verfügung stehenden Daten zusammenzuführen und zentral bereitzustellen (sog. „one-stop-shopping").[62]

Einen anderen Weg schien hingegen der Gesetzgeber auf den ersten Blick bei der Entsprechenserklärung nach § 161 AktG gehen zu wollen. Der Wortlaut des § 161 Abs. 2 AktG spricht nur davon, dass die Erklärung dauerhaft auf der Internetseite der Gesellschaft zugänglich zu machen ist. Das Aktiengesetz verlangt hingegen nicht, dass sie registerrechtlich bekannt gegeben wird. Dies regelt aber § 325 Abs. 1 S. 3, Abs. 2 HGB, der verlangt, dass auch die Erklärung nach § 161 AktG beim elektronischen Bundesanzeiger eingereicht und bekanntgegeben wird.[63] Beachtlich an dieser Regelung ist, dass das Gesetz auf die Veröffentlichung auf der Internetseite der Aktiengesellschaft verweist. Eine solche Offenlegung im Internet sieht bisher nur § 5 S. 1 Nr. 2 WpAIV für die Ad-hoc-

---

[58] Vgl. *Seibert/Decker*, DB 2006, S. 2446, 2449.

[59] Ungenau *Noack*, WM 2007, S. 377, 380, der die Weiterleitung an das Unternehmensregister zu den zur Bekanntgabe gehörenden Adressen zählt.

[60] Dies sind das Medienbündel des § 3a WpAIV, das elektronische Informationsverbreitungssystem des § 5 S. 1 Nr. 1 WpAIV und die Internetseite des Emittenten § 5 S. 1 Nr. 2 WpAIV; vgl. *Noack*, WM 2007, S. 377, 380.

[61] *Noack*, NZG 2006, S. 801, 804.

[62] *Seibert/Decker*, DB 2006, S. 2446, 2449; *Noack*, NZG 2006, S. 801, 804.

[63] Unvollständig *Spindler*, in: Schmidt/Lutter, AktG § 161 Rn. 57.

Mitteilungen vor. Die Regelung macht insbesondere deutlich, dass es, um einen stetigen Zugriff des interessierten Aktionärs zu gewährleisten, nicht ausreicht, wenn es möglich ist, im elektronischen Bundesanzeiger bzw. Unternehmensregister Einsicht zu nehmen.[64] Allerdings zeigt die Parallelität der beiden Offenlegungsmedien auch, dass der Gesetzgeber es nicht als ausreichend ansieht, wenn die Erklärungen rein „privat" veröffentlicht werden. Insbesondere wird allein über § 325 HGB eine Frist, in der die Unterlagen einzureichen sind, gefordert. Während § 161 AktG nur von einer jährlichen Erklärungsabgabe spricht, fordert § 325 HGB, die Erklärung unverzüglich nach Vorlage der Unterlagen an die Gesellschafter einzureichen (vgl. § 325 Abs. 1 S. 3 HGB „gleichzeitig" und § 325 Abs. 1 S. 2 HGB). Nur wenn die Erklärung „offiziell" bei einer dafür vorgesehenen staatlichen Stelle eingereicht wird, kann überprüft werden, ob die Frist gewahrt wurde. Auch wird über die Bekanntgabe beim elektronischen Bundesanzeiger garantiert dass die Information an das Unternehmensregister übermittelt wird, so dass – wie von der Richtlinie 2003/58/EG vorgesehen – alle offenlegungspflichtigen Daten über ein Unternehmen zentral abrufbar sind.

Für die Offenlegung des Gesellschaftsberichts sollte eine solche Parallelität ebenfalls angestrebt werden: Die Corporate Governance-relevanten Daten auf der Internetseite des Unternehmens dauerhaft zugänglich zu machen, würde bei den Unternehmen kaum Kosten erzeugen, würde aber viele Kapitalmarktteilnehmer erreichen. Denn eine gezielte Information über das Unternehmen wird zumeist auf der Homepage des Unternehmens beginnen. Wünschenswert wäre in diesem Zusammenhang auch, wenn die Unternehmen dazu verpflichtet würden, eine einheitlich strukturierte Veröffentlichungsseite auf ihrer Homepage einzurichten, in der alle Unternehmensinformationen gleichermaßen geordnet abgerufen werden könnten. Dies würde Informationsfindungs- und Verarbeitungskosten der Adressaten senken.[65] Daneben wäre es europarechtlich geboten[66], den Gesellschaftsbericht im elektronischen Bundesanzeiger bekanntzugeben, was damit verbunden wäre, dass die Daten im Unternehmensregister zentral gespeichert würden. Da der Gesellschaftsbericht zudem zumindest einmal jährlich offenzulegen sein sollte,[67] müsste eine Möglichkeit bestehen, die Fristeneinhaltung zu überprüfen und – betrachtet aus Perspektive der Gesellschaft – eine rechtssichere Fristenwahrung zu gewährleisten, indem die Unterlagen bei einer staatlichen Institution wie dem elektronischen Bundes-

---

[64] Vgl. *Spindler*, in: Schmidt/Lutter, AktG § 161 Rn. 60.

[65] Siehe zu diesen Transaktionskosten bereits oben § 1B. II.

[66] Richtlinie 2009/101/EG des Europäischen Parlaments und des Rates vom 16. September; geändert durch die Richtlinie 2012/17/EU des Europäischen Parlaments und des Rates vom 13. Juni 2012.

[67] Vgl. dazu oben § 7B. I.

anzeiger eingereicht würden.[68] Der Gesellschaftsbericht in seiner Jahresfassung und etwaige Aktualisierungen stünden dann sowohl auf der Internetseite der Gesellschaft, als auch zentral gespeichert im elektronischen Bundesanzeiger bzw. im Unternehmensregister zur Verfügung. Eine erhöhte Kostenlast würde den Unternehmen dadurch nicht auferlegt werden.

C. Zwischenergebnis zur Offenlegung und Transparenz

Transparenzwunsch und unternehmerisches Geheimhaltungsinteresse stehen sich bei den Publizitätsvorschriften stets gegenüber. Soweit der Gesellschaftsbericht die Offenlegung von Konzern- und Beteiligungsstrukturen verlangen würde, hätte aber – zumindest bei den in dieser Arbeit betrachteten kapitalmarktorientierten Aktiengesellschaften – nach der kapitalmarktrechtlichen Wertung zur Beteiligungstransparenz das Geheimhaltungsinteresse hinter das Transparenzgebot zurückzutreten. Geheimhaltungsinteressen, die nicht mit den von den Vorschriften bezweckten Transparenzzielen deckungsgleich und deshalb unbeachtlich sind, wären nicht ersichtlich.

Anders sähe es im Bereich der Corporate Governance-bezogenen Berichtsinhalte aus. Diese würden gerade nicht bezwecken, Unternehmensstrategien und -planungen offenzulegen. Doch könnten einige der geforderten Inhalte nicht offengelegt werden, ohne diese Informationen preiszugeben. Aus diesem Grund wäre für die Corporate Governance-bezogenen Berichtspflichten eine eng gefasste Schutzklausel vorzusehen, die nach dem Schweizer Vorbild des Art. 7 der Richtlinie Corporate Governance der SIX fordern sollte, die Interessenabwägung substantielle darzulegen, wenn die Schutzklausel in Anspruch genommen würde. Dadurch könnte einem Missbrauch entgegengewirkt werden.

Der Gesellschaftsbericht sollte als jährliches Berichtsinstrument abzufassen und offenzulegen sein. Da die Gründe, die eine derart strenge Periodisierung rechtfertigen, für gesellschaftsrechtliche Inhalte nicht greifen und sowohl bei Konzern- als auch Corporate Governance-bezogenen Informationspflichten vom Kapitalmarkt eine stets aktuelle Informationsübermittlung gefordert wird, sollten die Unternehmen darüber hinaus dazu verpflichtet sein, Berichtsinhalte unterjährigen zu aktualisieren, wenn sich Angaben des Gesellschaftsberichts wesentlich ändern.

Dieser Aktualisierungspflicht stünden übermäßige Publizitätskosten nicht entgegen. Denn im Zeitalter digitaler Informationsverbreitung entstehen den Unternehmen keine erhöhten Druckkosten. Der Gesellschaftsbericht sollte des-

---

68 Ob möglicherweise eine Zusammenführung von elektronischem Bundesanzeiger und Unternehmensregister, die derzeit ohnehin von derselben Institution betrieben werden, sinnvoll ist, muss an anderer Stelle diskutiert werden.

halb nicht in Druckversion, sondern dadurch offengelegt werden, dass er beim elektronischen Bundesanzeiger eingereicht und auf der Internetseite des Unternehmens veröffentlicht würde.

§ 8 Prüfung

Ein im Prozess der Publizität unternehmensrechtlicher Informationen wesentliches Element der aktienrechtlichen Rechtsdurchsetzungsmethoden ist die Prüfung der Berichtsinhalte. Es lassen sich mehrere unterschiedliche Arten der Prüfung unterscheiden: Zunächst die unternehmensinterne Prüfung durch den Aufsichtsrat und zum anderen die unternehmensexterne Prüfung durch Institutionen außerhalb der Gesellschaft. Zur Gruppe der unternehmensexternen Prüfungseinrichtungen zählt insbesondere der Abschlussprüfer, der den Jahresabschluss, den Lagebericht und den Abhängigkeitsbericht prüft und schwerpunktmäßig der Komplexität des Rechnungslegungsrechts Rechnung trägt. Daneben gibt es noch Sonderprüfungen (§§ 142, 258, 315 AktG) und die relativ neue kapitalmarktrechtlich indizierte Prüfung im Rahmen des zweistufigen Enforcement-Verfahrens (§§ 37n ff. WpHG). Die unternehmensexterne Prüfung lässt sich in anlassabhängige und anlassunabhängige Prüfungen unterteilen. Während die Abschlussprüfung stets anlassunabhängig und die Sonderprüfung stets anlassabhängig ist, kommt eine Prüfung im Rahmen des Enforcementverfahrens sowohl mit als auch ohne Anlass (im Rahmen einer Stichprobe) in Betracht. Insbesondere wenn man dieses letztgenannte Rechtsdurchsetzungsinstrument auf eine gesellschaftsrechtliche Materie übertragen wollte, wäre wegen des aufsichtsrechtlichen Charakters Zurückhaltung geboten.[1]

A. Unternehmensinterne Prüfung durch den Aufsichtsrat

Den Grundbaustein der aktienrechtlichen Rechtsdurchsetzungsmethoden bildet die Prüfung durch den Aufsichtsrat, die ein wesentliches Charaktermerkmal des dualistischen Systems im deutschen Aktienrecht ist. Der Aufsichtsrat ist nach § 111 Abs. 1 AktG dafür zuständig die Geschäftsführung zu überwachen. Was zunächst nach einer umfassenden Kontrollaufgabe hinsichtlich der gesamten Tätigkeiten des Vorstands klingt, beschränkt sich nach ganz herrschender Meinung darauf, den Kernbereich der Geschäftsführung, nämlich die Leitungshand-

---

[1] Vgl. dazu im Einzelnen unten § 8B. III.3).

lungen des Vorstands, zu kontrollieren.[2] Diese Begrenzung ist notwendig, um das Organgefüge des Aktiengesetzes zu wahren und dem Vorstand seine Beurteilungs- und Ermessensspielräume, die ihm das Gesetz einräumt, zu sichern.[3] Andererseits kann hieraus kein überwachungsfreier Raum resultieren, denn über die Kontrolle der Leitungsaufgaben hinaus ist der Aufsichtsrat dazu berechtigt, auch wesentliche Einzelmaßnahmen zu prüfen.[4] Das Aktiengesetz spezifiziert in § 111 AktG nicht, was im Einzelnen unter diese so umrissene Kontrollkompetenz zu subsumieren ist. Allerdings kann sie anhand § 90 Abs. 1 AktG, der beschreibt worüber der Vorstand den Aufsichtsrat zu informieren hat, konkretisiert werden.[5] Diese Informationsgegenstände sind die Gegenspieler zur Überwachungspflicht, denn erst die Informations- und Einsichtsrechte ermöglichen dem Aufsichtsrat, ordnungsgemäß zu prüfen. Neben diese Informationsrechte aus § 90 Abs. 1 AktG treten die besonderen Aufklärungsmittel des § 90 Abs. 2 AktG.[6] Auch die Systematik dieser Informationsgrundlagen spiegelt wider, dass die Überwachung auf Leitungshandlungen und wesentliche Geschäfte begrenzt ist.

Von § 171 AktG wird hingegen explizit angeordnet, dass die Rechnungslegungsunterlagen bzw. – hier im Speziellen relevant – Anhang und Lagebericht, geprüft werden.[7] Da die Erklärung zur Unternehmensführung unabhängig davon, wo sie veröffentlich wurde, Teil des Lageberichts ist, ergibt sich der Prüfungsauftrag des Aufsichtsrats aus § 171 AktG.[8] Die Norm konkretisiert auf gesetzlicher Ebene die allgemeine Überwachungspflicht aus § 111 AktG.[9] Im Übrigen würde sich über die Regelung des Einsichtsrechts in die Handelsbücher der Gesellschaft nach § 111 Abs. 2 AktG eine Prüfungspflicht ergeben.

I. Der Gesellschaftsbericht als Gegenstand der aufsichtsratlichen Prüfung

Fraglich wäre für den Gesellschaftsbericht, ob nach der Systematik und Methodik des Aktiengesetzes eine Prüfungspflicht des Aufsichtsrats in Bezug auf den Gesellschaftsbericht anzuerkennen wäre, ohne dass dies explizit angeordnet

---

[2] Vgl. *Habersack*, in: MünchKomm AktG, § 111 Rn. 20 ff.; *Drygala*, in: Schmidt/Lutter, AktG, § 111 Rn. 8; *Mertens/Cahn*, in: Kölner Komm AktG, § 111 Rn. 14; *Hüffer*, AktG, § 111 Rn. 3.

[3] Vgl. *Spindler*, in: Spindler/Stilz AktG, § 111 Rn. 16.

[4] Vgl. *Spindler*, in: Spindler/Stilz AktG, § 111 Rn. 8.

[5] Vgl. *Drygala*, in: Schmidt/Lutter AktG, § 111 Rn. 12.

[6] Vgl. *Bürgers/Israel*, in: Heidelberger Komm AktG, § 111 Rn. 11.

[7] Im Einklang mit dieser Prüfungsanordnung steht auch die gesetzliche Zuweisung der Aufstellungspflicht zur Leitungspflicht des Vorstands in § 170 AktG und der damit einhergehenden Prüfungspflicht nach § 111 Abs. 1 AktG, vgl. *Fleischer*, ZIP 2003, S. 1, 6; *ders.*, in Spindler/Stilz, AktG, § 76 Rn. 18.

[8] Vgl. *Grottel/Röhm-Kottmann*, in: Beck BilanzKomm, § 289a Rn. 9; *Claussen*, in: Kölner Komm RechnungslegungsR, § 289a Rn. 14.

[9] Vgl. *Brönner*, in: Großkomm AktG, Vorbemerkungen §§ 170,171 Rn. 3.

würde. Dies wäre der Fall, wenn der Gesellschaftsbericht die oben dargestellten allgemeinen Kriterien, nach denen eine Prüfungspflicht des Aufsichtsrats besteht, erfüllen würde. Danach könnte sich eine Prüfungspflicht einmal aus der Zugehörigkeit des Vorstandshandelns zum Bereich der Leitung ergeben, die nach § 111 Abs. 1 AktG per se der aufsichtsratlichen Prüfung unterläge, zum anderen könnte aber auch aus der Systematik der Informations- und Einsichtsrechte ein solcher Prüfungsauftrag abgeleitet werden.

Es wäre zunächst zu fragen, ob es eine Leitungsaufgabe oder lediglich eine Geschäftsführungsaufgabe darstellen würde, den Gesellschaftsbericht aufzustellen. Die beiden Begriffe lassen sich nicht trennscharf voneinander abgrenzen.[10] Aktienrechtlich zu unterscheiden sind zwei verschiedene Arten der Leitungsaufgaben: Leitungsaufgaben kraft gesetzlicher Anordnung und Leitungsaufgaben kraft typologischer Zuordnung.[11] Während zu ersterem die Aufstellung des Jahresabschlusses und des Lageberichts gehört,[12] wäre, um rein systemimmanente Überlegungen anzustellen, für den Gesellschaftsbericht zunächst allein letztere Zuordnungsmethode heranzuziehen. Für die typologische Zuordnung wird auf betriebswirtschaftliche Erkenntnisse abgestellt und zwischen Planungs- und Steuerungs-, Organisations-, Finanz- und Informationsverantwortung unterschieden.[13] Letztere betrifft zumindest die unternehmensinterne Kommunikation.[14] Über den unternehmensinternen Informationsfluss hinaus wird die für den Kapitalmarkt besonders wichtige Berichterstattung im Rahmen der Public/Investors Relations mithilfe verschiedener, teils gesetzlicher, teils unregulierter Berichtsinstrumentarien zu den Leitungsaufgaben des Vorstands gezählt.[15] Verallgemeinert gesprochen gehört die Unternehmensberichterstattung als Teil der Informationsverantwortung in den Kernbereich der Leitungskompetenz des Vorstands und unterliegt nach der Generalnorm des § 111 Abs. 1 AktG der Prüfung durch den Aufsichtsrat.

Eine mit diesem Ergebnis übereinstimmende Einschätzung lässt sich ableiten, wenn man spiegelbildlich die Informations- und Einsichtsrechte betrachtet. In § 111 Abs. 2 AktG statuiert das Gesetz ganz allgemein, dass neben den Büchern – hierunter sind die Handelsbücher i. S. d. §§ 238 ff. HGB und die Rechnungslegungsunterlagen zu verstehen – die „Schriften der Gesellschaft" vom Einsichtsrecht und von der Prüfungspflicht nach § 111 Abs. 1 AktG umfasst sind. Der Begriff der Schriften ist weit zu verstehen und umfasst alle schriftlichen, fotomechanischen, datentechnischen oder in anderer Form dokumentierten Erklärungen und Vorgänge, die unmittelbar oder mittelbar für die Geschäfts-

---

[10] Vgl. *Fleischer*, in: Spindler/Stilz, AktG, § 76 Rn. 18.

[11] Vgl. *Fleischer*, ZIP 2003, S. 1, 6; *ders.* in Spindler/Stilz, AktG, § 76 Rn. 18.

[12] Siehe oben § 6A.

[13] Vgl. *Fleischer*, ZIP 2003, S. 1, 6; *ders.* in Spindler/Stilz, AktG, § 76 Rn. 18.

[14] Vgl. *Fleischer*, ZIP 2003, S. 1, 6.

[15] Vgl. *Mutter*, in: Marsch-Barner/Schäfer, Hdb. Börsennotierte AG, § 21 Rn. 8 ff.

führung der Gesellschaft von Bedeutung sind.[16] Der Gesellschaftsbericht würde eine solche schriftliche Erklärung darstellen und wäre sowohl in seiner Corporate Governance- als auch seiner Konzern-bezogenen Komponente von großer Bedeutung für die Gesellschaft.

Da schon nach der Systematik der Generalklausel des § 111 Abs. 1 AktG der Gesellschaftsbericht unter die Prüfungspflicht des Aufsichtsrats fiele, müsste eine unternehmensinternen Kontrolle nicht explizit angeordnet werden.

II. Maßstab der aufsichtsratlichen Prüfungspflicht

Ausgehend von dieser Feststellung ist nach dem Maßstab zu fragen, den der Aufsichtsrat bei seiner Prüfung anzulegen hätte. Die allgemeine Unternehmensüberwachung nach § 111 Abs. 1 AktG umfasst, dass die Geschäftsführung darauf zu überprüfen ist, ob sie rechtmäßig, ordnungsgemäß, zweckmäßig und wirtschaftlich ist.[17] Die Kontrolle der Abschlussunterlagen nach § 171 AktG beschränkt sich hingegen darauf, zu beurteilen, ob die Unterlagen gesetz- und satzungsmäßig sind (Rechtmäßigkeitskontrolle) und ob bilanzpolitische Maßnahmen zweckmäßig sind.[18] Die Begrenzung folgt nicht aus einer gesetzlichen Anordnung, sondern ist logische Folge des Prüfungsgegenstands: Bei der Frage, ob die Berichterstattung ordnungsgemäß ist, kann weder untersucht werden, ob die Organisation sinnvoll (Ordnungsmäßigkeit) noch ob die Berichterstattung wirtschaftlich ist. Denn es obliegt allein dem Gesetzgeber, zu beurteilen, ob eine Publizitätsvorschrift sinnvoll und zweckmäßig ist. Diese Prüfungsmaßstäbe können deshalb nur bei den operativen Geschäftsführungsmaßnahmen greifen, nicht aber, wenn es darum geht, Ergebnisse im Rahmen der Berichterstattung zu beschreiben. Würde man diesen Maßstab für die Überwachung der Gesellschaftsberichterstattung fortschreiben, wäre die aufsichtsratliche Kontrolle auf eine Rechtmäßigkeitskontrolle begrenzt,[19] denn bilanzpolitische Bilanzierungswahlrechte oder Fragen vergleichbar zur Zweckmäßigkeit einer Rücklagenbildung fänden sich im Gesellschaftsbericht nicht. Dieses Ergebnis würde sich mit dem Prüfungsmaßstab decken, wie er in § 314 Abs. 2 S. 1 AktG in Bezug auf den Abhängigkeitsbericht ausgeformt ist. Auch dort beschränken sinnlogische Gründe des Überwachungsgegenstands den Aufsichtsrat darauf,

---

[16] Vgl. *Bezzenberger*, in: Großkomm AktG, § 145 Rn. 12.

[17] Vgl. *Spindler*, in: Spindler/Stilz AktG, § 111 Rn. 14.

[18] Vgl. *Kuhner*, ZGR 2010, S. 980, 998; *Schulz*, in: Heidelberger Kommentar AktG, § 171 Rn. 3.

[19] Diese Begrenzung betrifft allein die Frage der Publizität. Ob bestimmte Corporate Governance- oder Konzern-relevante Maßnahmen des Vorstands wirtschaftlich sinnvoll sind, muss sehr wohl vom Aufsichtsrat geprüft werden.

den Abhängigkeitsbericht nur auf seine Rechtmäßigkeit, was auch die Prüfung der Vollständigkeit umfasst, zu überprüfen.[20]

III. Fachliche Geeignetheit des Aufsichtsrats für die Prüfung des Gesellschaftsberichts

1) Generelle Qualifikationsanforderungen an die Aufsichtsratsmitglieder

Um eine ordnungsgemäße Rechtmäßigkeitskontrolle durchzuführen, die Gewähr dafür bieten würde, dass die Gesellschaftsberichtsangaben ausreichend verlässlich sind, muss sichergestellt sein, dass die Aufsichtsratsmitglieder als Kontrolleure über ein ausreichendes Maß an Sachkunde verfügen. Das Aktiengesetz selbst regelt die persönlichen Bestellvoraussetzungen und -hindernisse in den §§ 100 und 105 AktG nur rudimentär.[21] Hinsichtlich der sachlichen Qualifikation schreibt es allein in § 100 Abs. 5 AktG vor, dass bei kapitalmarktorientierten Aktiengesellschaften ein sog. unabhängiger Finanzexperte unter den Aufsichtsratsmitgliedern sein muss. Dieser muss über ausreichend Sachverstand auf den Gebieten Rechnungslegung oder Abschlussprüfung verfügen, so dass, obwohl die Materie sehr komplex ist, eine sachverständige Prüfung zumindest dadurch gewährleistet ist, dass die einzelnen Mitglieder arbeitsteilig zusammenwirken und Rücksprache innerhalb des Aufsichtsrats halten. Weitergehende, generelle Qualifikationserfordernisse schreibt das Aktiengesetz nicht vor, so dass fehlende Sachkunde kein Bestellungshindernis darstellt, wenngleich dies die Verantwortlichkeit des einzelnen Mitglieds nicht beeinträchtigt.[22] Da die Mitglieder auf Rechtsfolgenseite dafür verantwortlich gemacht werden können, wenn sie die ihnen obliegenden Pflichten nicht erfüllen können, ergeben sich ungeschriebene Qualifikationserfordernisse. Nach der Rechtsprechung des BGH muss ein Aufsichtsratsmitglied diejenigen Mindestkenntnisse und -fähigkeiten besitzen, die es braucht, um alle normalerweise anfallenden Geschäftsvorgänge ohne fremde Hilfe zu verstehen und sachgerecht beurteilen zu können.[23] Jedoch macht eine fehlende Sachkunde die Wahl nicht unwirksam,[24] so dass trotz der Professionalisierungstendenzen[25] damit gerechnet werden muss, dass die erforderliche Sachkunde fehlt.[26] Von diesem Erkenntnisstand ging der Gesetzgeber bei der Reform des Aktiengesetzes im Jahr 1965 aus, als er die externe Prüfungspflicht

---

[20] Vgl. *Vetter*, in: Schmidt/Lutter AktG, § 314 Rn. 11.

[21] Vgl. *Habersack*, in: MünchKomm AktG, § 116 Rn. 22.

[22] Vgl. *Habersack*, in: MünchKomm AktG, § 116 Rn. 22.

[23] *BGH*, Urteil vom 15. November 1982– II ZR 27/82, BGHZ 85, 293, 295 f. (Hertie).

[24] Vgl. *Habersack*, in: MünchKomm AktG, § 100 Rn. 13.

[25] Vgl. *Habersack*, in: MünchKomm AktG, § 116 Rn. 24; *Cahn*, in: Veil, Unternehmensrecht in der Reformdiskussion, S. 139 ff.

[26] Vgl. *Cahn*, in: Veil, Unternehmensrecht in der Reformdiskussion, S. 139, 150 ff.

hinsichtlich des Abhängigkeitsberichts einführte.[27] Auch die Tatsache, dass der unabhängige Finanzexperte durch das BilMoG eingeführt wurde, ist ein Symptom dafür, dass der Gesetzgeber die allgemeinen Anforderungen an die Sachkunde des Aufsichtsrats als nicht ausreichend betrachtet.[28]

Gerade weil es sich bei der im Gesellschaftsbericht abgedeckten Berichtsmaterie um teils sehr komplexe Fragen der Corporate Governance und des Konzernrechts handeln würde, wäre mehr als zweifelhaft, ob mit den vom BGH geforderten Mindestkenntnissen ein ausreichendes Maß an Sachkunde gewährleistet werden könnte oder ob es notwendig wäre, die Professionalisierung und fachlichen Anforderungen weiter zu steigern. Diese Frage wäre im Rahmen der beratenden Tätigkeit des Aufsichtsrats noch viel wesentlicher. Hier wäre ein noch viel stärkeres Maß an Sachkunde hinsichtlich der später im Gesellschaftsbericht wiedergegebenen materiellen Fragen der Corporate Governance und der Konzernstrukturen zu fordern. Aus diesem Grund wäre es unerlässlich zu hinterfragen, wie nach der aktienrechtlichen Methodik die fachliche Kompetenz des Aufsichtsrats gesteigert werden könnte.

2) Aktienrechtliche Ansatzpunkte zur Steigerung der fachlichen Kompetenz des Aufsichtsrats

Das Aktiengesetz und das aktienrechtliche Bilanzrecht kennen verschiedene Ansatzpunkte, die dazu beitragen, die Qualität der Prüfung zu steigern.

Zunächst gestattet das Aktiengesetz im Einzelfall, dass sachverständige Berater hinzugezogen werden (vgl. §§ 111 Abs. 2 S. 2, 109 Abs. 1 S. 2 AktG).[29] Allerdings sind der Prüfung durch Sachverständige enge Grenzen gesetzt: Sowohl der Grundsatz der persönlichen und eigenverantwortlichen Amtsausübung in § 111 Abs. 5 AktG, als auch das in § 116 S. 2 AktG verankerte Verschwiegenheitsgebot stehen entgegen, wollte sich der Aufsichtsrat ständig und dauerhaft von außenstehenden Sachverständigen beraten lassen.[30] Es kann deshalb nur ein Hilfsmittel für komplexe Einzelfälle sein,[31] Sachverständige[32] hinzuzuziehen, nicht aber eine Maßnahme, um ein dauerhaftes Mindestmaß an Sachkompetenz zu garantieren.

---

[27] In der Begründung zum Regierungsentwurf heißt es: „ Den Mitgliedern des Aufsichtsrates kann nicht nur die für ein Urteil über die Angemessenheit erforderliche Sachkunde fehlen"; vgl. *Kropff*, AktG 1965, S. 413.

[28] Vgl. *Cahn*, in: Veil, Unternehmensrecht in der Reformdiskussion, S. 139, 151.

[29] Vgl. *Euler*, in: Spindler/Stilz AktG, § 171 Rn. 32 ff.; *Hoffmann-Becking*, ZGR 2011, S. 136 ff.

[30] Vgl. *Euler*, in: Spindler/Stilz AktG, § 171 Rn. 32 ff.

[31] Vgl. *BGH*, Urteil vom 15. November 1982– II ZR 27/82, BGHZ 85, 293, 295 f. (Hertie).

[32] Für Beispiele dafür, wer als Sachverständiger in Frage kommen kann, vgl. *Hoffmann-Becking*, ZGR 2011, S. 136, 139.

Daneben kann eine sachgemäße Prüfung dadurch unterstützt werden, dass Aufsichtsratsmitglieder arbeitsteilig zusammenwirken, auch wenn einzelne Aufsichtsratsmitglieder keine ausreichende Kenntnis haben. Dies setzt allerdings voraus, dass wenigstens eines der Mitglieder über eine derartige Sachkunde verfügt. Dies kann beispielsweise dadurch sichergestellt werden, dass eine Regelung getroffen wird, die mit § 100 Abs. 5 AktG vergleichbar ist. Übertragen auf die Problematik einer Prüfung der Gesellschaftsberichtsinhalte müsste ein dem unabhängigen Finanzexperten vergleichbares Aufsichtsratsmitglied anstelle der Rechnungslegungskenntnisse vermehrt juristische Kompetenzen im Bereich der Corporate Governance und des Konzernrechts nachweisen können. Darüber hinaus wäre denkbar, diesen Experten wie im Rahmen der Rechnungslegungsprüfung mit einem sachkundigen Ausschuss zu kombinieren, an den delegiert werden könnte, den Bericht sachkundig zu prüfen und den Beschluss vorzubereiten. Ein solches Vorgehen, das das Aktiengesetz in § 107 Abs. 3 S. 1 AktG grundsätzlich vorsieht, würde voraussetzen, dass die Sachkompetenz aller betreffenden Mitglieder garantiert wäre.[33] Auch wenn sich hierdurch die Kompetenz konzentrieren ließe, wäre es – wie bei der Rechnungslegung – unzulässig, die Prüfung der Gesellschaftsberichtsinhalte vollständig zu übertragen. Denn wegen der Wichtigkeit der Materie wäre die Aufgabe nicht delegationsfähig (vgl. § 107 Abs. 3 S. 3 AktG). Ob unter der Prämisse einer fehlenden Delegationsfähigkeit eine derartige Qualifikationsvoraussetzung für alle Ausschussmitglieder unter Kosten-Nutzen-Gesichtspunkten praktikabel wäre, müsste bezweifelt werden. Hingegen erschiene es relativ einfach, einen Experten für Corporate Governance- und Konzernfragen zu etablieren. Dies wäre zugleich ein sehr effektives Mittel, um die sachkompetente Entscheidungsfindung des Aufsichtsrats zu sichern. Insbesondere würde ein solcher Experte bei sonstigen Unternehmenskontrollfragen, die im Zusammenhang mit der Corporate Governance oder den Konzernsachverhalten des Unternehmens stehen, einen erheblichen Beitrag dazu leisten, den Aufsichtsrat zu professionalisieren.

Im Bereich des Rechnungslegungsrechts wird der Aufsichtsrat zusätzlich zu den bereits angesprochenen Kompetenzvorgaben des Finanzexperten und des Prüfungsausschusses erheblich durch den Abschlussprüfer und den von diesem erstellten Prüfungsbericht unterstützt.[34] Der Abschlussprüfer nimmt gemäß § 171 Abs. 1 S. 2 AktG an den Verhandlungen des Aufsichtsrats, bei denen es um die handelsrechtliche Jahresabschlussprüfung geht, teil und hat über das wesentliche Ergebnis seiner Prüfung zu berichten. Daneben liegt dem Aufsichtsrat der schriftliche Prüfungsbericht (§ 321 HGB) des Abschlussprüfers vor (§ 321 Abs. 5 S. 2 HGB). Unabhängig von der Frage, ob für den Gesellschaftsbericht eine ex-

---

[33] Vgl. *Cahn*, in: Veil, Unternehmensrecht in der Reformdiskussion, S. 139, 154.
[34] Vgl. *Kuhner*, ZGR 2010, S. 980, 991, 998 f.; *BGH*, Urteil vom 15. November 1982– II ZR 27/82, BGHZ 85, 293, 295 f. (Hertie).

terne Prüfung angelehnt an die Abschlussprüfung eingeführt werden sollte,[35] ist es dogmatisch schwerlich verständlich, dass sich der Aufsichtsrat auf das Urteil des Abschlussprüfers verlassen darf, soll der Abschlussprüfer doch eigentlich die Funktion eines zusätzlichen, von der unternehmensinternen Prüfung durch den Aufsichtsrat losgelösten Kontrolleurs der Unternehmensleitung[36] erfüllen. Nach der bilanzrechtlichen Konzeption nimmt der Abschlussprüfer vielmehr die Position eines fest vorgesehenen Sachverständigen ein, auf dessen Urteil die aufsichtsratliche Entscheidung aufbaut.

IV. Bewertung der aufsichtsratlichen Prüfung

Der Aufsichtsrat würde im Rahmen des aktienrechtlichen Kompetenzgefüges auch hinsichtlich des Gesellschaftsberichts die Funktion einer unternehmensinternen Überwachungsinstanz erfüllen.[37] Er hätte zu prüfen, ob die Berichterstattung im Rahmen des Gesellschaftsberichts rechtmäßig ist. Hinsichtlich der Frage, ob der Aufsichtsrat ausreichend qualifiziert wäre, bliebe festzuhalten, dass die allgemeinen gesetzlichen Mindestanforderungen an die Sachkunde der Aufsichtsratsmitglieder voraussichtlich zu schwach sein würden, um eine ordnungsgemäße Prüfung sicherzustellen. Es könnte zwar ein adäquates Hilfsmittel sein, externe Sachverständige bei punktuellen Wissensdefiziten hinzuzuziehen, einen prinzipiellen, grundlegenden Mangel könnte das jedoch nicht ausgleichen. Es wäre deshalb wünschenswert, eine gesetzliche Qualifikationsvorgabe für zumindest eines der Aufsichtsratsmitglieder vorzusehen und so den Aufsichtsrat weiter zu professionalisieren. Durch ein Zusammenspiel von aufsichtsratsinternem Experten und externem Sachverständigen im Einzelfall könnte auch bei unzureichender Kompetenz einzelner Mitglieder ein ausreichendes Maß an Sachkunde gewährleistet werden. Unabhängig von der Frage, ob ein unternehmensexterner Abschlussprüfer vorgesehen werden sollte, dürfte dieser nicht Mittel sein, um eine sachkundigen Entscheidung des Aufsichtsrats abzusichern, sondern lediglich zusätzliche Überwachungsinstanz.

Ein weiteres unternehmensintern nicht lösbares Problem würde sich hinsichtlich der Gesellschaftsberichtsinhalte, die den Aufsichtsrat selbst betreffen, ergeben.[38] Es würde einen Fall der Selbstprüfung darstellen, würde der Aufsichtsrat die Rechtmäßigkeit dieser Berichtsbestandteile überwachen. Dies stün-

---

[35] Dazu sogleich unten § 8A.

[36] Vgl. *Kuhner*, ZGR 2010, S. 980, 992.

[37] Europarechtlich ist nach den derzeitigen Regelungen auch vorgegeben, dass das Kontrollorgan an der Pflicht zur Aufstellung beteiligt wird, vgl. Art. 33 Abs. 1 der konsolidierten Bilanzrichtlinie, sowie oben § 5E. II.

[38] Hierzu zählen insbesondere Teile der Berichtsinhalte von § 285 Nr. 9, 10, § 289 Abs. 2 Nr. 5 und § 289a Abs. 2 Nr. 3 HGB.

de einer unabhängigen Überprüfung entgegen.[39] Da keine aufsichtsratsinternen Regelungen denkbar sind, die eine Unabhängigkeit sicherstellen könnten, wäre vor diesem Hintergrund über eine unternehmensexterne, unabhängige Überprüfungsinstanz nachzudenken.

B. Unternehmensexterne Prüfung

Die Überlegungen zur Prüfung durch den Aufsichtsrat haben einige Schwachstellen aufgedeckt, die Anlass geben, über eine unternehmensexterne Prüfung nachzudenken: Ohne weitere gesetzliche Mindestqualifikationsanforderungen würde dem Aufsichtsrat möglicherweise in einigen Fällen die notwendige Sachkunde fehlen, um die Rechtmäßigkeit der Berichterstattung zu überprüfen. Daneben bestünde die Gefahr, dass der Aufsichtsrat diejenigen Berichtspflichten, die ihn selbst beträfen, nicht hinreichend objektiv prüfen und dass die Unternehmensleitung eine allzu positive Selbstdarstellung propagieren würde.[40] Eine Möglichkeit, sicherzustellen, dass die Berichterstattung gesetzeskonform erfüllt wird, wäre, eine unternehmensexterne Prüfung, wie sie in Bezug auf die Corporate Governance eines Unternehmens unter anderem von der Europäischen Kommission in den Grünbüchern zur Corporate Governance bzw. zur Abschlussprüfung gefordert wird, einzuführen.[41]

I. Prüfung durch den Abschlussprüfer

Hierzu könnte zunächst die bilanzrechtliche Abschlussprüfung auf den Gesellschaftsbericht ausgedehnt werden.

1) Rolle und Aufgabe des Abschlussprüfers im Bilanzrecht

Die Abschlussprüfung verfolgt im Wesentlichen drei Ziele: Durch sie soll eine objektive, sachkundige, die aufsichtsratliche Kontrolle ergänzende Überwachung der Unternehmensleitung ermöglicht werden, dem Aufsichtsrat ein sachkundiger Berater zur Seite gestellt werden, auf dessen Urteil er sich verlassen kann, und gegenüber den Adressaten ein von der Zertifizierung ausgehendes Signal der Verlässlichkeit gesendet werden.[42] Insbesondere die ersten

---

[39] So zur Erklärung zur Unternehmensführung *Velte/Weber*, StuB 2011, S. 256, 258.

[40] Vgl. *Velte/Weber*, StuB 2011, S. 256, 258.

[41] Grünbuch zu einem Europäischen Corporate Governance-Rahmen, KOM(2011) 164 endgültig, S. 22 f.; Grünbuch zum weiteren Vorgehen im Bereich der Abschlussprüfung: Lehren aus der Krise, KOM(2010) 561 endgültig, S. 10.

[42] Vgl. *Kuhner*, ZGR 2010, S. 980, 982 f., 991 f.

beiden Funktionen stehen in einem Zielkonflikt: Verlässt sich der Aufsichtsrat
bei seiner Prüfungsentscheidung auf das Ergebnis der Abschlussprüfung, so
hat dies zur Konsequenz, dass in Bezug auf die Rechnungslegung de facto nur
eine objektive Prüfung der Unternehmensleitung in Form des Abschlussprüfers
existiert und Aufsichtsrat und Abschlussprüfer nicht voneinander unabhängig
(doppelt) prüfen.

Nach § 316 HGB sind Jahresabschluss und Lagebericht durch den Abschluss-
prüfer zu prüfen. Gemäß § 319 Abs. 1 S. 1 HGB kommen als Abschlussprüfer
Wirtschaftsprüfer und Wirtschaftsprüfungsgesellschaften in Betracht. Hinsichtlich des Prüfungsmaßstabs ist in Bezug auf die im Rahmen dieser Arbeit be-
handelten Berichtsinhalte zwischen den Anhangs-, Lageberichts- und § 289a
HGB-Inhalten zu differenzieren. Während die Anhangsangaben als Teil des
Jahresabschlusses nach § 317 Abs. 1 HGB einer vollständigen Ordnungs- und
Gesetzmäßigkeitsprüfung zu unterwerfen sind,[43] unterliegen die Lageberichtsinhalte zumindest in Bezug auf die zukunftsgerichteten Aussagen[44] nach derzeitigem Recht einer abgemilderten Prüfung in Form einer Plausibilitätsprüfung.[45]
Der Abschlussprüfer hat lediglich zu prüfen, ob der Lagebericht im Einklang mit
dem Jahresabschluss steht und ob die Darstellung eine zutreffende Vorstellung
von der Lage der Gesellschaft vermittelt (§ 317 Abs. 2 HGB). Die Angaben in
der Erklärung zur Unternehmensführung nach § 289a HGB sind gemäß § 317
Abs. 2 S. 3 HGB von der Prüfung durch den Abschlussprüfer ausgenommen.
Da die Erklärung zur Unternehmensführung Bestandteil des Lageberichts ist, ist
der Abschlussprüfer verpflichtet zu prüfen, ob die gesetzlich vorgeschriebenen
Inhalte in der Erklärung enthalten sind.[46] Durch die Vorschrift des § 317 Abs. 2
S. 3 HGB wird somit nur die materielle Richtigkeitsprüfung ausgeschlossen.[47]

*2) Geeignetheit des Abschlussprüfers für die Prüfung des
Gesellschaftsberichts*

In Bezug auf die Frage, ob der Gesellschaftsbericht unternehmensextern geprüft
werde sollte, wäre zu klären, ob die Abschlussprüfung im Bereich der gesellschaftsrechtlichen Inhalte sinnvoll erscheinen würde und sie deshalb einheitlich
auf die Elemente des Gesellschaftsberichts erstreckt werden sollte (Frage des
„Ob"), und welcher Prüfungsmaßstab bei einer solchen Prüfung anzulegen sein
sollte (Frage des „Wie").

---

[43] Vgl. zur Bedeutung dieser Prüfung *Kuhner*, ZGR 2010, S. 980, 993 f.
[44] So die Einschränkung des Plausibilitätskriteriums im IDW PS 350 Rn. 10, 22 ff.
[45] Vgl. RegE zum KonTraG, BT-Drucks. 13/9712, S. 27.
[46] Vgl. IDW PS 350 Rn. 9a; *Bormann*, in: MünchKomm BilanzR, § 317 Rn. 74.
[47] Vgl. *Bormann*, in: MünchKomm BilanzR, § 317 Rn. 75.

Die Abschlussprüfung auf die Inhalte des Gesellschaftsberichts auszuweiten, würde zunächst voraussetzen, dass die von der Abschlussprüfung verfolgten Ziele erreicht werden könnten und eine solche Prüfung mit der aktienrechtlichen Systematik vereinbar wäre.

Hierzu wäre zunächst zu prüfen, ob der Abschlussprüfer eine im Vergleich zum Aufsichtsrat gesteigerte Sachkunde in Bezug auf die Inhalte des Gesellschaftsberichts aufweisen würde. Diese würden nicht unbeträchtlich von den Aufgaben und Anforderungen an die Prüfung der Rechnungslegungsunterlagen abweichen. Zwar könnte man, wie schon der Gesetzgeber bei der Reform des Aktiengesetzes 1965, den Standpunkt vertreten, dass der „Berufsstand der Wirtschaftsprüfer den ihm gestellten Aufgaben unter Berücksichtigung ihrer rechts- und gesellschaftspolitischen Bedeutung gerecht werden wird"[48]. Dieser Ansicht scheint zumindest der Gesetzgeber zu sein, was sich auch darin zeigt, dass durch das Bundesministerium für Wirtschaft und Technologie (vgl. § 14 WPO) die Prüfungsumfänge in § 4 WiPrPrüfV[49] erheblichen ausgeweitet wurden. Nach § 14 WiPrPrüfV werden von den Wirtschaftsprüfern Kenntnisse im Bereich des Gesellschaftsrechts und der Corporate Governance gefordert, so dass in jedem Fall ein Grundwissen in diesen Bereichen vorhanden ist. Doch kann, da es sich bei diesen Inhalten nicht um die Kernmaterie der schon an sich sehr umfassenden Wissensanforderungen handelt, kaum ein Wissensniveau zu erreichen sein, das einzelne spezielle Sachverständige auf ihrem jeweiligen Gebiet[50] mitbringen. Die Aufgaben des Abschlussprüfers auf die Inhalte des Gesellschaftsberichts auszuweiten, könnte bei der Suche nach sachkundiger Prüfung nur eine Notlösung sein.

Abgesehen von der Frage, ob der Abschlussprüfer in Form des Wirtschaftsprüfers die richtige Person für die Prüfung des Gesellschaftsberichts wäre, würde es einen Paradigmenwechsel bedeuten, die Abschlussprüfung insbesondere auf die Fragen der Corporate Governance auszuweiten. Dies wäre mit der aktienrechtlichen Systematik nur schwerlich zu vereinbaren. Denn insbesondere die Corporate Governance-bezogenen Angaben nach § 289a Abs. 2 Nr. 1 HGB beinhalten subjektive Beurteilungen des Vorstands und beschreiben beabsichtigte Verhaltensweisen. Solche subjektiv geprägten Angaben, bei denen der Vorstand einen Ermessensspielraum hat, zu überprüfen, liefe im Ergebnis auf eine vollständige Unternehmensprüfung hinaus.[51] Eine derartige Entwicklung stünde zwar im Einklang mit den Bestrebungen der Europäischen Kommission, die befürwortet, das Prüfungsmandat des Abschlussprüfers sowohl auf Fragen der

---

[48] So zur Prüfung des Abhängigkeitsberichts nach § 313 AktG *Kropff*, AktG 1965, S. 414.

[49] Wirtschaftsprüferprüfungsverordnung vom 20. Juli 2004, BGBl. I S. 1707.

[50] Für eine Liste über potentielle Sachverständige vgl. *Hoffmann-Becking*, ZGR 2011, S. 136, 139.

[51] Vgl. *Lentfer/Weber*, DB 2006, S. 2357, 2363.

Corporate Social Responsibility, wozu insbesondere die Gesellschaftsberichts-
angabe nach § 289 Abs. 3 HGB zählt, als auch auf zukunftsorientierte Inhalte
auszuweiten.[52] Eine derart zu einer umfassenden Prüfung der Ordnungsgemäßheit der Geschäftsführung umgeformte und weiterentwickelte (Abschluss-) Prüfung ist aber ureigene Aufgabe des Aufsichtsrats.[53] Übertrüge man die Prüfung
der Ordnungsgemäßheit und ggf. gar der Zweckmäßigkeit einem externen Abschlussprüfer, so würde die Prüfungspflicht durch den Aufsichtsrat inhaltsleer,
die unternehmensinterne Prüfung obsolet[54] und das Wesen des dualistischen
Systems des deutschen Aktiengesetzes unterlaufen. Auch aus diesen systematischen Gründen ist es abzulehnen, die Abschlussprüfung zu einer Unternehmensprüfung auszubauen.[55]

Beschränkte man die Aufgabe des Abschlussprüfers darauf, die Berichterstattung inhaltlich zu überprüfen, ohne die dahinter stehenden materiellen
Entscheidungen der Unternehmensorganisation einzubeziehen, wäre der Prüfer
bei seiner Kontrolle darauf beschränkt, die Angaben des Gesellschaftsberichts
darauf zu überprüfen, ob sie mit den tatsächlichen Gegebenheiten bzw. den Auf-
zeichnungen im Unternehmen übereinstimmen. Die Ordnungsmäßigkeit der
hinter der Berichtspflicht stehenden materiellen Fragen oder gar deren Zweckmäßigkeit dürfte der Abschlussprüfer nicht überprüfen. Gerade eine solche
Aussage, die im Bereich der bilanzrechtlichen Abschlussprüfung gesetzlich gefordert ist, würden die Adressaten aber vom gesellschaftsrechtlichen Abschlussprüfer erwarten. Es entstünde eine Erwartungslücke, die es nahe legt, vollständig
auf eine Prüfung durch den Abschlussprüfer zu verzichten.[56]

Auch angesichts der Selbstprüfungsproblematik, könnte es nicht vollends
überzeugen, wenn der Abschlussprüfer auch die im Gesellschaftsbericht bein-
halteten Angaben überprüfen würde, die unmittelbar den Abschlussprüfer selbst
betreffen.[57] Hierzu würden zum einen die derzeit in § 285 Nr. 17 HGB verankerten Angaben zum Abschlussprüferhonorar, zum anderen die im Rahmen
des § 289a Abs. 2 Nr. 3 HGB zu machenden Angaben über die Zusammenarbeit
des Aufsichtsrats mit dem Abschlussprüfer[58] gehören.

---

[52] Grünbuch zum weiteren Vorgehen im Bereich der Abschlussprüfung: Lehren aus der
Krise, KOM(2010) 561 endgültig, S. 10; noch weitergehend die Forderung *Kämpfer/Kayser/
Schmidt*, DB 2010, S. 2457, 2458, die u. a. sogar für eine Ausweitung auf die Einhaltung von
Anforderungen an die Corporate Governance, die Richtigkeit der Inhalte des Geschäftsberichts
und die Ordnungsgemäßheit der Geschäftsführung plädieren.

[53] Vgl. Bericht der Regierungskommission Corporate Governance, Rn. 285; siehe auch
oben § 8A.

[54] Vgl. Bericht der Regierungskommission Corporate Governance, Rn. 285.

[55] Ebenso Bericht der Regierungskommission Corporate Governance, Rn. 285.

[56] Vgl. *Velte/Weber*, StuB 2011, S. 256, 259; *Weber*, Externes Corporate Governance Reporting, S. 441; *Lentfer/Weber*, DB 2006, S. 2357, 2363.

[57] Vgl. *Velte/Weber*, StuB 2011, S. 256, 259.

[58] Vgl. *Velte/Weber*, StuB 2011, S. 256, 259.

3) Bewertung zur Ausweitung der Abschlussprüfung auf den Gesellschaftsbericht

Es zeigt sich, dass der Abschlussprüfer in Form des Wirtschaftsprüfers die Defizite der aufsichtsratlichen Prüfung des Gesellschaftsberichts nicht ausgleichen könnte. Dies liegt zum einen daran, dass die Materie nicht in die Kernkompetenzbereiche des Wirtschaftsprüfers (Fragen des Rechnungslegungsrechts) fallen würde und daran, dass er in Bezug auf die ihn selbst betreffenden Angaben nicht unabhängig wäre. Der Wirtschaftsprüfer als Abschlussprüfer wäre keine geeignete Institution, um den Gesellschaftsbericht zu prüfen. Seine Defizite könnten nur durch eine neue Institution von „Abschlussprüfern" ausgeglichen werden, die eine erhöhte Sachkompetenz hinsichtlich der gesellschaftsrechtlichen Fragestellungen aufweisen müssten. Allerdings müssten, um die Corporate Governance zu verbessern, wiederum Angaben zu den Kosten dieser Unternehmenskontrolle und der Zusammenarbeit dieser Institution mit dem Aufsichtsrat gefordert werden, so dass ebenfalls das Problem bestünde, dass der „Abschlussprüfer" seine eigenen Angaben prüfen müsste. Würde man einen Abschlussprüfer für gesellschaftsrechtliche Berichtsinhalte vorsehen, müssten darüber hinaus enorme praktische und regulatorische Hürden überwunden werden: Es wäre zu klären, welche Berufsgruppen eine derartige Expertise aufweisen, wie diese Personen staatlich anerkannt werden könnten und wie sichergestellt werden könnte, dass die Prüfung ordnungsgemäß und unabhängig erfolgt. Bevor der Wirtschaftsprüfer als „Notlösung" herangezogen würde, sollte – zumindest solange es eine derartige gesellschaftsrechtliche Prüfung nicht gibt – auf eine institutionalisierte Abschlussprüfung verzichtet werden, um nicht ein fehlerhaftes Signal bezüglich der Verlässlichkeit der Gesellschaftsberichtsinhalte an die Adressaten zu senden.[59] Ein solches Vorgehen würde nicht nur den methodischen Bedenken gegen eine Unternehmensprüfung gerecht werden, sondern überdies die Selbstverantwortung und Position des Aufsichtsrats stärken.

II. Prüfung im Rahmen der Sonderprüfung

Die aktienrechtliche Sonderprüfung stellt eine Zwischenfigur von Prüfung und der im Anschluss an diesen Abschnitt zu behandelnden gerichtlichen Kontrolle dar. Denn sie führt zu einer sachverständigen Prüfung zumeist mit gerichtlicher Unterstützung.

---

[59] Dies gilt im Übrigen auch vor dem Hintergrund der Kosten weiterer Regulierung, vgl. *Niemeier*, WPg 2004, 173, 182 ff.

1) Die Sonderprüfung als aktienrechtliche Anlassprüfung

Das Aktiengesetz kennt das Institut der Sonderprüfung in drei Varianten: Zum einen die allgemeine Sonderprüfung nach § 142 AktG, die rechnungslegungsbezogene Sonderprüfung nach § 258 AktG und die Sonderprüfung im Konzern nach § 315 AktG. Wie bereits zu Beginn dieses Kapitels dargestellt, ist die Sonderprüfung eine anlassabhängige Prüfung. Während sich bei der allgemeinen, durch die Hauptversammlung angeordnete Sonderprüfung nach § 142 Abs. 1 AktG ein Anlass aus dem Prüfungsgegenstand[60] ergibt, eine sachliche Rechtfertigung im Sinne eines besonderen Verdachtsmoments jedoch nicht notwendig ist[61], setzen eine vom Gericht angeordnete Sonderprüfung (§ 142 Abs. 2 AktG) sowie die speziellen Sonderprüfungen nach § 258 AktG und § 315 AktG explizit einen konkreten Verdacht oder Anlass voraus. Bei der gerichtlich angeordneten Sonderprüfung nach § 142 Abs. 2 AktG müssen Tatsachen vorliegen, die den Verdacht rechtfertigen, dass es zu Unredlichkeiten oder groben Verletzungen des Gesetzes oder der Satzung gekommen ist. Eine Sonderprüfung nach § 258 Abs. 1 AktG setzt voraus, dass Tatsachen vorliegen, die begründen, dass Vermögensgegenstände unterbewertet wurden (§ 258 Abs. 1 S. 1 Nr. 1 AktG) oder dass gesetzlich vorgeschriebene Anhangsangaben fehlen (§ 258 Abs. 1 S. 1 Nr. 2 AktG). Bei § 315 AktG liegt ein Anlass vor, wenn der Abschlussprüfer den Bestätigungsvermerk zum Bericht über die Beziehungen zu verbundenen Unternehmen einschränkt bzw. versagt (§ 315 S. 1 Nr. 1 AktG), der Aufsichtsrat Einwendungen gegen den Bericht des Vorstands hat (§ 315 S. 1 Nr. 2 AktG), eine Erklärung des Vorstands selbst vorliegt, dass eine unausgeglichene Vorteilszufügung besteht (§ 315 S. 1 Nr. 3 AktG) und wenn sonstige Tatsachen, die den Verdacht rechtfertigen, dass ein Nachteil pflichtwidrig zugefügt wurde, vorliegen (§ 315 S. 2 AktG).

Die Unterschiede der Sonderprüfungstatbestände liegen in ihren Normzwecken und Rechtsfolgen. Während die allgemeine Sonderprüfung nach § 142 AktG Gesetzes- und Satzungsverstöße aufdeckt, die zu einer Schadensersatzpflicht des Vorstands gegenüber der Gesellschaft führen und für deren Geltendmachung die Sonderprüfung Grundlage ist, bezweckt die bilanzrechtliche Sonderprüfung die Bewertungsfehler offenzulegen, die dazu führen, dass der nächste Jahresabschluss korrigiert wird oder er bezweckt, die gesetzlichen Berichtspflichten des Anhangs zu erfüllen. Der Normzweck der Sonderprüfung im Rahmen des § 315 AktG hingegen deckt sich mit dem der allgemeinen Sonderprüfung: Sie

---

[60] Gegenstand der Prüfung können Vorgänge bei der Gründung (Anlass ist dann die Gründung) oder der Geschäftsführung (Anlass ist dann die konkrete Geschäftsführungsmaßnahme) sein.

[61] Vgl. *Mock*, in: Spindler/Stilz, AktG, § 142 Rn. 76.

soll es erleichtern, Schadensersatzansprüche nach §§ 317, 318 AktG geltend zu machen.[62]

Die Sonderprüfungen von § 142 AktG und § 258 AktG schließen sich nach der gesetzlichen Regelung des § 142 Abs. 3 AktG aus, wenngleich diese Regelung in Anbetracht der unterschiedlichen Rechtsfolgen nicht unbedingt zwingend erscheint.[63] Noch weniger verständlich ist es, wenn die Sperrwirkung des § 142 Abs. 3 AktG auf den Lagebericht ausgedehnt wird:[64] § 258 AktG betrifft allein fehlerhafte Bewertungen im Jahresabschluss bzw. fehlende Angaben des Anhangs – eine Regelung zum Lagebericht enthält die Vorschrift nicht. Dass § 142 AktG auf den Lagebericht nicht angewandt wird, wird damit begründet, dass die Sonderregel des § 258 AktG besteht und dass aufgrund der pflichtmäßig durchzuführenden Abschlussprüfung ein ausreichendes Schutzniveau erreicht wird, um fehlerhafte Angaben im Lagebericht zu vermeiden.[65] Ob die Sperrwirkung des § 142 Abs. 3 AktG auch für die keiner Abschlussprüfung unterliegenden Angaben der Erklärung zur Unternehmensführung gelten soll, ist bislang noch nicht diskutiert. Die Frage muss an dieser Stelle nicht geklärt werden, sie zeigt aber erneut, wie unsystematisch die Rechtsfolgenseite der Berichtspflichten geregelt ist.

2) Bewertung der Sonderprüfung aus Sicht des Gesellschaftsberichts

Für die im Raum stehende Frage, ob die Sonderprüfung ein allgemeines Rechtsinstitut des Aktienrechts ist, das auf die Berichterstattung des Gesellschaftsberichts Anwendung finden sollte, wäre nach den unterschiedlichen Regelungszielen der Sonderprüfungsvorschriften zu unterscheiden. Die allgemeine Sonderprüfung des § 142 AktG stellt ein allgemeines Rechtsinstitut des Aktienrechts dar, das auf multiple Situationen Anwendung findet. Da die Aufstellung des Gesellschaftsberichts genauso wie die Aufstellung des Jahresabschlusses eine Geschäftsführungstätigkeit darstellen würde, könnte die Sonderprüfung des § 142 AktG ohne Bedenken auf die Überprüfung des Gesellschaftsberichts angewandt werden. Dass mit der Abschlussprüfung ein ausreichendes Schutzinstrument zur Verfügung steht, könnte für den Gesellschaftsbericht nach dem zuvor Gesagten[66] nicht greifen, um eine Sperrwirkung des § 142 Abs. 3 AktG systematisch zu begründen, da der Gesellschaftsbericht nach den bisherigen Ergebnissen keiner Abschlussprüfung unterliegen sollte. Sofern also ein Antrag der Hauptversammlungsmehrheit vorläge oder eine gerichtliche Bestellung erfolgen würde, weil der Verdacht besteht, dass in schadensersatzbegründender

---

62 Vgl. *Müller*, in: Spindler/Stilz, AktG, § 315 Rn. 2.

63 So auch *Mock*, in: Spindler/Stilz, AktG, § 142 Rn. 156.

64 Vgl. *Mock*, in: Spindler/Stilz, AktG, § 142 Rn. 50.

65 Vgl. *Mock*, in: Spindler/Stilz, AktG, § 142 Rn. 50.

66 Siehe oben § 8B. I.

Weise fehlerhaft Bericht erstattet wurde[67], könnte die allgemeine Sonderprüfung des § 142 AktG ohne Bedenken angewandt werden.

Weitaus interessanter ist die Frage, ob eine Regelung i. S. d. § 258 AktG eingeführt werden sollte. Denn diese Sonderprüfung soll weder schadensersatzbegründendes Fehlverhalten aufdecken noch vorbereiten, einen solchen Schadensersatzanspruch geltend zu machen, sondern sie soll allein dazu dienen, die Primärpflicht i. S. einer gesetzmäßigen Berichterstattung zu erfüllen. Hier ist insbesondere die Regelung des § 258 Abs. 1 Nr. 2 AktG i. V. m. § 259 Abs. 4 S. 1 AktG von Interesse, denn genauso wie im Rahmen des Anhangs bestünde beim Gesellschaftsbericht ein Bedürfnis, fehlende Angaben nachträglich zu identifizieren und zu veröffentlichen. Da die Regelung des § 258 Abs. 1 Nr. 2 AktG neben dem Unterlassen die inhaltliche Prüfung der Angaben auf ihre Richtigkeit erlaubt,[68] stellt die Sonderprüfung ein adäquates, kostensparendes, aber dennoch effektives Mittel dar, um die Einhaltung der Berichterstattungspflichten zu überwachen. Außerdem soll durch die Sonderprüfung präventiv das Verhalten gesteuert werden, um unrichtige oder falsche Angaben von vornherein zu vermeiden.[69]

Die zur Abschlussprüfung aufgedeckten Qualifikationsdefizite des Wirtschaftsprüfers sollten entgegen der Regelung des § 258 Abs. 4 AktG zur bilanzrechtlichen Sonderprüfung in die rechtsfortbildenden Reformüberlegungen einfließen und die Sonderprüfung nicht den Wirtschaftsprüfern zugewiesen werden. Ein rechtsfortbildend eingeführter Sonderprüfungstatbestand sollte vielmehr die Komplexität und Unterschiedlichkeit der Berichtsinhalte vor Augen haben. Für die Person des Sonderprüfers sollten – in Anlehnung an § 143 Abs. 1 AktG – flexible Kriterien vorgesehen werden, die es erlauben würden, einen Sonderprüfer zu wählen, der diejenige Sachkunde vorweist, die dafür erforderlich wäre, den jeweiligen Streitpunkt zu beurteilen. Es sollte deshalb nicht eine spezielle Berufsgruppe festgelegt werden, die allein als Sonderprüfer herangezogen werden kann.

Für die übrige Ausgestaltung einer für den Gesellschaftsbericht zu schaffenden Parallelregelung zu § 258 AktG, insbesondere hinsichtlich der Antragsberechtigung, der sachlichen Rechtfertigung und der Berichtspflicht des Sonderprüfers, könnte auf die gesetzliche Vorbildnorm des § 258 AktG zurückgegriffen werden.

---

[67] Zu den Schadensersatzpflichten des Vorstands gegenüber der Gesellschaft wegen fehlerhafter Berichterstattung im Gesellschaftsbericht, siehe noch ausführlich unten § 10A.

[68] Vgl. *Hüffer*, in: MünchKomm AktG, § 258 Rn. 27.

[69] Vgl. *Schröer*, in: MünchKomm AktG, § 142 Rn. 4; *Euler/Wirth*, in: Spindler/Stilz, AktG, § 258 Rn. 4.

III. Prüfung im Rahmen eines Enforcementverfahrens

Neben der gesellschafts- bzw. bilanzrechtlich indizierten Prüfung durch Aufsichtsrat bzw. Abschlussprüfer bildet das kapitalmarktrechtliche Enforcementverfahren nach § 342b HGB i. V. m. §§ 37n bis 37u WpHG einen wesentlichen Eckpfeiler des Prüfungskanons bilanzbezogener Publizitätspflichten. Das Enforcementverfahren sieht sowohl eine Anlassprüfung als auch eine anlassunabhängige Stichprobenprüfung vor.[70]

1) Anwendungsbereich des Enforcementverfahren de lege lata

Parallel zur Abschlussprüfung erstreckt sich das Enforcementverfahren *de lege lata* auf Anhang und Lagebericht.[71] Eine explizite Regelung, die es, wie in § 317 Abs. 2 S. 3 HGB, ausschließt, dass die Erklärung zur Unternehmensführung geprüft wird, fehlt. Der Gesetzgeber gibt damit keine eindeutige Antwort, ob das Enforcementverfahren sich auf die Erklärung erstreckt.

Angelehnt an die Argumentation im Rahmen der aufsichtsratlichen Prüfung[72] könnte man daran denken, die Erklärung zur Unternehmensführung als Teil des Lageberichts zu begreifen[73], so dass die Erklärung nach § 342b Abs. 2 S. 1 HGB ein Prüfungsgegenstand des Verfahrens wäre. Gegen eine solche Auslegung spricht, dass das aufsichtsrechtliche Enforcementverfahren einen subsidiären oder zumindest ergänzenden Charakter in Bezug auf die handels- und gesellschaftsrechtliche Prüfung haben soll.[74] Dieser Gedanke kommt auch in der Begründung zum Bilanzkontrollgesetz (BilKoG), durch das das Enforcementverfahren eingeführt wurde, zum Ausdruck, indem der Gesetzgeber zumindest für den Prüfungsmaßstab auf die Parallelität zu § 317 Abs. 2 HGB, der aber – wie oben beschrieben – die Erklärung zur Unternehmensführung von der Abschlussprüfung ausnimmt, verweist.[75] Dass die Erklärung zur Unternehmensführung nicht erfasst sein soll, kann noch deutlicher daran abgelesen werden, dass der Gesetzgeber selbst in seiner allgemeinen Gesetzesbegründung zum Enforcementverfahren auf den akzessorischen Charakter des Verfahrens abstellt. Dort heißt es nämlich, dass das Enforcementverfahren auf solche Unternehmensberichte beschränkt sein soll, die einer gesetzlichen Prüfungspflicht unterlie-

---

[70] Siehe dazu im Einzelnen sogleich unten § 8B. III.2).

[71] Gem. § 342b Abs. 2 S. 1 HGB unterfallen neben Jahresabschluss und Lagebericht auch Konzernabschluss und -lagebericht sowie die verkürzten Abschlüsse und Zwischenlageberichte dem Enforcementverfahren.

[72] Siehe oben § 8A.

[73] Insofern abweichend *Velte/Weber*, StuB 2011, S. 256, 260, die die Erklärung zur Unternehmensführung nur bei Veröffentlichung im Lagebericht als dessen Bestandteil betrachten.

[74] So wohl *Bachmann*, ZIP 2010, S. 1517, 1523.

[75] BT-Drucks. 15/3421, S. 13 f.; *Velte/Weber*, StuB 2011, S. 256, 260.

gen.[76] Die Erklärung zur Unternehmensführung wäre an sich vom Prüfungs-
umfang ausgeschlossen. Andererseits unterfallen seit der Verabschiedung des
Transparenzrichtlinien-Umsetzungsgesetzes (TUG) auch verkürzte Abschlüsse
und Zwischenlageberichte in Halbjahresfinanzberichten dem Enforcementverfahren, obwohl diese nach § 37w Abs. 5 WpHG nicht zwingend einer Abschlussprüfung unterliegen.[77]

Insgesamt lassen sich für beide Ansichten Argumente anführen, doch sprechen die systematischen, auf die Grundüberlegungen des Gesetzgebers aufbauenden Argumente dagegen, das Enforcementverfahren auf die Erklärung
zur Unternehmensführung zu erstrecken. Die Frage muss nicht abschließend
geklärt werden, denn es ist allein entscheidend, ob der neu zu schaffende Gesellschaftsbericht einem Enforcement nach § 342b HGB unterliegen oder ein we-
sensähnliches Verfahren eingeführt werden sollte.[78] In jedem Fall unterliegen
Jahresabschlüsse und Lageberichte bzw. Konzernabschlüsse und Konzernlage-
berichte, sowie die zuletzt veröffentlichten verkürzten Abschlüsse und dazuge-
hörige Zwischenlageberichte von kapitalmarktorientierten Unternehmen dem
Enforcementverfahren (§ 342b Abs. 2 S. 1, 2 HGB).

2) Ausgestaltung des Enforcementverfahren de lege lata

Ziel des Enforcementverfahrens soll es sein, präventiv Unregelmäßigkeiten in
der Rechnungslegung zu vermeiden, reaktiv entstandene Unregelmäßigkeiten
aufzudecken und die Kapitalmärkte hierüber zu informieren, um das Vertrauen
der Anleger zu stärken.[79]

Das deutsche Enforcementverfahren setzt auf ein zweistufiges Modell, bei
dem auf erster Ebene eine rein privatrechtlich organisierte Instanz mit den
Unternehmen kommuniziert und prüft und erst auf zweiter Ebene Sanktions-
möglichkeiten durch staatliche Hoheitsgewalt eingreifen.[80] Durch die privatrechtliche Prüfungsstelle wird den Unternehmen einerseits die Möglichkeit eingeräumt, sich über einen Selbstregulierungsmechanismus[81] vor einer starken
staatlichen Aufsicht, wie sie in den USA mit der SEC existiert, zu schützen,
andererseits verpflichtet es die Unternehmen, sich für die Einrichtung, den Aufbau und den Fortbestand einer anerkennungsfähigen privatrechtlichen Prüfstelle

---

[76] BT-Drucks. 15/3421, S. 12.

[77] Vgl. *Claussen/Mock*, in: Kölner Komm RechnungslegungsR, § 342b Rn. 12.

[78] Dazu sogleich, insbesondere unten unter § 8B. III.3).

[79] BT-Drucks. 15/3421, S. 11.

[80] Vgl. grundlegend *Heinz*, Enforcement-Verfahren in Deutschland, S. 38 ff., 41.

[81] Die Rechtsstellung der DPR ist rein selbstregulatorisch und damit privatrechtlich. Sie
nimmt in dem ihr zugeordneten Verfahrensaufgaben weder die Stellung einer Verwaltungs-
helferin noch die einer Beliehenen ein, vgl. dazu ausführlich *Heinz*, Enforcement-Verfahren in
Deutschland, S. 46–58.

zu engagieren.[82] In Umsetzung dieses gesetzgeberischen Auftrags an die Wirtschaft wurde 2004 die Deutsche Prüfstelle für Rechnungslegung (DPR) in Form eines eingetragenen Vereins gegründet und 2005 per Vertrag mit dem Bundesministerium der Justiz im Einvernehmen mit dem Bundesministerium der Finanzen staatlich anerkannt.

Die DPR wird zum einen tätig, wenn konkrete Anhaltspunkte für einen Verstoß (sog. reaktive Anlassprüfung, § 342b Abs. 2 S. 3 Nr. 1 HGB) vorliegen, zum anderen im Rahmen von stichprobenartigen Prüfungen (sog. proaktive Stichprobenprüfung, § 342b Abs. 2 S. 3 Nr. 3 HGB). Daneben prüft sie, wenn die BaFin als die dem Verfahren übergeordnete Aufsichtsbehörde dies verlangt (§ 342b Abs. 2 S. 3 Nr. 2 HGB). Die BaFin selbst prüft auf dieser ersten Stufe nicht.

Da es sich bei der DPR um keinen staatlichen Rechtsträger handelt, ist die Mitarbeit der Unternehmen im Enforcementverfahren freiwillig. Sollte sich das Unternehmen weigern, mit der DPR zusammenzuarbeiten, wird das Verfahren gemäß § 37p Abs. 1 S. 2 Nr. 1 WpHG unmittelbar der BaFin zugewiesen. Aufsichtsrechtliche Sanktionsmechanismen stehen demzufolge nur der BaFin als Aufsichtsbehörde auf der zweiten Verfahrensebene zur Verfügung.

Ist das Unternehmen bereit, mit der BaFin zusammenzuarbeiten und wird bei der Prüfung seitens der DPR ein Fehler festgestellt, werden die BaFin und das jeweilige Unternehmen darüber informiert. Das Unternehmen erhält anschließend Gelegenheit, sich zu äußern. Ist das Unternehmen mit dem Ergebnis der Prüfung durch die DPR nicht einverstanden oder hat die BaFin selbst erhebliche Zweifel daran, dass das Prüfungsergebnis der DPR richtig ist, leitet die BaFin eine eigene Prüfung ein (zweite Stufe des Enforcementverfahrens). Am Ende des Prüfungsverfahrens wird der Fehler gemäß § 37q Abs. 1 WpHG förmlich festgestellt und ggf. die Veröffentlichung durch die BaFin angeordnet. Sowohl die Prüfung und Feststellung des Fehlers, als auch die Veröffentlichungsanordnung durch die BaFin stellen ein verwaltungsrechtliches, hoheitliches Handeln dar, das der zweiten Stufe des Enforcementverfahrens seinen aufsichtsrechtlichen Charakter verleiht.

Die folgende Grafik verdeutlicht noch einmal diesen Ablauf:

---

[82] BT-Drucks. 15/3421, S. 11; *Heinz*, Enforcement-Verfahren in Deutschland, S. 44.

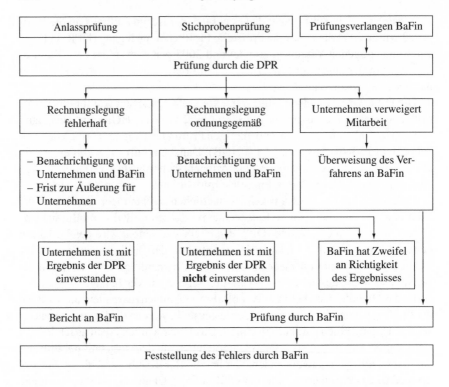

3) Anwendung des bilanzrechtlichen Enforcementverfahrens auf den Gesellschaftsbericht

Für die Prüfung des Gesellschaftsberichts verbliebe nach dem bisherigen Prüfungskonzept eine Lücke, die durch ein unternehmensexternes Enforcementverfahren geschlossen werden könnte. Das der unternehmensinternen Prüfung durch den Aufsichtsrat innewohnende Defizit fehlender Unabhängigkeit und eingeschränkter Sachkunde könnte durch die anlassabhängige Prüfung im Rahmen einer Sonderprüfung nur begrenzt ausgeglichen werden. Denn mangels Abschlussprüferberichts würde es den antragsberechtigten Aktionären zumeist an dem erforderlichen Verdacht und der Sachkunde fehlen, die erforderlich ist, um diesen Verdacht zu ermitteln. Verbliebe es bei dieser Ausgestaltung, würden die bis dato sowohl der Abschluss- als auch der Enforcementprüfung unterliegenden gesellschaftsrechtlichen Inhalte von Anhang und Lagebericht wesentlich weniger intensiv überwacht, als sie es nach der heutigen Rechtslage werden. In Form eines Enforcementverfahrens könnte hingegen eine vollständig unternehmensexterne, objektive Überwachungsinstanz vorgesehen werden. Gerade für den Kapitalmarkt, der alle Informationen stets verarbeitet und einpreist und dessen

Schutz vom derzeitigen Enforcementverfahren bezweckt ist, erschiene eine aktionärsabhängige Sonderprüfung allein nicht ausreichend. Ob dieser Schutz durch das derzeitige Enforcementverfahren erreicht werden könnte, ohne gegen die Systematik des Aktiengesetzes zu verstoßen, soll im Folgenden untersucht werden.

a) Vereinbarkeit des aufsichtsrechtlichen Charakters mit dem Gesellschaftsrecht

Das Gesellschaftsrecht selbst kennt keine externe, aufsichtsrechtlich organisierte Instanz, die überwacht, ob aktienrechtliche Ge- und Verbote eingehalten werden. Vielmehr sind die Aktionäre dafür zuständig, im Rahmen von Sonderprüfungen und gerichtlichen Verfahren[83] durchzusetzen, dass Gesetze eingehalten werden. Allein die registerrichterliche Prüfung im Gründungsprozess stellt eine wenngleich sehr begrenzte Ausnahme staatlicher Überwachung dar.

Aufsichtsrechtlicher Überwachung unterliegen hingegen die Sonderregelungen des Kapitalmarktrechts, die eine Art Marktordnungsrecht für kapitalmarktorientierte Gesellschaften[84] bilden. § 4 WpHG regelt dazu die allgemeine Aufsichtskompetenz der BaFin in Bezug auf alle Ge- und Verbote des WpHG. Hierzu zählt auch das Enforcementverfahren nach § 342b HGB. Denn nach § 342b Abs. 2 S. 2 HGB unterliegen nur die Abschlüsse und Berichte kapitalmarktorientierter Unternehmen dem Enforcementverfahren. Die aufsichtsrechtliche Prägung erfährt das Enforcementverfahren, das auf seiner ersten Stufe durch die privatrechtliche Ausgestaltung eher in den Bereich der Selbstregulierung des Markts einzuordnen ist, durch die auf zweiter Stufe überwachend tätig werdende BaFin (§§ 37n bis 37u WpHG).

Der Gesetzgeber intendiert mit der kapitalmarktrechtlichen Aufsicht, die Integrität und Funktionalität des Kapitalmarkts zu schützen und das Anlegervertrauen in die Richtigkeit der veröffentlichten Unternehmensdaten zu stärken.[85] Diese Argumentationsmuster sind dem Kerngesellschaftsrecht fremd, denn das Kapitalmarktrecht regelt allein Fragen, die die Aktionäre und Gläubiger betreffen, trifft aber keine Regelungen zum Kapitalmarkt als solchen. Auch Regelungen des Gesellschaftsrechts, die allein für kapitalmarktorientierte Unternehmen gelten, ändern hieran nichts. Derartige Regelungen sieht das Aktienrecht an vielen Stellen vor. Allein dadurch, dass der Anwendungsbereich einer Norm auf

---

[83] Siehe dazu oben § 8B. II bzw. unten § 9.

[84] Zur dogmatisch strittigen Frage, ob das Kapitalmarktrecht das Gesellschaftsrecht ergänzt (so *Lutter*, in: FS Zöllner, S. 363; *Bayer*, ZHR-Sonderheft 71 (2002), S. 137, 140; *Hommelhoff*, ZGR 2000, 748, 769 f. („Aktienrecht [... und ...] Bilanzrecht werden vom Kapitalmarktrecht durchdrungen")) oder gesellschaftsrechtliche Regelungen ersetzt (so *Assmann*, in: FS Kümpel, S. 1, 6) ausführlich *Merkt*, AG 2003, S. 126, 128 f.

[85] BT-Drucks. 15/3421, S. 11; *Paal*, in: MünchKomm HGB, §§ 342b Rn. 4.

kapitalmarktorientierte Unternehmen begrenzt wird, wird ihre gesellschaftsrechtliche Natur nicht zu einer reinen kapitalmarktrechtlichen.

Den Gesellschaftsbericht im Rahmen des bilanzrechtlichen Enforcementverfahrens aufsichtsrechtlich zu prüfen, wäre mit dem Gesellschaftsrecht unver-
einbar und deshalb aus systematischen Gründen abzulehnen.

b) Sachkunde der DPR als Enforcementstelle

Auch die das Enforcementverfahren durchführenden Prüfer weisen keine erhöhte Sachkunde auf, so dass bestehende Defizite in der Überwachung nicht
ausgeglichen werden könnten. Es würde deshalb nicht überzeugen, das bilanzrechtliche Enforcementverfahren auf den Gesellschaftsbericht zu erstrecken.

Nach § 9 Abs. 2 der Satzung der DPR[86] können Mitglieder der Prüfstelle,
die die Aufgaben nach §§ 342b ff. HGB wahrnimmt, nur „natürliche Personen
sein, die Rechnungsleger im Sinne von § 4 Abs. 2 der Satzung der DPR sind
und weder dem Vorstand noch dem Nominierungsausschuss angehören sowie
über ausreichende Erfahrung insbesondere in der Anwendung der International
Financial Reporting Standards (IFRS) verfügen". Der Kreis der Rechnungsleger
wird in § 4 Abs. 2 der DPR-Satzung dahingehend konkretisiert, dass insbesondere Wirtschaftsprüfer, Hochschullehrer, vereidigte Buchprüfer, Steuerberater,
Rechtsanwälte oder Personen, die mit vergleichbarer Qualifikation auf dem Gebiet der Rechnungslegung prüfend, beratend, lehrend, überwachend oder ana-
lysierend tätig sind, als Mitglieder der Prüfstelle in Betracht kommen. Es zeigt
sich der enge und unmittelbare Bezug der fachlichen Qualifikation zum bilanzrechtlichen Fachwissen. Gesellschaftsrechtliche oder andere Kenntnisse, die
notwendig sind, um konzernrechtliche Unternehmensverbindungen oder Fragen
der Corporate Governance beurteilen zu können, werden hingegen nicht explizit
verlangt. Das Enforcementverfahren der DPR leidet an denselben Sachkundede-
fiziten, wie die Abschlussprüfung durch den Wirtschaftsprüfer.[87] Eine sachkundige Überwachung durch die DPR würde voraussetzen, dass die DPR strukturell
neuausgerichtet und die Qualifikationserfordernisse erweitert würden.[88] Unter
dem Blickwinkel einer gesteigerten Sachkunde wäre das Enforcementverfahren,
wie es derzeit ausgestaltet ist, auch nicht das richtige Instrumentarium, um die
Überwachungsdefizite beim Gesellschaftsbericht auszugleichen.

---

[86] Abrufbar unter http://www.frep.info/docs/rechtliche_grundlagen/2009-04-01_satzung.
pdf.
[87] Siehe hierzu bereits oben § 8B. I. 2).
[88] *Velte/Weber,* StuB 2011, S. 256, 261.

c) Weitere Kritikpunkte hinsichtlich eines Enforcements

Darüber hinaus zeigt sich an der im Bereich der Entsprechenserklärung zum Deutschen Corporate Governance Kodex geführten Diskussion, dass es gerade auf erhebliche rechtspolitische Bedenken stößt, im Bereich der Corporate Governance eine Enforcementprüfung zu fordern. Die Reformüberlegungen der Europäischen Kommission, für die bessere Überwachung der Entsprechenserklärung und der Corporate Governance eine Überwachungsbehörde („monitoring body") zu etablieren, die nachprüft, ob die verfügbaren Informationen der Entsprechenserklärung ausreichend informativ und verständlich sind,[89] stießen überwiegend auf Gegenwehr.[90] Insbesondere in Deutschland wurde der Kommissionsvorschlag abgelehnt.[91] Die Kritik stützt sich – neben dem Hinweis auf den erheblichen bürokratischen Aufwand und die Kosten einer derartigen Institution –[92] im Wesentlichen auf folgende Aspekte: Zunächst widerspräche es dem, dem soft-law-Gedanken zugrundeliegenden, Prinzip der freiwilligen Selbstverpflichtung eine (quasi-) staatliche Aufsicht zu etablieren.[93] Zum soft-law zähle insbesondere die Selbstregulierung durch den Kapitalmarkt, allein dessen Aufgabe es sei, die Qualität der Berichterstattung zu bewerten.[94] Des Weiteren wird darauf hingewiesen, dass durch eine staatliche Aufsicht eine Standardisierung der Inhalte drohe, die einer Weiterentwicklung guter Corporate Governance der Unternehmen entgegenstünde.[95] Auch wurde auf die Schwierigkeit, die von der Europäischen Kommission angestrebte Beurteilung der Informationsqualität zu

---

[89] Grünbuch zu einem Europäischen Corporate Governance-Rahmen, KOM(2011) 164 endgültig, S. 22.

[90] Feedback Statement – Summary of Responses to the Commission Green Paper on The EU Corporate Governance Framework, vom 15. November 2011, S. 18 (abrufbar unter http://ec.europa.eu/internal_market/company/docs/modern/20111115-feedback-statement_en.pdf).

[91] Vgl. insbesondere die Stellungnahmen vom Deutschen Bundestag, BT-Drucks. 17/6056 S. 7, vom Deutschen Bundesrat, BT-Drucks. 189/11 S. 3, von der Deutschen Bundesregierung vom 22. Juli 2011, S. 20 f. (abrufbar unter: http://ec.europa.eu/internal_market/consultations/2011/corporate-governance-framework/public-authorities/bundesregierung-deutschland_de.pdf), von der Regierungskommission Deutscher Corporate Governance Kodex vom 6. Juli 2011, S. 4 (abrufbar unter http://ec.europa.eu/internal_market/consultations/2011/corporate-governance-framework/individual-replies/regkom-dcgk_de.pdf) und von BDI und BDA vom 21. Juli 2011, S. 20 f. (abrufbar unter http://ec.europa.eu/internal_market/consultations/2011/corporate-governance-framework/registered-organisations/bdi-bda_de.pdf).

[92] Vgl. Stellungnahme der Deutschen Bundesregierung vom 22. Juli 2011, S. 20 und Stellungnahme der Regierungskommission Deutscher Corporate Governance Kodex vom 6. Juli 2011, S. 4.

[93] Vgl. Stellungahme des BDI und BDA S. 21 und der Regierungskommission Deutscher Corporate Governance Kodex S. 4.

[94] Vgl. Stellungnahme der Deutschen Bundesregierung vom 22. Juli 2011, S. 20.

[95] Vgl. die Stellungnahme der Deutschen Bundesregierung vom 22. Juli 2011, S. 20; die Stellungahme des BDI und BDA S. 21.

messen[96], sowie die bereits nach derzeitigem Recht erfolgende Prüfung durch den Aufsichtsrat[97] und das vom Kodex in Ziffer 7.2.3 DCGK angeregte Hinweisgebot des Abschlussprüfers[98] hingewiesen.

Für die hier im Raum stehende Frage, ob der Gesellschaftsbericht im Rahmen eines Enforcementverfahrens überwacht werden sollte, könnten allein die Bedenken eines zu hohen bürokratischen Aufwands greifen. Denn anders als bei der Entsprechenserklärung würde es sich bei den vom Gesellschaftsbericht geforderten Informationen um „hard-law" handeln. Systematisch stünde einem Enforcement das Prinzip der Selbstregulierung daher gerade nicht entgegen. Auch wären wesentliche Teile der Berichterstattung daraufhin überprüfbar, ob sie vollständig und rechtmäßig sind. Dies läge nicht zuletzt daran, dass es bei den meisten der Corporate Governance-bezogenen und konzernrechtlichen Inhalte des Gesellschaftsberichts um die Darlegung von Tatsachen und Daten geht, die einer Wahrheitsprüfung zugänglich sind. Etwas anderes würde allein für die *de lege lata* in der Erklärung zur Unternehmensführung verankerten Berichtspflichten nach § 289a Abs. 2 Nr. 1 und Nr. 3 HGB gelten. Hier würde eine Rechtmäßigkeitsprüfung den gleichen Bedenken begegnen, wie eine unmittelbar auf die Entsprechenserklärung nach § 161 AktG Bezug nehmende behördliche Überwachung. Gegen eine Vollständigkeitsprüfung würde hingegen nichts sprechen. Einer etwaigen durch unterschiedliche Prüfungsmaßstäbe provozierten Erwartungslücke müsste durch explizite Hinweise, wie sie nach derzeitigem Recht beispielsweise im Rahmen freiwilliger Publizität von § 328 Abs. 2 HGB gefordert werden, entgegengewirkt werden.

4) Ausgestaltung eines eigenen Enforcementverfahrens für den Gesellschaftsbericht kapitalmarktorientierter Aktiengesellschaften

Für ein die gesellschaftsrechtlichen Anforderungen erfüllendes Enforcementverfahren könnte das bilanzrechtliche Enforcementverfahren zumindest teilweise Modell stehen.[99] Denn die oben angeführten Bedenken richten sich – von der Frage der nötigen Qualifikation abgesehen – nicht gegen die erste Stufe des Enforcementverfahrens durch die DPR. Die privatrechtliche Organisationsform des durch das zuständige Ministerium anerkannten Vereins, der sich aus Mitteln der Unternehmen finanziert, würde zunächst den bürokratischen Aufwand für den Gesetzgeber minimieren. Außerdem würde eine rein privatrechtliche Prüfungsinstanz aus gesellschaftsrechtlicher Sicht keinen Bedenken begegnen.

---

[96] Vgl. Feedback Statement – Summary of Responses to the Commission Green Paper on The EU Corporate Governance Framework vom 15. November 2011, S. 18.

[97] Vgl. Stellungsnahmen vom Deutschen Bundestag, BT-Drucks. 17/6056 S. 7.

[98] Vgl. Stellungahme des BDI und BDA S. 21.

[99] Siehe bereits *Veil/Sauter*, in: Veil, Unternehmensrecht in der Reformdiskussion, S. 19, 33.

Dass das Aktienrecht derartigen Selbstregulierungsmechanismen nicht entgegenstünde, zeigt sich ganz deutlich darin, dass der Gesetzgeber es der Regierungskommission Corporate Governance, die – ebenfalls durch die Wirtschaft selbst finanziert – übertragen hat, selbstregulatorisch und weisungsunabhängig Empfehlungen guter Corporate Governance zu erarbeiten.

Eine solche rein privatrechtliche Prüfungsinstanz müsste dann statt auf eine bilanzrechtliche Fachqualifikation der Mitglieder der Prüfstelle vermehrt auf Corporate Governance- und Konzernrechtskenntnisse abstellen. Für die Art und Weise der Prüfung könnte hingegen auf die Regelung zum bilanzrechtlichen Enforcement zurückgegriffen werden: Sowohl eine anlassabhängige als auch eine stichprobenartige Prüfung wären sinnvoll. Das Aktiengesetz stünde auch nicht entgegen, das Enforcementverfahren auf kapitalmarktorientierte Aktiengesellschaften zu beschränken. Denn die Kapitalmarktorientierung ist bereits jetzt ein im Gesetz fest verankertes Unterscheidungskriterium.[100]

Fraglich ist, wie das Sanktionsdefizit, das aus dem Fehlen einer zweiten aufsichtsrechtlichen Prüfungsinstanz resultieren würde, auszugleichen wäre. Denn Zwangsmittel, die das betroffene Unternehmen dazu verpflichten würden, den Fehler in der Berichterstattung zu korrigieren, könnten einer privaten Organisation aus verfassungsrechtlichen Gründen nicht zugestanden werden. Die Problematik würde sich zunächst beim Thema der Zusammenarbeit mit der Prüfstelle zeigen. Das bilanzrechtliche Enforcementverfahren setzt zunächst auf eine freiwillige Zusammenarbeit und greift erst zweitrangig auf eine aufsichtsrechtliche Pflichtprüfung durch die BaFin zurück. Würde diese zweite Stufe fehlen, so müsste – wenn man nicht allein darauf bauen will, dass die Unternehmen sich freiwillig beteiligen – eine Regelung getroffen werden. In Betracht käme anstelle der freiwilligen Prüfung, das Enforcementverfahren ähnlich wie die Abschlussprüfung verpflichtend einzuführen. Läge ein Verlangen der Prüfstelle vor, so hätte das Unternehmen vergleichbar zur Situation bei der Abschlussprüfung dem Prüfer Zugang zu den Unterlagen zu gewähren. Eine verpflichtende Zusammenarbeit mit einer privaten unternehmensexternen Prüfungsinstanz wäre, wie die Abschlussprüfung zeigt, mit dem Aktiengesetz vereinbar. Alternativ könnte ein weiches Druckmittel eingeführt werden. Bei der Sonderprüfung steht den Aktionären beispielsweise ein Antragsrecht zu, sofern ein hinreichender Verdacht einer fehlerhaften Berichterstattung vorliegt.[101] Die Regelungen zur Sonderprüfung könnten dahingehend modifiziert werden, dass eine unwiderlegbare Vermutung dahingehend angenommen werden könnte, dass ein derartiger Verdacht vorliegt, sollte das Unternehmen eine Zusammenarbeit mit der Prüfstelle verweigern. Zwar würde sich möglicherweise keine ausreichend große

---

[100] So beispielsweise die Regelung des § 161 AktG. Ausführlich zur unterschiedlichen Behandlung börsennotierter und geschlossener Aktiengesellschaften *Bayer*, Gutachten E für den 67. Deutschen Juristentag.

[101] Siehe hierzu im Einzelnen oben § 8B. II.

Anzahl an Aktionären finden, die aufgrund dieser Vermutung eine aufwändige Sonderprüfung anstreben würde, doch wäre der Kapitalmarkt auch ohne Fehlerfeststellung gewarnt, wenn das Unternehmen die Zusammenarbeit verweigert, und könnte das Risiko in seine Preisbildung einbeziehen und auf diesem Wege das Unternehmen abstrafen.

Auf der nächsten Stufe wäre zu fragen, wie mit dem Ergebnis der Prüfung umgegangen werden sollte. Das bilanzrechtliche Enforcementverfahren endet mit einer förmlichen Feststellung des Fehlers durch die BaFin, der dann die (aufsichtsrechtlich durchsetzbare) Pflicht zur Veröffentlichung folgt. Da es sich hierbei jeweils um einen hoheitlichen Akt handelt, könnte diese Ausgestaltung ebenfalls nicht auf ein rein privatrechtliches Enforcementverfahren übertragen werden. Übertragbar wäre aber die Regelung zur Abschlussprüfung. Der Abschlussprüfer hat nach § 321 Abs. 5 HGB einen ausführlichen Prüfungsbericht an Vorstand und Aufsichtsrat zu übersenden, so dass der Vorstand[102] Gelegenheit erhält, den Jahresabschluss zu korrigieren.[103] Daneben ist ein das Ergebnis der Prüfung zusammenfassender Bestätigungsvermerk in uneingeschränkter oder eingeschränkter Form zu erstellen oder bei Einwendungen zu versagen (vgl. § 322 Abs. 1 und 2 HGB). Das Ergebnis ihrer Prüfung sollte die Prüfstelle deshalb in einem Bericht festhalten, den sie der Gesellschaft zuleiten müsste. Für die Gesellschaft bestünde dann die Gelegenheit, ihren Gesellschaftsbericht zu korrigieren. In jedem Fall sollte der Prüfungsbericht in Anlehnung an den gemäß § 325 Abs. 1 HGB offenzulegenden Bestätigungsvermerk des Abschlussprüfers durch den Vorstand offenzulegen sein. Diese Offenlegung sollte an gleicher Stelle erfolgen, an der der Gesellschaftsbericht selbst offengelegt und zugänglich gemacht wurde.[104] Mithilfe dieses Prüfungsberichts würden die Aktionäre über vermeintliche Fehler der Berichterstattung unterrichtet.

Sollte das Enforcementverfahren an dieser Stelle und mit diesem Ergebnis enden, so verbliebe es allein bei der negativen Ausstrahlungswirkung des eingeschränkten oder versagten Bestätigungsvermerks. Um die Wirkung des Enforcementverfahrens zu steigern, würde es sich anbieten, mithilfe der Sonderprüfung eine rechtskräftige und förmlich festgestellte, endgültige Entscheidung über die Fehlerhaftigkeit des Gesellschaftsberichts zu erlangen. Hierzu könnte das Antragsrecht der Minderheitsaktionäre, das, wie bereits erwähnt, einen hinreichenden Verdacht der Fehlerhaftigkeit voraussetzt, dadurch gestärkt werden, dass ein negativer Befund im Enforcementverfahren wiederum eine unwiderlegbare Vermutung der Fehlerhaftigkeit bedeuten könnte. Dies würde die Hürden, die vor einer eigenständigen Sonderprüfung überwunden werden müssen, minimieren.

---

[102] Zur Kompetenzordnung siehe oben § 6A.

[103] Erfolgt eine Korrektur, so ist in Parallelität zu § 316 Abs. 3 HGB eine erneute Prüfung durchzuführen.

[104] Zur Offenlegung siehe im Einzelnen oben § 7.

Nach diesem Konzept entstünde ein privatrechtlich organisiertes Enforcementverfahren, das ohne dogmatische Bedenken effektiv im Rahmen einer Anlass- oder Stichprobenprüfung über die Rechtmäßigkeit der Gesellschaftsberichte sachkundig entscheiden könnte und im Zusammenspiel mit der Sonderprüfung zu einem rechtskräftigen und endgültigen Urteil gelangen könnte.

C. Zwischenergebnis

Für den Gesellschaftsbericht ergäbe sich ein dreistufiger Kanon aus unternehmensinterner und -externer Prüfung. Zunächst wäre es Aufgabe des Aufsichtsrats, die Unternehmensleitung i. S. d. § 111 AktG zu kontrollieren. Seine Prüfung würde sich auf eine reine Rechtmäßigkeits- und Vollständigkeitsprüfung beschränken. Da die Sachkunde der Aufsichtsratsmitglieder bisweilen nur rudimentär geregelt ist, würde es sich wegen der Komplexität des Prüfungsgegenstands „Gesellschaftsbericht" empfehlen, in Anlehnung an den gesetzlich geforderten unabhängigen Finanzexperten, zwingend ein in Corporate Governance- und Konzernfragen erfahrenes Aufsichtsratsmitglied vorzuschreiben. Dieses könnte auch von der Publizität im Gesellschaftsbericht unabhängige Konzern- und Corporate Governance-bezogene Sachverhalte besser einschätzen und so zu einer Gesamtsteigerung der aufsichtsratlichen Sachkompetenz einen erheblichen Beitrag leisten. Daneben könnte die erforderliche Sachkompetenz weiter abgesichert werden, indem punktuell Sachverständige herangezogen würden.

Als zweite Stufe der Kontrolle sollte eine Sonderprüfung vorgesehen werden. Die allgemeine, Schadensersatzansprüche der Gesellschaft vorbereitende Sonderprüfung des § 142 AktG sollte um eine Sonderprüfung nach dem Vorbild des § 258 AktG ergänzt werden, die darauf ausgerichtet wäre, Fehler festzustellen und diese zu veröffentlichen. Prüfer in einem solchen Verfahren sollten nicht wie bei § 258 AktG Wirtschaftsprüfer sein. Vielmehr würde eine flexible Regelung überzeugen, die auf die jeweils erforderliche Sachkompetenz abstellt.

Letzte Stufe des Kontrollkanons sollte ein rein privatrechtlich organisiertes einstufiges Enforcementverfahren sein, das an das kapitalmarktrechtliche Enforcementverfahren angelehnt wäre. Auch dieses Verfahren sollte auf kapitalmarktorientierte Aktiengesellschaften begrenzt sein. Durch die neben eine Anlassprüfung tretende anlassunabhängige Stichprobenprüfung könnte die Berichtsqualität gesteigert und die aufsichtsratliche Prüfung flankiert werden. Anders als das bisherige kapitalmarktrechtliche Enforcementverfahren würde ein einstufiges Verfahren keine aufsichtsrechtlichen Strukturen aufweisen, die mit dem Gesellschaftsrecht nicht vereinbar wären. Durch das Zusammenspiel mit der fehlerfeststellenden Sonderprüfung könnte ein Mechanismus geschaffen werden, der es erlauben würde, Fehler endgültig festzustellen. Daneben sollte der Vorstand der betroffenen Aktiengesellschaft den Prüfungsbericht, den die Prüfstelle als Ergebnis ihrer Untersuchungen aufstellen sollte, zusammen mit dem Gesellschaftsbericht veröffentlichen. Dann wäre unabhängig von der aufwändigen Sonderprüfung der Kapitalmarkt über vermeintliche Fehler in der Berichterstattung informiert.

Der Gesellschaftsbericht sollte hingegen nicht durch den bilanzrechtlichen Abschlussprüfer geprüft werden.[105] Denn die Fragen des Gesellschaftsberichts würden sich erheblich von den Anforderungen, die an den Wirtschaftsprüfer im Rahmen der Überwachung der Rechnungslegung zu stellen sind, unterscheiden.

---

[105] Diese Neuerung wäre mit den derzeitigen europarechtlichen Regelungen nicht vereinbar, denn die Richtlinie schreibt in Art. 34 der konsolidierten Bilanzrichtlinie i. V. m. der Abschlussprüferichtlinie (Richtlinie 2006/43/EG) vor, dass unabhängig vom jeweiligen Prüfungsmaßstab der Abschlussprüfer für die Prüfung zuständig ist, vgl. auch oben § 5E. II.

§ 9 Gerichtliche Kontrolle im Wege der Anfechtungsklage

Hauptversammlungsbeschlüsse gerichtlich kontrollieren zu können, gehört ebenfalls zu den Durchsetzungsmechanismen des Aktienrechts. Insbesondere den Minderheitsaktionären wird auf diesem Wege die Möglichkeit eröffnet, Gesetzes- oder Satzungsverstöße eines Hauptversammlungsbeschlusses geltend zu machen. Gegenstand der Nichtigkeits- und Anfechtungsklage nach §§ 241 ff. AktG kann nur ein Hauptversammlungsbeschluss sein; auf Vorstands- und Aufsichtsratsentscheidungen sind diese gerichtlichen Verfahren nicht anwendbar.[1] Anders als bei der Haftung, die ebenfalls der Rechtsdurchsetzung dient und auch gegenüber Gläubigern und potentiellen wie ehemaligen Anlegern bestehen kann, kann eine gerichtliche Kontrolle nur von den Aktionären eingeleitet werden.

Da der Gesellschaftsbericht nach dem hier propagierten System keiner förmlichen Feststellung bedürfte[2], könnte eine Anfechtung mangels Hauptversammlungsbeschlusses von vornherein keine unmittelbare wirksamkeitshemmende Wirkung auf den Gesellschaftsbericht haben. Fehler könnten allenfalls inzident festgestellt werden und so den jeweiligen Beschluss zu Fall bringen. Mithilfe der gerichtlichen Kontrolle könnte die Fehlerhaftigkeit des Gesellschaftsberichts festgestellt werden, wenn ein Hauptversammlungsbeschluss in Folge der Fehlerhaftigkeit des Gesellschaftsberichts nichtig oder anfechtbar wäre. Im Rahmen der in dieser Arbeit vorgenommenen Untersuchung wird die Frage auf das Vorliegen einer Anfechtbarkeit begrenzt, denn die zur Nichtigkeit führenden Gründe wären von einer fehlerhaften Berichterstattung im Gesellschaftsbericht unabhängig. Besonderheiten ergäben sich folglich nicht.

Bevor die Frage beantwortet wird, welche Fehler unter welchen Bedingungen zur Anfechtbarkeit führen würden und ob es ggf. eines Anfechtungsausschlusses bedürfte, müsste ermittelt werden, welche Hauptversammlungsbeschlüsse überhaupt auf einer Fehlinformation im Gesellschaftsbericht beruhen könnten.

---

[1] *BGH*, Urteil vom 17. Mai 1993 – II ZR 89/92, BGHZ 122, 342, 347, 349; *BGH*, Urteil vom 15. November 1993 – II ZR 235/92, BGHZ 124, 111, 115, 125, *OLG Frankfurt*, Urteil vom 4. Februar 2003 – 5 U 63/01, NZG 2003, S. 331 ff. Eine Sonderregelung trifft nur § 256 AktG für den Fall, dass der der vom Aufsichtsrat festgestellte Jahresabschluss nichtig ist. Die dortigen Nichtigkeitsgründe sind abschließend.

[2] Vgl. dazu oben § 6C.

A. Vorliegen eines von der Fehlinformation betroffenen Hauptversammlungsbeschlusses

Fehlerhafte Informationen, die den Aktionären zur Verfügung gestellt werden, können unter zwei Aspekten zu einer Anfechtbarkeit führen.[3] Zum einen kann eine unrichtige oder unterbliebene Information eine gesetzliche Informationspflicht verletzen, die eine Verfahrensvoraussetzung des zu fassenden Beschlusses ist. Dies hat zur Folge, dass der Beschluss formell rechtswidrig ist, wenn aus Sicht eines objektiv urteilenden Aktionärs diese Information relevant war, um den Beschluss zu fassen (§ 243 Abs. 4 S. 1 AktG). Zum anderen kann der Beschluss wegen eines Inhaltsmangels aus materiellen Rechtswidrigkeitserwägungen anfechtbar sein. Dies ist der Fall, wenn der Beschlussinhalt gegen Gesetz oder Satzung verstößt. Beide Anfechtungsgründe können alternativ oder kumulativ vorliegen.[4] Anders als ein Verfahrensfehler, der dann vorliegt, wenn eine Informationspflicht verletzt wurde, kann ein Inhaltsfehler nicht durch einen Bestätigungsbeschluss nach § 244 AktG geheilt werden.[5]

I. Auswirkungen auf die Wirksamkeit des Jahresabschlussfeststellungsbeschlusses

Wird der Jahresabschluss ausnahmsweise nach § 173 AktG durch die Hauptversammlung festgestellt, so liegt zunächst ein Beschluss vor, der mit Hilfe der Nichtigkeits- und Anfechtungsklage angreifbar ist. Ein fehlerhafter Gesellschaftsbericht könnte zumindest dann eine gegen den Jahresabschlussfeststellungsbeschluss gerichtete Anfechtungsklage begründen, wenn es Verfahrensvoraussetzung für die Feststellung des Jahresabschlusses wäre, dass ein richtiger und fehlerfreier Gesellschaftsbericht vorliegt.

Gemäß § 175 Abs. 3 AktG ist der Hauptversammlung, wenn sie per Beschluss den Jahresabschluss feststellen soll, neben dem Jahresabschluss u. a. der Lagebericht vorzulegen. Werden Informationen, deren Vorliegen vom Aktiengesetz als Verfahrensvoraussetzung eingestuft wird, nicht bzw. nur unvollständig oder unrichtig gewährt, liegt hierin ein Verstoß gegen ein für die Beschlussfassung relevantes Informationsrecht, was einen anfechtbaren Gesetzesverstoß i. S. d. § 243 Abs. 1 AktG darstellt.[6] Nach § 243 Abs. 4 AktG müssen die fehlerhaften Informationen relevant sein, um hierauf eine Anfechtung zu stützen. In Fällen, in denen eine konkrete Informationspflicht als Verfahrensvoraussetzung vom

---

[3] Vgl. *Hüffer*, in: MünchKomm AktG, § 243 Rn. 25.
[4] Vgl. *Hüffer*, in: MünchKomm AktG, § 243 Rn. 25.
[5] Vgl. *Kiefner*, NZG 2011, S. 201, 202; *Würthwein*, in: Spindler/Stilz, AktG, § 244 Rn. 17.
[6] Vgl. *Arens/Petersen*, Der Konzern 2011, S. 197, 200 f.; *Hüffer*, AktG, § 120 Rn. 15, *Hoffmann*, in: Spindler/Stilz, AktG, § 120 Rn. 45 ff.

Gesetz statuiert ist, sind die Informationen stets als relevant einzustufen.[7] Da der Gesellschaftsbericht nur Informationen enthalten würde, die bereits in Anhang oder Lagebericht enthalten sind, läge es nahe, auch den Gesellschaftsbericht zu den von § 175 Abs. 3 AktG geforderten Berichten zu zählen. Zwar haben die gesellschaftsrechtlichen Informationen keinen unmittelbaren Bezug zu den Finanzzahlen, doch zeigt insbesondere der zusätzlich geforderte erläuternde Bericht zu den Angaben nach § 289 Abs. 4 Nr. 1 bis 5 und Abs. 5 HGB, dass Teile der Gesellschaftsberichtspflichten für die informierte Entscheidung wesentlich wären. Insbesondere bei den Angaben nach § 289 Abs. 5 HGB leuchtet dies unmittelbar ein, denn ein funktionierendes Kontroll- und Risikomanagementsystem unterstreicht die Glaubhaftigkeit und Verlässlichkeit der Angaben. Gleiches gilt hinsichtlich anderer Corporate Governance- und Konzerninhalte, denn auch diese Angaben zielen gerade darauf ab, die Unabhängigkeit und (mittelbar) die Rechtmäßigkeit des Verwaltungshandelns, zu dem die Erstellung des Jahresabschlusses zählt, zu überprüfen. Wenngleich es naheliegen würde, die Informationen des Gesellschaftsberichts für den Feststellungsbeschluss als für einen objektiv urteilenden Gesellschafter als relevant i. S. d. § 243 Abs. 4 AktG einzustufen, sollte dies gesetzlich klargestellt werden und der Gesellschaftsbericht in den Kanon derjenigen Unterlagen aufgenommen werden, die in jedem Fall vorzulegen sind, um den Jahresabschluss festzustellen. So wäre sichergestellt, dass die Entscheidungsgrundlage der Aktionäre durch die Reform nicht verändert würde und eine ausreichende Informationsgrundlage, wie sie sich bewährt hat, in jedem Fall zur Verfügung stünde.[8]

Ein Inhaltsfehler des Jahresabschlusses, der aus einem fehlerhaften Gesellschaftsbericht resultieren könnte, wäre hingegen nicht denkbar. Denn die fehlerhaften Inhalte des Gesellschaftsberichts würden durch den Beschluss weder festgestellt noch perpetuiert.

II. Auswirkungen auf die Wirksamkeit des Entlastungsbeschlusses

Als weiterer Hauptversammlungsbeschluss, der Anlass dazu geben könnte, Gesellschaftsberichtsinformationen zu überprüfen, käme der Entlastungsbeschluss der Hauptversammlung gemäß § 120 AktG in Betracht. Mit dem Entlastungsbeschluss billigt die Hauptversammlung einmal jährlich die Verwaltung der Gesellschaft durch die Mitglieder des Vorstands und des Aufsichtsrats (§ 120 Abs. 2 AktG).

---

[7] Vgl. *Arens/Petersen*, Der Konzern 2011, S. 197, 204; *Schwab*, in: Schmidt/Lutter, AktG, § 243 Rn. 33, zum Fehlen eines Lageberichts *BGH*, Urteil vom 26. November 2007 – II ZR 22/06, NZG 2008, S. 309, 310.

[8] Zur Frage der Anfechtbarkeit wegen fehlerhafter Gesellschaftsberichtsinformationen im Lichte des § 257 Abs. 1 S. 2 AktG siehe noch unten, § 9B. I.

Ein fehlerhafter Gesellschaftsbericht könnte eine Informationspflicht verletzen und als Verfahrensfehler zur Anfechtung berechtigen. Eine mit § 175 Abs. 2 S. 1 und § 176 Abs. 1 S. 1 AktG vergleichbare Regelung, die explizit vorschreibt, welche Informationen der Hauptversammlung für die Entlastungsentscheidung konkret vorzulegen sind und nach der ein relevanter Informationspflichtverstoß und Verfahrensmangel vorliegt, sollten die Informationen nicht vorgelegt werden, fehlt in § 120 AktG. In der Fassung des § 120 Abs. 3 S. 2 AktG vor Änderung durch das ARUG[9] statuierte das Gesetz noch explizit die Pflicht, für die Beschlussfassung über die Entlastung Jahresabschluss, Lagebericht und den Bericht des Aufsichtsrats der Hauptversammlung vorzulegen. Zwar wurde die Vorschrift durch das ARUG aufgehoben, doch sollte die Rechtslage nicht geändert werden, denn §§ 175 Abs. 2 S. 1, 176 Abs. 1 S. 1 AktG verlangen weiterhin, dass diese Berichtsformate vorgelegt werden.[10] Durch die Abtrennung gesellschaftsrechtlicher Inhalte von den bilanzbezogenen Publizitätsinstrumenten verlöre sich dieser gesetzeshistorische und funktionale Zusammenhang. Fraglich wäre deshalb, ob der Gesellschaftsbericht der Hauptversammlung vor Beschlussfassung ebenfalls vorzulegen sein sollte.

Während die Informationen des Gesellschaftsberichts für die Feststellung des Jahresabschlusses nur mittelbar unter dem Aspekt der Verlässlichkeit und Glaubhaftigkeit relevant wären, würden sie für die Frage, ob das Verwaltungshandeln gebilligt werden sollte, einen Kernpunkt der benötigten Informationen bilden. Insbesondere die Corporate Governance-bezogenen Angaben erlauben einen Einblick in die Arbeitsweise und Funktionalität der einzelnen Organe und ihrer Beziehungen zueinander. Dieser Aspekt ist neben den operativen Verwaltungstätigkeiten des Vorstands wesentlicher Faktor des Verwaltungshandelns, das gebilligt werden soll. Denn der Begriff der Verwaltung erstreckt sich auf die Organisation, Durchführung und Überwachung der Geschäftsführung und damit auf alle Tätigkeiten von Vorstand und Aufsichtsrat.[11] Erst die Corporate Governance-Angaben ermöglichen es der Hauptversammlung, sich ein Bild darüber zu machen, ob die Organe recht- und zweckmäßig[12] gehandelt haben. Aber auch die konzernrechtlichen Inhalte erlauben es, die Tätigkeiten der Organe zu überprüfen. Indem Einflussmöglichkeiten und Missbrauchspotentiale offengelegt werden, werden die Aktionäre ebenfalls in die Lage versetzt, beurteilen zu können, ob die Verwaltung im Interesse der Gesellschaft und frei von Sonderinteressen erfolgte.

Die Informationen des Gesellschaftsberichts wären demzufolge wesentlich für die Aktionäre, um über die Entlastung zu beschließen. Würde der Gesell-

---

[9] Gesetz zur Umsetzung der Aktionärsrichtlinie vom 30. Juli 2009, BGBl. I 2009, S. 2479.

[10] Vgl. *Arens/Petersen*, Der Konzern 2011, S. 197, 200 f.

[11] *Kort*, in: Großkomm AktG, § 76 Rn. 23.

[12] Zur Frage des Umfangs der Billigung vgl. *Hoffmann*, in: Spindler/Stilz, AktG, § 120 Rn. 25 ff.

schaftsbericht eingeführt, sollte gesetzlich als Verfahrensvoraussetzung statuiert werden, den Bericht vorzulegen. Dazu könnte entweder der durch das ARUG weggefallene § 120 Abs. 3 S. 2 und 3 AktG a. F. wieder eingeführt und um den Gesellschaftsbericht ergänzt werden. Oder es könnte § 175 Abs. 2 AktG in gleicher Weise geändert werden und ein Verweis auf diese Vorschrift in § 120 AktG aufgenommen werden. Denn auch für die Feststellung des Jahresabschlusses würde der Gesellschaftsbericht eine wesentliche Informations- und Entscheidungsgrundlage bilden.[13]

Ein Inhaltsfehler beim Entlastungsbeschluss kann darin begründet sein, dass die Verwaltung gebilligt wird, obwohl diese gegen gesetzliche Pflichten verstoßen hat und die Hauptversammlung in Kenntnis bzw. trotz eindeutiger Erkennbarkeit dieses Verstoßes das Verhalten billigt und die Verwaltung entlastet. Ein Verstoß gegen eine gesetzliche Informationspflicht stellt immer einen Gesetzesverstoß dar. Nach der Macroton-Entscheidung des BGH[14] ist ein Entlastungsbeschluss wegen eines Inhaltsfehlers nur anfechtbar, wenn ein eindeutiger und schwerer Gesetzesverstoß vorliegt und der Entlastungsbeschluss deshalb gegen die Treuepflicht verstößt. Nur in diesem Fall ist das der Hauptversammlung zustehende Ermessen eingeschränkt und eine trotzdem erfolgende Entlastung stellt einen Verstoß gegen die Treupflicht dar.[15]

Fraglich ist, wann ein Gesetzesverstoß schwerwiegend in diesem Sinne ist und ob ein solcher bereits dann vorliegen würde, sollte eine Berichtspflicht des Gesellschaftsberichts nicht erfüllt werden. Insbesondere im Zusammenhang mit der fehlerhaften Entsprechenserklärung nach § 161 AktG ist diese Frage aufgekommen.[16] Anders als bei der hier zu beurteilenden Konstellation, ist die Frage nach einer Anfechtung aufgrund fehlerhafter Entsprechenserklärung allein wegen des fehlenden Gesetzescharakters der Empfehlungen problematisch.[17] Diese Sonderproblematik würde sich im Zusammenhang mit dem Gesellschaftsbericht nicht stellen, denn es würde sich um gesetzliche Berichtspflichten handeln.[18]

Um die Frage zu beantworten, wann eine Verletzung einer Informationspflicht als schwerwiegend anzusehen ist, werden verschiedene Vorschläge

---

[13] Siehe dazu zuvor § 9A. I.

[14] *BGH*, Urteil vom 25. November 2002 – II ZR 133/01, BGHZ 153, 47, 51 (Macroton).

[15] Vgl. *Arens/Petersen*, Der Konzern 2011, S. 197, 204.

[16] *BGH*, Urteil vom 16. Februar 2009 – II ZR 185/07, BGHZ 180, 9 (Kirch/Deutsche Bank), *BGH*, Urteil vom 21. September 2009 – II ZR 174/08, BGHZ 182, 272, 280 ff. (Umschreibungsstopp).

[17] Vgl. *Arens/Petersen*, Der Konzern 2011, S. 197, 204; *Mutter*, ZGR 2009, S. 788, 796.

[18] Allein mittelbar kann die Frage auch im Zusammenhang mit dem Gesellschaftsbericht relevant werden, wenn nämlich eine im Gesellschaftsbericht veröffentlichte Entsprechenserklärung (vgl. § 289a Abs. 2 Nr. 1 AktG) fehlerhaft ist. Die Problematik kann an dieser Stelle nicht vertieft werden. Nimmt man die „Verrechtlichung" der Entsprechenserklärung durch den Gesetzgeber, wie sie durch das BilMoG geschehen ist, hin, wird man kaum darum herum kommen, die gleichen Kriterien anzulegen, wie sie für die sonstigen Berichtsinhalte gelten.

vorgetragen, um die Anfechtbarkeit einzugrenzen. Ein Verstoß gegen eine Informationspflicht soll dann schwer sein, wenn er strafbewehrt ist.[19] Nach der hier vertretenen Auffassung sollte für eine Strafbarkeit wegen einer vorsätzlich erfolgenden Falschberichterstattung in Anlehnung an § 400 AktG eine Strafnorm eingeführt werden.[20] Nach diesem Kriterium wäre eine fehlerhafte Berichterstattung im Gesellschaftsbericht ein schwerwiegender Gesetzesverstoß. Der BGH hingegen stellt in seiner Umschreibungsstopp-Entscheidung[21] fest, dass der „Verstoß über einen Formalverstoß hinausgehen und auch im konkreten Einzelfall Gewicht haben" muss. „Die unrichtige oder unvollständige Erteilung von Informationen [sei] aber nach der auch in diesem Zusammenhang zu beachtenden Wertung in § 243 Abs. 4 S. 1 AktG nur von Bedeutung, wenn ein objektiv urteilender Aktionär die Informationserteilung als Voraussetzung für die sachgerechte Wahrnehmung seines Teilnahme- und Mitgliedschaftsrechts ansähe".[22] Wenngleich das Kriterium der Relevanz eigentlich für informationelle Verfahrensmängel entwickelt wurde[23], zieht der BGH es auch heran, um Inhaltfehler einzugrenzen. Würden im Gesellschaftsbericht fehlerhafte Angaben gemacht, würde nach diesem Relevanzmaßstab stets ein schwerer Gesetzesverstoß vorliegen. Denn die Verletzung gesetzlicher Informationspflichten wäre zumindest dann, wenn gesetzlich festgeschrieben würde, den Bericht verpflichtend als Entscheidungsgrundlage vorzulegen, stets relevant i. S. d. § 243 Abs. 4 AktG sein.[24] Dies würde zumindest gelten, wenn es sich bei der Unrichtigkeit nicht nur um einen Formalfehler handelt.

III. Nichtigkeit und Anfechtbarkeit spezieller Beschlüsse

Neben diesen beiden Hauptversammlungsbeschlüssen kommen noch viele andere Sonderbeschlüsse der Hauptversammlung als Gegenstand einer Anfechtungsklage in Betracht. Zu nennen sind insbesondere die Anfechtung des von der Hauptversammlung nach § 101 AktG gefassten Wahlbeschlusses, mit dem Aufsichtsratsmitglieder bestellt werden[25], die Wahl des Abschlussprüfers nach § 318 HGB, der Gewinnverwendungsbeschluss nach § 174 AktG[26] und

---

[19] Vgl. *Arens/Petersen*, Der Konzern 2011, S. 197, 205 f.

[20] Siehe dazu oben § 10B. II.a).

[21] *BGH*, Urteil vom 21. September 2009 – II ZR 174/08, BGHZ 182, 272 (Umschreibungsstopp).

[22] *BGH*, Urteil vom 21. September 2009 – II ZR 174/08, BGHZ 182, 272, 281 (Umschreibungsstopp).

[23] Vgl. *Kiefner*, NZG 2011, S. 201, 202.

[24] Vgl. *Schwab*, in: Schmidt/Lutter, AktG, § 243 Rn. 33.

[25] Für die Anfechtung von Wahlbeschlüssen ist die Sonderregel des § 251 AktG zu beachten. § 251 Abs. 3 AktG verweist jedoch explizit auf § 243 Abs. 4 AktG.

[26] Zur Anfechtung des Gewinnverwendungsbeschlusses wegen fehlenden Lageberichts siehe *BGH*, Urteil vom 26. November 2007 – II ZR 227/06 –, NZG 2008, 309 f.

das Vergütungsvotum nach § 120 Abs. 4 AktG.[27] Für diese Beschlüsse statuiert das Gesetz keine Pflicht, bestimmte Informationen vorzulegen. Ein fehlerhafter Gesellschaftsbericht könnte deshalb nicht per se als relevanter Verfahrensfehler eingestuft werden, sondern würde nur dann zur Anfechtbarkeit führen, wenn der Hauptversammlungsbeschluss auf der Fehlinformation beruht. Die nach § 243 Abs. 4 AktG erforderliche Relevanz verlangt eine je nach Zweck der verletzten Norm orientierte wertende Betrachtung.[28] Es kommt gerade nicht auf das hypothetische Abstimmungsverhalten, sondern auf die Bedeutung des Informationsmangels für die Mitgliedsrechte der Aktionäre an.[29] Ob hiernach die Information relevant ist, muss für jeden Einzelfall entschieden werden. Es würde sich deshalb verbieten, alle Gesellschaftsberichtsinhalt als relevant einzustufen, da viele Berichtspflichten mit den konkreten Beschlussgegenständen nicht zusammenhängen würden.

Ein Inhaltsfehler würde in Bezug auf eine etwaige Fehlinformation ausscheiden, denn auf die Frage, ob ein Beschluss mit dem Gesetz vereinbar ist, hat ein Bericht keine Auswirkungen.

IV. Zwischenergebnis

Fehlerhafte Gesellschaftsberichte könnten dazu führen, dass verschiedene Hauptversammlungsbeschlüsse anfechtbar würden. Für die Feststellung des Jahresabschlusses wären die Informationen des Gesellschaftsberichts zumindest indirekt relevant. Um eine informierte Entscheidung darüber treffen zu können, ob die Aktionäre die Verwaltung billigen und diese entlasten, würden sie die Informationen aus dem Gesellschaftsbericht brauchen. Der großen Bedeutung des Gesellschaftsberichts für diese beiden Beschlüsse sollte dadurch Rechnung getragen werden, gesetzlich vorzuschreiben, den Gesellschaftsberichts vorlegen zu müssen. Für sonstige Hauptversammlungsbeschlüsse könnten Teile des Gesellschaftsberichts ebenfalls relevant sein. Ob dies der Fall wäre, wäre eine Entscheidung des Einzelfalls.

Ein fehlerhafter Gesellschaftsbericht könnte hingegen nur im Fall des Entlastungsbeschlusses zu einem Inhaltsfehler und zu einer materiellen Rechtswidrigkeit des Beschlusses führen. Hier wäre die Schwere des Fehlers sowohl unter dem Aspekt der Strafbewehrung als auch nach dem Relevanzkriterium des BGH zu bejahen, sofern es sich im jeweiligen Einzelfall nicht lediglich um einen Formalfehler handelt.

---

[27] Ob auch andere vom Aktiengesetz vorgesehene Hauptversammlungsbeschlüsse von fehlerhaften Informationen im Gesellschaftsbericht betroffen sein können, ist eine Frage des Einzelfalls und kann hier nicht systematisierend untersucht werden. Die im Folgenden genannten Kriterien gelten aber auch dann.

[28] Vgl. *Hüffer*, AktG, § 243 Rn. 13.

[29] Vgl. *Hüffer*, AktG, § 243 Rn. 46a.

B. Ausschluss der Anfechtung

Von den Anfechtungsmöglichkeiten sieht das Gesetz an verschiedenen Stellen Ausnahmen vor. So sieht § 257 Abs. 1 S. 2 AktG einen Anfechtungsausschluss hinsichtlich der Feststellung des Jahresabschlusses vor, wenn die Anfechtung darauf gestützt wird, dass der Inhalt des Jahresabschlusses gegen Gesetz oder Satzung verstößt. Einen weiteren Anfechtungsausschluss sieht § 120 Abs. 4 S. 3 AktG hinsichtlich des sog. Vergütungsvotums und § 30g WpHG vor, sollte eine der wertpapierrechtlichen Pflichten der §§ 30a bis 30f WpHG verletzt worden sein.

Im Folgenden soll untersucht werden, ob der Gesellschaftsbericht von diesen Anfechtungsausschlüssen erfasst würde bzw. ob es zweckmäßig erscheinen würde, ihn zu erfassen.

I. Anfechtungsausschluss hinsichtlich der Jahresabschlussfeststellung

Der spezielle Anfechtungsausschluss des § 257 Abs. 1 S. 2 AktG betrifft seinem Wortlaut nach nur Gesetzes- und Satzungsverstöße des Jahresabschlussinhalts. Der Gesellschaftsbericht wäre als gesellschaftsrechtliches Berichtsinstrument kein Teil des Jahresabschlusses. Nach dem Wortlaut der Norm würde er nicht erfasst. Möglicherweise sollte der Anwendungsbereich auf ihn erstreckt werden, um den Zweck des Ausschlusses zu erfüllen und eine nicht gerechtfertigte Änderung der Rechtslage zu vermeiden.

Nach der bisherigen Rechtslage wird der Anhang als Teil des Jahresabschlusses von dem Anfechtungsausschluss erfasst. Verstößt sein Inhalt gegen Gesetz oder Satzung, kann eine Anfechtung nicht auf diese Verstöße gestützt werden. Weniger eindeutig ist die Rechtslage für Fehler des Lageberichts, denn der Lagebericht ist nicht Teil des Jahresabschlusses, sondern eine selbstständige Informationsquelle.[30] Nach herrschender Meinung kann deshalb ein fehlerhafter Lagebericht die Anfechtung des Feststellungsbeschlusses begründen.[31] Gleiches soll für einen Verstoß gegen die Vorlagepflicht nach § 176 Abs. 1 S. 1 AktG gelten.[32] Dagegen wird eingewandt, dass eine solche Auffassung weder gesetzeshistorisch noch systematisch überzeugen könne.[33] So sei der Gesetzgeber davon ausgegangen, dass aufgrund der Einschränkung nach § 257 Abs. 1 S. 2 AktG nur Fehler der Beschlussanfechtung, also Verfahrensfehler geltend gemacht werden könnten.[34] Das mag zutreffen, doch stellt ein fehlerhafter La-

---

[30] *BGH*, Urteil vom 26. November 2007 – II ZR 227/06 –, NZG 2008, 309.

[31] Vgl. *Hüffer*, in: MünchKomm AktG, § 257 Rn. 1; *Hüffer*, AktG, § 257 Rn. 6; *Vetter*, in: Henssler/Strohn, GesR, § 257 AktG Rn. 3.

[32] Vgl. *Hüffer*, in: MünchKomm AktG, § 257 Rn. 8.

[33] Vgl. *Rölike*, in: Spindler/Stilz, AktG, § 257 Rn. 14.

[34] *Rölike*, in: Spindler/Stilz, AktG, § 257 Rn. 14.

gebericht gerade einen Verstoß gegen eine gesetzliche Informationspflicht und damit einen Verfahrensfehler dar. Aus systematischer Sicht soll es deshalb nicht überzeugen, eine Anfechtung wegen fehlerhafter Lageberichterstattung zuzulassen, da dann ein Fehler im Lagebericht keine Bedeutung hätte, wenn der Jahresabschluss durch Vorstand und Aufsichtsrat festgestellt würde, aber doch erheblich sein würde, sollte er ausnahmsweise durch die Hauptversammlung festgestellt werden.[35] Diese Feststellung ist zwar ebenfalls richtig, doch ist dies eine gesetzlich gewollte Konsequenz daraus, dass die Anfechtungs- und Nichtigkeitsklagen nach dem Systems der §§ 241 ff. AktG auf Hauptversammlungsbeschlüsse begrenzt sind.

Möglicherweise gebietet es das Bedürfnis nach erhöhter Rechtssicherheit hinsichtlich der Bestandskraft des festgestellten Jahresabschlusses, den Anfechtungsausschluss auszuweiten.[36] Der mit der Einführung der Sonderprüfung wegen unzulässiger Unterbewertung nach §§ 258 ff. AktG verfolgte Zweck, über langwierige Fragen der Bewertungsunsicherheit unabhängig von der zeitnah benötigten Feststellung des Jahresabschluss entscheiden zu können, könnte durch eine Anfechtung in Folge einer Fehlerhaftigkeit des Lageberichts unterlaufen werden und eine „Anfechtung durch die Hintertür" ermöglichen, die aber gerade durch die Sonderprüfung und die strengen Regelungen der §§ 256 und 257 AktG ausgeschlossen werden sollte.[37] Mit dieser Zwecksetzung der Sonderprüfung steht der Anfechtungsausschluss in einem sachlichen Zusammenhang[38]. Einen vollständigen Anfechtungsausschluss wie in § 30g WpHG hat der Gesetzgeber aber gerade nicht vorgesehen. Im Übrigen kann die Sonderprüfung nach §§ 258 ff. AktG Fehler im Lagebericht nicht korrigieren, denn ihr Anwendungsbereich ist wiederum auf den Jahresabschluss beschränkt (§ 258 Abs. 1 AktG). Fehler im Lagebericht, die für die Feststellung des Jahresabschlusses relevant sind, können mithilfe dieses Verfahrens nicht geahndet werden.

Zwar enthielte der Gesellschaftsbericht keine Angaben mit Finanzzahlenbezug, die in Korrelation mit den Posten des Jahresabschlusses stünden. Und die Sonderprüfung nach § 258 AktG würde auch nicht dazu führen, dass dieser Fehler korrigiert und festgestellt würde, weil sie Sonderprüfung allein darauf ausgerichtet ist, Fehler in die Jahresabschlussangaben festzustellen und zu korrigieren. Doch kann die Sonderprüfung dennoch Zweifel an der Richtigkeit und Verlässlichkeit der Angaben im Jahresabschluss bestätigen oder widerlegen. Die Inhalte des Gesellschaftsberichts wären aber für den Jahresabschluss nur im Hinblick auf diese beiden Aspekte relevant.[39] Würde man eine Anfechtung des Feststellungsbeschlusses aufgrund eines Fehlers im Gesellschaftsbericht,

---

[35] Vgl. *Rölike*, in: Spindler/Stilz, AktG, § 257 Rn. 14.
[36] So *Rölike*, in: Spindler/Stilz, AktG, § 257 Rn. 14.
[37] Vgl. *Rölike*, in: Spindler/Stilz, AktG, § 257 Rn. 14.
[38] *Hüffer*, in: MünchKomm AktG, § 257 Rn. 1.
[39] Siehe dazu oben § 9A. I.

der ein falsches Bild über die Verlässlichkeit und Richtigkeit der Angaben im Jahresabschluss hervorruft, aber keinesfalls einen konkreten Anlass dafür gibt, dass Anhangsangaben fehlerhaft oder Vermögensgegenstände unterbewertet sind[40], zulassen, würde man die Voraussetzung der Sonderprüfung nach § 258 AktG umgehen und sogar ein viel stärkeres Rechtsdurchsetzungsmittel zur Verfügung stellen, das – anders als § 258 AktG – zur Nichtigkeit des Feststellungsbeschlusses führt. Aus diesem Grund sollte im Rahmen des § 257 AktG ausgeschlossen werden, dass eine Anfechtung des Feststellungsbeschlusses auf einen fehlerhaften Gesellschaftsbericht gestützt werden kann.

II. Anfechtungsausschluss nach § 120 Abs. 4 S. 3 AktG

Auch das Vergütungsvotum nach § 120 Abs. 4 AktG unterliegt einem Anfechtungsausschluss. Für das Vergütungsvotum wären insbesondere die zum Gesellschaftsbericht gehörenden Angaben nach §§ 285 Nr. 9 und 289 Abs. 2 Nr. 5 HGB relevant. Der Gesetzgeber hat das Vergütungsvotum rechtlich unverbindlich ausgestaltet. Gemäß § 120 Abs. 4 S. 2 AktG begründet der Beschluss weder Rechte noch Pflichten. Aus diesem Grund ist der Anfechtungsausschluss nach § 120 Abs. 4 S. 3 AktG rein deklaratorisch, denn mangels rechtlicher Wirkung fehlt ein Interesse daran, das Votum für nichtig zu erklären, und damit ein Rechtschutzbedürfnis.[41] Wären die für das Vergütungsvotum relevanten Angaben im Gesellschaftsbericht fehlerhaft, so käme eine Anfechtung des Vergütungsvotums nicht in Frage. Der Anfechtungsausschluss würde auch die Angaben des Gesellschaftsberichts erfassen.

Da die Regelung sehr speziell ist, lassen sich aus dem Anfechtungsausschluss keine generellen Rückschlüsse für andere Hauptversammlungsbeschlüsse ziehen. Im Übrigen ist der Anfechtungsausschluss eine Folge der rechtlichen Unverbindlichkeit, die allein auf der Entscheidung des Gesetzgebers beruht, die Macht der Hauptversammlung zu begrenzen.

III. Anfechtungssauschluss nach § 30g WpHG

Einen weitreichenden Anfechtungsausschluss sieht § 30g WpHG vor. Werden die in §§ 30a bis 30f WpHG verlangten Pflichten nicht erfüllt, so kann eine Anfechtung eines Hauptversammlungsbeschlusses nicht auf diese Pflichtverletzung gestützt werden. Der Anfechtungsausschluss wurde durch das Transparenzrichtlinienumsetzungsgesetz (TUG)[42] eingeführt und basiert auf dem Gedanken, dass es der Aufsicht durch die BaFin unterfiele, die in dem Abschnitt statuierten

---

[40] Dies wäre gerade Voraussetzung einer Sonderprüfung nach § 258 AktG.

[41] Vgl. *Hoffmann*, in: Spindler/Stilz, AktG, § 120 Rn. 55; *Hüffer*, AktG, § 120 Rn. 22.

[42] Transparenzrichtlinien-Umsetzungsgesetz v. 5. Januar 2007 BGBl. I S. 10.

Verpflichtungen durchzusetzen und eine Anfechtung schon aus diesem Grund nicht erforderlich sei.[43] Darüber hinaus handelt es sich bei den Pflichten um wertpapierrechtliche Pflichten, die keinen Einfluss auf die verbandsrechtlich zu beurteilende Wirksamkeit der Hauptversammlungsbeschlüsse haben sollen.[44] Da die nach Gesellschaftsrecht vorgesehenen Informationspflichten nicht zu den wertpapierrechtlichen Sonderpflichten gehören, würde bei einer fehlerhaften Berichterstattung im Gesellschaftsbericht die nach dem Aktiengesetz vorgesehene Rechtslage nicht durch den Anfechtungsausschluss des § 30g WpHG geändert.

Fraglich wäre, ob § 30g WpHG ein allgemeiner Rechtsgedanke zu entnehmen ist, dass ein Verstoß gegen an den Kapitalmarkt gerichtete Veröffentlichungspflichten nie zu einer Anfechtbarkeit von Hauptversammlungsbeschlüssen führen soll.[45] Jedenfalls kann die Vorschrift keine Wirkung hinsichtlich solcher Informationen entfalten, die neben dem Kapitalmarkt zumindest auch die Aktionäre adressieren und dazu dienen, dass sie ihr Recht in der Hauptversammlung sachgerecht ausüben können.[46] Und gerade hierzu würde der Gesellschaftsbericht dienen, denn er würde es den Aktionären erlauben, in Kenntnis der Corporate Governance und der konzernrechtlichen Verflechtungen ihre Entscheidungen zu treffen. Er wäre ein aktionärsbezogenes Informationsinstrument.

Etwas anderes könnte allein hinsichtlich der unterjährigen Aktualisierungen des Gesellschaftsberichts[47] gelten.[48] Diese unterjährige Aktualisierung wäre insbesondere für die Kapitalmarktteilnehmer von Bedeutung. Jedoch könnte für andere Beschlüsse, die nicht in jeder Jahreshauptversammlung gefasst werden, eine aktualisierte Version des Gesellschaftsberichts notwendig sein, damit die Aktionäre die Sachlage sachgerecht beurteilen können. Ein solcher Beschluss wäre z. B. der Beschluss über eine Kapitalerhöhung unter Bezugsrechtsausschluss (§ 186 Abs. 3 S. 1 AktG), der dazu führt, dass sich Mehrheitsverhältnisse verschieben. Denn wie sich eine solche Kapitalerhöhung auf die Mehrheitsverhältnisse auswirkt, ließe sich nur dadurch einschätzen, dass die im Gesellschaftsbericht beschriebenen konzernrechtlichen Beziehungen einbezogen würden.

---

[43] Vgl. die Stellungnahme des Zentralen Kreditausschusses auf dessen Initiative die Vorschrift aufgenommen wurde, abrufbar unter http://www.die-deutsche-kreditwirtschaft.de/uploads/media/060607_ZKA-Stellungnahme_TUG.pdf S. 14.

[44] Stellungnahme des Zentralen Kreditausschusses, S. 14.

[45] So *Leuering*, DStR 2010, S. 2255 ff.; zweifelnd hingegen *Mülbert*, in: Assmann/Schneider, WpHG, § 30g Rn. 2.

[46] Vgl. *Arens/Petersen*, Der Konzern 2011, S. 197, 201.

[47] Siehe hierzu oben § 7B. I.

[48] Vgl. so bzgl. der Aktualisierungspflicht zur Entsprechenserklärung *Arens/Petersen*, Der Konzern 2011, S. 197, 202.

IV. Sonstiges Bedürfnis nach einem Anfechtungsausschluss

Auch im Hinblick auf eine nach dem Vorbild der §§ 258 ff. AktG eingeführten Sonderprüfung, die unterlassene oder unrichtige Gesellschaftsberichtsangaben feststellen und offenlegen würde, ergäbe sich kein Bedürfnis für einen Anfechtungsausschluss. Denn anders als beim Jahresabschluss würde die Sonderprüfung des Gesellschaftsberichts nicht die Anfechtung eines Feststellungsbeschlusses ersetzen. Der Gesellschaftsbericht selbst müsste nicht festgestellt werden, da an ihn keine unmittelbaren Rechtsfolgen geknüpft wären. Es bestünde deshalb kein Bedürfnis nach rechtssicherer Bestandskraft. Deshalb würde ein Anfechtungsausschluss nur diejenigen indirekt betroffenen Hauptversammlungsbeschlüsse vor einer Anfechtung schützen, die auf einer Fehlinformation im Gesellschaftsbericht beruhen. Dieses den Beschlüssen zugrunde liegende Informationsdefizit und dessen Relevanz für die Entscheidung könnte aber nicht dadurch korrigiert werden, dass der richtige Inhalt nachträglich offengelegt wird. Für den Gesellschaftsbericht wäre deshalb auch unter diesem Aspekt kein Anfechtungsausschluss zu installieren.

C. Zwischenergebnis zur Rechtsdurchsetzung im Wege der Anfechtungsklage

Mit der Anfechtungsklage besteht ein weiteres aktienrechtliches Rechtsdurchsetzungsinstrument, das es ermöglichen würde, den Gesellschaftsbericht zu überprüfen. Es wäre möglich, im Rahmen verschiedener Hauptversammlungsbeschlüsse inzident die Richtigkeit zu überprüfen. Denn ein fehlerhafter Gesellschaftsbericht könnte zu formell bzw. materiell rechtswidrigen Hauptversammlungsbeschlüssen führen. Durch die Trennung der gesellschaftsrechtlichen von den bilanzrechtlichen Inhalten wird in Bezug auf den Jahresabschlussfeststellungsbeschluss deutlich, dass die Gesellschaftsberichtsinhalte nur eine begrenzte Relevanz hätten. Es würde die Gefahr bestehen, dass die Sonderprüfung nach § 258 AktG umgangen würde. Deshalb sollte eine Anfechtung des Feststellungsbeschlusses wegen eines Fehlers im Gesellschaftsbericht gesetzlich ausgeschlossen werden. Weitere Anfechtungsausschlüsse müssten nicht eingeführt werden.[49]

---

[49] Nach dem derzeitigen europäischen Sekundärrecht bestehen hier keine Vorgaben. Die konsolidierte Bilanzrichtlinie spricht in Art. 51 allein davon, dass die Mitgliedsstaaten für Verstöße wirksame, verhältnismäßige und abschreckende Sanktionen festlegen. Bei einem weiten Verständnis des Sanktionsbegriffs könnte die Anfechtungsklage hierunter subsumiert werden; die Regelung wäre mit europäischem Recht vereinbar.

§ 10 Rechtsdurchsetzung durch Haftung und Strafandrohung

Einen weiteren Beitrag zur Rechtsdurchsetzung leisten die Strafnormen und zivilrechtlichen Haftungsandrohungen. Sie flankieren die materiellen Primärpflichten und verfahrensrechtlichen Kontrollinstrumente des Aktiengesetzes. Neben der Vergeltungsfunktion des Strafrechts und der Schadenswiedergutmachungsfunktion des zivilrechtlichen Haftungssystems tritt der Gedanke einer präventiven Verhaltenssteuerung. Der verhaltenssteuernden Wirkung solcher Kompensationssysteme liegt die Prämisse zugrunde, dass sich die von der Straf- bzw. Haftungsandrohung adressierten Akteure nicht vollkommen irrational verhalten. Sie werden sich regelmäßig so verhalten, wie es das Gesetz von ihnen verlangt, um auf diese Weise der Strafe bzw. Haftung zu entgehen. Menschliches Verhalten wird gesteuert.[1] Bei juristischen Personen scheidet eine präventive Verhaltenssteuerung durch Strafandrohung aus, da Unternehmensstrafbarkeit in Deutschland nicht existiert. Hier erfolgt eine Verhaltenssteuerung mit Hilfe finanzieller Anreize. Denn eine Kapitalgesellschaft wird stets bestrebt sein, ihre Betriebsabläufe so zu gestalten, dass die Kosten, zu denen die Kosten einer zivilrechtlichen Haftung zählen, minimiert werden.[2] Dazu wird das Unternehmen durch die Haftungsandrohung selbstständig dazu angehalten, ohne gesetzliche Vorgabe ein wirkungsvolles Kontroll-, Überwachungs- und Informationssystem innerhalb der Gesellschaft zu schaffen.[3] Bei den für die Gesellschaft handelnden Akteuren, Vorstand und Aufsichtsrat, tritt neben die finanziellen Auswirkungen einer Haftung, sei es in Form eines Binnenregresses oder einer Außenhaftung, die hiermit verbundene, ebenfalls verhaltenssteuernde Gefahr eines Amts- und Reputationsverlusts.[4]

Weder das Bilanzrecht noch das Gesellschaftsrecht sehen ein spezialgesetzliches Haftungsregime für fehlerhafte Informationen vor. Allein im Kapitalmarktrecht finden sich in den §§ 37 b und c WpHG für die Sekundärmarktpublizität im Rahmen fehlerhafter bzw. unterlassener Ad-hoc-Mitteilungen und den §§ 21 ff. WpPG für die Primärmarktpublizität im Rahmen von Verkaufsprospekten spezielle Haftungsregime. Diese Spezialtatbestände sind de lege lata

[1] So allgemein zum Haftungsrecht *Bachmann*, in: Bachmann/Casper/Schäfer/Veil, Steuerungsfunktion des Haftungsrechts, S. 93, 95.

[2] Vgl. *Wagner*, in: Lorenz, Karlsruher Forum 2006, S. 11, 20.

[3] Vgl. *Casper*, BKR 2005, S. 83, 90.

[4] Vgl. *Casper*, BKR 2005, S. 83, 87.

aber nicht auf andere Arten der Unternehmensinformation anzuwenden. Der Versuch des Gesetzgebers, einen einheitlichen Haftungsrahmen für alle an den Kapitalmarkt gerichteten Informationen, sei es im Rahmen öffentlich bekannt gemachter Informationen, wie etwa Jahresabschlüssen, Ad-Hoc-Mitteilungen oder Prospekten,[5] oder im Rahmen der Hauptversammlung oder sonstiger Informationsveranstaltungen getätigter mündlicher Äußerungen[6], zu schaffen, schlug fehl. Das als Diskussionsentwurf vorgelegte Kapitalmarktinformations-haftungsgesetz (KapInHaG) wurde nicht weiter verfolgt. Deshalb muss sowohl im Gesellschafts- als auch im Bilanzrecht für die Frage der Informationshaftung auf dieselben, allgemeinen gesellschafts- und zivilrechtlichen Haftungsregime zurückgegriffen werden. Für den Gesellschaftsbericht stünde potentiell als Vorbild einer Informationshaftungskonstellation die bilanzrechtliche Haftung für fehlerhafte Informationen im Lagebericht parat. Zum anderen böte sich aus gesellschaftsrechtlicher Perspektive der Vergleich mit fehlerhaften Informationen in der Entsprechenserklärung nach § 161 AktG und Fehlinformationen im Rahmen des aktionärsrechtlichen Auskunftsrechts nach § 131 AktG an. Die für diese Informationen einschlägigen Haftungsregime sollen nun exemplarisch untersucht werden.

Bei dieser Untersuchung der Anspruchsgrundlagen ist jeweils nach den verschiedenen Haftungsverhältnissen zu unterscheiden: Zunächst ist die Haftung der Organe gegenüber der Gesellschaft, so dann die hochumstrittene Frage nach einer Außenhaftung der Organe gegenüber den Aktionären, wie sie insbesondere der Entwurf des KapInHaG vorsah, und anschließend die Haftung der Gesellschaft gegenüber Dritten zu beleuchten.

A. Haftung der Organe gegenüber der Gesellschaft

I. Organbinnenhaftung bei Informationspflichtverletzung de lege lata

Die unternehmensinterne Regulierung von Schäden, die die Gesellschaft erlitten hat, weil ihre Organe gesetzliche Berichtspflichten verletzt haben, richtet sich nach den §§ 93 und 116 AktG. Diese beiden Anspruchsgrundlagen greifen bei schadensverursachenden Verletzungen jeder Art, sofern sie dadurch entstanden sind, dass eine dem Vorstand bzw. Aufsichtsrat zugewiesene Pflicht verletzt wurde. Sowohl die aktienrechtlichen Berichtspflichten gemäß §§ 131 und 161 AktG, wie auch die bilanzrechtlichen Berichtspflichten aus HGB und AktG gehören zu diesen von § 93 Abs. 2 AktG erfassten Pflichten. Der Vorstand ist als Leitungsorgan dazu verpflichtet, diese ihm zugewiesenen Aufgaben gesetzesgetreu zu erfüllen. Tut er dies nicht, muss er für Schäden aufkommen.

---

[5] *BMF*, NZG 2004, S. 1042, 1046.
[6] *BMF*, NZG 2004, S. 1042, 1047.

Bei der Schadensersatzhaftung des Aufsichtsrats ist nach den exemplarisch untersuchten Normen zu differenzieren: Während § 161 AktG explizit die Erklärungspflicht auch an den Aufsichtsrat adressiert, fallen die Berichterstattung im Rahmen des Auskunftsrechts und der Lageberichterstattung[7] allein in den Pflichtenkreis des Vorstands. Eine Pflichtverletzung kann durch fehlerhafte Berichterstattung nur im ersten Fall eine mit der Haftung des Vorstands parallel laufende Einstandspflicht des Aufsichtsrats auslösen. In den beiden anderen Fällen kommt eine Haftung nur in Betracht, wenn der Aufsichtsrat eine ihm originär obliegende Pflicht verletzt. Bei § 289 HGB kann dies eine Verletzung der Überwachungspflicht nach § 171 Abs. 1 AktG sein.[8] Bezüglich des Auskunftsrechts der Aktionäre auf der Hauptversammlung trifft den Aufsichtsrat keine Kontrollpflicht. Für die Rechtsdurchsetzung ist allein der Aktionär verantwortlich, dem die Auskunft verweigert wurde, denn nur er ist im Rahmen des Klageerzwingungsverfahrens gemäß § 132 AktG antragsberechtigt.[9] Ein Schadensersatzanspruch der Gesellschaft gegen den Aufsichtsrat scheidet von vornherein aus, wenn der Vorstand das Auskunftsrecht des Aktionärs aus § 131 Abs. 1 AktG verletzt.

Haftungsbegründend sind Pflichtverletzungen, die fahrlässig oder vorsätzlich erfolgen. Der Fahrlässigkeitsmaßstab ergibt sich aus § 93 Abs. 1 S. 1 AktG für den Vorstand bzw. aus § 93 Abs. 1 S. 1 AktG i. V. m. § 116 AktG für den Aufsichtsrat. Diese haben die Sorgfalt eines ordentlichen und gewissenhaften Geschäftsleiters anzuwenden.

Fraglich wäre, ob bei der Frage, sollte der Vorstand eine Pflicht zur Gesellschaftsberichterstattung verletzten, die in § 93 Abs. 1 S. 2 AktG statuierte „Business-Judgment-Rule" anzuwenden wäre. Dieser „safe harbor" führt zu einem Haftungsausschluss bereits auf Tatbestandsebene. Denn eine Pflichtverletzung liegt nach der Vorschrift nicht vor, wenn der Vorstand, bzw. durch die Verweisung des § 116 AktG auf § 93 AktG, der Aufsichtsrat, eine unternehmerische Entscheidung trifft, bei der er vernünftigerweise annehmen durfte, auf Grundlage angemessener Information zum Wohle der Gesellschaft zu handeln.

Die Anwendbarkeit dieser Regel auf die Informationspflichten hängt davon ab, ob es sich bei der Berichts- bzw. Überwachungspflicht um eine unternehmerische Entscheidung handelt. Was eine unternehmerische Entscheidung ist, hat der Gesetzgeber nicht definiert. In der Regierungsbegründung zum UMAG, mit dem die Business-Judgment-Rule auf gesetzlicher Ebene eingeführt wurde, wird der Anwendungsbereich durch die Charakteristika der Zukunftsbezogenheit und

---

[7] § 264 Abs. 1 S. 1 HGB, § 78 Abs. 1 AktG.

[8] Vgl. *Palmes*, Lagebericht, S. 252. Weitergehend zur Prüfung durch den Aufsichtsrat siehe auch unten § 8A.

[9] Eine Bestätigung der Auskunftsverweigerung durch den Aufsichtsrat, wie sie im österreichischen Recht vorgesehen ist, gibt es in Deutschland nicht. Vgl. zur österreichischen Rechtslage *Schmidt*, in: MünchKomm AktG, 2. Auflage, § 131 Rn. 231.

fehlenden Justiziabilität von (subjektiven) Einschätzungen konkretisiert und zugleich eine negative Abgrenzung vorgenommen: Unternehmerische Entscheidungen stehen im Gegensatz zu rechtlich gebundenen Entscheidungen.[10] Bei letzteren handelt es sich um gesetzliche Pflichten, zu denen nach der ausdrücklichen Willensbekundung des Gesetzgebers insbesondere Informationspflichten gehören sollen.[11] Zwar können Aufgaben, die zu diesen Legalitätspflichten gehören, mit erheblichen rechtlichen Unsicherheiten und Ermessensspielräumen einhergehen, so dass dem Grunde nach die sachlichen Rechtfertigungsgründe einer Haftungsfreistellung durchaus gegeben sein können.[12] Jedoch wird es wegen des explizit geäußerten Willens des Gesetzgebers *de lege lata* bislang abgelehnt, die Vorschrift auf die in Rede stehenden Informationspflichten anzuwenden.[13] Insbesondere für den im Lagebericht abzugebenden Prognosebericht plädieren einige Stimmen in der Literatur vermehrt dafür, einen solchen „safe harbor" *de lege ferenda* einzuführen.[14]

II. Organbinnenhaftung bei Informationspflichtverletzung im Gesellschaftsbericht

Auch für den Gesellschaftsbericht würde sich eine Organbinnenhaftung für fehlerhafte Informationen aus § 93 AktG für den Vorstand und §§ 116 i. V. m. 93 AktG ergeben. Es fiele in den Aufgabenbereich des Vorstands, den Gesellschaftsbericht zu erstellen.[15] Der Aufsichtsrat hätte – wie bei der Lageberichterstattung *de lege lata* – die Inhalte zu überwachen.[16] Daneben müsste der Aufsichtsrat die ihn selbst betreffenden Corporate Governance-bezogenen Informationen, insbesondere die im Rahmen der Berichterstattung nach § 289a Abs. 2 Nr. 3 HGB, an den Vorstand weiterleiten, damit dieser sie in den Gesellschaftsbericht aufnehmen könnte.[17]

Die zu beachtende Sorgfalt und die bei Verstoß gegen diese erfolgende Haftung ergäben sich deshalb unproblematisch auch für den Gesellschaftsbericht aus § 93 AktG. Fraglich bliebe auch beim Gesellschaftsbericht, ob die Business-Judgment-Rule nach § 93 Abs. 1 S. 2 AktG Anwendung finden würde bzw. in Rechtsfortbildung finden sollte. Diese Frage wird bei den Informationshaftungsszenarien *de lege lata* unter Hinweis auf die Gesetzesbegründung zum UMAG verneint. Nach der Gesetzesbegründung bilden rechtlich gebundene

---

[10] BT-Drucks. 15/5092, S. 11.
[11] BT-Drucks. 15/5092, S. 11.
[12] Vgl. mit Beispielen *Spindler*, in: MünchKomm AktG, § 93 Rn. 75.
[13] Vgl. *Palmes*, Lagebericht, S. 254; anders zu Beurteilungsspielräumen im Bilanzrecht allgemein *Hennrichs*, AG 2006, S. 698, 703.
[14] Vgl. *Palmes*, Lagebericht, S. 319 ff.; *Fleischer*, AG 2006, S. 2, 16.
[15] Siehe oben § 6B.
[16] Siehe oben § 8A.
[17] Siehe dazu oben § 6B.

Entscheidungen das Gegenstück zu unternehmerischen Entscheidungen, auf die die Business-Judgment-Rule Anwendung finden soll.[18] Bei gebundenen Entscheidungen, zu denen namentlich die „Beachtung gesetzlicher, satzungsmäßiger oder anstellungsvertraglicher Pflichten ohne tatbestandlichen Beurteilungsspielraum"[19] gezählt wird, soll kein Freiraum für illegales Verhalten eröffnet werden und die Business-Judgment-Rule deshalb unanwendbar sein.[20] Die Anwendbarkeit der Business Judgment Rule für alle Legalitätspflichten pauschal auszuschließen, wie es die Regierungsbegründung nahelegt, überzeugt indes nicht.[21] Denn für Berichtspflichten, die mit zukunftsbezogenen Unsicherheiten[22] einhergehen, gilt es ebenfalls, sog. Rückschaufehlern (*hindsight bias*) durch eine gerichtliche ex post-Überprüfung zu vermeiden.[23] Es wäre folglich zu hinterfragen, ob der Gesellschaftsbericht Informationen enthalten würde, die wegen der ihnen innewohnenden Unsicherheiten eine unternehmerische Entscheidung darstellen würden und deshalb in den Anwendungsbereich der Business Judgment Rule fallen würden. Unmittelbar offenzulegende Prognosen fänden sich in den zum Gesellschaftsbericht zugeordneten Informationstatbeständen nicht.[24]

Doch könnte die Gesetzesbegründung zum UMAG auch so zu verstehen sein, dass das genannte Prognosekriterium nur exemplarisch ist und allein Pflichten ohne tatbestandliche Handlungs- oder Beurteilungsspielräume ausgenommen sein sollen.[25] Zumindest aber könnte trotz des gesetzgeberisch gewollten Ausschlusses dem Vorstand ein beschränktes unternehmerisches Ermessen zugestanden werden.[26] Der Gesellschaftsbericht enthielte weitestgehend Infor-

---

[18] Vgl. Begr. RegE UMAG, BT-Drucks. 15/5092, S. 11.

[19] Begr. RegE UMAG, BT-Drucks. 15/5092, S. 11.

[20] Vgl. auch *Cahn*, ILF-Working Paper Series, Nr. 141, S. 5.

[21] So auch in Bezug auf die gesamte Rechnungslegung *Müller*, in: FS Happ, S. 179, 182; *Schlimm*, Geschäftsleiterermessen, S. 181 ff., insbesondere 188 f.; *Wundenberg*, Compliance und prinzipiengeleitete Aufsicht über Bankengruppen, S. 139.

[22] Vgl. Begr. RegE UMAG, BT-Drucks. 15/5092, S. 11.

[23] Vgl. *Fleischer*, in FS Wiedemann, S. 827, 832; *Wundenberg*, Compliance und prinzipiengeleitete Aufsicht über Bankengruppen, S. 139.

[24] Anders hingegen die bilanzrechtlich einzustufenden Informationen: Neben dem Prognosebericht (§ 289 Abs. 1 S. 4 HGB), dem Risikobericht nach § 289 Abs. 2 Nr. 2 HGB und dem Bericht über die Forschung und Entwicklung (§ 289 Abs. 2 Nr. 3 HGB) beinhalten insbesondere Angaben zu Bewertungen und Abschreibungen, wie sie beispielsweise in § 285 S. 1 Nr. 18 und 19 HGB statuiert sind, prognostische Elemente, vgl. *Hennrichs*, AG 2006, S. 698, 699 f.

[25] Vgl. *Hopt/Roth*, in: Großkomm AktG, § 93 Rn. 18; *v. Falkenhausen*, NZG 2012, S. 644, 646 f.; ähnlich auch *Armbrüster*, VersR 2009, S. 1293, 1295 ff., der § 93 Abs. 1 S. 2 AktG bei gebundenen Entscheidungen allerdings mit Modifikationen anwenden will.

[26] Vgl. *Cahn*, ILF-Working Paper Series, Nr. 141, S. 5 f.; *Kocher*, CCZ 2009, S. 215, 216 f.; *Müller*, in: FS Happ, S. 179, 181; *Schlimm*, Geschäftsleiterermessen, S. 188 f.; *Spindler*, in: FS Canaris, S. 403, 415; *Thole*, ZHR 173 (2009), S. 504, 521 ff.; *Wundenberg*, Compliance und prinzipiengeleitete Aufsicht über Bankengruppen, S. 139; so auch schon zur Rechtslage vor dem UMAG *Roth*, Unternehmerisches Ermessen und Haftung des Vorstandes, S. 103 ff.

mationstatbestände, bei denen es um die korrekte Wiedergabe von Tatsachen und die Abbildung gegebener Sachverhalte ginge.[27] In diesen Fällen hätte der Vorstand keinen Spielraum, wüsste aber, welche Informationen das Gesetz von ihm verlangt. Jedoch würden einige Berichtspflichten einen Handlungs- oder Beurteilungsspielraum eröffnen. Dies würde zunächst bei Berichtspflichten gelten, die es dem Vorstand anheimstellen, ob eine konkrete Information überhaupt offengelegt werden soll.[28] Gleiches gälte bei Berichtspflichten, bei denen es dem Vorstand obliegt, eine Auswahl zu treffen, wie viele Informationen veröffentlicht werden sollen[29] sowie bei Berichtspflichten, bei denen unbestimmte Rechtsbegriffe auszulegen sind[30]. Bei solchen Berichtspflichten geht es darum, unter die gesetzlichen Vorschriften zu subsumieren.[31] Bei diesen Informationspflichten sind die Entscheidungen durch den Gesetzgeber nur teilweise vorgegeben. Der BGH hat in seiner ARAG/Garmenbeck-Entscheidung, in der die später in § 93 Abs. 1 S. 2 AktG gesetzlich geregelten Anforderungen an den Haftungsfreiraum entwickelt wurden, Pflichten, die nur teilweise gebunden sind, einem sog. „Erkenntnisbereich" zugeordnet, in dem „allenfalls die Zubilligung eines begrenzten Beurteilungsspielraums in Betracht kommen" kann.[32] Dieser Beurteilungsspielraum unterscheidet sich dadurch von unternehmerischen Entscheidungen, dass nicht nur sachfremde Motive und subjektive Erwägungen bei der Entscheidungsfindung unzulässig sind, sondern dass darüber hinaus die von der Norm angestrebten Zwecke einen Rahmen vorgeben, innerhalb dessen die Entscheidung verbleiben muss.[33] Die Entscheidung ist nicht voll justiziabel, sondern gerichtlich nur dahingehend überprüfbar, ob diese Grenzen eingehalten

---

[27] So zur parallelen Abgrenzung von Rechnungslegungsvorschriften *Müller*, in: FS Happ, S. 179, 195 f.

[28] § 285 S. 1 Nr. 25 HGB („können"), § 289 Abs. 2 HGB („soll"); zur Bedeutung der Soll-Vorschrift des § 289 Abs. 2 HGB *Grottel*, in: Beck BilanzKomm, § 289 HGB Rn. 60; vgl. *Lange*, in: MünchKomm HGB, § 289 Rn. 93 f.

[29] § 285 S. 1 Nr. 25 HGB („zumindest"), § 289a Abs. 2 Nr. 2 HGB („relevante").

[30] § 289a Abs. 2 Nr. 2 HGB („Unternehmensführungspraktiken") § 289 Abs. 2 Nr. 5 HGB („Grundzüge des Vergütungssystems"), § 289 Abs. 3 HGB („Arbeitnehmerbelange") , vgl. allgemein zur Business-Judgment-Rule bei unbestimmten Rechtsbegriffen auch *Schlimm*, Geschäftsleiterermessen, S. 188 f.; *Spindler*, in: FS Canaris, S. 403, 413 ff.; *Thole*, ZHR 173 (2009), S. 504, 521 ff.

[31] So zum Bilanzrecht *Müller*, in: FS Happ, S. 179, 194 f.

[32] *BGH*, Urteil vom 21. April 1997 – II ZR 175/95, BGHZ 135, 244, 254 (ARAG/Garmenbeck).

[33] *Müller*, in: FS Happ, S. 179, 195. Vgl. auch zum Verhältnis der unternehmerischen Entscheidung zum unternehmerischen Ermessen bei spezialgesetzlich normierten Pflichten *Hopt/Roth*, in: Großkomm AktG, § 93 Rn. 18; *Roth*, Unternehmerisches Ermessen und Haftung des Vorstandes, S. 104 f.

wurden.[34] Es gilt der Maßstab der Vertretbarkeit,[35] nicht aber der Haftungs-freiraum der Business Judgment Rule.

Die Business Judgment Rule würde deshalb für die Gesellschaftsberichts-inhalte nicht greifen, doch verbliebe ein vergleichbarer, wenn auch etwas stren-ger begrenzter Beurteilungsspielraum, der ebenfalls der vollen gerichtlichen Überprüfung entzogen wäre. Dieser würde ausreichen, den insofern begrenz-teren Gefahren der den jeweiligen Berichtspflichten innewohnenden Unsicher-heiten ausreichend zu begegnen.

B. Haftung des Vorstands und Aufsichtsrats gegenüber den Aktionären

In allen Konstellationen problematisch und in der Diskussion um das KapInHaG äußerst umstritten ist die Frage einer Organaußenhaftung. Gerade eine solche sah der Diskussionsentwurf zum KapInHaG vor.[36]

I. Organaußenhaftung bei Informationspflichtverletzungen de lege lata

Das Aktiengesetz geht im Grundsatz von einer reinen Binnenhaftung seiner Or-gane aus. Diese sollen allein gemäß § 93 Abs. 2 AktG Schäden der Gesellschaft ersetzen, die dieser durch ihr Handeln entstanden sind. Mittelbar kommen die Organe so für Schäden Dritter auf, die aus dem Fehlverhalten des Organs ent-standen sind. Denn werden solche Schäden von der Gesellschaft ausgeglichen, muss in Folge das Organ dieses Haftungsinteresse gemäß § 93 AktG ersetzen.[37] Zu diesem Grundsatz der reinen Binnenhaftung sieht das Aktiengesetz in § 93 Abs. 5 AktG eine enge Ausnahme vor: Kann der Gläubiger keine Befriedigung von der Gesellschaft erlangen, kann er ausnahmsweise direkt einen Schadens-ersatzanspruch gegen den Vorstand geltend machen. Er kann den Anspruch im eigenen Namen einklagen und Zahlung an sich selbst verlangen; der Anspruch wird der Höhe nach durch seinen eigenen Anspruch begrenzt.[38] Ob es sich bei § 93 Abs. 5 AktG um eine wirkliche Ausnahme vom Prinzip der Binnenhaftung handelt und der Gläubiger einen eigenen Anspruch zugesprochen bekommt, oder

---

[34] *Müller*, in: FS Happ, S. 179, 195; *Hopt/Roth*, in: Großkomm AktG, § 93 Rn. 35 ff., 51 f.; *Roth*, Unternehmerisches Ermessen und Haftung des Vorstandes, S. 103 ff.

[35] Vgl. hierzu *Hopt/Roth*, in: Großkomm AktG, § 93 Rn. 59 f.; *Kocher*, CCZ 2009, S. 215, 221; *Roth*, Unternehmerisches Ermessen, S. 106; *Wundenberg*, Compliance und prinzipienge-leitete Aufsicht über Bankengruppen, S. 139 f.; a. A. hier *Schlimm*, Geschäftsleiterermessen, S. 189, die den Prüfungsmaßstab der Generalklausel des § 93 Abs. 1 S. 1 AkG anlegen will.

[36] § 37a Abs. 2 WpHG nach dem DiskE-KapInHaG, NZG 2004, S. 1042.

[37] Vgl. *Palmes*, Lagebericht, S. 307.

[38] Vgl. *Spindler*, in: MünchKomm AktG, § 93 Rn. 267.

ob es sich lediglich um einen Fall der Prozessstandschaft handelt, mit der Folge, dass der Gläubiger nur zur Verfolgung eines Gesellschaftsanspruchs berechtigt ist, ist umstritten. Die heute herrschende Meinung geht von einem eigenen Anspruch und nicht nur von einem Verfolgungsrecht des Gläubigers aus.[39]

Im Gegensatz dazu geht das allgemeine Deliktsrecht, auf das sich die bilanz- und gesellschaftsrechtliche Informationshaftung stützt, einen anderen Weg. Ein Geschädigter kann von demjenigen, der eine unerlaubte Handlung begeht, die nach den §§ 823 ff. BGB zur Schadensersatzpflicht führt, Ersatz seines Schadens verlangen. Handeln Organmitglieder demnach den deliktsrechtlichen Vorschriften zuwider, müssen sie unmittelbar im Außenverhältnis gegenüber Dritten einstehen. Denn das allgemeine Deliktsrecht will – historisch betrachtet – schadensbegründende Zusammenstöße zwischen natürlichen Personen ausgleichen und ist deshalb nicht auf Handlungen, die ein Organ für eine Kapitalgesellschaft vornimmt, ausgelegt.

Eine deliktische Organaußenhaftung kann sich aus §§ 826 bzw. 823 Abs. 2 BGB i. V. m. der Verletzung einer Strafnorm oder eines Schutzgesetzes ergeben. Eine Haftung aus § 823 Abs. 1 BGB kommt bei Vermögensschäden, wie sie als Folge einer Informationspflichtverletzung entstehen, nicht in Betracht, da das Vermögen kein absolutes Recht i. S. dieser Vorschrift ist.

1) Organaußenhaftung bei sittenwidriger Schädigung (§ 826 BGB)

Eine Haftung der Organe wegen sittenwidriger Schädigung i. S. d. § 826 BGB kommt prinzipiell in allen Fällen fehlerhafter Information,[40] sei es im Rahmen des allgemeinen Auskunftsrechts nach § 131 AktG, der Entsprechenserklärung nach § 161 AktG[41] oder des Lageberichts nach § 289 HGB[42], in Betracht. Ein Verstoß gegen § 826 BGB kann nicht schon in jeder fehlerhaften Berichterstattung liegen, da hierin allein noch keine Sittenwidrigkeit begründet liegt.[43] Die Grenze zur Sittenwidrigkeit soll aber überschritten sein, wenn der Vorstand das Berichtsinstrument missbraucht, um eigennützige Zwecke zu verfolgen.[44]

---

[39] Eine Prozessstandschaft annehmend OLG Frankfurt, Urteil vom 21. Oktober 1976 – 1 U 19/76 –, WM 1977, 59, 62; einen eigenen Anspruch annehmend *Fleischer*, in: Spindler/Stilz, AktG, § 93 Rn. 294; *Hüffer*, AktG, § 93 Rn. 31 f.; *Kriger/Seailer-Coceani*, in: Schmidt/Lutter, AktG, § 93 Rn. 55; *Mertens/Cahn*, in: Kölner Komm AktG, § 93 Rn. 180; *Spindler*, in: MünchKomm AktG, § 93 Rn. 267.

[40] Vgl. kritisch, aber im Ergebnis bejahend zur allgemeinen Informationshaftung *Bachmann*, in: Bachmann/Casper/Schäfer/Veil, Steuerungsfunktion des Haftungsrechts, S. 93, 143 f.

[41] Vgl. *Sester*, in: Spindler/Stilz, AktG, § 161 Rn. 76; *Goette,* in: MünchKomm AktG, § 161 Rn. 101.

[42] Vgl. *Kleindiek*, in: MünchKomm BilanzR, § 289 HGB Rn. 156; *Palmes*, Lagebericht, S. 353 f.

[43] Vgl. *Palmes*, Lagebericht, S. 353.

[44] Vgl. *Palmes*, Lagebericht, S. 353.

Dieses Kriterium des missbräuchlichen Eigennutzes allein heranzuziehen, um eine Haftung der Organe nach § 826 BGB zu begründen, ist dann nicht unproblematisch, wenn sich die materielle Pflicht, gegen die in sittenwidriger Weise verstoßen wurde, primär an die Gesellschaft und nicht an die Organe richtet. So ist die Aktiengesellschaft Schuldnerin des Auskunftsanspruchs gemäß § 131 AktG[45] und der Kaufmann hat gemäß § 242 HGB den Jahresabschluss zu erstellen, wenngleich die innergesellschaftsrechtliche Kompetenz nach § 264 HGB dem Vorstand als gesetzlichem Vertreter zugewiesen ist. Gleiches gilt für den Lagebericht.[46]

Fraglich ist, ob das Kriterium des eigennützigen Handelns genügt, um sowohl dieses Adressatenproblem zu überwinden als auch zugleich eine Sittenwidrigkeit zu begründen. Würde man diese Frage bejahen und ein und dieselbe Argumentation heranziehen, um die beiden unterschiedlichen gesetzlichen Haftungshürden zu überwinden, würde eine der Haftungsvoraussetzungen unterlaufen.

Zumeist wird auf die Verfolgung eigener wirtschaftlicher Ziele abgestellt, um eine gegen das Trennungsprinzip verstoßende persönliche Haftung der Organe zu rechtfertigen (sog. Durchgriffshaftung). Das Sittenwidrigkeitspostulat kann dann nicht zugleich auf dieselbe Argumentation gestützt werden, die schon herangezogen wurde, um die Zurechnung zu begründen.[47] Weitere Ansatzpunkte, die vorliegen müssen, um eine Sittenwidrigkeit zu bejahen, werden aber – soweit ersichtlich – von der Literatur im Zusammenhang mit einer Informationshaftung nicht angeführt. Vielmehr wird das primäre Problem der Zurechnungsproblematik übergangen und die Sittenwidrigkeit mit der angeführten Argumentation nahezu einhellig angenommen.[48] Um die hohen Haftungsvoraussetzungen des § 826 BGB nicht zu unterlaufen und den Ausnahmecharakter der Haftungsnorm und der Durchgriffshaftung gerecht zu werden, müssten neben einem eigennützigen Handeln weitere Umstände vorliegen, um eine Organhaftung wegen Verletzung einer Informationspflicht annehmen zu können. Liegen solche Umstände vor, die über die Eigennützigkeit des Handelns hinausgehen, steht das Prinzip des Binnenregresses nicht unumstößlich entgegen. Dies zeigt ein Vergleich mit der gesetzlichen Regelung des § 93 Abs. 5 AktG, mit der eine solche Konstellation durchaus vergleichbar ist. Auch bei § 93 Abs. 5 AktG hat der Gesetzgeber deutlich gemacht, dass Gläubiger nur ausnahmsweise einen Schadenersatzanspruch gegen den Vorstand geltend machen können, wenn der Vorstand zumindest grob fahrlässig gehandelt hat. In beiden Fällen sind die

---

[45] Vgl. *Kubis*, in: MünchKomm AktG, § 131 Rn. 19.

[46] Zur Frage der Kompetenzordnung bereits ausführlich oben § 6A.

[47] Vgl. *Bachmann*, in: Bachmann/Casper/Schäfer/Veil, Steuerungsfunktion des Haftungsrechts, S. 93, 144.

[48] Vgl. sogar *Kleindiek*, Deliktshaftung und juristische Person, S. 4; hierzu kritisch *Bachmann*, in: Bachmann/Casper/Schäfer/Veil, Steuerungsfunktion des Haftungsrechts, S. 93, 143 m. w. N. Weitergehend zu dieser Problematik siehe auch noch unten § 10B. I. 3) und § 10B. II.c).

Hürden einer Außenhaftung derart hoch, dass das Grundprinzip der aktienrechtlichen Binnenhaftung ausnahmsweise zurücktreten muss.

Einfacher gestaltet sich eine Haftung wegen vorsätzlicher sittenwidriger
Schädigung durch Abgabe einer fehlerhaften Entsprechenserklärung gemäß
§ 161 AktG. Hier ist nicht die Aktiengesellschaft Schuldnerin der Entsprechenserklärung, sondern Schuldner sind Vorstand und Aufsichtsrat.[49] Mit der obigen Argumentation einer auf Eigennutz basierenden Motivation kann bei der
Abgabe einer fehlerhaften Entsprechenserklärung die Sittenwidrigkeit durchaus
bejaht werden. Der oben beschriebenen zusätzlichen Umstände bedarf es hier
nicht, denn eine Zurechnungsproblematik existiert nicht. Auch in diesem Fall
ist durch das Sittenwidrigkeitserfordernis der Ausnahmecharakter der Haftung
gewährleistet, sodass aus aktienrechtlicher Sicht keine dogmatischen Bedenken
gegen eine Außenhaftung der Organe bestehen.

Eine Organaußenhaftung wegen vorsätzlicher sittenwidriger Schädigung
wäre nach dem Gesagten durchaus denkbar, wenn eine Informationspflicht des
Gesellschaftsberichts verletzt würde, und würde aus aktienrechtlicher Sicht
wegen der hohen Tatbestandshürden keinen dogmatischen Bedenken begegnen.

2) Organaußenhaftung wegen Verletzung einer Strafnorm i. V. m. § 823 Abs. 2 BGB

Im Vergleich zu den anderen exemplarisch untersuchten Haftungsnormen, die
bei einer fehlerhaften Information zu einer Haftung der Organe führen können,
ist es wesentlich unproblematischer eine Organaußenhaftung gemäß § 823
Abs. 2 BGB i. V. m. einer Strafnorm zu begründen.[50] Denn die Strafnormen
richten sich – in Einklang mit der fehlenden Unternehmensstrafbarkeit und der
Regelung des § 14 StGB – stets an die Organmitglieder als natürliche Personen.
Hier ist eine Außenhaftung der Organe deshalb nicht umstritten.[51]

Im Zusammenhang mit einer fehlerhaften Berichterstattung im Rahmen des
Lageberichts, der Entsprechenserklärung und der Auskunft auf der Hauptver-
sammlung können die Mitglieder von Vorstand bzw. Aufsichtsrat die Straftat-
bestände des § 331 HGB und des § 400 AktG erfüllen. Dass es sich bei beiden
Vorschriften um Schutzgesetze i. S. d. § 823 Abs. 2 BGB handelt, ist einhellige
Meinung.[52] Die Schutzgesetzeigenschaft folgt zwar nicht automatisch aus dem
Strafrechtscharakter, aber aus dem Schutzgut beider Vorschriften. § 400 AktG
soll das Vertrauen jedes Einzelnen in die Vollständigkeit und Richtigkeit der in

---

[49] Str., siehe oben § 6A.

[50] Vgl. *Bachmann*, in: Bachmann/Casper/Schäfer/Veil, Steuerungsfunktion des Haftungsrechts, S. 93, 142 f.

[51] Vgl. *Bachmann*, in: Bachmann/Casper/Schäfer/Veil, Steuerungsfunktion des Haftungsrechts, S. 93, 142 f.

[52] Vgl. *Palmes*, Lagebericht, S. 260.

den betroffenen Instrumentarien offengelegten Informationen schützen.[53] Das bilanzrechtliche Pendant bildet § 331 HGB. Er wurde als rechtsformübergreifendes lex specialis für die fehlerhafte Berichterstattung im Jahresabschluss und Lagebericht aus der aktienrechtlichen Strafnorm des § 400 AktG entwickelt.[54]

Während § 331 HGB konkret das Vertrauen in den Jahresabschluss und den Lagebericht schützt, soll § 400 AktG zunächst über den Hebel der Strafbewehrung die Richtigkeit der Auskünfte in der Hauptversammlung sicherstellen. Daneben greift die Auffangvorschrift bei sonstigen Darstellungen oder Übersichten über den Vermögensstand, in denen die wirtschaftlichen Verhältnisse präsentiert werden. Nicht von § 400 AktG erfasst ist die Darstellung der Corporate Governance im Rahmen der Entsprechenserklärung, da es sich bei diesen Angaben nicht um Darstellungen über den Vermögensstand handelt. Die Strafbarkeit einer fehlerhaften Entsprechenserklärung und die mit ihr einhergehende Organaußenhaftung ergibt sich seit dem BilMoG aus § 331 HGB. Mit Einführung der Erklärung zur Unternehmensführung ist die Entsprechenserklärung – unabhängig davon, ob die Erklärung als Teil des Lageberichts oder auf der Internetseite i. V. m. einem in den Lagebericht aufgenommenen Verweis auf diese Internetseite offengelegt wird – Teil desselbigen.[55] Sie fällt in den Anwendungsbereich des § 331 HGB.[56]

Wegen des aus § 15 StGB folgenden Vorsatzerfordernisses führt allein ein vorsätzlicher Verstoß zur Organaußenhaftung aufgrund einer Strafnormverletzung.[57] Eine im Rahmen der Informationshaftung gefürchtete uferlose Ausweitung der Organaußenhaftung ist somit nicht zu erwarten. Vergleichbar mit der Haftung wegen sittenwidriger Schädigung und der gesellschaftsrechtlich indizierten Ausnahmeregelung des § 93 Abs. 5 AktG steht diese Organaußenhaftung deshalb nicht im Widerspruch zum System der Binnenhaftung.

3) Organaußenhaftung wegen Verletzung eines sonstigen Schutzgesetzes i. V. m. § 823 Abs. 2 BGB

Weitaus umstrittener und im Hinblick auf den Widerspruch zum Prinzip der Binnenhaftung problematischer ist die Frage einer Organaußenhaftung wegen Verletzung der materiellen Berichtspflichten. Bejaht man die Schutzgesetzei-

---

[53] *BGH*, Urteil vom 19. Juli 2004 – II ZR 218/03 –, BGHZ 160, S. 134, 140 f. (Infomatec).

[54] Vgl. *Palmes*, Lagebericht, S. 259 f.

[55] Vgl. *Grottel/Röhm-Kottmann*, in: Beck BilanzKomm, § 289a Rn. 9; *Claussen*, in: Kölner Komm RechnungslegungsR, § 289a Rn. 14.

[56] Vgl. *Sester*, in: Spindler/Stilz, AktG, § 161 Rn. 75.

[57] Vgl. allgemein zur deliktischen Haftung bei Schutzgesetzverletzung *BGH*, Urteil vom 24. November 1981 – VI ZR 47/80 –, NJW 1982, S. 1037, 1038; *Spindler*, in: BeckKomm BGB, § 823 Rn. 163; a. A. *Schnorr*, ZHR 170 (2006), S. 9, 31 f.

genschaften der dargestellten Normen, führt § 823 Abs. 2 BGB bereits bei einer einfach fahrlässigen Fehlerhaftigkeit der Berichterstattung zu einer Haftung.[58]

Dabei ist zunächst die Frage zu klären, ob die materiellen Vorschriften der §§ 289 HGB, 131 AktG und 161 AktG, die als potentielle Vorbilder einer Haftung des Gesellschaftsberichts untersucht werden, als Schutzgesetze einzuordnen sind. Schutzgesetze können diese Vorschriften nur sein, wenn sie zumindest auch dazu bestimmt sind, dem Schutz von Individualinteressen zu dienen.

Während die Schutzgesetzeigenschaft des § 161 AktG überwiegend – teilweise mit Verweis auf den Zweck, den Kapitalmarkt als Institution zu schützen, nicht aber den einzelnen Anleger als Individuum,[59] teilweise mit Hinweis auf die Unbestimmtheit des Kreises potentiell Geschädigter[60] – abgelehnt wird, präsentiert sich das Meinungsbild zu § 131 AktG als weit weniger eindeutig. Während die einen teils ohne Begründung,[61] teils mit Hinweis auf den auf die mitgliedschaftliche Interessenwahrung beschränkten Schutzzweck[62] die Schutzgesetzeigenschaft verneinen, wird sie von anderen ohne nähere Begründung[63] bejaht. Auch im Zusammenhang mit der zentralen Lageberichtsnorm des § 289 HGB zeigt sich ein disparates Bild. Während insbesondere in der älteren Literatur die Schutzgesetzeigenschaft mit dem Hinweis abgelehnt wird, die Rechnungslegungsnomen seien öffentliches Recht,[64] das vorrangig der Allgemeinheit diene[65], wird in jüngerer Zeit die Schutzgesetzeigenschaft vermehrt bejaht.[66] Insbesondere wird hierzu auf die Informationsfunktion des Lageberichts[67] abgestellt, die darauf abzielt, den Adressaten eine ausreichende Informationsgrundlage für ihre Investitionsentscheidung zu garantieren und Fehlvorstellungen bei jedem Einzelnen zu vermeiden.[68] Für die von den strafrechtlichen Blanketttatbeständen des § 331 HGB und des § 400 AktG erfassten Informationen im Rahmen des Lageberichts – und damit mittelbar der Informationen der Entsprechenserklärung – sowie des Auskunftsanspruchs, erscheint

---

[58] Zu einem Einschränkungsversuch auf grobe Fahrlässigkeit vgl. *Bachmann*, in: Bachmann/Casper/Schäfer/Veil, Steuerungsfunktion des Haftungsrechts, S. 93, 123 ff.

[59] Vgl. *Vetter*, in: Henssler/Strohn, GesR, § 161 Rn. 29; *Spindler*, in: Schmidt/Lutter, AktG, § 161 Rn. 73.

[60] Vgl. *Sester*, in: Spindler/Stilz, AktG, § 161 Rn. 74.

[61] Vgl. *Hüffer*, AktG § 161 Rn. 28; *Kubis*, in: MünchKomm AktG, § 131 Rn. 171.

[62] Vgl. *Kersting*, in: Kölner Komm AktG, § 131 Rn. 564.

[63] Vgl. *Liebscher*, in: Henssler/Strohn, GesR, § 131 Rn. 18; *Decher*, in: Großkomm AktG, § 131 Rn. 407; mit Einschränkungen hinsichtlich des zu ersetzenden Schadens auch *Spindler*, in: Schmidt/Lutter, AktG, § 131 Rn. 99.

[64] Siehe zur Schwierigkeit der Abgrenzung auch schon oben § 3C. II.

[65] Vgl. *Steuber*, in: MünchKomm AktG, 2. Auflage, § 289 HGB Rn. 107; LG Bonn, Urteil vom 15. Mai 2001 – 11 O 181/00, AG 2001, S. 484, 486.

[66] Vgl. *Palmes*, Lagebericht, S. 297; *Kleindiek*, in: MünchKomm BilanzR, § 289 HGB Rn. 156.

[67] Vgl. hierzu oben § 2B. I.

[68] Vgl. *Palmes*, Lagebericht, S. 266.

eine ablehnende Ansicht insofern inkonsequent, als die Schutzgesetzeigenschaft der Strafnormen unbestritten bejaht wird, diese aber gerade erst wegen ihres Blankettcharakters ihre inhaltliche Ausformung durch die materiellen Vorschriften erhalten.[69]

Sieht man als Schutzgut der Berichtspflicht allein die Institution des Kapitalmarkts an, ist fraglich, inwieweit ein Individualschutz der Kapitalmarktteilnehmer mit dem Schutz des Kapitalmarkts als solchem und des Vertrauens in diesen untrennbar einhergeht. Denn die Allokationsfunktion und das Vertrauen in den Kapitalmarkt als solchen resultieren aus der Summe des Vertrauens und der informierten Anlageentscheidung der einzelnen Kapitalmarktteilnehmer.[70] Wie sich diese Annahme auf die Frage der Schutzgesetzeigenschaft auswirkt, ist noch nicht geklärt.

Bejaht man die Schutzgesetzeigenschaft, muss weiter gefragt werden, wer Haftungssubjekt der deliktischen Informationshaftung ist. Hierzu wird unmittelbar auf die Haftung der Organe gegenüber den außenstehenden Geschädigten abgestellt,[71] wenngleich zumindest bei § 131 AktG und § 289 HGB die Gesellschaft Schuldnerin ist. Die Gesellschaft soll – ganz in wörtlicher Auslegung des § 31 BGB – wenn überhaupt[72] nur daneben haften.

Richtigerweise muss ebenso wie im Rahmen des § 826 BGB aufgrund der Durchgriffsproblematik primär eine Begründung gefunden werden, die eine persönliche Haftung des Organs rechtfertigt. Eine solche Rechtfertigung kann sich aus dem Zweck der in Frage stehenden Norm ergeben. Eine persönliche Organaußenhaftung kann nur angenommen werden, wenn die Haftungsnorm gerade dies bezweckt.[73] Eine solche Zwecksetzung sei dann anzunehmen, „wenn die Verletzung der Norm durch das für ihre Einhaltung intern verantwortliche Organ ein spezifisches Insolvenzrisiko schafft, denn dann ist es gerechtfertigt, neben dem durch das Organhandeln gefährdeten Haftungsfond der Gesellschaft das Privatvermögen des Organs zur Direkthaftung freizugeben"[74]. Insbesondere bei kapitalmarktrechtlichen Offenlegungspflichten ist es jedoch nicht denkbar, dass

---

[69] Vgl. so zum Lagebericht auch *Palmes*, Lagebericht, S. 262 f.

[70] Vgl. ausführlich *Palmes*, Lagebericht, S. 280 ff.; *Sester*, in: Spindler/Stilz, AktG, § 161 Rn. 73.

[71] Vgl. zu § 131 AktG *Siems*, in: Spindler/Stilz, § 131 Rn. 90, *Decher*, in: Großkomm AktG, § 131 Rn. 407; *Spindler*, in: Schmidt/Lutter, § 131 Rn. 99; *Kubis*, in: MünchKomm AktG, § 131 Rn. 171; zu § 161 AktG: *Sester*, in: Spindler/Stilz, § 161 Rn. 79; zu § 289: *Steuber*, in: MünchKomm AktG, 2. Auflage, § 289 HGB Rn. 107.

[72] Vgl. *Decher*, in: Großkomm AktG, § 131 Rn. 408, der eine Haftung der Gesellschaft nur in Ausnahmefällen für gegeben hält, ohne auf § 31 BGB einzugehen.

[73] *Bachmann*, in: Bachmann/Casper/Schäfer/Veil, Steuerungsfunktion des Haftungsrechts, S. 93, 143; *Verse*, ZHR 170 (2006), S. 398, 413.

[74] *Bachmann*, in: Bachmann/Casper/Schäfer/Veil, Steuerungsfunktion des Haftungsrechts, S. 93, 143.

ein Insolvenzrisiko geschaffen oder gesteigert wird.[75] In der Literatur wird diese Voraussetzung zumeist ignoriert.

II. Organaußenhaftung bei Informationspflichtverletzung im Gesellschaftsbericht

Mit dem deliktsrechtlichen (Informations-) Haftungssystem steht ein allgemeines Haftungskonzept zur Verfügung, das ggf. für den Gesellschaftsbericht greifen würde, wenn nicht eine anderweitige gesetzliche Regelung getroffen würde.

a) Haftung nach § 826 BGB wegen vorsätzlicher sittenwidriger Schädigung

Zunächst ist das bürgerlich-rechtliche Deliktsrecht auf die Haftung einer natürlichen Person zugeschnitten. Schuldnerin des Gesellschaftsberichts wäre – wie auch im Bilanzrecht und bei § 131 AktG – die Gesellschaft und nicht ihre Organe.[76] Sie wäre diejenige, die die materielle Pflicht verletzen könnte. Die Diskrepanz zwischen materiellrechtlich Verpflichtetem und Haftungssubjekt, die in der derzeitigen Rechtslage zumeist ignoriert wird, könnte nur dann überbrückt werden, wenn Umstände vorlägen, die ausnahmsweise eine Durchgriffshaftung rechtfertigen. Doch würden die hierzu angeführten Argumente, die auf eine Insolvenzverursachung abstellen[77], bei den Informationen des Gesellschaftsberichts nicht zum gewünschten Ziel führen, denn eine Insolvenzrelevanz hätten seine Inhalte gerade nicht. Im Rahmen des § 826 BGB könnte eine Haftung der Organe nicht auf ein anderweitiges Eigeninteresse gestützt werden, da dieses bereits herangezogen werden müsste, um die Sittenwidrigkeit zu begründen und es sich verbieten würde, sowohl für die Begründung des Haftungsdurchgriffs als auch zur Begründung der Sittenwidrigkeit auf ein und dieselbe Argumentation abzustellen. Eine Organaußenhaftung nach § 826 BGB wäre bei Beachtung dieser dogmatischen Hürden nahezu ausgeschlossen. Wegen der hohen tatbestandlichen Hürden müsste sie aber für den Gesellschaftsbericht nicht ausgeschlossen werden.

b) Haftung nach § 823 Abs. 2 BGB i. V. m. einer Strafnorm

Ob sich für den Gesellschaftsbericht eine Haftung aus der Verletzung einer Strafnorm ergeben könnte, hängt davon ab, ob der Gesellschaftsbericht in den Anwendungsbereich des § 400 AktG fallen würde oder dieser rechtsfortbildend

---

[75] *Bachmann*, in: Bachmann/Casper/Schäfer/Veil, Steuerungsfunktion des Haftungsrechts, S. 93, 143.

[76] Siehe oben § 6A. Insofern lässt sich auch aus dem gegenteiligen Befund zu § 161 AktG keine Erkenntnis für den Gesellschaftsbericht gewinnen.

[77] Siehe dazu oben § 10B. I. 3).

auszuweiten wäre. Dazu müsste der Gesellschaftsbericht eine Darstellung oder Übersicht des Vermögensstandes sein, in dem die Verhältnisse der Gesellschaft einschließlich ihrer Beziehungen zu den verbundenen Unternehmen dargestellt werden. Unter den weiten Begriff der Gesellschaftsverhältnisse, zu denen das Gesetz exemplarisch die Beziehungen zu verbundenen Unternehmen zählt, fallen alle Umstände, die die Situation der Gesellschaft im Wirtschaftsleben und in ihrem sozialen und politischen Umfeld kennzeichnen.[78] Die im Gesellschaftsbericht enthaltenen Informationen mit Konzernrechtsbezug würden zwar darüber hinausgehen, die Verhältnisse zu verbundenen Unternehmen zu beschreiben, doch würden sie in dieselbe Kategorie wie diese fallen und gäben Auskunft über die Funktion, die Entwicklung und das Erscheinungsbild der Gesellschaft[79]. Auch die Corporate Governance-bezogenen Informationspflichten würden die Funktionsweise der Gesellschaft beschreiben und Auskunft über unternehmenspolitische und soziale Beziehungen geben. Sie hätten, so zumindest der hinter der Corporate Governance-Debatte stehende Grundgedanke, Auswirkungen auf die Entwicklung der Gesellschaft, denn gute Corporate Governance soll ein wesentlicher Faktor für eine positive Unternehmensentwicklung sein. Im Gesellschaftsbericht würden daher durch beide Informationsgruppen die Gesellschaftsverhältnisse dargestellt.

Problematischer wäre es allerdings, den Gesellschaftsbericht als Darstellung oder Übersicht über den Vermögensstand zu qualifizieren. Dieses Kriterium schränkt die Weite des Begriffs der Gesellschaftsverhältnisse erheblich ein. Darstellungen und Übersichten beziehen sich deshalb nur dann auf den Vermögensstand, wenn in ihnen Tatsachen enthalten sind, die sich auf die wirtschaftliche Situation der Gesellschaft und auf ihre künftige wirtschaftliche Entwicklung auswirken können.[80] Hierzu zählen neben den Darstellungen oder Übersichten über Vermögensgegenstände und Verluste der Gesellschaft (und der mit ihr verbundenen Unternehmen) Aussagen über bestimmte Vorgänge innerhalb des Vorstands, des Aufsichtsrats oder der Verwaltung der Gesellschaft sowie über das Verhalten einzelner Mitglieder des Vorstands oder des Aufsichtsrats, sofern sich diese Umstände auf die wirtschaftliche Entwicklung der Gesellschaft auswirken können.[81] Als Übersichten über den Vermögensstand sind nur Zusammenstellungen von Zahlenmaterial, die einen Gesamtüberblick über die Vermögens- und Ertragslage der Gesellschaft ermöglichen, anzusehen.[82] Eine solche Übersicht

---

[78] *LG München I*, Urteil vom 8. April 2003 – 4 KLs 305 Js 52373/00, NJW 2003, S. 2328, 2331 (EM.TV); *Schaal*, in: MünchKomm AktG, § 400 Rn. 16.

[79] *Schaal*, in: MünchKomm AktG, § 400 Rn. 17.

[80] *Schaal*, in: MünchKomm AktG, § 400 Rn. 26.

[81] *Schaal*, in: MünchKomm AktG, § 400 Rn. 26.

[82] *BGH*, Urteil vom 19. Juli 2004 – II ZR 218/03, BGHZ 160, 134, 141 (Infomatec); *BGH*, Urteil vom 16. Dezember 2004 – 1 StR 420/03, BGHSt 49, 381, 386 (Haffa/EM. TV); *Otto*, in: Großkomm AktG, § 400 Rn 33; *Hefendehl*, in: Spindler/Stilz, § 400 Rn 40; *Schaal*, in: MünchKomm AktG, § 400 Rn. 19.

würde der Gesellschaftsbericht nicht darstellen, denn er wäre vielfach deskriptiver Natur und enthielte allenfalls sehr konkrete Einzelzahlen[83], die keinen Gesamtüberblick über die Vermögens- oder Ertragslage liefern. Darstellungen hingegen sind alle Berichte, in denen der Vermögensstand der Gesellschaft so umfassend wiedergegeben wird, dass sie ein Gesamtbild über die wirtschaftliche Lage des Unternehmens ermöglichen und den Eindruck der Vollständigkeit erwecken.[84] Im Gesellschaftsbericht würde relativ umfassend über Konzernsachverhalte und Fragen der Corporate Governance berichtet. Beide Themenkomplexe haben einen erheblichen Einfluss auf die Vermögens- und Ertragslage und die künftige Entwicklung der Gesellschaft. Andererseits ist der § 400 AktG auf Darstellungen mit Finanzzahlenbezug ausgerichtet.[85] Dieser Bezug würde den Gesellschaftsberichtsangaben fehlen.[86] Wegen des Strafnormcharakters und des im Strafrecht geltenden Analogieverbotes dürfte darüber hinaus der Anwendungsbereich des § 400 AktG nicht überspannt werden.

Um vorsätzlichem, missbräuchlichem Fehlinformationsverhalten entgegen zu wirken, würde es sich empfehlen, den Anwendungsbereich der Vorschrift auf gesetzlicher Ebene auszuweiten. Dies mag allein in Bezug auf die mittelbar erfolgende Strafbewehrung der Entsprechenserklärung problematisch erscheinen. Denn die Befolgung der Empfehlungen und Anregungen des Kodex ist freiwillig. Eine Strafbewehrung könnte als faktischer Befolgungszwang aufgefasst werden. Doch führt eine Ausweitung des § 400 AktG nicht dazu, dass dem Kodex Folge geleistet werden muss, sondern lediglich, dass die comply-or-explain-Angaben der Entsprechenserklärung wahrheitsgemäß abgegeben werden. Von einer insbesondere verfassungsrechtlich bedenklichen Verrechtlichung des „soft law" könnte also keine Rede sein. Auch systematisch würde sich eine Haftung wegen vorsätzlicher Falschinformation in das gesellschaftsrechtliche Haftungskonzept einfügen, das bei schwerwiegenden Pflichtverletzungen Ausnahmen vom Prinzip der Binnenhaftung macht. Somit stünde aus dieser Sicht einer Haftung der Organe wegen Strafnormverletzung nichts entgegen.

Wie auch die Haftung aus § 826 BGB, sollte eine Haftung des Vorstands wegen vorsätzlicher Fehlinformation im Gesellschaftsbericht *de lege ferenda* nicht ausgeschlossen werden. Sie könnte über das allgemeine Deliktsrecht i. V. m. einer Ausweitung der aktienrechtlichen Strafnorm erreicht werden.

---

[83] Beispielsweise über die Höhe der Organvergütung nach § 285 Nr. 9 HGB.

[84] *BGH*, Urteil vom 19. Juli 2004 – II ZR 218/03, BGHZ 160, 134, 141 (Infomatec); *BGH*, Urteil vom 16. Dezember 2004 – 1 StR 420/03, BGHSt 49, 381, 386 (Haffa/EM. TV); *OLG Stuttgart*, Urteil vom 18. Februar 1998 – 9 U 201/97, OLGR 1998, 143; *Schaal*, in: MüchKomm AktG, § 400 Rn. 21.

[85] Vgl. die in der Literatur beispielhaft diskutierten Berichtsformate, *Kiethe/Hohmann*, in: MünchKomm StGB, § 400 AktG Rn. 31–47.

[86] Siehe oben zur Abgrenzung Bilanz- und Gesellschaftsrecht.

c) Haftung nach § 823 Abs. 2 BGB i. V. m. der materiellen Berichtsnorm als Schutzgesetz

Ob sich eine Haftung für fehlerhafte Gesellschaftsberichtsinformationen aus § 823 Abs. 2 BGB i. V. m. der materiellen Berichtsnorm ergeben könnte, ist bereits in Anbetracht der Streitfrage um die Schutzgesetzeigenschaft der derzeitigen materiellen Berichtspflichten zweifelhaft. Doch stellen insbesondere die systembedingten Kritikpunkte die Tauglichkeit einer deliktischen Informationshaftung in Frage.[87]

Nähme man eine Organaußenhaftung dennoch an, würde die hierdurch zugleich begründete Fahrlässigkeitshaftung gegen das gesellschaftsrechtliche Prinzip der Binnenhaftung verstoßen. Auch aus ökonomischer Sicht könnten die dogmatischen Bedenken einer solchen Organaußenhaftung aufgrund fahrlässiger Pflichtverletzung nicht zurücktreten. Denn aus ökonomischer Sicht würde – zumindest im Fall einer ordnungsgemäß handelnden Gesellschaft[88] – eine Haftungsandrohung gegenüber dem Emittenten und dem damit einhergehenden Binnenregress gegen die Organe verbunden mit der Gefahr eines Amts- bzw. Reputationsverlusts ausreichen, um diese zu einer sorgfältigen und gesetzeskonformen Berichterstattung anzuhalten.[89] Zudem wird in der Regel das Vermögen der Organmitglieder einen unzureichenden Haftungsfond darstellen und die verhaltenssteuernde Präventivfunktion durch D&O-Versicherungen, deren Kosten ohnehin größtenteils[90] die Gesellschaft, mittelbar also die Gläubiger und Aktionäre selbst tragen, abgeschwächt.[91] Eine Organaußenhaftung wegen fehlerhafter Gesellschaftsberichterstattung sollte deshalb ausgeschlossen werden.

C. Haftung der Gesellschaft gegenüber Anlegern und sonstigen Dritten

Für die in Folge einer Informationspflichtverletzung Geschädigten wäre daneben insbesondere wegen des – zumindest außerhalb der Gesellschaftskrise – größeren Haftungsfonds eine Haftung der Aktiengesellschaft von großem Interesse.

---

[87] Siehe dazu oben § 10B. II.a).

[88] Für den Fall einer vorsätzlichen Schädigung können mithilfe der Strafnormen und des § 826 BGB i. V. m. Durchgriffshaftungsgesichtspunkten auch ohne generell an die Organe adressierte Haftungsandrohungen befriedigende Ergebnisse erreicht werden.

[89] Vgl. *Casper*, BKR 2005, S. 83, 87; weitergehend dazu *Veil*, ZHR 167 (2003), S. 365, 395 ff.; anders *BMF*, NZG 2004, 1042, 1047.

[90] Vgl. § 93 Abs. 2 S. 3 AktG.

[91] Vgl. dazu ausführlich mit weiteren Argumenten gegen eine Organaußenhaftung *Veil*, ZHR 167 (2003), S. 365, 397.

I. Haftung der Gesellschaft gegenüber Außenstehenden de lege lata

Wie bereits bei der Frage einer Organaußenhaftung herausgearbeitet,[92] geht das allgemeine Deliktsrecht von der Grundannahme aus, dass deliktische Haftung stets auf dem Handeln einer natürlichen Person beruht. Schuldner der Haftung, der vom Gesetz als „wer" adressiert wird, soll stets eine natürliche Person sein.[93] Eine Haftung der Gesellschaft wird über die heutzutage auf alle Personenvereinigungen angewandte Zurechnungsvorschrift des § 31 BGB erreicht. Liegt eine Haftung der Organe aus unerlaubter Handlung vor, haftet hierfür neben den Organmitgliedern die Gesellschaft (§ 31 BGB).[94] Eine Haftung der Gesellschaft setzt zunächst die Verwirklichung eines Haftungstatbestands des Deliktsrechts durch das jeweilige Organ voraus. Eine solche kann sich unter Umständen aus §§ 826 BGB, 823 Abs. 2 BGB i. V. m. der Verletzung des § 400 AktG bzw. § 331 HGB oder aus § 823 Abs. 2 BGB i. V. m. der Verletzung materieller Berichtspflichten ergeben.[95]

Fraglich ist, ob eine Haftung der Gesellschaft auch in Betracht kommt, ohne dass die Organe haften. Nach dem Wortlaut des § 31 BGB und des historisch auf die Haftung einer natürlichen Person ausgelegten Deliktsrechts, führt § 31 BGB lediglich zu einem gesetzlichen Schuldbeitritt der Gesellschaft: Für durch den gesetzlichen Vertreter begründete Schadensersatzpflichten haftet auch die Gesellschaft. Möglicherweise lässt sich § 31 BGB aber auch so verstehen, dass eine Haftung der juristischen Person auch möglich sein kann, ohne dass ein Organträger eigenständig haftet. Hierzu müsste die verletzte, die Gesellschaft treffende Verpflichtung mithilfe des § 31 BGB mit der Handlung und dem Verschulden des Organs „addiert" und so unmittelbar eine Haftung der Gesellschaft begründet werden.[96] Die Literatur zu den beispielhaft untersuchten Informationsregimen der §§ 131, 161 BGB und 289 HGB geht auf diese Frage nicht ein[97], sondern statuiert vielmehr – trotz der oben aufgeführten dogmatischen Bedenken[98] – zunächst eine Haftung der Organe und nimmt sodann eine Haftung der Gesellschaft, teils mit Verweis auf § 31 BGB[99], teils ohne[100], an.

---

[92] Siehe oben § 10B. I.

[93] Vgl. grundlegend *Kleindiek*, Deliktshaftung und juristische Person, S. 12 ff.

[94] Kritisch zu dieser auf der Vervielfältigung der Vermögensmassen beruhenden Privilegierung *Bachmann*, in: Bachmann/Casper/Schäfer/Veil, Steuerungsfunktion des Haftungsrechts, S. 93, 140.

[95] Siehe dazu oben § 10B. I.

[96] Vgl. *Kleindiek*, Deliktshaftung und juristische Person, S. 203; *Bachmann*, in: Bachmann/Casper/Schäfer/Veil, Steuerungsfunktion des Haftungsrechts, S. 93, 141.

[97] Anders wohl nur *Palmes*, Lagebericht, S. 305 f., die primär von einer Verpflichtung der Gesellschaft und damit auch haftungsrechtlichen Verantwortlichkeit ausgeht.

[98] Siehe oben § 10B. I.

[99] Vgl. *Kubis*, in: MüchKomm AktG, § 131 Rn. 154; *Spindler*, in: Schmidt/Lutter AktG, § 161 Rn. 70; *Sester*, in: Spindler/Stilz AktG, § 161 Rn. 179.

[100] Vgl. *Spindler*, in: Schmidt/Lutter, § 131 Rn. 99; *Decher*, in: Großkomm AktG, § 131

Aus gesellschaftsrechtlicher Sicht ist eine Haftung der Gesellschaft allein dann problematisch, wenn die Gesellschaft einem ihrer Aktionäre Schadensersatz leisten muss. Denn hierin könnte ein Verstoß gegen die strengen aktienrechtlichen Kapitalerhaltungsregeln liegen. Die Frage betrifft das insbesondere im Rahmen der kapitalmarktrechtlichen Emittentenhaftung diskutierte Grundproblem, ob die Kapitalerhaltungsregeln oder die Kapitalmarkthaftung vorrangig sind.[101] Während heutzutage überwiegend mit Hinweis auf die Regierungsbegründung zum 3. Finanzmarktförderungsgesetz[102] von einem Vorrang der Haftung vor der Kapitalerhaltung ausgegangen wird,[103] ist aus gesellschaftsrechtlicher Sicht eine differenzierende Lösung, nach der die Kapitalerhaltung insoweit vorrangig sein soll, wie Grundkapital und gesetzliche Rücklagen i. S. d. § 150 AktG geschützt werden müssen, ansonsten aber die Haftung Vorrang genießt[104], überzeugend. Eine Haftung der Gesellschaft unter Hinweis auf die Kapitalerhaltung per se abzulehnen, kann hingegen nicht überzeugen.

II. Haftung der Gesellschaft wegen fehlerhafter Gesellschaftsberichterstattung

Wenngleich sich aus den Kapitalerhaltungsgrundsätzen keine Bedenken gegen eine Haftung der Gesellschaft gegenüber ihren Aktionären ergeben würden und die Gesellschaft sowohl als Berichtspflichtige als auch im Hinblick auf den größeren Haftungsfond die adäquate Haftungsadressatin wäre, könnte eine solche Haftung ohne dogmatische Bedenken nicht über die deliktsrechtlichen Ansprüche begründet werden.

Denn das Deliktsrecht der §§ 823 ff. BGB ist allein auf die Haftung natürlicher Personen ausgerichtet. Solange sich die Ansicht, dass auch juristische Personen primäre Haftungssubjekte des Deliktsrechts sein können, nicht durchsetzt, verbleibt es dabei, dass weder eine Haftung nach § 826 BGB noch eine Haftung nach § 823 Abs. 2 BGB i. V. m. einer materiellen Berichtspflicht die Haftungsbedürfnisse befriedigen könnte.

Neben der Frage des Haftpflichtigen wäre über den Verschuldensmaßstab nachzudenken. Er sollte auf Vorsatz und grobe Fahrlässigkeit begrenzt werden. Denn bei einer Haftung wegen einfacher Fahrlässigkeit bestünde die Gefahr, dass sie einer Garantiehaftung gleichkäme, da sich ein Fehlverhalten nur selten mit absoluter Sicherheit ausschließen lassen wird.[105] Auch aus ökonomischer

---

Rn. 408; *Siems*, in: Spindler/Stilz AktG, § 131 Rn. 90; *Kleindiek*, in: MünchKomm BilanzR, § 289 HGB Rn. 156.

[101] Vgl. ausführlich *Casper*, BKR 2005, S. 83, 89.

[102] BT-Drucks. 13/8933.

[103] Vgl. *Spindler*, in: Schmidt/Lutter AktG, § 161 Rn. 70; *Sester*, in: Spindler/Stilz AktG, § 161 Rn. 79; *BGH*, Urteil vom 9. Mai 2005 – II ZR 287/02 –, NZG 2005, S. 672, 674.

[104] Vgl. *Veil*, ZHR 167 (2003), S. 365, 394 ff.; *Casper*, BKR 2005, S. 83, 89; *Henze*, NZG 2005, 115, 121.

[105] Vgl. *Hellgardt*, Kapitalmarktdeliktsrecht, S. 463.

Sicht könnte eine so weitgehende Haftung nicht befürwortet werden. Denn eine Übermaßhaftung führt zum einen zu erheblichen Kosten, die dadurch verursacht werden, dass Maßnahmen getroffen werden, um Fehler von vornherein zu vermeiden. Diese Kosten werden aber bei der Gesellschaft nicht durch einen entsprechenden Vorteil ausgeglichen. Zum anderen kann eine übermäßige Haftung zu einem risikoaversen Publizitätsverhalten führen. Beides liegt nicht im Interesse der Adressaten.[106] Für spezialgesetzliche Informationshaftungstatbestände hat sich deshalb zu Recht ein solcher auf Vorsatz und grobe Fahrlässigkeit begrenzter Maßstab als allgemeiner Rechtsgedanke herauskristallisiert.[107] Doch findet diese Begrenzung im Haftungstatbestand des § 823 Abs. 2 BGB keine Stütze.[108]

Aus diesen Gründen sollte für den Gesellschaftsbericht eine deliktsrechtliche Haftung der Gesellschaft im Rahmen eines Spezialhaftungstatbestands ausgeschlossen werden. Stattdessen sollte ein eigenständiges Informationshaftungsregime geschaffen werden, das die Gesellschaft als Haftungssubjekt adressiert. Mit einem solchen Vorgehen wäre gesichert, dass nur die Gesellschaft Haftungssubjekt und eine übermäßige Haftung wegen einfacher Fahrlässigkeit ausgeschlossen wäre. Zudem würde die aus der Frage der Schutzgesetzeigenschaft resultierende Rechtsunsicherheit vermieden.

D. Weitere Haftungsvoraussetzungen einer spezialgesetzlichen Gesellschaftshaftung bzw. vorsatzgebundenen Organaußenhaftung

Neben der Frage, aus welcher Anspruchsgrundlage sich eine Gesellschafts- bzw. Organaußenhaftung ergeben könnte, müssten die weiteren Haftungsvoraussetzungen geklärt und ggf. gesetzlich statuiert werden. Hierzu gehören die Kausalitäts- und Schadenserfordernisse, deren Vorliegen nach den allgemeinen zivilprozessualen Grundregeln der Geschädigte zu beweisen hätte.[109]

In den modellhaft untersuchten Haftungsszenarien wegen Informationspflichtverletzung sind diese Fragen bisweilen noch nicht relevant geworden, so dass sich noch keine Kasuistik herausgebildet hat. Anders liegt es im Bereich der Kapitalmarktinformationshaftung. Aus Gründen des Anlegerschutzes ist bei der kapitalmarktrechtlichen Debatte zu den Ansprüchen aus §§ 37 b und c WpHG und aus allgemeinem Deliktsrecht über verschiedene Möglichkeiten nachgedacht worden, den Beweis zu erleichtern. Diese Erkenntnisse könnten als Vor-

---

[106] Vgl. *Hellgardt*, Kapitalmarktdeliktsrecht, S. 458, 462.

[107] Vgl. *Bachmann*, in: Bachmann/Veil/Casper/Schäfer, Steuerungsfunktionen des Haftungsrechts, S. 93, 125; *Hellgardt*, Kapitalmarktdeliktsrecht, S. 460 f.

[108] Vgl. *Hellgardt*, Kapitalmarktdeliktsrecht, S. 452 f.

[109] Zur allgemeinen Beweislastverteilung ohne ausdrückliche Beweislastregelung siehe statt aller *Prütting*, in: MünchKomm ZPO, § 286 Rn. 110.

bild für eine spezialgesetzlich geregelte Gesellschaftshaftung herangezogen und im Rahmen der vorsatzbedingten Organaußenhaftung berücksichtigt werden.

I. Nachweis der haftungsbegründenden und -ausfüllenden Kausalität

Will ein durch die fehlerhafte Information Geschädigter einen Schadensersatz geltend machen, hat er darzulegen, dass er eine Entscheidung in Kenntnis und aufgrund der fehlerhaften Information getroffen hat und – auf Ebene der haftungsausfüllenden Kausalität – der entstandene Schaden auf dieselbe fehlerhafte Information zurückzuführen ist. Aus Sicht eines Kapitalmarktteilnehmers bedeutet letzteres, dass der Börsenwert allein aufgrund dieser Information zurückging. Dieser Nachweis wird den Anlegern zumeist nicht gelingen, da sowohl eine Anlageentscheidung in der Regel auf einer Vielzahl von Informationen basiert und ein Kurswertverlust am Kapitalmarkt selten auf ein einzelnes Ereignis zurückzuführen ist.[110] In engem Zusammenhang mit dieser Kausalitätsfrage steht die Problematik, welcher Schaden zu ersetzen ist. Das bürgerlich-rechtliche Schadensrecht der §§ 249 ff. BGB unterscheidet zwischen einer Naturalrestitution und dem Ausgleich allein des Differenzschadens.

1) Kausalitätsbezogene Beweiserleichterungen für Kapitalmarktteilnehmer de lege lata

In der kapitalmarktrechtlichen Informationshaftungskasuistik werden verschiedene Möglichkeiten diskutiert, die den geschädigten Anlegern Beweiserleichterungen gewähren.

Zunächst könnte mithilfe des sog. Anscheinsbeweises eine Beweiserleichterung erreicht werden. In Situationen, in denen typischerweise nach der allgemeinen Lebenserfahrung von einem Geschehensablauf auf eine bestimmte Folge geschlossen werden kann, ist zu vermuten, dass auch im Einzelfall genau diese Kausalität gegeben ist.[111] Im Rahmen der Anlageentscheidungen von Kapitalmarktteilnehmern wurde ein Anscheinsbeweis von der Rechtsprechung abgelehnt, da die Anlageentscheidung eine individuelle, aufgrund vielfältiger rationaler und irrationaler Faktoren getroffene Willensentscheidung sei, die sich einer typisierten Betrachtung verschließe.[112] Die Voraussetzungen des Anscheinsbeweises lägen nicht vor.

---

[110] Vgl. *Semler*, in: MünchKomm AktG, 2. Auflage, § 161 Rn. 202; *Spindler*, in: Schmidt/Lutter, AktG, § 161 Rn. 65.

[111] Vgl. statt aller *Prütting*, in: MünchKomm ZPO, § 286 Rn. 48 ff.

[112] Vgl. zum Kapitalmarktrecht *BGH*, Urteil vom 19. Juli 2004 – II ZR 218/03, BGHZ 160, 134, 144 (Infomatec); zu den Rechnungslegungsvorschriften *LG Bonn*, Urteil vom 15. Mai 2001 – 11 O 181/00, AG 2001, S. 484, 486.

Daneben wäre über die Figur der sog. Anlagestimmung zu diskutieren, die im Rahmen der früheren Prospekthaftung von der Rechtsprechung anerkannt wurde. Sie stellt eine besondere Form des Anscheinsbeweises dar und basiert auf der Überlegung, dass der Börsenprospekt umfassend über die Situation des betroffenen Unternehmens informiert und ein Anleger typischerweise aufgrund dieses Prospekts seine Anlageentscheidung trifft. Für die untersuchten Informationen im Lagebericht, der Entsprechenserklärung und dem Auskunftsrecht trifft diese Grundprämisse gerade nicht zu, denn nicht einmal der Lagebericht als umfassendstes der drei Informationsinstrumente gibt einen umfassenden Einblick in das Unternehmen.[113] Eine Beweiserleichterung nach dem Vorbild der Anlagestimmung wäre – zumindest in der Allgemeinheit – abzulehnen.

Gleiches würde für die aus dem US-amerikanischen Kapitalmarktrecht stammende, auf die sog. *„Efficient Capital Market Hypothesis"* aufbauende *„fraud-on-the-market"*-Theorie gelten, nach der in informationseffizienten Kapitalmärkten jede Information unmittelbar in den Börsenpreis einfließen soll, so dass ein Kausalitätsnachweis von vornherein entbehrlich sei, denn die Anlageentscheidung sei durch die fehlerhafte Preisbildung in jedem Fall beeinflusst.[114] Der BGH hat es bei der Ad-hoc-Publizität jedoch ausdrücklich abgelehnt, diese Theorie anzuerkennen, weil sie zu einer uferlosen Ausweitung der Haftung führe.[115]

2) Kausalitätsbezogene Beweiserleichterungen de lege ferenda

Um den durch die Haftung gegenüber den Kapitalmarktteilnehmern erstrebten Anlegerschutz sicherzustellen, würde es wünschenswert erscheinen, Beweiserleichterungen in Bezug auf den Kausalitätsnachweis anzuerkennen. Da sich aber bislang nicht einmal im Kapitalmarktrecht eine dieser Beweiserleichterungsmethoden durchgesetzt hat, müsste es für den Gesellschaftsbericht im Grundsatz bei der allgemeinen zivilrechtlichen Darlegungs- und Beweislastverteilung verbleiben und der Geschädigte müsste den Kausalitätsnachweis führen, um seinen Schadensersatz geltend zu machen. Jedoch sollte weiterhin im Einzelfall mit gebotener Zurückhaltung[116] darüber nachgedacht werden, diese oder weitere Erleichterungen anzuerkennen.[117] Für eine gesetzliche Regelung würde es bisweilen an einer ausreichenden Absicherung und Begründung fehlen.

---

[113] Vgl. *Palmes*, Lagebericht, S. 340 f.

[114] In Konsequenz dieser Grundannahme kann die Figur ohnehin nur zur Kausalitätsbegründung eines Kursdifferenzschadens, nicht aber zur Rückabwicklung i. S. e. Naturalrestitution beitragen, vgl. *Palmes*, Lagebericht, S. 342. Zur Problematik des Umfangs eines Schadensersatzanspruches siehe auch sogleich § 10D. II.

[115] *BGH*, Urteil vom 4. Juni 2007 – II ZR 147/05, MDR 2007, 1204, 1205.

[116] Vgl. so zur Rechtsfortbildung im Hinblick auf eine kapitalmarktrechtliche Informationshaftung *Veil*, ZHR 167 (2003), S. 365, 372, 382 f.

[117] Für Gläubiger und Aktionäre nicht kapitalmarktorientierter Aktiengesellschaften bietet

II. Schadensberechnung bei Kapitalmarktanlegern

1) Grundsätze des Schadensrechts bei fehlerhafter Kapitalmarktinformation de lege lata

Unabhängig von diesen auf die Kausalität bezogenen Nachweisschwierigkeiten, müsste der Geschädigte einen Schaden nachweisen. Dabei könnte nicht jeder Schaden zu einem Schadensersatzanspruch nach den untersuchten Regimen ersatzpflichtig sein. Welche Schadenspositionen einschlägig wären, wäre nach dem Schutzzweck der einzelnen Normen unterschiedlich zu beurteilen. Die Informationen des Gesellschaftsberichts würden sich insbesondere an die Kapitalmarktteilnehmer richten.[118] Vergleichbar zu § 289 HGB[119] und § 161 AktG[120] würde die korrekte und umfassende Information über die gesellschaftsrechtliche Lage des Unternehmens sowohl die Anleger vor einer nachteiligen Anlageentscheidung als auch die Funktionsfähigkeit des Kapitalmarkts und seiner Preisbildungsmechanismen schützen. Gleiches würde gelten, würden die strafrechtlichen Vorschriften ausgeweitet.[121]

Nach dem allgemeinen bürgerlichen Schadensrecht der §§ 249 ff. BGB ist der Ersatzberechtigte so zu stellen, wie er ohne das schadensstiftende Ereignis – also ohne die unterlassene oder fehlerhaft vorgenommene Information – stünde (sog. Differenztheorie). Da nach dem Schutzzweck des Gesellschaftsberichts das Vertrauen in die Vollständigkeit und Richtigkeit der Information geschützt wäre,[122] wäre die vollständige und richtige Information hinzuzudenken.

---

diese Erleichterung ohnehin keine Verbesserung. Für sie müssen die allgemeinen Beweisregelungen gelten.

[118] Parallel stellt sich gleichfalls die Frage eines Schadens bei der Gesellschaft in Bezug auf den Binnenregress (dazu oben § 10A) und bei anderen Gläubigern. Bei der Gesellschaft kann ein solcher beispielsweise in einer schwierigeren Refinanzierung aufgrund eines Rückgangs des Börsenkurses, in den Kosten eines anschließenden Auskunftserzwingungs- oder Beschlussanfechtungsverfahrens (vgl. *Kersting*, Kölner Komm AktG, § 131 Rn. 561; *Spindler*, in: Schmidt/Lutter AktG, § 131 Rn. 99; *Kubis*, in: MünchKomm AktG, § 131 Rn. 170; *Decher*, in: Großkomm AktG, § 131 Rn. 406) oder in der Inanspruchnahme durch Gläubiger und Aktionäre, die aufgrund der Informationspflichtverletzung einen ersatzfähigen Schaden erlitten haben, liegen. Schäden der Gläubiger lassen sich noch schwieriger abstrakt vorhersagen. Es ist eine Frage des Einzelfalls, ob ein Gläubiger einen Schaden erleidet, der auf eine fehlerhafte Gesellschaftsberichterstattung zurückzuführen ist. Es ist aber sinnvoll, den Haftungstatbestand nicht nur auf Kapitalmarktteilnehmer zu begrenzen.

[119] Vgl. *Palmes*, Lagebericht, S. 345.

[120] Vgl. *Spindler*, in: Schmidt/Lutter AktG, § 161 Rn. 65; *Semler*, in: MünchKomm AktG, 2. Auflage, § 161 Rn. 202 jeweils mit Hinweis auf die oben angeführte Kausalitätsproblematik.

[121] Vgl. zur Parallelfrage des § 400 AktG *Kersting*, Kölner Komm AktG, § 131 Rn. 565; einschränkend *Kubis*, in: MünchKomm AktG, § 131 Rn. 171, der Schäden aufgrund einer nachteiligen Anlageentscheidung erfasst sieht, Schäden aufgrund einer negativen Wertentwicklung der Anteile hingegen allein als Schaden der Gesellschaft begreift.

[122] Vgl. zum Lagebericht *Palmes*, Lagebericht, S. 345.

Wie der Ersatzanspruch inhaltlich auszuformen wäre, würde sich ebenfalls nach dem allgemeinen bürgerlich-rechtlichen Schadensrecht der §§ 249 ff. BGB richten. Sollte der Geschädigte die Kausalität nachweisen, wäre nach dem BGB zwischen zwei Arten des Schadensausgleichs zu unterscheiden: Es könnte das Integritätsinteresse in Form der Naturalrestitution oder lediglich das Wertinteresse im Rahmen einer Schadenskompensation ersetzt werden. Die Unterscheidung hat insbesondere bei der Frage des auf fehlerhafter Information beruhenden kapitalmarktrechtlichen Schadensersatzes erhebliche Bedeutung: Nach der Naturalrestitution kann der geschädigte Anleger Rückabwicklung des für ihn nachteiligen Wertpapiergeschäfts verlangen, bei einer Schadenskompensation hingegen nur den Kursdifferenzschaden.[123]

Das BGB geht grundsätzlich von einem Vorrang der Naturalrestitution aus.[124] Im Zusammenhang mit Wertpapiergeschäften am Kapitalmarkt wird die Naturalrestitution hingegen insbesondere bei einer Haftung aufgrund (grober) Fahrlässigkeit für unangemessen gehalten, denn wenn der Kauf rückgängig gemacht wird, werden das allgemeine Preisrisiko und zwischenzeitliche Kursschwankungen auf die Gesellschaft abgewälzt.[125] Während die wohl überwiegende kapitalmarktrechtliche Literatur es aus diesen letztgenannten Gründen befürwortet, den Schadensersatzanspruch auf den Ausgleich des Kursdifferenzschadens zu beschränken,[126] hält insbesondere der BGH grundsätzlich an der Vorrangigkeit der Naturalrestitution fest.[127] Den Kursdifferenzschaden hingegen soll der Anleger als Mindestschaden mit abgeschwächten Kausalitätsanforderungen geltend machen können.[128]

2) Rückschlüsse für die Schadensberechnung wegen fehlerhafter Gesellschaftsberichterstattung de lege ferenda

Aus ökonomischer Sicht verspräche es zwar zunächst ein Höchstmaß an Prävention, wenn Schadensersatz in Form der Naturalrestitution gewährt würde, doch

---

[123] *BGH*, Urteil vom 13. Dezember 2011 – XI ZR 51/10, BGHZ 192, S. 90, 110 f. (= NZG 2012, S. 263, 269) (IKB).

[124] *BGH*, Urteil vom 25. Oktober 1996 – V ZR 158/95, NJW 1997, S. 520, 521.

[125] Vgl. *Veil*, BKR 2005, S. 91, 97.

[126] Vgl. *Spindler*, NZG 2012, S. 575, 577; *Engelhardt*, BKR 2006, S. 443, 447; *Fuchs/ Dühn*, BKR 2002, S. 1063, 1069 f.; *Fleischer*, BB 2002, S. 1869, 1870 ff.; *ders.*, DB 2004, S. 2031, 2035; *Hutter/Leppert*, NZG, 2002, S. 649, 654 f.; *Mülbert/Steup*, WM 2005, S. 1633, 135 ff.; *Zimmer/Grotheer*, in: Schwark/Zimmer, KPMR-Komm, § 37 c WpHG Rn. 86 ff.; *Grundmann*, in: Ebenroth/Boujong/Joost/Strohn, HGB, § 37c WpHG Rn. VI 376; *Sethe*, in: *Assmann/Schneider*, WpHG, §§ 37b, 37c Rn. 70 ff. m. w. Nachw.

[127] Vgl. *BGH*, Urteil vom 13. Dezember 2011 – XI ZR 51/10 –, BGHZ 192, 90 (= NZG 2012, S. 263, 268) (IKB); *BGH*, Urteil vom 19. Juli 2004 – II ZR 217/03 –, NZG 2004, S. 811, 814; *BGH*, Urteil vom 9. Mai 2005 – II ZR 287/02 –, NZG 2005, 672, 674 f.

[128] Vgl. *BGH*, Urteil vom 13. Dezember 2011 – XI ZR 51/10 –, BGHZ 192, 90 (= NZG 2012, S. 263, 269) (IKB).

würde dies das allgemeine Investitionsrisiko weitgehend auf das Unternehmen abwälzen.

Die Entscheidung, welche Art des Schadensersatzes gewährt werden soll, sollte letztendlich mit den Anforderungen, die an den Nachweis der Kausalität zu stellen wären, abgestimmt werden.[129] Anleger[130], die ihren Schaden umfassend in Form der Naturalrestitution ersetzt haben möchten, sollten den vollen Kausalitätsnachweis führen müssen, ohne Beweiserleichterungen in Anspruch nehmen zu können. Denn nur so ließe sich vermeiden, dass die Haftung uferlos ausgeweitet und allgemeine Marktrisiken ungerechtfertigt auf die Gesellschaft abgewälzt würden. Dass das Gesellschaftsrecht mit seinem Kapitalerhaltungsschutz nicht entgegenstünde, zeigen bereits die Auffassungen zu anderen Informationshaftungssituationen.[131] Darüber hinaus sollte es den Anlegern aus Gründen des Anlegerschutzes mit Hilfe von Beweiserleichterungen ermöglicht werden,[132] den Kursdifferenzschaden als Mindestschaden geltend machen zu können.[133]

E. Zwischenergebnis zur Haftung für fehlerhafte Informationen im Gesellschaftsbericht

Würde der Vorstand im Gesellschaftsbericht fehlerhaft berichten, würde er seiner Gesellschaft gegenüber gemäß § 93 AktG für den entstandenen Schaden haften.[134] Dabei käme ihm bei einigen wenigen Berichtspflichten ein Beurteilungsspielraum zu, der einer vollen gerichtlichen Überprüfung entzogen wäre. Im Übrigen hätte er die Sorgfalt eines ordentlichen und gewissenhaften Kaufmanns zu beachten. Auf die eine Pflichtverletzung auf Tatbestandsebene ausschließende Business Judgment Rule nach § 93 Abs. 1 S. 2 AktG könnte er sich im Rahmen der Gesellschaftsberichterstattung hingegen nicht berufen. Der Gesellschaftsbericht enthielte keine Berichtspflichten, die aufgrund ihrer Zukunftsbezogenheit derartigen Unsicherheiten unterworfen wären, dass es gerechtfertigt wäre, diesen safe harbor anzuwenden. Parallel würde der Aufsichtsrat für fehlerhaft an den Vorstand berichtete Informationen und für unzulängliche Kontrollen der Vorstandstätigkeit haften.

---

[129] Zu diesem Zusammenhang auch *Hellgardt*, Kapitalmarktdeliktsrecht, S. 492.

[130] Das gleiche gilt auch für sonstige Gläubiger.

[131] Siehe dazu oben § 10C.

[132] Zu den Schwierigkeiten der Anerkennung solcher Beweiserleichterungen siehe bereits oben § 10D. I. 2).

[133] Vgl. *BGH*, Urteil vom 13. Dezember 2011 – XI ZR 51/10 –, BGHZ 192, 90 (= NZG 2012, S. 263, 269).

[134] Europarechtlich ist derzeit nur ein Binnenregress vorgeschrieben, vgl. Art. 33 Abs. 2 der konsolidierten Bilanzrichtlinie. Für alle weiteren Sanktionen besteht ein weiter Umsetzungsspielraum, vgl. Art. 51 der konsolidierten Bilanzrichtlinie. Vgl auch oben § 5E. II.

Die Organaußenhaftung würde durch die existierenden Informations-haftungsregime hingegen nicht in befriedigender Weise geregelt. Für eine Haftung der Organe wegen vorsätzlicher Fehlinformation hielte das allgemeine Deliktsrecht mit § 823 Abs. 2 BGB im Zusammenspiel mit einer Erweiterung des § 400 AktG zwar ein passendes Regime bereit. Einer hierauf gestützten Organaußenhaftung stünde auch das im Gesellschaftsrecht geltende Prinzip der Organbinnenhaftung nicht entgegen, denn die Haftung wäre durch das Vorsatz-erfordernis auf schwerwiegende Verstöße und Ausnahmesituationen begrenzt. Außerdem würden gerade in diesem Bereich die Schwierigkeiten der Beweis-führung in Bezug auf die Kausalität den Ausnahmecharakter unterstreichen, so dass eine Naturalrestitution gerechtfertigt sein könnte. Gleiches gälte für eine Organaußenhaftung nach § 826 BGB, die wegen der hohen tatbestandlichen und durchgriffshaftungsrechtlichen Hürden aber wohl kaum einschlägig sein würde. Eine über das allgemeine Deliktsrecht konstruierte Fahrlässigkeitshaftung der Organe sollte sowohl aus dogmatischen wie auch ökonomischen Gründen aus-geschlossen werden.

Eine originäre Gesellschaftshaftung wäre über das Deliktsrecht kaum be-gründbar. Es sollte ein Spezialhaftungstatbestand eingeführt werden. Ver-gleichbar mit den kapitalmarktrechtlichen Haftungsnormen sollte Haftungs-subjekt dieses Spezialhaftungstatbestands die Gesellschaft sein, denn sie wäre Schuldnerin der materiellen Berichtspflicht. Auch dieses neue Informations-haftungsregime würde wegen der Anforderungen an den Kausalitätsnachweis Schwierigkeiten begegnen. Aus Sicht der Gesellschaft könnte dies zwar negativ zu beurteilen sein, da der Erwartungswert von Schadensersatzansprüchen sin-ken und so automatisch die verhaltenssteuernde Präventivwirkung vermindert würde.[135] Doch hält derzeit weder das Bilanz- bzw. Gesellschaftsrecht noch das Kapitalmarktrecht endgültige Lösungen für das Problem bereit. Beweis-erleichterungen für den Nachweis der Kausalzusammenhänge sollten deshalb zunächst nur im Einzelfall und nur dann gewährt werden, wenn der Geschädigte sein Schadensersatzverlangen auf den Kursdifferenzschaden begrenzt, denn die kapitalmarktrechtliche Literatur zeigt, dass es keine gesicherten Erkenntnisse und Rechtfertigungsgründe für die bisher diskutierten Vorschläge gibt. Für die in dieser Arbeit nicht weiter vertieften Individualschäden anderer Gläubiger oder der Aktionäre nicht kapitalmarktorientierter Aktiengesellschaften würden die Beweiserleichterungen zum Kausalitätsnachweis ohnehin nicht greifen. Dieser Gruppe an Geschädigten dürfte deshalb der Weg zur Naturalrestitution nicht abgeschnitten werden.

---

[135] Vgl. *Spindler*, NZG 2012, S. 575, 578.

Teil 3

Zusammenfassung in Thesen

Die Berichtspflichten von Anhang und Lagebericht stehen im Spannungsfeld von Bilanz- und Gesellschaftsrecht. Die Untersuchung hat den hieraus resultierenden Handlungsbedarf aufgezeigt, der im Folgenden anhand von Thesen noch einmal zusammenfassend entwickelt und erläutert werden soll.

A.

I. Die Finanzberichterstattung und die Berichterstattung über Fragen der Corporate Governance führen zu steigenden Informationspflichten der Unternehmen. Sie treffen mit Anhang und Lagebricht auf ein Berichtssystem, das in seiner Grundkonzeption auf rechnungslegungsbezogene Ergänzungsinformationen angelegt ist und in der normativen Systematisierung wie im Informationsbild Indizien systematischer Schwächen zeigt. Ein inhaltlich und funktional ungeordnetes Informationssystem belastet die Informationsqualität und erhöht den Transaktionsaufwand der Informationsadressaten. Mangelnde systematische Verortung und Folgerichtigkeit der Integration rechnungslegungsfernerer Informationen gefährden zudem, dass die gesellschaftsrechtlichen Folgesysteme der gesellschaftsrechtlichen Willensbildung, Kontrolle, Publizität und Haftung folgerichtig abgeleitet werden. Beide Aspekte sind im Hinblick auf eine systematische Neuausrichtung zu untersuchen.

II. Anhang und Lagebericht blicken auf eine mehr als hundertjährige Entstehungsgeschichte zurück, die den Katalog der Informationspflichten aus unterschiedlichen Reformanlässen erweitert hat. Punktuelle Fortschreibungen des Rechts bergen die stete Gefahr einer unsystematischen und willkürlichen Rechtsentwicklung. Im Laufe der Entstehungsgeschichte hat sich genau diese Erwartung bewahrheitet. Anhang und Lagebericht wurden um immer neue und vielfältige Einzelangaben erweitert, denen ein bilanzrechtlicher Bezug teilweise vollständig fehlt. Ein die verschiedenen Einzelinhalte übergreifend systematisierender Ordnungsrahmen ist hierbei im deutschen Recht nach HGB ebenso wenig wie in den internationalen Pendantberichtsinstrumenten der IFRS und US-GAAP entstanden.

III.   Um die Berichtsinhalte von Anhang und Lagebericht zu systematisieren, muss nach übergeordneten Kriterien gesucht werden, die es erlauben, die Inhalte nach Themengebieten systematisch neu zu ordnen. Beide Berichts-instrumente adressieren Themenkomplexe sowohl des Bilanz- als auch des Gesellschaftsrechts. Mithilfe einer typisierenden Betrachtungsweise lassen sich die dazugehörigen Unterthemen identifizieren und dem jewei-ligen Rechtsgebiet zuordnen.

Bilanzrechtliche Berichtspflichten sind typischerweise solche, die den Jahresabschluss ergänzen, erläutern oder relativieren. Erläuterungen kön-nen dadurch erfolgen, dass das Zustandekommen der im Jahresabschluss abgebildeten Finanzzahlen dargestellt, Finanzzahlen aufgegliedert oder ausgewertet werden. Relativierungen können dadurch vorgenommen wer-den, dass Finanzzahlen des Jahresabschlusses konkret korrigiert werden oder vor potentiellen Änderungen dieser Finanzzahlen gewarnt wird. Ge-mein ist allen diesen bilanzrechtlichen Inhalten der ausgeprägte Finanz-zahlenbezug.

Den typischerweise vom Gesellschaftsrecht zu adressierenden Informa-tionen fehlt dieser Finanzzahlenbezug. Gesellschaftsrechtliche Informa-tionspflichten in Anhang und Lagebericht betreffen vielmehr Fragen der Corporate Governance und der Konzern- und Unternehmensstrukturen. Dem Corporate Governance-Komplex lassen sich typischerweise Infor-mationen zuordnen, die der Unternehmenskontrolle dienen, die Unter-nehmensorganisation verbessern, Interessenkonflikte offenlegen und ver-meiden, das Verhalten der Organe steuern, der Organpublizität dienen oder die Arbeitnehmerinteressen betreffen. Die Informationen zu Konzernver-flechtungen und Unternehmensstrukturen bezwecken insbesondere, die gesellschaftsrechtlichen Einflussnahmemöglichkeiten offenzulegen und deren Missbrauch vorzubeugen. Damit einher geht der Schutz von Min-derheitsaktionären.

IV.   Diesen beiden Oberkategorien bilanzrechtlicher oder gesellschaftsrecht-licher Zwecksetzung lassen sich in typisierender Betrachtung alle der-zeitigen Inhalte von Anhang und Lagebericht zumindest wertungs- und schwerpunktmäßig zuordnen. *De lege lata* spiegeln sich diese Themen-gebiete nicht in einer klaren Trennung zwischen beiden Berichtsinstru-menten wider. Vielmehr sind in Folge des Reformprozesses beide Berichtsinstrumente mit Informationen überfrachtet worden, die mit der ursprünglichen bilanzrechtlichen Zielsetzung von Anhang und Lagebe-richt nicht mehr übereinstimmen. Hierbei zeigt die Analyse auch, dass die Informationen innerhalb der Gruppe der bilanzrechtlichen wie der gesell-schaftsrechtlichen Angaben jeweils untereinander aufs engste verzahnt sind. Interdependenzen zwischen den Themengebieten des Bilanz- und Gesellschaftsrechts gibt es hingegen nur vereinzelt.

V. Die bisherige Zuordnung dieser unterschiedlichen Inhalte und Informationszwecke zu und in den bilanzrechtlich angelegten Berichtsinstrumenten Anhang und Lagebericht wird diesem Befund nicht gerecht. Sie zersplittert transaktionskostenerhöhend das Informationsbild und generiert die Gefahr von Fehlableitungen bei den gesellschaftsrechtlichen Folgesystementscheidungen.

Als systemführendes Leitbild einer Neukonzipierung sollten deshalb sowohl für die erforderliche inhaltliche Ordnung der Informationen wie für die Folgesystemfragen bilanzrechtliche und gesellschaftsrechtliche Inhalte getrennten Berichtsformaten zugeordnet werden. Hierbei können die bilanzrechtlichen Inhalte in einem einheitlichen Berichtsinstrument integriert werden und eine kohärente Finanzberichterstattung und Rechnungslegung stützen, die von rechnungslegungsfernen gesellschaftsrechtlichen Inhalten und Zwecken entlastet sind.

Die gesellschaftsrechtlichen Berichtspflichten wären spiegelbildlich in einem neuen, originär im Gesellschaftsrecht verankerten Berichtsinstrument zu konzentrieren. Dieses könnte als Gesellschaftsbericht bezeichnet werden und die bisher disparaten, aber sachlich und funktionell zusammengehörigen Informationen über die gesellschaftsrechtlichen Verhältnisse einer Gesellschaft und ihre Governance zu einem geschlosseneren Gesamtbild zusammenfügen.

VI. Da das derzeitige Berichtssystem von Anhang und Lagebericht europarechtlich determiniert ist, wäre nicht nur der deutsche Gesetzgeber aufgerufen, systematisierende Reformen voranzutreiben. Vielmehr wären auf unionsrechtlicher Ebene die entsprechenden Richtlinien zu ändern und der Gesellschaftsbericht als eigenständiges europäisches Berichtsformat einzuführen.

B.

VII. Die mit dieser Neukonzeption verbundenen systematischen Folgeentscheidungen für die gesellschaftsrechtliche Rahmenordnung eines solchen Gesellschaftsberichts dürfen nicht pfadabhängig aus dem bisherigen Normengefüge geschlossen werden. Denn dieses ist im Kern für die rechnungslegungsbezogene Einordnung von Jahresabschluss, Anhang und Lagebericht entwickelt worden. Gesellschaftsrechtliche Informationen sind ohne inneren Zusammenhang zu den funktionalen Zwecken in dieses Normengefüge eingeflossen. Stattdessen wären für den Gesellschaftsbericht Fragen der Kompetenz, der Hauptversammlungsbeteiligung, der Berichtsprüfung, der gerichtlichen Kontrolle und der Haftung genuin neu aus aktienrechtlichen Prinzipien zu entwickeln.

VIII. Die Aktiengesellschaft sollte dazu verpflichtet werden, jährlich einen Gesellschaftsbericht als gesellschaftsrechtliches Transparenzinstrument aufzustellen. Wie auch andere Berichtspflichten würde es zu den Leitungsaufgaben des Vorstands zählen, diese Pflicht zu erfüllen. Er wäre innergesellschaftlich für die Aufstellung verantwortlich. Informationen, die er für die Offenlegung vom Aufsichtsrat erhalten müsste, würde er von diesem im Weg der Zusammenarbeit erhalten.

Der Gesellschaftsbericht wäre der Hauptversammlung zusammen mit der auf ihn bezogenen Stellungnahme des Aufsichtsrats vorzulegen, zu erläutern und zu diskutieren. Er würde die Grundlage für die gesellschaftsrechtliche und governancebezogene Mitwirkung der Aktionäre bilden. Anders als der mit Rechtsfolgen verknüpfte Jahresabschluss müsste der Gesellschaftsbericht nicht durch Aufsichtsrats- oder Hauptversammlungsbeschluss verbindlich erklärt werden.

Neben der zwingenden jährlichen Erstellung des Gesellschaftsberichts sollte die Gesellschaft dazu verpflichtet sein, wesentliche Änderungen offenzulegen und den Bericht zu aktualisieren. Dies entspräche dem Informationsbedürfnis in Konzern- und Corporate Governance-bezogenen Fragen.

IX. Der Vorstand hätte die geforderten Informationen im elektronischen Bundesanzeiger und auf der Internetseite der Aktiengesellschaft zu veröffentlichen. Auf Geheimhaltungsinteressen könnte er sich nur im Rahmen solcher Corporate Governance-bezogenen Inhalte berufen, die dazu führen würden, dass Unternehmensstrategien und -planungen – obwohl gesetzgeberisch nicht gewollt – preisgegeben würden. Um diese Interessen zu schützen, sollte eine Schutzklausel für diese Informationen des Gesellschaftsberichts vorgesehen werden, die es erlauben würde, Informationen geheim zu halten, wenn im Gegenzug die Interessenabwägung dargelegt würde.

X. Um die Ordnungsgemäßheit des vom Vorstand erstellten Gesellschaftsberichts zu sichern, würde sich ein dreistufiger Prüfungskanon anbieten.

Auf der ersten Stufe hätte zunächst der Aufsichtsrat als unternehmensinterne Kontrollinstanz den Gesellschaftsbericht auf seine Rechtmäßigkeit zu überprüfen. Diese Prüfung würde eine Vollständigkeitsprüfung beinhalten. Könnte der Aufsichtsrat nicht mit ausreichender Sachkunde Einzelfragen beurteilen, könnte er einen Sachexperten hinzuziehen. Im Einklang mit der Professionalisierungsbewegung des Aufsichtsratsmandats sollte darüber hinaus zwingend ein Experte auf dem Gebiet des Konzernrechts und der Corporate Governance installiert werden. Dieser könnte im Rahmen der materiellen Entscheidungsprozesse in diesem Bereich einen erheblichen Beitrag zur Qualität der Unternehmenskontrolle leisten.

Ergänzt würde die Prüfung durch eine ausgeweitete Sonderprüfung in Anlehnung an § 142 und § 258 AktG. Während die allgemeine, Schadensersatzansprüche der Gesellschaft vorbereitende Sonderprüfung schon nach der derzeitigen Gesetzesausgestaltung greifen würde, sollte eine Fehler feststellende und korrigierende Sonderprüfung in Anlehnung an § 258 AktG auch für den Gesellschaftsbericht geschaffen werden. Als Sonderprüfer sollte nicht wie bei § 258 AktG ein Wirtschaftsprüfer festgelegt werden, sondern eine flexible Regelung bevorzugt werden, die auf die zur Prüfung der jeweiligen Einzelfrage erforderliche Expertise abstellt.

Als letzte Stufe des Kontrollkanons sollte ein als Anlass- und Stichprobenprüfung ausgestaltetes einstufiges, rein privatrechtliches Enforcementverfahren in Anlehnung an das kapitalmarktindizierte Enforcementverfahren nach dem WpHG eingeführt werden. Dieses würde wegen der fehlenden zweiten Prüfungsstufe keine – da mit dem Gesellschaftsrecht nicht vereinbare – aufsichtsrechtliche Struktur haben. Die Prüfungsergebnisse der privaten Prüfstelle sollten durch die Unternehmen verpflichtend offenzulegen sein. Mögliche Defizite aus fehlendem staatlichem Zusammenarbeitszwang könnte eine Koppelung mit den Sonderprüfungstatbeständen ausgleichen, indem eine Vermutung für das Vorliegen eines Sonderprüfungsanlasses statuiert würde, sollte das Unternehmen eine Zusammenarbeit verweigern.

Einer Prüfung durch den Abschlussprüfer sollte der Gesellschaftsbericht hingegen nicht unterliegen.

XI. Neben die unternehmensinterne wie -externe Prüfung träte eine gerichtliche Überprüfung der Berichtsinformationen. Im Rahmen aktienrechtlicher Anfechtungsklagen könnten Fehler im Gesellschaftsbericht inzident geprüft und gerügt werden. Ein fehlerhafter Gesellschaftsbericht könnte sowohl zu formell als auch zu materiell rechtswidrigen Hauptversammlungsbeschlüssen führen. Da für den Gesellschaftsbericht kein unmittelbar auf den Gesellschaftsbericht bezogener Hauptversammlungsbeschluss vorzusehen wäre, würde sich die gerichtliche Kontrolle auf eine Inzidentprüfung im Rahmen anderer Beschlüsse beschränken. Eine Anfechtung des Jahresabschluss-Feststellungsbeschlusses aufgrund fehlerhafter Gesellschaftsberichtsinformationen sollte aber gesetzlich ausgeschlossen werden.

XII. Haftungs- und Strafandrohungen würden die übrigen Rechtsdurchsetzungsmethoden unterstützen. Durch sie würde der Vorstand bzw. die Gesellschaft zu einem gesetzeskonformen Verhalten im Hinblick auf die Erstellung des Gesellschaftsberichts bewegt.

Der Schadensausgleich zwischen Gesellschaft und dem seine Sorgfaltspflicht verletzenden Vorstand würde sich nach § 93 AktG richten. Die Business Judgment Rule mit ihrem auf Tatbestandsebene eingreifenden

safe harbor würde bei fehlerhafter Berichterstattung im Gesellschaftsbericht nicht greifen. Andererseits wären einzelne Berichtspflichten des
Gesellschaftsberichts, die einem Beurteilungsspielraum unterliegen müssten, nicht vollständig gerichtlich überprüfbar.

Eine Organaußenhaftung sollte auf vorsätzliche Falschinformationen
beschränkt werden. Dazu wäre die Strafnorm des § 400 AktG auf den Gesellschaftsbericht zu erstrecken. Im Zusammenspiel mit § 823 BGB ergäbe
sich so eine Vorsatzhaftung. Daneben käme eine Organaußenhaftung nach
§ 826 BGB in Betracht. Da Schuldnerin des Gesellschaftsberichts die Aktiengesellschaft wäre, müsste der Haftungsdurchgriff auf die Organe durch
weitere, über die Sittenwidrigkeit hinausgehende Umstände, begründet
werden. Diese würden für Informationspflichtverletzungen im Bereich des
Gesellschaftsberichts in der Regel nicht in Betracht kommen.

Für die Gesellschaftshaftung für einen fehlerhaften Gesellschaftsbericht
bedürfte es hingegen eines neuen, eigenständigen Informationshaftungs-
tatbestands. Denn das bürgerliche Deliktsrecht ist nicht auf eine originäre
Haftung einer juristischen Person ausgerichtet. Der Haftungtatbestand
sollte auf Verschuldensebene eine Begrenzung auf grobe Fahrlässigkeit
vorsehen. Er würde bei der Haftung für den Gesellschaftsbericht zwar im
Hinblick auf die kausalitätsbezogenen Beweisanforderungen ähnlichen
Problemen begegnen wie die kapitalmarktrechtliche Informationshaftung.
Es sollte – jedenfalls für den Gesellschaftsbericht als neuem Institut –
einstweilen davon abgesehen werden, eine gesetzliche Beweiserleichte-
rung zu statuieren und eine solche nur im Einzelfall zuerkannt werden. Der
Umfang des Schadensersatzes – Naturalrestitution oder Kursdifferenz-
schaden – sollte in Abhängigkeit von im Einzelfall ggf. anzuerkennenden
Beweiserleichterungen getroffen werden.

C.

Es würde einen grundlegenden wie tiefgreifenden – aber auch nur ersten –
Systematisierungsschritt darstellen, die Berichterstattung neu zu konzipieren,
indem die Berichtsinhalte aufgeteilt und einem neuen Berichtsinstrument zugeordnet würden. Er müsste durch weitere folgerichtige Schritte ergänzt und
verfeinert werden. Dazu würde es insbesondere zählen, eine innere inhaltliche
Ordnung für die einzelnen Gesellschaftsberichtsinhalte zu schaffen und den
Gesellschaftsbericht weiter mit anderen gesellschaftsrechtlich determinierten
Informationssystemen abzustimmen, um inhaltlich wie auch unter dem Aspekt
effizienter und synergetisch verknüpfter Aktionärs- wie Anlegerinformation ein
die gesellschaftsrechtliche Transparenz verbesserndes Gesamtinformationssys-
tem zu entwickeln. Es muss das Ziel rechtsfortbildender Reformen sein, aktuelle

und zukünftige gesellschaftsrechtliche Berichtsinhalte zu systematisieren und aufeinander abzustimmen, um so eine Informationseffizienz zu gewährleisten und einem Informationsüberfluss entgegenzuwirken. Es ergibt sich aus der Natur eines ersten Systematisierungsentwurfs, dass hierbei einzelne Aspekte der gesellschaftsrechtlichen Rahmenbedingungen systematisch wie inhaltlich weiter vertieft und verfeinert werden müssen.

Übersicht der Berichtszwecke

§§	Inhalt	Zweck	GesR	BilR
Anhang – § 284 HGB				
284 II Nr. 1	Bilanzierungs- und Bewertungsmethoden	Erläuterung Finanzzahlen; Relativierung		x
284 II Nr. 2	Grundlagen für Umrechnung in Euro	Erläuterung Finanzzahlen; Relativierung		x
284 II Nr. 3	Abweichungen von Bilanzierungs- und Bewertungsmethoden	Relativierung		x
284 II Nr. 4	Unterschiedsbeträge aufgrund Bewertungsvereinfachungs-verfahren	Relativierung		x
284 II Nr. 5	Einbeziehung von Fremdkapitalzinsen in Herstellungskosten	Erläuterung Finanzzahlen; Relativierung		x
Anhang – § 285 HGB				
285 Nr. 1	Restlaufzeiten der Verbindlichkeiten	Aufgliederung; Relativierung		x
285 Nr. 2	Sicherheiten der Verbindlichkeiten	Aufgliederung; Relativierung		x
285 Nr. 3	nicht bilanzierte Verpflichtungen	Ergänzung; Korrektur		x
285 Nr. 3a	nicht bilanzierte Geschäfte	Ergänzung; Korrektur		x
285 Nr. 4	Aufgliederung Umsatzerlös	Aufgliederung; Warnung		x
285 Nr. 6	Belastung der Ergebnisse durch Ertragssteuern	Aufgliederung; Relativierung		x
285 Nr. 7	Zahl der Beschäftigten	Verhaltenssteuerung; Corporate Governance	x	
285 Nr. 8	Material-/Personenaufwand	Aufgliederung		x
285 Nr. 9	Organbezüge	Kontrolle; Verhaltenssteuerung; Offenlegung Interessenkonflikte	x	

§§	Inhalt	Zweck	GesR	BilR
285 Nr. 10	Mitglieder von Vorstand und AR	Verhaltenssteuerung; Offenlegung Interessenkonflikte	x	
285 Nr. 11	Beteiligungen/unbeschränkte Haftungen (Nr. 11a)	Einflussmöglichkeiten; Konzernstrukturen	x	
285 Nr. 11a	unbeschränkte Haftung nach GesR	Einflussmöglichkeiten; Konzernstrukturen	x	
285 Nr. 12	sonstige Rückstellungen	Aufgliederung; Warnung		x
285 Nr. 13	Gründe für Abschreibung Geschäfts-/Firmenwert	Relativierung		x
285 Nr. 14	Mutterunternehmen	Konzernstrukturen	x	
285 Nr. 16	Entsprechenserklärung	Kontrolle; Verhaltenssteuerung	x	
285 Nr. 17	Honoraraufwand Abschlussprüfer	Offenlegung Interessenkonflikte; Kontrolle	x	
285 Nr. 18	unterlassene Abschreibungen Finanzinstrumente	Relativierung		x
285 Nr. 19	derivative Finanzinstrumente	Ergänzung; Relativierung		x
285 Nr. 21	Geschäfte mit nahestehenden Personen	Konzernstrukturen; Offenlegung Interessenkonflikte; Verhaltenssteuerung	x	
285 Nr. 22	Forschungs- und Entwicklungskosten	Warnung		x
285 Nr. 23	Bewertungseinheiten	Aufgliederung; Relativierung		x
285 Nr. 24	Bewertungen von Pensionsverpflichtungen	Erläuterung; Korrektur		x
285 Nr. 25	Erläuterung bei Saldierung von Vermögensgegenständen und Schulden	Aufgliederung		x
285 Nr. 26	Fondsanteile	Korrektur; Warnung		x
285 Nr. 27	Haftungsverhältnisse	Korrektur		x
285 Nr. 28	ausschüttungsgesperrte Beträge	Aufgliederung; Relativierung		x
285 Nr. 29	Entstehung/Bewertung latenter Steuern	Erläuterung; Aufgliederung; Relativierung		x

Anhang – Sonstige Angaben HGB

§§	Inhalt	Zweck	GesR	BilR
264 II 2	Generalnorm	Korrektur		x
265 I 2	Abweichung Aufbau/Gliederung Bilanz/GuV	Relativierung		x
265 II 2, 3	nicht verglb. & angepasste Vorjahresangaben	Relativierung		x

§§	Inhalt	Zweck	GesR	BilR
265 III 1	Ausweiswahlrecht; mehrfach relevante Vermögensgegenstände	Erläuterung; Relativierung		x
265 IV 2	Gliederung nach verschiedenen Gliederungsvorschriften	Erläuterung		x
265 VII Nr. 2	Aufgliederung zusammengefasster Posten	Aufgliederung		x
268 I 2	Ausweiswahlrecht; Bilanzgewinn/-verluste	Aufgliederung		x
268 II 1, 3	Ausweiswahlrecht; Entwicklung Anlagevermögen	Erläuterung		x
268 IV 2	Erläuterung antizipativer Abgrenzungsposten (Forderungen)	Aufgliederung; Relativierung		x
268 V 3	Erläuterung antizipativer Abgrenzungsposten (Verbindlichkeiten)	Aufgliederung; Relativierung		x
268 VI	Ausweiswahlrecht; Rechnungsabgrenzungsposten	Aufgliederung		x
268 VII	Ausweiswahlrecht Haftungsverhältnisse	Aufschlüsselung		x
277 III 1	Ausweiswahlrecht; außerplanmäßige Abschreibungen	Relativierung; Aufgliederung		x
277 IV 2, 3	außerordentliche/periodenfremde Erträge/Aufwand	Relativierung; Korrektur		x
324 I 2 Nr. 1	*Begründung Fehlen Prüfungsausschuss*	*Corporate Governance; Unternehmenskontrolle; Unternehmensorganisation*	*x*	

Anhang – § 160 AktG

§§	Inhalt	Zweck	GesR	BilR
160 I Nr. 1 AktG	Vorratsaktien (Verwaltungs- und Verwendungsaktien)	Beteiligungsstrukturen	x	
160 I Nr. 2 AktG	eigene Aktien	Beteiligungsstrukturen; Kontrolle	x	
160 I Nr. 3 AktG	Zahlen und Nennbetrag der Aktien/Gattungen	Einflussmöglichkeiten; Beteiligungsstrukturen; Kontrolle	x	
160 I Nr. 4 AktG	Genehmigtes Kapital	Kontrolle	x	
160 I Nr. 5 AktG	Aktienoptionen, Wandelschuldverschreibungen	Beteiligungsstrukturen; Minderheitsaktionärsschutz	x	
160 I Nr. 6 AktG	Genussrechte, Besserungsscheine	Relativierung; Erläuterung		x

§§	Inhalt	Zweck	GesR	BilR
160 I Nr. 7 AktG	wechselseitige Beteiligungen	Konzernstrukturen; Kontrolle	x	
160 I Nr. 8 AktG	mitgeteilte Beteiligungen	Konzernstrukturen; Beteiligungsstrukturen	x	

Anhang – Sonstige Angaben AktG

58 IIa 2	Ausweiswahlrecht; Sonderrücklagen	Aufgliederung		x
152 II	Ausweiswahlrecht; Kapitalrücklagen	Erläuterung		x
152 III	Ausweiswahlrecht; Gewinnrücklagen	Erläuterung		x
158 I 2	Ausweiswahlrecht; Gliederung der GuV	Erläuterung		x
240 3	Kapitalherabsetzung	Relativierung		x
261 I 3, 4	Sonderprüfung wegen Unterbewertung	Erläuterung; Korrektur		x

Lagebericht § 289 HGB

289 I 1	allg. Lagebericht	Erläuterung; Relativierung		x
289 I 2	Umfang Lagebeschreibung/ Analyse	Auswertung		x
289 I 3	Umfang Analyse bzgl. JA	Auswertung		x
289 I 4	Prognosebericht	Ergänzung; Auswertung		x
289 II Nr. 1	Nachtragsbericht	Korrektur		x
289 II Nr. 2	Risikobericht I	Relativierung; Ergänzung		x
289 II Nr. 3	Forschung und Entwicklung	Aufschlüsselung; Relativierung; Auswertung		x
289 II Nr. 4	Zweigniederlassungsbericht	Unternehmensstruktur; Einflussmöglichkeiten	x	
289 II Nr. 5	Vergütungsbericht	Kontrolle; Corporate Governance; Verhaltenssteuerung	x	
289 III	Sozialbericht	Verhaltenssteuerung; Kontrolle; Corporate Governance	x	
289 IV Nr. 1	Zusammensetzung d. Kapitals (Gattungen)	Einflussmöglichkeiten; Beteiligungsstrukturen	x	
289 IV Nr. 2	Beschränkung Übertragbarkeit der Aktien/Stimmrechte, Gesellschaftervereinbarungen	Einflussmöglichkeiten	x	

§§	Inhalt	Zweck	GesR	BilR
289 IV Nr. 3	Bedeutende Beteiligungen	Gesellschafterstruktur; Einflussmöglichkeiten; Konzernstruktur	x	
289 IV Nr. 4	Inhaber von Sonderrechten	Einflussmöglichkeiten; Offenlegung von Interessenkonflikten; Gesellschafterstruktur	x	
289 IV Nr. 5	Art d. Stimmrechtskontrolle bei Mitarbeiterbeteiligungen	Gesellschafterstruktur; Einflussmöglichkeiten	x	
289 IV Nr. 6	Bestimmungen über Bestellung & Abberufung von Vorstandsmitgliedern	Corporate Governance; Unternehmensorganisation	x	
289 IV Nr. 7	Befugnisse d. Vorstands zur Ausgabe & zum Rückkauf von Aktien	Unternehmensorganisation; Einflussmöglichkeiten	x	
289 IV Nr. 8	Change-of-Control-Klauseln	Unternehmensorganisation; Kontrolle	x	
289 IV Nr. 9	Entschädigungsvereinbarungen	Unternehmensorganisation; Kontrolle	x	
289 V	Risikobericht II	Unternehmensorganisation; Kontrolle; Verhaltenssteuerung	x	

Lagebricht – Erklärung zur Unternehmensführung – § 289a HGB

§§	Inhalt	Zweck	GesR	BilR
289a II Nr. 1	Erklärung § 161 AktG	Kontrolle; Verhaltenssteuerung	x	
289a II Nr. 2	Unternehmensführungspraktiken	Verhaltenssteuerung; Corporate Governance	x	
289a II Nr. 3	Arbeitsweise d. Organe	Vermeidung Interessenkonflikte; Unternehmensorganisation	x	

Lagebericht – Sonstige Angaben nach AktG

§§	Inhalt	Zweck	GesR	BilR
312 III 3	Abhängigkeitsbericht	Verhaltenssteuerung; Kontrolle	x	

Inhaltliche Gruppierung der Berichtsthemen des Gesellschaftsberichts

A. Corporate Governance

Anhang	285 Nr. 16 HGB	Entsprechenserklärung	Corporate Governance,
Lagebericht	289a II Nr. 1 HGB	Erklärung § 161 AktG	Corporate Governance
Lagebericht	289a II Nr. 3 HGB	Arbeitsweise d. Organe	Corporate Governance
Lagebericht	289a II Nr. 2 HGB	Unternehmensführungs-praktiken	Corporate Governance
Lagebericht	289 V HGB	Risikobericht II	Unternehmensorganisation; Kontrolle
Anhang	285 Nr. 17 HGB	Honoraraufwand Abschlussprüfer	Offenlegung Interessenkonflikte; Kontrolle

B. Organinformationen

Anhang	285 Nr. 10 HGB	Mitglieder von Vorstand und AR	Verhaltenssteuerung; Offenlegung Interessenkonflikte
Lagebericht	289 IV Nr. 6 HGB	Bestimmungen über Bestellung & Abberufung von Vorstandsmitgliedern	Corporate Governance; Unternehmensorganisation
Lagebericht	289 II Nr. 5 HGB	Vergütungsbericht	Kontrolle; Corporate Governance; Verhaltenssteuerung
Anhang	285 Nr. 9 HGB	Organbezüge	Kontrolle; Verhaltenssteuerung; Offenlegung Interessenkonflikte
Lagebericht	289 IV Nr. 8 HGB	Change-of-Control-Klauseln	Unternehmensorganisation; Kontrolle
Lagebericht	289 IV Nr. 9 HGB	Entschädigungsvereinbarungen	Unternehmensorganisation; Kontrolle

C. Beteiligungsstruktur und Einflüsse

Lagebericht	289 IV Nr. 1 HGB	Zusammensetzung d. Kapitals (Gattungen)	Einflussmöglichkeiten; Beteiligungsstrukturen
Anhang	160 I Nr. 3 AktG	Zahlen und Nennbetrag der Aktien/ Gattungen	Einflussmöglichkeiten; Beteiligungsstrukturen
Lagebericht	289 IV Nr. 4 HGB	Inhaber von Sonderrechten	Einflussmöglichkeiten; Interessenkonflikte
Anhang	160 I Nr. 8 AktG	mitgeteilte Beteiligungen	Beteiligungsstrukturen

Anhang	160 I Nr. 4 AktG	Genehmigtes Kapital	Kontrolle
Lagebericht	289 IV Nr. 7 HGB	Befugnisse d. Vorstands zur Ausgabe & zum Rückkauf von Aktien	Unternehmensorganisation; Einflussmöglichkeiten
Anhang	160 I Nr. 2 AktG	eigene Aktien	Beteiligungsstrukturen; Kontrolle
Anhang	160 I Nr. 5 AktG	Aktienoptionen, Wandelschuldverschreibungen	Beteiligungsstrukturen; Minderheitsaktionärsschutz
Lagebericht	289 IV Nr. 2 HGB	Beschränkung Übertragbarkeit der Aktien/Stimmrechte, Gesellschaftervereinbarungen	Einflussmöglichkeiten
Anhang	160 I Nr. 1 AktG	Vorratsaktien (Verwaltungs- und Verwendungsaktien)	Beteiligungsstrukturen
Lagebericht	289 IV Nr. 5 HGB	Art d. Stimmrechtskontrolle bei Mitarbeiterbeteiligungen	Gesellschafterstruktur, Einflussmöglichkeiten

D. Konzernverflechtungen

Anhang	285 Nr. 14 HGB	Mutterunternehmen	Konzernstruktur
Lagebericht	312 III 3 AktG	Erklärung z. Abhängigkeitsbericht	Verhaltenssteuerung; Kontrolle
Lagebericht	289 IV Nr. 3 HGB	Bedeutende Beteiligungen	Konzernstruktur
Anhang	160 I Nr. 7 AktG	wechselseitige Beteiligungen	Konzernstrukturen; Kontrolle
Anhang	285 Nr. 11 HGB	Beteiligungen/unbeschränkte Haftungen (Nr. 11a)	Einflussmöglichkeiten; Konzernstrukturen
Anhang	285 Nr. 21 HGB	Geschäfte mit nahestehenden Personen	Interessenkonflikte; Verhaltenssteuerung
Lagebericht	289 II Nr. 4 HGB	Zweigniederlassungsbericht	Unternehmensstruktur; Einflussmöglichkeiten
Anhang	285 Nr. 11a HGB	unbeschränkte Haftung nach GesR	Einflussmöglichkeiten; Konzernstrukturen
Anhang	285 Nr. 11a HGB	unbeschränkte Haftung nach GesR	Einflussmöglichkeiten; Konzernstrukturen

E. Arbeitnehmerinteressen

| Anhang | 285 Nr. 7 HGB | Zahl der Beschäftigten | Verhaltenssteuerung; Corporate Governance |
| Lagebericht | 289 III HGB | Sozialbericht | Verhaltenssteuerung; Corporate Governance |

Literaturverzeichnis

Achleitner, Ann-Kristin/Bassen, Alexander (Hrsg.): Investor Relations am Neuen Markt, Stuttgart 2001. Zitiert: *Bearbeiter*, in: Achleitner/Bassen; Investor Relations am Neuen Markt.

Adler, Hans/Düring, Walter/Schmaltz, Kurt (Begr.): Rechnungslegung und Prüfung der Unternehmen, Kommentar zum HGB, AktG, GmbHG, PublG nach den Vorschriften des Bilanzrichtlinien-Gesetzes, Band 2, §§ 284–289 HGB; 6. Auflage, Stuttgart 1995. Zitiert: *Adler/Düring/Schmaltz*, Rechnungslegung und Prüfung, Band 2.

Ders./Düring, Walter/Schmaltz, Kurt (Begr.): Rechnungslegung und Prüfung der Unternehmen. Kommentar zum HGB, AktG, GmbHG, PublG nach den Vorschriften des Bilanzrichtlinien-Gesetzes, Band 4, Vorbemerkungen §§ 15–18 AktG, §§ 15–18, 58, 91, 142–146, 150, 152, 158, 160, 170–176, 231, 232, 240, 256–261, 270, 286, 300, 311–313, 337 AktG, Vorbemerkungen §§ 41–42a, GmbHG, §§ 41–42a, 71 GmbHG, Vorbemerkungen §§ 1–10 PublG, §§ 1–15 PublG, 6. Auflage, Stuttgart 1997. Zitiert: *Adler/Düring/Schmaltz*, Rechnungslegung und Prüfung, Band 4.

Ders./Düring, Walter/Schmaltz, Kurt (Begr.): Rechnungslegung nach Internationalen Standards, Kommentar, Band 2, 6. Teillieferung Stand Dezember 2007, Stuttgart 2002. Zitiert: *Adler/Düring/Schmaltz*, International.

Arens, Tobias/Petersen, Sabrina: Über (Irr-)Wege zur Anfechtbarkeit eines Entlastungsbeschlusses wegen fehlerhafter Entsprechenserklärung. Eine Systematisierung der Argumente des BGH und der Literatur. Zugleich Anmerkung zu BGH, v. 16. 02. 2009 – II ZR 185/07 – und BGH, v. 21. 09. 2009 – II ZR 174/08 –, Der Konzern 2011, S. 197–207.

Armbrüster, Christian: Haftung der Geschäftsleiter bei Verstößen gegen § 64 a VAG, VersR 2009, S. 1293–1304.

Armeloh, Karl-Heinz: Die Berichterstattung im Anhang, Düsseldorf 1998.

Arnsfeld, Torsten/Growe, Sebastian: Corporate Governance-Ratings in Deutschland, Finanz Betrieb 2006, S. 715–720.

Assmann, Heinz-Dieter: Corporate Governance im Schnittfeld von Gesellschaftsrecht und Kapitalmarktrecht, in: Ekkenga, Hadding, Hammen (Hrsg.), Bankrecht und Kapitalmarktrecht in der Entwicklung: Festschrift für Siegfried Kümpel zum 70. Geburtstag; Berlin 2003, S. 1–18. Zitiert: *Assmann*, in: FS Kümpel.

Ders./Pötzsch, Thorsten/Schneider, Uwe H. (Hrsg.): Wertpapiererwerbs- und Übernahmegesetz: Kommentar, 2. Auflage, Köln 2013. zitiert: *Bearbeiter*, in: Assmann/Pötzsch/Schneider, WpÜG-Kommentar.

Ders./Schneider, Uwe H. (Hrsg.): Wertpapierhandelsgesetz-Kommentar, 6. Auflage, Köln 2012. zitiert: *Bearbeiter*, in: Assmann/Schneider, WpHG-Kommentar.

Bachmann, Gregor: Die Erklärung zur Unternehmensführung (Corporate Governance Statement), ZIP 2010, S. 1517–1526.

Ders./Casper, Matthias/Schäfer, Carsten/Veil, Rüdiger (Hrsg.): Steuerungsfunktion des Haftungsrechts im Gesellschafts- und Kapitalmarktrecht, Baden-Baden 2007. Zitiert: *Bearbeiter*, in: Bachmann/Casper/Schäfer/Veil, Steuerungsfunktion des Haftungsrechts.

Baetge, Jörg: Rechnungslegungszwecke des aktienrechtlichen Jahresabschlusses, in Baetge, Jörg; Moxter, Adolf; Scheider, Dieter (Hrsg.), FS Leffson, Düsseldorf 1976. Zitiert: *Baetge*, in: FS Leffson.

Ders./Brüggemann, Benedikt/Haenelt, Timo: Erweiterte Offenlegungspflichten in der handelsrechtlichen Lageberichterstattung – Übernahmerechtliche Angaben und Erläuterungen nach § 315 Abs. 4 HGB und E-DRS 23, BB 2007, S. 1887–1893.

Ders./Kirsch, Hans-Jürgen/Thiele, Stefan: Bilanzrecht, Handelsrecht mit Steuerrecht und den Regelungen des IASB, Kommentar, Stand: 32. Aktualisierung zur 1. Auflage, Bonn 2002. Zitiert: *Bearbeiter*, in: Baetge/Kirsch/Thiele, BilanzR.

Ders./Kirsch, Hans-Jürgen/Thiele, Stefan: Bilanzen, 10. Auflage, Düsseldorf 2009.

Bassen, Alexander/Jastram, Sarah/Meyer, Katrin: Corporate Social Responsibility – Eine Begriffserläuterung, zfwu 2005, S. 231–236.

Ders./Kleinschmidt, Maik/Prigge, Stefan/Zöllner, Christine: Deutscher Corporate Governance Kodex und Unternehmenserfolg, DBW 2006, S. 375–401.

Bauchowitz, Hans: Die Lageberichtspublizität der Deutschen Aktiengesellschaft – Eine empirische Untersuchung zum Stand der Berichterstattung gem. § 160 Abs. 1 AktG, Frankfurt a. M., Bern, Las Vegas 1979. Zitiert: *Bauchowitz*, Lageberichtspublizität.

Baumbach, Adolf [Begr.]/Hopt, Klaus: Handelsgesetzbuch – mit GmbH & Co., Handelsklauseln, Bank- und Börsenrecht, Transportrecht (ohne Seerecht), 34. Auflage, München 2010. Zitiert: *Bearbeiter*, in: Baumbach/Hopt, HGB.

Baums, Theodor: Zur Offenlegung von Vorstandsvergütungen, ZHR 169 (2005), S. 299–309.

Bayer, Walter: Aktionärsrechte und Anlegerschutz: Kritische Betrachtung der lex lata und Überlegungen de lege ferenda vor dem Hintergrund des Berichts der Regierungskommission Corporate Governance und des Entwurfs eines 4. Finanzmarktförderungsgesetzes, ZHR-Sonderheft 71 (2002), S. 137–163.

Ders., Verhandlungen des 67. Deutschen Juristentages Erfurt 2008, Band I: Gutachten/ Teil E: Empfehlen sich besondere Regelungen für börsennotierte und für geschlossene Gesellschaften?, 1. Auflage, München 2008. Zitiert: *Bayer*, Gutachten E für den 67. Deutschen Juristentag.

Ders./Habersack, Mathias (Hrsg.): Aktienrecht im Wandel, Band 2, Grundsatzfragen des Aktienrechts, Tübingen 2007. Zitiert: *Bearbeiter*, in: Bayer/Habersack, Aktienrecht im Wandel.

Beine, Frank: Scheinkonflikte mit dem True and Fair View, WPg 1995, S. 467- 475.

Beisse, Heinrich: Gläubigerschutz – Grundprinzip des deutschen Bilanzrechts, in: Beisse (Hrsg.), Festschrift für Karl Beusch zum 68. Geburtstag am 31. Oktober 1993, Berlin 1993, S. 77–97. Zitiert: *Beisse*, in: FS Beusch.

Ders.: Zum neuen Bild des Bilanzrechtssystems, in: Ballwieser, Böcking, Drukarczyk, Schmidt (Hrsg.), Bilanzrecht und Kapitalmarkt: Festschrift zum 65. Geburtstag von Professor Dr. Dr. h. c. Dr. h. c. Adolf Moxter, Düsseldorf 1994, S. 5–31. Zitiert: *Beisse*, in: FS Moxter.

Bertram, Klaus/Brinkmann, Ralph/Kessler, Harald/Müller, Stefan (Hrsg.): Haufe HGB Kommentar, 1. Auflage, Freiburg, München, Berlin, Würzburg 2009. Zitiert: *Bearbeiter*, in: Haufe HGB.

Biener, Herbert/Berneke, Wilhelm/Niggemann, Karl Heinz: Bilanzrichtlinien-Gesetz: Textausgabe des Bilanzrichtlinien-Gesetzes vom 19.12.1985 (Bundesgesetzbl. I S. 2355); mit Bericht des Rechtsausschusses des Deutschen Bundestages, Regierungsentwürfe mit Begründung, EG-Richtlinien mit Begründung, Entstehung und Erläuterung des Gesetzes, Düsseldorf 1986. Zitiert: *Biener/Berneke/Niggemann*, Bilanzrichtliniengesetz.

Bittmann, Barbara/Schwarz, Susanne: Offenlegung von „Change of Control-Klauseln" – Wie intransparente Gesetze für mehr Transparenz sorgen; BB 2009, S. 1014–1016.

Bischof, Stefan/Selch, Barbara: Neuerungen für den Lagebericht nach dem Regierungsentwurf eines Bilanzrechtsmodernisierungsgesetzes (BilMoG), WPg 2008, S. 1021–1031.

Böcking, Hans-Joachim: Zum Verhältnis von Rechnungslegung und Kapitalmarkt: Vom „financial accounting" zum „business reporting", zfbf Sonderheft 40/1998, S. 17–53.

Ders.: Corporate Governance und Transparenz – Zur Notwendigkeit der Transparenz für eine wirksame Unternehmensüberwachung, in: von Werder, Wiedemann, internationale Rechnungslegung und Corporate Governance, Festschrift für Dr. Klaus Pohle, Stuttgart 2003, S. 247–277. Zitiert: *Böcking*, in: FS Pohle.

Ders./Castan, Edgar/Heymann, Gerd/Pfitzer, Norbert/Scheffler, Eberhard (Hrsg.): Beck'sches Handbuch der Rechnungslegung, Band II, 31. Ergänzungslieferung, München November 2009. Zitiert: *Bearbeiter*, in: Beck Hdb der Rechnungslegung, Stand 2009.

Ders./Eibelshäuser, Beate: Die Erklärung zur Unternehmensführung nach BilMoG (§ 289a HGB), Der Konzern 2009, S. 563–572.

Ders./Eibelshäuser, Beate/Arlt, Alexandra: Kritische Würdigung der Veröffentlichung der Erklärung zur Unternehmensführung gemäß § 289a HGB – Ableitung eines Vorschlags zur einheitlichen Berichterstattung, Der Konzern 2010, S. 614–623.

Ders./Stein, Thomas: Der Konzernlagebericht als ein Instrument einer wertorientierten Unternehmensberichterstattung – Neue Anforderungsprofile für Vorstände, Aufsichtsräte und Abschlussprüfer im Sinne einer gesetzlichen Konkretisierung der Corporate Governance, Der Konzern 2006, S. 753–762.

Bohl, Werner/Riese, Joachim/Schlüter, Jörg (Hrsg.): Beck'sches IFRS-Handbuch, Kommentierung der IFRS/IAS, 3. Auflage, München 2009. Zitiert: Bearbeiter, in: Beck IFRS-Hdb.

Borges, Georg: Selbstregulierung im Gesellschaftsrecht – zur Bindung an Corporate Governance-Kodizes, ZGR 2003, S. 508–540.

Brandeis, Louis: Other People's Money- and How the Bankers Use it, New York 1914.

Brinckmann, Hendrik: Kapitalmarktrechtliche Finanzberichterstattung, Köln 2009. Zitiert: *Brinckmann*, Finanzberichterstattung.

Brunner, Karl/Meckling, William H.: The Perception of Man and the Conception of Government, 9 JMCB 1977, S. 70–85.

Burgard, Ulrich: Die Offenlegung von Beteiligungen, Abhängigkeits- und Konzernlagen bei der Aktiengesellschaft, Berlin 1991. Zitiert: *Burgard*, Offenlegung von Beteiligungen, Abhängigkeits- und Konzernlagen.

Ders.: Die Offenlegung von Beteiligungen bei der Aktiengesellschaft, AG 1992, S. 41–55.

Bürgers, Tobias/Körber, Torsten: Heidelberger Kommentar zum Aktiengesetz, Heidelberg 2008. Zitiert: *Bearbeiter*, in: Heidelberger Komm AktG.

Burns, Natasha/Minnick, Kristina: Does Say-on-Pay Matter? Evidence from Say-on-Pay Proposals in the United States, The Financial Review 48 (2013), S. 233–258.

Busse von Colbe, Walther/Pellens, Bernhard: Lexikon des Rechnungswesens – Handbuch der Bilanzierung und Prüfung, der Erlös-, Finanz-, Investitions-, und Kostenrechnung; 4. Auflage, München, Wien 1998. Zitiert: Busse von Colbe/Pellens, Lexikon Rechnungswesen.

Cahn, Andreas: Professionalisierung des Aufsichtsrats, in: Veil (Hrsg.), Unternehmensrecht in der Reformdiskussion, Tübingen 2013, S. 139–159. Zitiert: *Cahn*, in: Veil, Unternehmensrecht in der Reformdiskussion.

Ders.: Aufsichtsrat und Business Judgment Rule, ILF-Working Paper Series, Nr. 141, 2013; abrufbar http://www.ilf-frankfurt.de/uploads/media/ILF_WP_141.pdf.

Canaris, Claus-Wilhelm: Systemdenken und Systembegriff in der Jurisprudenz. Entwickelt am Beispiel des deutschen Privatrechts, Berlin 1983. Zitiert: *Canaris*, Systemdenken und Systembegriff in der Jurisprudenz.

Casper, Matthias: Persönliche Außenhaftung der Organe bei fehlerhafter Information des Kapitalmarkts?, BKR 2005, S. 83–90.

Castan, Edgar: Rechnungslegung der Unternehmung, München 1977.

Ders./Heymann, Gerd/Müller, Eberhard/Ordelheide, Dieter/Scheffler, Eberhard (Hrsg.): Beck'sches Handbuch der Rechnungslegung, Band II, 11. Ergänzungslieferung zur 11. Auflage, München April 1998. Zitiert: *Bearbeiter*, in: Beck Hdb der Rechnungslegung, Stand 1998.

Claussen, Carsten: Ein Versuch der Standortbestimmung des neuen Rechnungslegungsrechts, in: Habersack, Hommelhoff, Hüffer, Schmidt (Hrsg.), Festschrift für Peter Ulmer zum 70. Geburtstag am 2. Januar 2003, Berlin 2003, S. 801–816. Zitiert: *Claussen*, in: FS Ulmer.

Ders./Scherrer, Gerhard: Kölner Kommentar zum Rechnungslegungsrecht, §§ 238–342e HGB, Köln 2011. Zitiert: *Bearbeiter*, in: Kölner Komm RechnungslegungsR.

Coase, Ronald H.: The Nature of the Firm, 4 Economica (N. S.) 1937, S. 386–405.

Ders.: The Problem of Social Cost, 3 Journal of Law and Economics 1960, S. 1–44.

Coenenberg, Adolf G./Straub, Barbara: Rechenschaft versus Entscheidungsunterstützung: Harmonie oder Disharmonie der Rechnungszwecke?, KoR 2008, S. 17–26.

Coing, Helmut: Geschichte und Bedeutung des Systemgedankens in der Rechtswissenschaft, ÖzöR 1957/58, S. 257–269.

Conyon, Martin/Sadler, Graham: Shareholder Voting and Directors' Remuneration Report Legislation: Say on Pay in the UK, Corporate Governance – An International Review 2010, S. 296–312.

Dahlman, Carl J.: The Problem of Externality, 22 Journal of Law and Economics 1979, S. 141–162.

Davies, Paul: Introduction to Company Law, 2. Auflage, Oxford 2010.

Dißars, Ulf-Christian: Bilanzielle Behandlung eigener Anteile im Jahresabschluss der Kapitalgesellschaft, StC 2007, S. 39–43.

Döllerer, Georg: Zweck der aktienrechtlichen Publizität, BB 1958, S. 1281–1284.

Dreher, Meinhard: Ausstrahlungen des Aufsichtsrechts auf das Aktienrecht – Unter besonderer Berücksichtigung des Risikomanagement –, ZGR 2010, S. 496–542.

Easterbrook, Frank/Fischel, Daniel: Corporate Control Transactions, 91 Yale Law Journal 1982, S. 698–737.

Ebenroth, Carsten/Boujong, Karlheinz/Joost, Detlev (Bgr.)/Strohn, Lutz (Hrsg.): Handelsgesetzbuch, Band 1, §§ 1–342e HGB, 2. Auflage, München 2008. Zitiert: *Bearbeiter*, in: Ebenroth/Boujong/Joost/Strohn, HGB.

Ders./Boujong, Karlheinz/Joost, Detlev (Bgr.)/Strohn, Lutz (Hrsg.): Handelsgesetzbuch, Band 2, §§ 343–475h HGB, Transportrecht, Bank- und Börsenrecht, 2. Auflage, München 2009. Zitiert: *Bearbeiter*, in: Ebenroth/Boujong/Joost/Strohn, HGB.

Ellrott, Helmuth/Förschle, Gerhart/Kozikowski, Michael/Winkeljohann, Norbert (Hrsg.): Beck'scher Bilanz-Kommentar; 9. Auflage, München 2014. Zitiert: *Bearbeiter*, in: Beck BilanzKomm.

Emmerich, Volker/Habersack, Mathias (Hrsg.): Aktien- und GmbH-Konzernrecht, 6. Aufl., München 2010. Zitiert: *Bearbeiter*, in: Emmerich/Habersack, KonzernR.

Engelhardt, Florian: Vertragsabschlussschaden oder Differenzschaden bei der Haftung des Emittenten für fehlerhafte Kapitalmarktinformationen, BKR 2006, S. 443–448.

Ernst, Edgar/Gassen, Joachim/Pellens, Bernhard: Von Rosen (Hrsg.), Verhalten und Präferenzen deutscher Aktionäre – eine Befragung von privaten und institutionellen Anlegern zum Informationsverhalten, zur Dividendenpräferenz und zur Wahrnehmung von Stimmrechten, Studien des deutschen Aktieninstituts, Heft 42, Frankfurt 2009. Zitiert: *Ernst/Gassen/Pellens*, in: von Rosen: Verhalten und Präferenzen deutscher Aktionäre, Studien des DAI.

Falkenhausen, Joachim Frhr. von: Die Haftung außerhalb des Business Judgment Rule, NZG 2012, 644–651.

Ders./Kocher, Dirk: Erste Erfahrungen mit dem Vergütungsvotum der Hauptversammlung. Empirische Untersuchung und rechtliche Überlegungen, AG 2010, S. 623–629.

Farr, Wolf-Michael: Checkliste für die Aufstellung, Prüfung und Offenlegung des Anhangs der AG/KGaA: – unter Berücksichtigung der neuen Pflichtangaben nach dem Bilanzrechtsmodernisierungsgesetz einschließlich Musteranhang – Stand: 1.5.2012, 6. Auflage, Düsseldorf 2012. Zitiert: *Farr*, Checkliste für die Aufstellung, Prüfung und Offenlegung des Anhangs der AG/KGaA.

Felix, Dagmar: Einheit der Rechtsordnung. Zur verfassungsrechtlichen Relevanz einer juristischen Argumentationsfigur, Tübingen 1998. Zitiert: *Felix*, Einheit der Rechtsordnung.

Ferri, Fabrizio/Maber, David: Say on Pay Votes and CEO Compensation: Evidence from the UK, Review of Finance 17 (2013), S. 527–563.

Fey, Gerd: Die Angabe bestehender Zweigniederlassungen im Lagebericht nach § 298 Abs. 2 Nr. 4 HGB; DB 1994, S. 485–487.

Fink, Christian: Management Commentary: Eine Diskussionsgrundlage zur internationalen Lageberichterstattung, KoR 2006, S. 141–152.

Ders./Kajüter, Peter/Winkeljohann, Norbert: Lageberichterstattung – HGB, DRS und IFRS Practice Statement Management Commentary, Stuttgart 2013. Zitiert: *Fink/Kajüter/Winkeljohann*, Lageberichterstattung.

Fleischer, Holger: Informationsasymmetrie im Vertragsrecht, München 2001. Zitiert: *Fleischer*, Informationsasymmetrie.

Ders.: Die „Business Judgment Rule" im Spiegel von Rechtsvergleichung und Rechtsökonomie, in: Wank, Hirte, Frey, Fleischer, Thüsing (Hrsg.), Festschrift für Herbert Wiedemann zum 70. Geburtstag, München 2002, S. 827–850. Zitiert: Fleischer, in: FS Wiedemann.

Ders.: Der Inhalt des Schadensersatzanspruchs wegen unwahrer oder unterlassener unverzüglicher Ad-hoc-Mitteilungen, BB 2002, S. 1869–1874.

Ders.: Zur Leitungsaufgabe des Vorstands im Aktienrecht, ZIP 2003, S. 1–11.

Ders.: Aktienrechtliche Zweifelsfragen der Kreditgewährung an Vorstandsmitglieder, WM 2004, S. 1057–1067.

Ders.: Zur deliktsrechtlichen Haftung der Vorstandsmitglieder für falsche Ad-hoc-Mitteilungen. Zugleich Anmerkung der Infomatec-Entscheidung des BGH v. 19. 07. 2004 – II ZR 402/02 –, DB 2004, S. 2031–2036.

Ders.: Organpublizität im Aktien-, Bilanz- und Kapitalmarktrecht, NZG 2006, S. 561–569.

Ders.: Prognoseberichterstattung im Kapitalmarktrecht und Haftung für fehlerhafte Prognosen, AG 2006, S. 2–16.

Ders.: Zukunftsfragen der Corporate Governance in Deutschland und Europa: Aufsichtsräte, institutionelle Investoren, Proxy Advisors und Whistleblowers, ZGR 2011, S. 155–181.

Froschhammer, Matthias: Internationalisierung der HGB-Rechnungslegung durch das BilMoG: empirische Befunde zur Bilanzierungspraxis und Analyse der Gesetzentstehung; Gegenüberstellung von HGB und IFRS, Gestaltungsmöglichkeiten im HGB-Abschluss, Best Practice-Ansätze, Herne 2013. Zitiert: Froschhammer, Internationalisierung der HGB-Rechnungslegung durch das BilMoG.

Fuchs, Andreas/Dühn, Matthias: Deliktische Schadensersatzhaftung für falsche Ad-hoc-Mitteilungen. Zugleich Anmerkung zu OLG München, U. v. 01. 10. 2002–30 U 855/01 –, BKR 2002, S. 1063–1071.

Gadow, Wilhelm/Heinichen, Eduard (Begr.): Aktiengesetz Großkommentar, 2. Band §§ 148–178, 3. Auflage, Berlin 1970. Zitiert: Bearbeiter, in: Großkomm AktG, 3. Auflage.

Ders. (Begr.)/Hopt, Klaus/Wiedemann, Herbert (Hrsg.): Aktiengesetz Großkommentar, 3. Band §§ 76–94, 4. Auflage, Berlin 2008. Zitiert: *Bearbeiter*, in: Großkomm AktG.

Ders. (Begr.)/Hopt, Klaus/Wiedemann, Herbert (Hrsg.): Aktiengesetz Großkommentar, 5. Band §§ 118–149, Mitbestimmungsgesetz, 4. Auflage, Berlin 2008. Zitiert: *Bearbeiter*, in: Großkomm AktG.

Ders. (Begr.)/Hopt, Klaus/Wiedemann, Herbert (Hrsg.): Aktiengesetz Großkommentar, Band 6, §§ 150–220, 4. Auflage, Berlin 2006. Zitiert: *Bearbeiter*, in: Großkomm AktG.

Ders. (Begr.)/Hopt, Klaus/Wiedemann, Herbert (Hrsg.): Aktiengesetz Großkommentar, Lieferung 8 §§ 399–410, 4. Auflage, Berlin 1997. Zitiert: *Bearbeiter*, in: Großkomm AktG.

Geirhofer, Susanne: Vom Lagebericht zum Managementbericht – Ein Überblick über den IASB Exposure Draft „Management Commentary", IRZ 2009, S. 431–437.

Gelhausen, Hans-Friedrich/Fey, Gerd/Kämpfer, Georg: Rechnungslegung und Prüfung nach Bilanzrechtsmodernisierungsgesetz; Düsseldorf 2009. Zitiert: *Gelhausen/Fey/ Kämpfer*, Rechnungslegung und Prüfung nach BilMoG.

Geßler, Ernst/Hefermehl, Wolfgang/Eckardt, Ulrich/Kropff, Bruno: Aktiengesetz, Band III §§ 148–178, 1. Auflage, München 1973. Zitiert: *Bearbeiter*, in: Geßler/Hefermehl/ Eckardt/Kropff, AktG.

Godin, Reinhard Freiherr von/Wilhelmi, Hans: Gesetz über die Aktiengesellschaften und Kommanditgesellschaften auf Aktien (Aktiengesetz) vom 30. Januar 1936 (RGBl I S. 107 ff.), 2. Auflage, Berlin 1950. Zitiert: *Bearbeiter*, in: Godin/Wilhelmi, AktG, 2. Auflage 1950.

Ders./Wilhelmi, Hans: Aktiengesetz vom 6. September 1965 – Kommentar, Band 1 §§ 1–178, 3. Auflage, Berlin 1967. Zitiert: *Bearbeiter*, in: Godin/Wilhelmi, AktG 1965.

Göllert, Kurt: Sozialbilanzen. Grundlagen im geltenden Recht, Wiesbaden 1979. Zitiert: *Göllert*, Sozialbilanzen.

Goette, Wulf/Habersack, Mathias: Münchener Kommentar zum Aktiengesetz, Band 1, §§ 1–75 AktG, 3. Auflage, München 2008. Zitiert: *Bearbeiter*, in: MünchKomm AktG.

Ders./Habersack, Mathias: Münchener Kommentar zum Aktiengesetz, Band 4, §§ 179–277, 3. Auflage, München 2011. Zitiert: *Bearbeiter*, in: MünchKomm AktG.

Ders./Habersack, Mathias: Münchener Kommentar zum Aktiengesetz, Band 5, §§ 278–328, SpruchG, ÖGesAusG, Österreichisches Konzernrecht, 3. Auflage, München 2010. Zitiert: *Bearbeiter*, in: MünchKomm AktG.

Ders./Habersack, Mathias: Münchener Kommentar zum Aktiengesetz, Band 6, §§ 329–410, WpÜG, Österreichisches Übernahmerecht, 3. Auflage, München 2011. Zitiert: *Bearbeiter*, in: MünchKomm AktG.

Ders./Habersack, Mathias: Münchener Kommentar zum Aktiengesetz, Band 3, §§ 118–147, 3. Auflage, München 2013. Zitiert: *Bearbeiter*, in: MünchKomm AktG.

Ders./Habersack, Mathias: Münchener Kommentar zum Aktiengesetz, Band 2, §§ 76–117, MittbG, DrittelbG, AktG, 4. Auflage, München 2014. Zitiert: *Bearbeiter*, in: MünchKomm AktG.

Governmental Accounting Standards Board: Concept statement Nr. 3 – Communication Methods in General Purpose External Financial Reports that contain Basic Financial Statements, April 2008. Zitiert: *GASB*, GASB Concept Statement Nr. 3, April 2005.

Greinert, Markus: Weitergehende Anforderungen an den Konzernlagebericht durch E-DRS 20 sowie das Bilanzrechtsreformgesetz, KoR 2004, S. 51–60.

Gamm, Kevin Frhr. von: Betriebsgeheimnisse und bilanzrechtliche Publizität, Köln 1998.

Gros, Marius: Rechnungslegung in Deutschland und den USA – Implikationen für eine zweckadäquate Fortentwicklung der deutschen Rechnungslegungskonzeption, Wiesbaden 2010. Zitiert: *Gros*, Rechnungslegung in Deutschland und den USA.

Großfeld, Bernhard/Luttermann, Claus: Bilanzrecht – Die Rechnungslegung in Jahresabschluss und Konzernabschluss nach Handelsrecht, Steuerrecht, Europarecht und IAS/IFRS, 4. Auflage, Heidelberg 2005. Zitiert: *Großfeld/Luttermann*, BilanzR.

Grottke, Markus/Strobl, Sascha: Eine kritische Analyse des Exposure Draft Management Commentary mit Blick auf seine zentralen Zielsetzungen, IRZ 2009, S. 483–488.

Hartmann, Christina: Internationalisierung der Lageberichtserstattung – Darstellung und Vergleich des deutschen Lageberichts und der US-amerikanischen MD&A, Marburg 2006. Zitiert: *Hartmann*, Internationalisierung der Lageberichtserstattung.

Heinz, Annette: Das Enforcement-Verfahren in Deutschland : Untersuchung des Systems zur Kontrolle von Rechnungslegungsunterlagen unter besonderer Berücksichtigung der Prüfung einer effektiven Rechtsschutzgewährung in Bezug auf eine Bekanntmachungsanordnung nach § 37q Absatz 2 Satz 1, 4 WpHG, Berlin 2010. Zitiert: *Heinz*, Enforcement-Verfahren in Deutschland.

Hellgardt, Alexander: Kapitalmarktdeliktsrecht: Haftung von Emittenten, Bietern, Organwaltern und Marktintermediären. Grundlagen, Systematik, Einzelfragen, Tübingen 2008. Zitiert: *Hellgardt*, Kapitalmarktdeliktsrecht.

Helmrich, Herbert: Bilanzrichtlinienen-Gesetz – amtliche Texte und Entwürfe; Begründungen, Stellungnahmen und Protokolle, München 1986. Zitiert: *Helmrich*, Bilanzrichtlinien-Gesetz.

Henne, Alexander: Information und Corporate Governance: das Informationsmodell im Börsengesellschaftsrecht, Baden-Baden 2001. Zitiert: *Henne*, Information und Corporate Governance.

Hennrichs, Joachim: Prognosen im Bilanzrecht, AG 2006, S. 698–706.

Ders./Kleindiek, Detlef/Watrin, Christoph (Hrsg.): Münchener Kommentar zum Bilanzrecht, Band 2, §§ 238–342e HGB, 1. Auflage, München 2013. Zitiert: *Bearbeiter*, in: MünchKomm BilanzR.

Henssler, Martin/Strohn, Lutz (Hrsg.): Gesellschaftsrecht, München 2011. Zitiert: *Bearbeiter*, in: Henssler/Strohn, GesR.

Henze, Hartwig: Vermögensbindungsprinzip und Anlegerschutz, NZG 2005, S. 115–121.

Heuser, Paul/Theile, Carsten: Auswirkungen des Bilanzrechtsreformgesetzes auf den Jahresabschluß und Lagebericht der GmbH, GmbHR 2005, S. 201–206.

Hirte, Heribert: The Takeover Directive – a Mini-Directive on the Structure of the Corporation: Is it a Trojan Horse?, ECFR 2005, S. 1–19.

Ders./Altenhain, Karsten: Kölner Kommentar zum WpHG, Köln, Berlin, Bonn, München 2007. Zitiert: *Bearbeiter*, in: Kölner Komm WpHG.

Hoffmann-Becking, Michael: Das Recht des Aufsichtsrats zur Prüfung durch Sachverständige nach § 111 Abs. 2 S. 2 AktG, ZGR 2011, S. 136–154.

Hölters, Wolfgang (Hrsg.): Aktiengesetz. Kommentar, 2. Auflage, München 2014. Zitiert: *Bearbeiter*, in: Hölters, AktG.

Hommelhoff, Peter: Anlegerinformationen im Aktien-, Bilanz- und Kapitalmarktrecht, ZGR 2000, S. 748–775.

Hommelhoff, Peter/Mattheus, Daniela: Risikomanagementsystem im Entwurf des BilMoG als Funktionselement der Corporate Governance, BB 2007, S. 2787–2791.

Ders./Riesenhuber, Karl: Strukturmaßnahmen, insbesondere Verschmelzung und Spaltung im Europäischen und deutschen Gesellschaftsrecht, in: Grundmann, Systembildung und Systemlücken in Kerngebieten des Europäischen Privatrechts, Tübingen 2000, S. 259- 281.

Hoor, Gerd: Die Präzisierung der Sorgfaltsanforderungen nach § 93 Abs. 1 AktG durch den Entwurf des UMAG, DStR 2004, S. 2104–2108.

Hopt, Klaus: Vom Aktien- und Börsenrecht zum Kapitalmarktrecht? – Teil 1: Der international erreichte Stand des Kapitalmarktrechts, ZHR 140 (1976), S. 201, 204–235.

Ders.: Vom Aktien- und Börsenrecht zum Kapitalmarktrecht? – Teil 2: Die deutsche Entwicklung im internationalen Vergleich, ZHR 141 (1977), S. 389–441.

Ders.: Europäisches Gesellschaftsrecht – Krise und neue Anläufe, ZIP 1998, S. 96–106.

Ders.: ECLR Interessenwahrung und Interessenkonflikte im Aktien-, Bank-, und Berufsrecht, ZGR 2004, S. 1–52.

Ders.: Europäisches Gesellschaftsrecht im Lichte des Aktionsplans der Europäischen Kommission vom Dezember 2012, ZGR 2013, S. 165–215.

Horn, Norbert (Hrsg.): Heymann, Handelsgesetzbuch (ohne Seerecht) – Kommentar, Band 3, Drittes Buch §§ 238–342a, 2. Auflage, Berlin/New York 1999. Zitiert: *Bearbeiter*, in: Heymann, HGB.

Hüffer, Uwe: Aktiengesetz, 10. Auflage, München 2012. Zitiert: *Hüffer*, AktG.

Hupka, Jan: Der Aktionsplan der EU-Kommission „Europäisches Gesellschaftsrecht und Corporate Governance", GWR 2013, S. 59–61.

Hutter, Stephan/Leppert, Michael: Das 4. Finanzmarktförderungsgesetz aus Unternehmersicht, NZG 2002, S. 649–657.

Icking, Jan: Die Rechtsnatur des Handelsbilanzrechts – Zugleich ein Beitrag zur Abgrenzung von öffentlichem und privatem Recht; Berlin 2000. Zitiert: *Icking*, Rechtsnatur HandelsbilanzR.

International Accounting Standards Board: Information for Observers, Management Commentary, Discussion Paper Conclusion Revisited (Agenda Paper 12A), 24.07.2008.

Ipsen, Jörn: Allgemeines Verwaltungsrecht, 7. Auflage, München 2011. Zitiert: *Ipsen*, Allgemeines Verwaltungsrecht.

Janz, Reinhard/Schülen, Werner: Der Anhang als Teil des Jahresabschlusses und des Konzernabschlusses, WPg 1986, S. 57.

Jöcks, Wolfgang/Schmitz, Roland (Hrsg.): Münchener Kommentar zum Strafgesetzbuch, Band 6/1 – Nebenstrafrecht II, 1. Auflage, München 2010. Zitiert: *Bearbeiter*, in: MünchKomm StGB.

Kajüter, Peter: Das Rahmenkonzept des IIRC zum Integrated Reporting, DStR 2014, S. 222–226.

Ders./Bachert, Kristian/Blaesing, Daniel: Ergänzung des IFRS-Abschlusses um einen Managementbericht, Wie ist die Resonanz auf das Management Commentary-Projekt des IASB in Deutschland?, KoR 2010, S. 183–190.

Ders./Guttmeier, Matthias: Der Exposure Draft des IASB zum Management Commentary – Kritische Analyse und Vergleich mit DRS 15; DB 2009, S. 2333–2339.

Kämpfer, Georg/Kayser, Harald/Schmidt, Stefan: Das Grünbuch der EU-Kommission zur Abschlussprüfung, DB 2010, S. 2457–2463.

Keitz, Isabel von/Gloth, Thomas: Praxis ausgewählter HGB-Anhangsangaben (Teil 1) (Teil 2) ¬ Eine empirische Analyse von 54 Jahresabschlüssen, DB 2013, 129–138 und 185–194.

Kersting, Christian: Auskunftsverweigerung im Gesellschafts- und Kapitalmarktrecht, in Schön, Wolfgang (Hrsg.), Rechnungslegung und Wettbewerbsschutz , S. 411–526. Zitiert: *Kersting*, in: Schön, Rechnungslegung und Wettbewerbsschutz.

Kirsch, Hanno: Neuerungen in der Lageberichterstattung nach dem BilMoG, BBP 2010, S. 18–28.

Kleindiek, Detlef: Deliktshaftung und juristische Person. Zugleich zur Eigenhaftung von Unternehmensleitern, Tübingen 1997. Zitiert: *Kleindiek*, Deliktshaftung und juristische Person.

Kocher, Dirk: Zur Reichweite der Business Judgment Rule, CCZ 2009, S. 215–221.

Kort, Michael: Risikomanagement nach dem Bilanzrechtsmodernisierungsgesetz, ZGR 2010, S. 440–471.

KPMG: US-GAAP Rechnungslegung nach US-amerikanischen Vorschriften – Grundlagen der US_GAAP und SEC-Vorschriften, 4. Auflage, Düsseldorf 2007. Zitiert: *KPMG*, US-GAAP.

Krieger, Gerd: Auskunftsanspruch der Aktionäre hinsichtlich der an anderen AG gehaltenen Anteile. Anmerkung zum KG-Beschluß vom 26.08.1993–2 W 6111/92 –, DStR 1994, S. 177–179.

Kropff, Bruno: Aktiengesetz – Textausgabe des Aktiengesetzes vom 6.9.1965 (Bundesgesetzbl. I S. 1089) und des Einführungstextes zum Aktiengesetz vom 6.9.1965 (Bundesgesetzbl. I S. 1185), Neuauflage Berlin 2005. Zitiert: *Kropff*, AktG 1965.

Ders.: Der Lagebericht nach geltendem und künftigem Recht, BfuP 1980, S. 514–532.

Ders./Semler, Johannes (Hrsg.): Münchener Kommentar zum Aktiengesetz, Band 3, §§ 118–147, 2. Auflage, München 2004. Zitiert: *Bearbeiter*, in: MünchKomm AktG, 2. Auflage.

Ders./Semler, Johannes (Hrsg.): Münchener Kommentar zum Aktiengesetz, Band 5/1, §§ 148–151, 161–178 AktG, §§ 238–264c, 342, 342a HGB, 2. Auflage, München 2003. Zitiert: *Bearbeiter*, in: MünchKomm AktG, 2. Auflage.

Ders./Semler, Johannes (Hrsg.): Münchener Kommentar zum Aktiengesetz, Band 5/2, §§ 152–160 AktG, §§ 265–289 HGB, 2. Auflage, München 2004. Zitiert: *Bearbeiter*, in: MünchKomm AktG, 2. Auflage.

Kübler, Friedrich/Assmann, Heinz-Dieter: Gesellschaftsrecht – Die privatrechtliche Ordnungsstrukturen und Regelungsprobleme von Verbänden und Unternehmen, 6. Auflage, Heidelberg 2006. Zitiert: *Kübler/Assmann*, GesR.

Kuhner, Christoph: Prozesse und Institutionen zur Kontrolle der periodischen Berichterstattung im deutschen Unternehmensrecht, ZGR 2010, S. 980–1022.

Kümpel, Siegfried: Bank- und Kapitalmarktrecht, 3. Auflage, Köln 2004.

Kusterer, Stefan/Kirnberger, Christian/Fleischmann, Bernhard: Der Jahresabschluss der GmbH & Co. KG nach dem Kapitalgesellschaften- und Co-Richtlinie-Gesetz; DStR 2000, S. 606–612.

Kuthe, Thorsten/Geiser, Martina: Die neue Corporate Governance Erklärung – Neuerung des BilMoG in § 289a HGB-RE –, NZG 2008, S. 172–175.

Küting, Karlheinz/Gattung, Andreas: Nahe stehende Unternehmen und Personen nach IAS 24 (Teil I), WPg 2005, S. 1061–1069.

Ders./Pfitzer, Norbert/Weber, Claus-Peter (Hrsg.): Handbuch der Rechnungslegung, Einzelabschluss – Kommentar zur Bilanzierung und Prüfung, Band 3, 6. Ergänzungslieferung Juni 2010 zur 5. Auflage; Stuttgart 2002. Zitiert: *Bearbeiter*, in: Hdb Rechnungslegung.

Lanfermann, Georg/Maul, Silja: EU-Übernahmerichtlinie: Aufstellung und Prüfung des Lageberichts, BB 2004, S. 1517–1521.

Leffson, Ulrich: Die Grundsätze ordnungsgemäßer Buchführung, 7. Auflage, Düsseldorf 1987. Zitiert: *Leffson*, GoB.

Lentfer, Thies/Weber, Stefan: Das Corporate Governance Statement als neues Publizitätsinstrument, DB 2006, S. 2357–2363.

Leuenberger, Matthias: Die Anonymität des Inhaberaktionärs, Bern 1996. Zitiert: *Leuenberger*, Anonymität des Inhaberaktionärs.

Leuering, Dieter: Keine Anfechtung wegen Mängeln der Entsprechenserklärung. Nachlese zu den BGH-Urteilen „Kirch / Deutsche Bank" und „Umschreibestopp". Zugleich Anmerkung zu BGH, U. v. 16.02.2009 – II ZR 185/07 – und BGH, U. v. 21.09.2009 – II ZR 174/08 –, DStR 2010, S. 2255–2258.

Lutter, Marcus: Gesellschaftsrecht und Kapitalmarkt, in Lieb, Manfred; Noack, Ulrich; Westermann, Harm Peter (Hrsg.), FS Zöllner, Band 1, Köln 1998, S. 363–383. Zitiert: *Lutter*, in: FS Zöllner.

Ders.: Das Aktienrecht im Wissenschaftsprozeß – In doctrinam Mertensis –, ZGR 1998, S. 397–403.

Malhotra, Naresh: Information Load and Consumer Decision Making, 8 Journal of Consumer Research 1982, S. 419–430.

Manne, Henry: Mergers and the Market for Corporate Control, 73 Journal of Political Economy 1965, S. 110–120.

Marsch-Barner, Reinhard/Schäfer, Frank A. (Hrsg.): Handbuch Börsennotierte AG, 2. Aufl., Köln 2009. Zitiert: *Bearbeiter*, in: Marsch-Barner/Schäfer, Hdb. Börsennotierte AG.

Maul, Silja/Muffat-Jeandet, Danièle: Die EU-Übernahmerichtlinie – Inhalt und Umsetzung in nationales Recht (Teil II), AG 2004, S. 306–318.

Maurer, Hartmut: Allgemeines Verwaltungsrecht, 18. Auflage, München 2011. Zitiert: *Maurer*, Allgemeines Verwaltungsrecht.

Mekat, Martin: Der Grundsatz der Wesentlichkeit in Rechnungslegung und Abschlussprüfung, Baden-Baden, 1. Auflage 2009.

Melcher, Winfried/Mattheus, Daniela: Zur Umsetzung der HGB-Modernisierung durch das BilMoG: Neue Offenlegungspflichten zur Corporate Governance, DB Beilage 2009, S. 77–82.

Merkelbach, Gerhard: Die Entwicklung der deutschen Finanzierungsgesellschaft seit der Währungserneuerung, Hamburg 1931. Zitiert: *Merkelbach*, Entwicklung der deutschen Finanzierungsgesellschaften.

Merkt, Hanno: Unternehmenspublizität – Offenlegung von Unternehmensdaten als Korrelat der Marktteilnahme, Tübingen 2001. Zitiert: *Merkt*, Unternehmenspublizität.

Ders.: Die Rolle des Kapitalmarktrechts in der Diskussion um die Corporate Governance, Bonn 2002.

Ders.: Zum Verhältnis von Kapitalmarktrecht und Gesellschaftsrecht in der Diskussion um die Corporate Governance, AG 2003, S. 126–136.

Ders.: Das Informationsmodell im Gesellschafts- und Kapitalmarktrecht, zfbf Sonderheft (55) 2006, S. 24–60.

Möllers, Thomas/Kernchen, Eva: Information Overload am Kapitalmarkt – Plädoyer zur Einführung eines Kurzfinanzberichts auf empirischer, psychologischer und rechtsvergleichender Basis, ZGR 2011, S. 1–26.

Mülbert, Peter: Soziale Verantwortung von Unternehmen im Gesellschaftsrecht, AG 2009, S. 766–774.

Ders./Steup, Steffen: Emittentenhaftung für fehlerhafte Kapitalmarktinformation am Beispiel der fehlerhaften Regelpublizität. Das System der Kapitalmarktinformationshaftung nach AnSVG und WpHG mit Ausblick auf die Transparenzrichtlinie, WM 2005, S. 1633–1655.

Müller, Welf: Der Jahresabschluß im Spannungsfeld zwischen öffentlichem Recht und Gesellschaftsrecht, in: Ballwieser, Böcking, Drukarczyk, Schmidt, (Hrsg.), Bilanzrecht und Kapitalmarkt – Festschrift zum 65. Geburtstag von Professor Dr. Dr. h. c. Dr. h. c. Adolf Moxter; Düsseldorf 1994, S. 75–100. Zitiert: *Müller*, in: FS Moxter.

Ders.: Bilanzentscheidung und Business Judgment Rule, in: Hoffmann-Becking, Michael/ Ludwig, Rüdiger (Hrsg.), Liber amicorum Wilhelm Happ zum 70. Geburtstag am 30. April 2006; Köln, Berlin, München 2006, S. 179–199. Zitiert: *Müller*, in: FS Happ.

Müßig, Anke: Bilanzielle Risikovorsorge und außerbilanzielle Risikoberichterstattung. Das Verhältnis von Lagebericht und Management Commentary zum Jahresabschluß nach HGB und IFRS, Wiesbaden 2006. Zitiert: *Müßig*, Risikovorsorge und außerbilanzielle Risikoberichterstattung.

Mutter, Stefan: Überlegungen zur Justiziabilität von Entsprechenserklärungen nach § 161 AktG, ZGR 2009, S. 788–804.

Niemeier, Wilhelm: Die Steigerung der Aussagekraft des handelsrechtlichen Jahresabschlusses durch die Änderungen der 4. Und 7. Richtlinie, WPg 2006, S. 173–185.

Nikoleyczik, Tobias/Schult, Ludger: Mehr Transparenz im Aufsichtsrat – Neufassung 2012 des Deutschen Corporate Governance Kodex, GWR 2012, S. 289.

Noack, Ulrich: Das EHUG ist beschlossen – elektronische Handels- und Unternehmensregister ab 2007, NZG 2006, S. 801–806.

Ders.: Neue Publizitätspflichten und Publizitätsmedien für Unternehmen – eine Bestandsaufnahme nach EHUG und TUG, WM 2007, S. 377–381.

Nowak, Eric/Rott, Roland/Mahr, Till: Wer den Kodex nicht einhält den bestraft der Kapitalmarkt? – Eine empirische Analyse der Selbstregulierung und Kapitalmarktrelevanz des Deutschen Corporate Governance Kodex, ZGR 2005, S. 252–279.

Palmes, Christina: Der Lagebericht – Grundfragen und Haftung, München 2008. Zitiert: *Palmes*, Lagebericht.

Dies.: Eine Schutzklausel für den Lagebericht?, in: Schön, Wolfgang (Hrsg.), Rechnungslegung und Wettbewerbsschutz im deutschen und europäischen Recht, Berlin 2009. Zitiert: *Palmes*, in: Schön, Rechnungslegung und Wettbewerbsschutz.

Pawlowski, Hans-Martin: Methodenlehre für Juristen – Theorie der Norm und des Gesetzes; 3. Auflage, Heidelberg 1999. Zitiert: *Pawlowski*, Methodenlehre für Juristen.

Pellens, Bernhard/Crasselt, Nils/Sellhorn, Thorsten: Corporate Governance und Rechnungslegung, zfbf 2009, S. 102–113.

Pfitzer, Norbert/Oser, Peter/Orth, Christian: Reform des Aktien-, Bilanz- und Aufsichtsrechts. BilMoG, MoMiG, TUG, EHUG und weitere Reformgesetze, Stuttgart 2008. Zitiert: *Pfitzer/Oser/Orth*, Reform des Aktien- Bilanz- und Aufsichtsrechts.

Prigge, Cord: Inhaltliche Redundanzen im Konzernlagebericht und IFRS – Konzernanhang, KoR 2006, S. 252–258.

Ders.: Konzernlageberichterstattung vor dem Hintergrund einer Bilanzierung nach IFRS, Düsseldorf 2006. Zitiert: *Prigge*, Konzernlageberichterstattung.

Puchelt, Sigismund: Kommentar zum Allgemeinen Deutschen Handelsgesetzbuch; Erster Band, 4. Auflage, Leipzig 1893. Zitiert: *Bearbeiter*, in: Puchelt ADHGB.

Raiser, Thomas/Veil, Rüdiger: Recht der Kapitalgesellschaften, 5. Auflage, München 2010.

Rauscher, Thomas/Wax, Peter/Wenzel, Joachim: Münchener Kommentar zur Zivilprozessordnung mit Gerichtsverfassungsgesetz und Nebengesetzen, Band 1, §§ 1–510c ZPO, 4. Auflage, München 2013. Zitiert: *Bearbeiter*, in: MünchKomm ZPO.

Rieger, Wilhelm: Einführung in die Privatwirtschaftslehre, Nürnberg 1928.

Riesenhuber, Karl: System und Prinzipien des Europäischen Vertragsrechts, Berlin 2003.

Rimmelspacher, Dirk/Fey, Gerd: Anhangsangaben zu nahestehenden Unternehmen und Personen nach dem BilMoG, WPg 2010, S. 180–192.

Ringleb, Henrik-Michael/Kremer, Thomas/Lutter, Marcus/Werder, Axel v.: Kommentar zum Deutschen Corporate Governance Kodex: Kodex-Kommentar, 5. Auflage, München 2014. Zitiert: *Bearbeiter*, in: Ringleb, DCGK.

Roth, Gregor: Das einheitliche Recht auf Information. Ein Beitrag zur Institutionenbildung, Köln 2006. Zitiert: *Roth*, Das einheitliche Recht auf Information.

Roth, Markus: Unternehmerisches Ermessen und Haftung des Vorstands. Handlungsspielräume und Haftungsrisiken insbesondere in der wirtschaftlichen Krise, München 2001. Zitiert: *Roth*, Unternehmerisches Ermessen.

Sailer, Viola: Offenlegung von „Change of Control-Klauseln" im Jahresabschluss, AG 2006, S. 913–927.

Sandrock, Otto/Jäger, Wilhelm (Hrsg.): Internationale Unternehmenskontrolle und Unternehmenskultur, Tübingen 1994. Zitiert: *Bearbeiter*, in: Sandrock/Jäger, Internationale Unternehmenskontrolle und Unternehmenskultur.

Schäfer, Carsten: Die Binnenhaftung von Vorstand und Aufsichtsrat nach der Renovierung durch das UMAG, ZIP 2005, S. 1253–1259.

Schlaak, Wolfgang: Das Stichtagsprinzip im Jahresabschluss nach HGB, IFRS, UK GAAP und US GAAP, Göttingen 2005. Zitiert: *Schlaak*, Stichtagsprinzip im Jahresabschluss.

Schlimm, Katrin: Das Geschäftsleiterermessen des Vorstandes einer Aktiengesellschaft – Die Kodifikation einer „Business Judgment Rule" deutscher Prägung in § 93 Abs. 1 S. 2 AktG; Baden-Baden 2009. Zitiert: *Schlimm*, Geschäftsleiterermessen.

Schmidt, Karsten (Hrsg.): Münchener Kommentar zum Handelsgesetzbuch, Band 4, §§ 238–342e HGB, 1. Auflage, München 2001. Zitiert: *Bearbeiter*, in: MünchKomm HGB, 1. Auflage.

Ders.: Gesellschaftsrecht, 4. Aufl., Köln 2002. Zitiert: *Schmidt*, GesR.

Ders. (Hrsg.): Münchener Kommentar zum Handelsgesetzbuch, Band 4, §§ 238–342e HGB, 2. Auflage, München 2008. Zitiert: *Bearbeiter*, in: MünchKomm HGB, 2. Auflage.

Ders. (Hrsg.): Münchener Kommentar zum Handelsgesetzbuch, Band 4, §§ 238–342e HGB, 3. Auflage, München 2013. Zitiert: *Bearbeiter*, in: MünchKomm HGB.

Ders./Lutter, Marcus: Aktiengesetz Kommentar, Band 1, §§ 1–149, 2. Auflage, Köln 2010. Zitiert: *Bearbeiter*, in: Schmidt/Lutter, AktG.

Schmidt, Karsten/Lutter, Marcus: Aktiengesetz Kommentar, Band 2, §§ 150–410, SpruchG, 2. Auflage, Köln 2010. Zitiert: *Bearbeiter*, in: Schmidt/Lutter, AktG.

Schneider, Sven H.: Unternehmerische Entscheidungen als Anwendungsvoraussetzung für die Business Judgment Rule, DB 2005, S. 707–712.

Ders./Strenger, Christian: Die „Corporate Governance-Grundsätze" der Grundsatzkommission Corporate Governance (German Panel on Corporate Governance), AG 2000, 106–113.

Schnorr, Randolf: Geschäftsleiteraußenhaftung für fehlerhafte Buchführung, ZHR 170 (2006), S. 9–38.

Spindler, Gerald: Die Haftung von Vorstand und Aufsichtsrat für fehlerhafte Auslegung von Rechtsbegriffen, in: Heldrich/Prölss/Koller (Hrsg.), Festschrift für Claus-Wilhelm Canaris zum 70. Geburtstag, Band II, München 2007, S. 403–428. Zitiert: *Spindler*, in: FS Canaris.

Schön, Wolfgang: Zwingendes Recht oder informierte Entscheidung ¬ zu einer (neuen) Grundlage unserer Zivilordnung, in: Heldrich/Prölss/Koller (Hrsg.), Festschrift für Claus-Wilhelm Canaris zum 70. Geburtstag, Band I, München 2007, S. 1191–1212. Zitiert: *Schön*, in: FS Canaris.

Schruff, Lothar: Rechnungslegung und Prüfung der AG und GmbH nach neuem Recht (4. EG-Richtlinie) – Texte Erläuterungen und Materialien in Gegenüberstellung zum geltenden Recht mit synoptischer Darstellung der Entwicklung dieser Richtlinie, Düsseldorf 1978. Zitiert: *Schruff*, Rechnungslegung und Prüfung.

Schubert, Werner/Hommelhoff, Peter: Hundert Jahre modernes Aktienrecht. Eine Sammlung von Texten und Quellen zur Aktienrechtsreform 1884 mit zwei Einführungen, ZGR Sonderheft 4 (1985).

Schulte, Karl-Werner: Inhalt und Gliederung des Anhangs – Zugleich ein Gegenvorschlag zu Selchert/Karsten, BB 1986, S. 1468–1480.

Schulte-Osterloh, Joachim: Jahresabschluß, Abschlußprüfung und Publizität der Kapitalgesellschaften nach dem Bilanzrichtlinien-Gesetz, ZHR 150 (1986), S. 532–569.

Schwark, Eberhard/Zimmer, Daniel (Hrsg.): Kapitalmarktrechts-Kommentar, 4. Auflage, München 2010. Zitiert: *Bearbeiter*, in: Schwark/Zimmer, KPMR-Komm.

Selchert, Friedrich/Karsten, Jürgen: Inhalt und Gliederung des Anhangs – Ein Gestaltungsvorschlag, BB 1985, S. 1889–1894.

Seibert, Ulrich: Aktienrechtsreform in Permanenz?, AG 2002, S. 417–420.

Ders.: Im Blickpunkt: Der Deutsche Corporate Governance Kodex ist da, BB 2002, S. 581–584.

Seibert, Ulrich/Decker, Daniela: Das Gesetz über elektronische Handelsregister und Genossenschaftsregister sowie das Unternehmensregister (EHUG) – Der „Big Bang" im Recht der Unternehmenspublizität, DB 2006, S. 2446–2451.

Seibt, Christoph H.: Kapitalmarktrechtliche Überlagerungen im Aktienrecht, in: Ekkenga/Rödder/Röhricht/Seibt/Sieker, Gesellschaftsrechtliche Vereinigung, Gesellschaftsrecht in der Diskussion, Band 3, Köln 2001, S. 37–75. Zitiert: *Seibt*, in: Gesellschaftsrecht in der Diskussion.

Ders.: Deutscher Corporate Governance Kodex und Entsprechens-Erklärung (§ 161 AktG-E), AG 2002, S. 249–259.

Selch, Barbara: Der Lagebericht – Risikoberichterstattung und Aufstellung nach IDW RS HFA 1, 1. Auflage, Wiesbaden 2003. Zitiert: *Selch*, Lagebericht.

Semmler, Johannes: Erläuterungs- und Lagebericht, Quartalsberichte sowie Formen der Publizität, in: Bierich, Busse von Colbe, Laßmann (Hrsg.), Rechnungslegung nach neuem Recht, ZGR Sonderheft 2, Berlin New York 1980, S. 177–210.

Simon, Herbert A.: A Behavioral Model of Rational Choice, 69 QJE 1955, S. 99–118.

Spindler, Gerald: Haftung für fehlerhafte und unterlassene Kapitalmarktinformationen, ein (weiterer) Meilenstein. Zugleich Anmerkung zu BGH, U. v. 13. 12. 2011 – XI ZR 51/10 –, NZG 2012, S. 575–579.

Ders./Stilz, Eberhard: Kommentar zum Aktiengesetz, Band 1, §§ 1–149, 2. Auflage, München 2010. Zitiert: *Bearbeiter*, in: Spindler/Stilz, AktG.

Ders./Stilz, Eberhard: Kommentar zum Aktiengesetz, Band 2, §§ 150–410, 2. Auflage, München 2010. Zitiert: *Bearbeiter*, in: Spindler/Stilz, AktG.

Starke, Till: Beteiligungstransparenz im Gesellschafts- und Kapitalmarktrecht – Rechtsprobleme der §§ 21 ff. WpHG und des § 20 AktG, Baden-Baden 2002. Zitiert: *Starke*, Beteiligungstransparenz im Ges- und KapitalmarktR.

Staub, Hermann (Begr.)/Canaris, Claus-Wilhelm/Habersack, Mathias/Schäfer, Carsten (Hrsg.): Handelsgesetzbuch: Großkommentar, Band 5, §§ 238–289a; 5. Auflage, Berlin, New York 2014. Zitiert: *Bearbeiter*, in: Großkomm HGB.

Ders. (Begr.)/Canaris, Claus-Wilhelm/Schilling, Wolfgang/Ulmer, Peter (Hrsg.): Handelsgesetzbuch: Großkommentar, Band 5, §§ 238–289; 4. Auflage, Berlin, New York 2002. Zitiert: *Bearbeiter*, in: Großkomm HGB, 4. Auflage.

Ders. (Begr.)/Pinner, Albert/Bondi, Felix/Gadow, Wilhelm/Heinichen, Eduard (Bearb.): Staub's Kommentar zum Handelsgesetzbuch, 14. Auflage, Berlin, Leipzig 1933. Zitiert: *Bearbeiter*, in: Staub HGB, 14. Auflage 1933.

Steinmeyer, Volker: Bedeutung des Prognoseberichts im Rahmen der Fortentwicklung des Corporate Governance-Reporting, in: Carl-Christian Freidank (Hrsg.), Das Gesetz zur Modernisierung des Bilanzrechts (BilMoG): neue Herausforderungen für Rechnungslegung und Corporate Governance, Berlin 2009. Zitiert: *Steinmeyer*, in: BilMoG.

Stiglbauer, Markus: Corporate Governance Berichterstattung und Unternehmenserfolg. Eine empirische Untersuchung für den deutschen Aktienmarkt, Wiesbaden 2010. Zitiert: *Stiglbauer*, Corporate Governance Berichterstattung und Unternehmenserfolg.

Stobbe, Thomas: Der Lagebericht, BB 1988, S. 303–311.

Stute, Andreas: Synoptischer Vergleich der Rechnungslegungsrichtlinie (RL 2013/34/EU) mit geltendem Handelsrecht (Teil I), StB 2013, S. 442–453.

Ders.: Synoptischer Vergleich der Rechnungslegungsrichtlinie (RL 2013/34/EU) mit geltendem Handelsrecht (Teil II), StB 2014, S. 26–38.

Sünner, Eckart: Die zukünftige Beschlussfassung der Hauptversammlung über das Vorstandsvergütungssystem, CCZ 2013, S. 169–173.

Teichmann, Christoph: Binnenmarktkonformes Gesellschaftsrecht, Berlin 2006. Zitiert: Teichmann, Binnenmarktkonformes GesR.

Tesch, Jörg/Wissmann, Ralf: Lageberichterstattung nach HGB, 2. Auflage, Weinheim 2009. Zitiert: *Tesch/Wissmann*, Lageberichterstattung.

Thiel, Jochen/Lüdtke-Handjery, Alexander: Bilanzrecht – Handelsbilanz, Steuerbilanz; 5. Auflage, Heidelberg 2005. Zitiert: *Thiel/Lüdtke-Handjery*, BilanzR.

Thole, Christoph: Managerhaftung für Gesetzesverstöße – Die Legalitätspflicht des Vorstands gegenüber seiner Aktiengesellschaft, ZHR 173 (2009), S. 504–535.

Veil, Rüdiger: Die Ad-hoc-Publizitätshaftung im System kapitalmarktrechtlicher Informationshaftung, ZHR 167 (2003), S. 365–402.

Ders.: Die Haftung des Emittenten für fehlerhafte Information des Kapitalmarkts nach dem geplanten KapInHaG, BKR 2005, S. 91–98.

Ders.: Der Schutz des verständigen Anlegers durch Publizität und Haftung im europäischen und nationalen Kapitalmarktrecht, ZBB 2006, 162–171.

Ders.: Auf dem Weg zu einem Europäischen Kapitalmarktrecht: die Vorschläge der Kommission zur Neuregelung der Transparenzregime, WM 2012, 53–61.

Ders. (Edt.): European capital markets law, 1. Auflage, Oxford 2013. Zitiert: *Bearbeiter*, in: Veil, European capital markets law.

Ders.: Beteiligungstransparenz im Kapitalmarktrecht – Rechtsentwicklungen und Reformperspektiven – ZHR 177 (2013), 427–446.

Ders./Sauter, Bettina: Corporate Governance-Berichterstattung nach dem BilMoG – eine empirische Analyse der Publizitätspflichten und Reformvorschläge, in: Veil: Unternehmensrecht in der Reformdiskussion, Tübingen 2013, S. 19–34. Zitiert: *Veil/Sauter*, in: Veil, Unternehmensrecht in der Reformdiskussion.

Veit, Klaus-Rüdiger: Die Ausübung bilanzsummenrelevanter Ausweiswahlrechte durch große Kapitalgesellschaften, DB 1996, S. 641–643.

Ders.: Funktion und Aufbau des Berichts zu Zweigniederlassungen, BB 1997, 461–463.

Velte, Patrick: Say on Pay als wirkungsvolles europäisches Regulierungsinstrument?, EuZW 2013, S. 893–898.

Ders./Weber, Stefan C.: Prüfung von Corporate Governance Statements post BilMoG. Überlegungen zu einer potenziellen Erweiterung der externen Abschlussprüfung und der Enforcement-Prüfung de lege ferenda, StuB 2011, S. 256–261.

Verse, Dirk A.: Organwalterhaftung und Gesetzesverstoß. Überlegungen zur Außenhaftung der Organwalter bei Verletzung von Schutzgesetzen, ZHR 170 (2006), S. 398–421.

Vetter, Eberhard: Der Tiger zeigt die Zähne. Anmerkung zu BGH, U. v. 16.02.2009 – II ZR 185/07 – (Fall Leo Kirch / Deutsche Bank), NZG 2009, S. 561–567.

Vetter, Jochen: Grundlinie der GmbH-Gesellschafterhaftung, ZGR 2005, S. 788–831.

Vogt, Hans-Ueli/Handle, Marco: Sanktionierung von Verstößen gegen Offenlegungsvorschriften der Corporate-Governance-Richtlinie. Besprechung der Entscheide 2010-CG-I/10 und 2010-CG-II/10 der Sanktionskommission von SIX Swiss Exchange AG vom 11. Juni bzw. 30. Juli 2010, GesKR 2010, S. 547–557.

Wagner, Gerhard: Schadensersatz – Zwecke, Inhalte, Grenzen, in: Lorenz (Hrsg.), Karlsruher Forum 200,: VersR-Schriftenreihe Nr. 35, Karlsruhe 2006; S. 11–138. Zitiert: *Wagner*, in: Lorenz, Karlsruher Forum 2006.

Weber, Johannes: Gesellschaftsrecht und Gläubigerschutz im Internationalen Zivilverfahrensrecht – die Internationale Zuständigkeit bei Klagen gegen Gesellschafter und Gesellschaftsorgane vor und in der Insolvenz, Tübingen 2011. Zitiert: *Weber*, Gesellschaftsrecht und Gläubigerschutz im Internationalen Zivilverfahrensrecht.

Weber, Stefan: Externes Corporate Governance Reporting. Kritische Würdigung der Umsetzung europäischer Vorgaben im Referentenentwurf eines Bilanzrechtsmodernisierungsgesetzes (BilMoG RefE), (Teil 1), IRZ 2007, 367–373.

Ders.: Externes Corporate Governance Reporting börsennotierter Publikumsgesellschaften. Konzeptionelle Entwicklungen zur Weiterentwicklung der unternehmerischen Berichterstattung, Wiesbaden 2011. Zitiert: *Weber*, Externes Corporate Governance Reporting.

Werner, Kai: Ein Publizitätskonzept: Marktteilnehmer- und Marktfunktionsschutz als Parameter einer konzeptionellen Integration von Publizitätspflichten börsennotierter Unternehmen, Berlin 2011. Zitiert: *Werner*, Ein Publizitätskonzept.

Westermann, Harm Peter: Das Gesellschaftsrecht zwischen bürgerlichem Recht, Steuerrecht und Bilanzrecht, in: Havermann (Hrsg.), Bilanz- und Konzernrecht: Festschrift zum 65. Geburtstag von Dr. Dr. h. c. Reinhard Goerdeler, Düsseldorf 1987, S. 697–722. Zitiert: *Westermann*, in: FS Goerdeler.

Wiedemann, Herbert: Gesellschaftsrecht, Band 1 – Grundlagen, 1. Auflage, München 1980. Zitiert: Wiedemann, GesR, Band 1, 1980.

Wiesner, Peter: Europäisches Unternehmensrecht – Stand und Entwicklung, ZIP 2000, S. 1792–1812.

Williamson, Oliver E.: Markets and Hierachies: Analysis and Antitrust Implications. A Study in the Economics of Internal Organization, New York 1975. Zitiert: *Williamson*, Markets and Hierachies.

Winnefeld, Robert: Bilanz-Handbuch – Handels- und Steuerbilanz, Rechtsformspezifisches Bilanzrecht, bilanzielle Sonderfragen, Sonderbilanzen, IAS/US-GAAP, 4. Auflage, München 2006. Zitiert: *Winnefeld*, Bilanz-Hdb.

Wolff, Hans J./Bachof, Otto/Stober, Rolf: Verwaltungsrecht Band I, 11. Auflage, München 1999. Zitiert: *Wolff/Bachof/Stober*, Allgemeines Verwaltungsrecht I. *Wundenberg, Malte*: Compliance und prinzipiengeleitete Aufsicht über Bankengruppen, Tübingen 2012.

Wysocki, Klaus von: Sozialbilanzen – Inhalt und Formen gesellschaftsbezogener Berichterstattung, Stuttgart, New York 1981. Zitiert: *von Wysocki*, Sozialbilanzen.

Zöllner, Wolfgang (Hrsg.): Kölner Kommentar zum Aktiengesetz, Band 4, Rechnungslegung der Aktiengesellschaft, 2. Auflage, Köln, Berlin, Bonn, München 1991. Zitiert: *Bearbeiter*, in: Kölner Komm AktG.

Ders.: Aktienrechtsreform in Permanenz – Was wird aus den Rechten des Aktionärs?, AG 1994, S. 336–342.

Ders.: Kölner Kommentar zum Aktiengesetz, Band 2/1, §§ 76–94, 3. Auflage, Köln, Berlin, Bonn, München 2009. Zitiert: *Bearbeiter*, in: Kölner Komm AktG.

Ders.: Kölner Kommentar zum Aktiengesetz, Band 2/2, §§ 95–117, 3. Auflage, Köln, Berlin, Bonn, München 2013. Zitiert: *Bearbeiter*, in: Kölner Komm AktG.

Ders./Noack, Ulrich (Hrsg.): Kölner Kommentar zum Aktiengesetz, Band 3, 1. Teillieferung, §§ 131,132 AktG, 3. Auflage, Köln, Berlin, Bonn, München 2009. Zitiert: *Bearbeiter*, in: Kölner Komm AktG.

Ders./Noack, Ulrich (Hrsg.): Kölner Kommentar zum Aktiengesetz, Band 3, 3. Teillieferung, §§ 150–178 AktG, 3. Auflage, Köln, Berlin, Bonn, München 2012. Zitiert: *Bearbeiter*, in: Kölner Komm AktG.

Zwirner, Christian: Abgrenzungsprobleme und unterschiedliche Rechtsfolgen: börsennotiert versus kapitalmarktorientiert, Der Aufsichtsrat, S. 127–129.

Ders./Froschhammer, Matthias: Die Bilanzierung von Bewertungseinheiten nach § 254 HGB, BC 2010, S. 153–156.

Sachregister

Schriften zum Unternehmens- und Kapitalmarktrecht

herausgegeben von
Jörn Axel Kämmerer, Karsten Schmidt und Rüdiger Veil

Die Schriftenreihe *Schriften zum Unternehmens- und Kapitalmarktrecht* (SchrUKmR) wurde 2012 gegründet. Sie wird von Wissenschaftlern des Instituts für Unternehmens- und Kapitalmarktrecht der Bucerius Law School herausgegeben und reflektiert die Tatsache, dass das Unternehmens- und Kapitalmarktrecht in besonderer Weise von der internationalen Wirtschaftspraxis und Erkenntnissen anderer Disziplinen, insbesondere der Wirtschaftswissenschaften, beeinflusst wird. Die Globalität der Finanzmärkte spiegelt sich in einem hohen Grad internationaler Rechtsvereinheitlichung wider. Bei der Fortbildung des Rechts sind Gesetzgeber und Gerichte auf Erkenntnisse der Rechtsvergleichung angewiesen. Die Reihe *SchrUKmR* verfolgt das Ziel, zur Diskussion über grundlegende Themen dieser Rechtsgebiete, insbesondere an der Schnittstelle zu anderen Gebieten des Wirtschaftsrechts oder des Verfassungs- und Europarechts, beizutragen.

ISSN: 2193-7273
Zitiervorschlag: SchrUKmR

Alle lieferbaren Bände finden Sie unter *www.mohr.de/schrukmr*

Mohr Siebeck
www.mohr.de